정조시대 화성행궁 연구

정조시대 화성행궁 연구

김선희 지음

(학)신구학원 신구문화사

머리말

화성행궁(華城行宮)은 조선시대 최대 규모의 지방 궁궐이자 화성 신도시의 지휘부로서 정조시대 문화적 역량이 결집되어 건립된 문화유산이다.

정조대 '개혁의 시범도시'로서 화성(華城)의 역사는 1789년(정조 13) 사도세자의 무덤인 현륭원(顯隆園)을 수원 화산(花山)에 조성하는 것으로부터 출발하였다. 현륭원이 들어서면서 그 자리에 있던 수원부의 옛 읍치는 현재 수원 팔달산 아래로 이전하여 신읍으로 조성되었고, 이후 아버지 묘소를 참배하기 위한 정조의 원행(園行)이 이어졌다. 그 과정에서 수원 신읍의 관아가 국왕의 임시 거처로 이용됨에 따라 화성행궁의 면모를 갖추게 되었다. 또한 1795년(정조 19) 윤2월에는 혜경궁 홍씨의 회갑연이 성대하게 치러졌고, 이듬해에는 화성 낙성연이 화려하게 펼쳐졌다. 여기에 순조가 15세 성년이 되는 1804년[甲子年]이 되면 왕위를 물려주고 상왕으로 물러나고자 했던 정조의 '갑자년(甲子年) 구상'에 따라 상왕이 머물 공간이 추가로 건립되었다. 이처럼 화성행궁은 정조의 장기적 정국 구상과 미래 지향적 신도시 건설 계획에 따라 방대한 규모로 조성된 것이다.

하지만 1800년(정조 24) 6월 정조가 뜻을 이루지 못한 채 갑자기 서거하자 현륭원 지척에 정조의 무덤인 건릉(健陵)이 조성되었고, 화성행궁에는 그를 추모하기 위한 영전(靈殿)으로 화령전(華寧殿)이 건립되었다. 그 결과 19세기 말까지 역대 국왕들의 능행이 계속됨에 따라 화성행궁의 역할은 지속될 수 있었다. 그러나 화성행궁은 일제강점기를 거치면서 대부분의 시설이 훼철되어 원래 모습을 찾아볼 수 없었다. 다행히 『화성성역의궤(華城城役儀軌)』, 『원행을묘정리의궤(園幸乙卯整理儀軌)』 등 방대한 공사 및 행사보고서가 남아 있어 1980년대 이후 이들 자료를 토대로 한 발굴과 복원을 통해 현재의 모습을 갖추게 되었다. 그러나 엄밀한 연구없이 복원이 추진되어 화성행궁의 전모를 살펴보기에 매우 미흡한 형편이다. 지금부터라도 정확한 연구 성과에 기초한 복원이 이루어져야 할 것이다.

본 연구는 현재 진행되고 있는 화성행궁의 완전한 복원을 위하여 기왕의 연구 성과와 곳곳에 흩어져 있는 방대한 자료를 총망라하여 화성행궁의 전체 모습을 재구성해 보고자 했다. 본 연구를 통해 화성행궁의 건설과정은 물론 각 공간과 시설의 역사적·문화적 의미가 재조명됨으로써 정조시대, 나아가 조선시대 왕실 문화의 다양한 면모를 이해하는데 도움이 되기를 바란다. 또한 이 연구가 그동안 소외되었던 지방에 산재한 궁궐로서 행궁의 역사를 찾아가는 실마리가 되기를 기대한다.

본서가 출간되기까지 많은 분들의 도움이 있었다. 부족한 늦깎이 학생을 한결같이 이끌어주시고 책이 출간될 수 있도록 지원해주신 유봉학 선생님께 진심으로 감사드린다. 졸고를 엮어 역사문화연구총서로 만들어주신 신구문화사에도 고마움을 전하고 싶다. 공부하는 단계마다 격려해주셨던 서굉일, 안병우, 이세영, 이남규, 정해득 선생님께도 머리숙여 감사 인사를 드린다. 무엇보다 묵묵히 응원해 준 가족들과 어려운 순간마다 위로의 말을 전해준 친구들에게 사랑의 마음을 보낸다.

2022년 3월

김선희

차례

표 목차

그림 목차

서 론

화성행궁(華城行宮)은 정조대 수원에 건설된 조선시대 최대 규모의 지방 궁궐로 혜경궁의 회갑연과 화성 낙성연(落成宴) 등 조선후기를 대표하는 문화예술 행사가 펼쳐진 공간이었다. 1789년(정조 13) 수원부 옛 읍치 자리에 사도세자의 무덤이 옮겨져 현륭원(顯隆園)이 조성되고, 그 자리에 있던 수원부 읍치는 현재 수원 팔달산 아래로 이전하였다. 이후 정조는 아버지의 무덤에 참배하기 위해 매년 원행을 다녀오면서 수원 신읍의 관아에는 국왕의 임시 거처로 이용할 행궁 시설들이 마련되기 시작했다. 여기에 정조의 '갑자년(甲子年) 구상'과 신료들의 '개혁의 시범도시' 건설 계획에 따라 1794년(정조 18)부터 10년 계획으로 화성 성역이 추진되면서[1] 화성행궁은 576칸에 달하는 방대한 규모로 조성되었다.

정조는 화성행궁을 갑자년 구상에 따라 장차 상왕으로 머물고자 했던 근거지이자 개혁의 시범도시를 아우르는 운영 본부로서 설계하였다. 1793년(정조 17) 수원도호부가 화성유수부(華城留守府)로 승격되었고, 유수부를 비롯한 장용외영(壯勇外營)과 외정리소(外整理所) 등의 기구가 차례로 설치되었다. 이에 따라 화성행궁에는 유수부의 행정과 장용외영의 군사를 담당하는 시설뿐만 아니라 다양한 행사와 휴식을 위한 공간, 갑자년 이후를 대비한 정조와 혜경궁을 비롯한 왕실 가족의 생활공간이 마련되었다. 1800년 정조 서거 이후에는 정조를 추모하기 위한 화령전

(華寧殿)도 추가로 건립되었다.

이러한 시설물들은 조선후기 최고 수준에 이르렀던 정조시대의 문화적 역량과 특별한 정성이 기울여져 건립되었다. 1789년 최초 건립된 화성행궁은 이후에도 꾸준한 증개축 과정을 거쳐 1796년 완공되었다. 그리고 바로 이곳에서 정조년간 매년 이어진 정조의 원행은 물론 1795년 을묘원행(乙卯園行)과 1796년 화성 낙성연(落成宴) 등 대형의 국가 행사가 치러졌다. 그 결과 행궁의 주요 건물은 기능적으로 건축되어 조화롭게 배치되었고, 각 건물에는 당대 최고 명필들이 쓴 현판과 시액이 걸려 그 의미를 더하였다. 또한 행궁 주요 건물의 고유한 기능을 담당할 수 있는 다양한 기물과 비품들도 배치되어 평소 유수부 관아로서 행정·군사 활동은 물론 정조대부터 고종대까지 선왕에 대한 제사, 능원 참배를 위한 행행(行幸)에서 국왕의 임시 거처로 이용되었다.

화성행궁의 주요 시설물과 행궁에서 진행되었던 다양한 행사는 조선후기 문화예술 수준을 그대로 체감할 수 있는 문화유산이다. 일제강점기를 지나면서 무자비하게 파괴되었던 화성행궁의 건축물들은 근래 대부분 복원되어 옛 모습을 찾기 시작했지만, 화성행궁의 역사적 의미와 자료적 가치를 제대로 담아낸 복원이 이루어졌는가에 대한 의문은 지울 수 없다. 그러나 다행히 화성행궁 건립 및 운영과 관련한 방대한 자료가 남아 있으므로 이 역사자료에 주목하여 행궁의 역사 복원과 향후 활용에 대하여 재검토해야 할 때라고 생각한다.

화성행궁은 조선시대 전국에서 운영되었던 행궁들과 구분되는 특수성을 가지고 있었다. 평소 지방 관아로 기능하는 것은 다른 행궁들과 차이가 없지만, 장차 상왕으로 머물고자 했던 정조의 구상에 따라 건물이 증개축되고 정조 사후에는 사당인 화령전이 건립되어 추모 공간도 갖추게 되었다. 또한 갑자년에 대비하여 상왕과 왕실 가족의 생활과 행사에 적합한 건물 구조로 설계되어 관련 자료를 남김으로써, 화성행궁이야말로 지방 관청인 유수부의 기능은 물론 왕실 문화와 예술 활동의 세세한 부분까지도 생생하게 재현해 낼 수 있는 공간으로 탄생하게 된 것이다.

지금까지 화성행궁 관련 연구는 화성 신도시 건설과정 연구의 한 부분으로 이루어져 왔다.[2)] 화성행궁 연구가 본격화된 것은 화성 200주년 건설을 기념하고 문화유산 보호와 정조의 효행문화를 알리기 위해 1995년 행궁터를 발굴하면서부터였다. 발굴에 앞서 올바른 행궁 복원을 위한 기초연구가 진행되어[3)] 1996년부터 2001년까지 총 5집의 발굴보고서가 발간되었고[4)] 1996년 7월에 착수한 복원 사업이 2002년 완료되어 현재 행궁의 모습을 갖추게 되었다.

이후에도 행궁을 복원하는 과정의 문제점을 진단하거나 행궁의 활용 방안에 중점을 둔 연구들이 나오기 시작하였다.[5)] 2005년에는 화성행궁과 화령전에 걸렸던 현판과 전시 유물을 복원하기 위한 고증연구가 이루어지면서 화성행궁 복원 이후 활용을 위한 분야로 확대되었다.[6)] 이즈음 행궁의 조경시설물을 고찰하거나 행궁의 위치를 풍수지리와 연관지은 연구들도 발표되었다.[7)] 최근에는 화성이 세계문화유산에 등재되고 화성행궁이 복원되어 관광자원으로 활용되면서 화성과 화성행궁을 다녀가는 학생 및 관광객이 급증함에 따라 다양한 체험활동을 구성하고 제안하는 교육학이나 관광학 관련 연구들이 진행되었다.[8)] 또한 역사 공간인 화성행궁을 문화콘텐츠로서 접근한 연구 등도 이루어지고 있다.[9)] 이렇게 다양한 연구는 문화유산을 활용하는 측면에서 매우 고무적이라고 생각한다.

그러나 무엇보다 큰 성과는 화성행궁의 역사를 밝히는 연구 분야이다. 1789년 현륭원이 조성되고 수원에 신읍치가 만들어지면서 화성행궁과 화성이 건설되는 일련의 과정을 분석한 연구가 심도 있게 이루어졌다. 현륭원과 수원의 신읍치 조성에 관한 연구,[10] 화성 건설 및 신도시 화성 운영을 담당하였던 유수부 경영과 관련한 연구,[11] 장용영의 둔전과 재정적 역할에 관한 연구,[12] 정조 사후 행궁 내에 건립된 화령전 연구,[13] 20세기 전후 행궁의 훼철에 대한 조사연구[14] 등 각 분야별로 세분화된 연구가 축적되었다.

하지만 지금까지 화성행궁에 관한 연구는 화성 신도시 건설이라는 큰 틀 아래에서 단편적으로 진행되었을 뿐이다. 다만 화성행궁에서 치러진 정조대 행사와 관련한 연구는 다른 어떤 분야보다 다양하게 진행되었다. 특히 정조대 이후 수원을 다녀오는 원행이나 능행과 관련한 연구를 통해 화성행궁 연구의 기초를 마련하는 계기가 되었다.[15] 또한 1795년 혜경궁의 회갑연 과정을 기록한 『원행을묘정리의궤(園行乙卯整理儀軌)』를 토대로 조선시대 전통 연회에 쓰였던 음식·음악·무용은 물론 공연문화 등의 분야에서도 상당한 연구 성과가 쌓였다.[16] 역사학 이외의 분야에서 진행된 연구 결과는 화성행궁 연구의 폭을 확대시켜 행궁에서 치러진 다양한 행사와 행궁의 공간 구성을 함께 연계하여 이해할 수 있는 토대가 되었다.

지금까지 살펴본 것처럼 행궁의 역사를 밝히는 선행 작업이 다소 부족하였지만, 화성행궁을 복원하고 이후 행궁의 활용방안을 논의한 연구 성과는 화성행궁 연구의 기초를 마련해 주었다는 면에서 그 의의가 매우 크다. 그럼에도 불구하고 현재까지 '화성행궁'만을 집중적으로 다룬 연구는 부족한 형편이다.

이에 본서에서는 기존 연구 성과에 다음과 같은 자료를 바탕으로 다양한 측면에서 화성행궁의 역사를 살펴보고자 한다. 조선시대 연대기 자료는 물론 화성 신도시 건설과정과 1795년 혜경궁의 회갑연을 기록한 의궤, 수원부의 정보를 담고 있는 읍지와 지리지, 행궁에 걸렸던 현판,

그리고 수원부에서 벌어진 각종 행사와 관련된 그림 자료 등을 총망라할 때 화성행궁의 진면목이 드러날 것이다.

우선 조선시대 행궁의 역사는 『궁궐지(宮闕志)』에서 확인되는 행궁을 기본으로 하되[17] 『궁궐지』에서 '행궁'으로 분류하지 않았지만, 국왕의 행행으로 '행궁'의 역할을 수행하였던 지방의 관아도 포함시켜 서술하였다. 아울러 『조선왕조실록』, 『승정원일기』, 『일성록』 등의 자료를 종합적으로 분석함으로써 조선시대 전 시기에 걸쳐 운영되었던 지방 행궁의 현황을 정리하고자 했다.

화성행궁의 건설과정을 고찰하기 위해서는 수원의 옛 읍치를 이전한 수원부 시기에 작성된 『수원하지초록(水原下旨抄錄)』과 『수원신읍영건공해간수성책(水原新邑營建公廨間數成冊)』을 분석하였다. 『수원하지초록』은 1789년 7월 12일부터 1791년 1월 14일까지 수원부에 내린 전령(傳令)에 의거하여 수원부에서 보고한 내용을 모아놓은 자료이다. 당시 현륭원 조성 과정의 제반 사실이 주 내용이지만 수원 신읍의 동헌인 장남헌(壯南軒)을 비롯한 주요 건물과 유수부 산하의 창고 건물도 함께 건립된 것이 확인되었다. 『수원신읍영건공해간수성책』은 1791년 전후에 작성된 것으로 추정되는 수원부 관아 건물의 건축 대장이다. 여기서는 수원부 신읍이 조성되던 시기의 화성행궁 건설과정 및 초기의 행궁 규모를 확인할 수 있었다.

또한 사도세자의 무덤인 현륭원을 조성하고 정조년간 매년 이루어진 원행에 관한 제반 사항을 규정한 『원행정례(園幸定例)』도 검토해 보았다. 이 자료는 1790년(정조 14) 초에 작성된 후 부분적으로 보완되어 을묘원행 이후인 1796년 즈음 완성된 것으로 추정된다. 『원행정례』는 원행 규모가 커지면서 백성들에게 돌아가는 폐해가 심해지자 이를 줄이기 위해 정조가 비변사에 명하여 작성되었다. 원행에 필요한 군사들의 배열·여비·복장, 도로와 교량의 가설, 척후·복병, 행궁의 기물, 정조 수행 관리 및 마필의 수까지 세세하게 규정하고 있다. 이 자료에서는 화성행궁은 물론 원행길에 유숙하였던 과천행궁과 시흥행궁, 잠시 휴식하였던 안양행궁과 노량행궁 등에서 사용하거나 보관하고 있던 각종 기물 현황을 확인할 수 있었다.

가장 주목되는 자료는 바로 의궤이다. 1795년 윤2월 수원부에서 치러진 혜경궁의 회갑연 과정과 절차를 기록한 『원행을묘정리의궤(園幸乙卯整理儀軌)』는 을묘원행에 앞서 진행된 행궁 주요 건물의 보수 및 신축 현황을 보여준다. 『화성성역의궤(華城城役儀軌)』는 1794년 1월부터 1796년 8월까지 진행된 화성 건설 과정을 기록한 자료로 여기서는 화성 건설 기간에 동시다발적으로 진행되었던 행궁의 신축 규모를 확인할 수 있다. 아울러 화성행궁에서 치러진 행사를 통해 행궁 각 건물의 고유한 기능을 유추해 낼 수 있고, 유수부 시기의 화성행궁 증개축 과정, 공사에 투입된 재용과 장인들까지 확인할 수 있었다.

또한 정조년간부터 고종대까지 발행된 수원부의 읍지 자료와 지도들도 중요하게 활용되었다.[18] 『수원부읍지(水原府邑誌)』는 현륭원 조성 이전에 간행된 것으로[19] 옛 수원부 시기에 대하여 파악할 수 있는 기초자료이다. 『화성지(華城志)』는 1831년 유수 박기수(朴綺壽, 1774~1845)가 유수영으로 승격한 이후 새로 개정된 사항과 의궤에 실리지 않은 내용을 모아 작성한 읍지로 4권을 만들고, 수원부의 이읍사실(移邑事實)·승영사실(陞營事實)·축성사실(築城事實)을 3개의 부편으로 정리한 것으로 다른 읍지에 비해 매우 자세하다. 그러나 아쉽게도 현재 3·4권과 부편이 모두 소실되어 1·2권만 참고가 된다. 『화영사례(華營事例)』는 『기전영사례(畿甸營事例)』의 네 번째 책이다. 『기전영사례』는 의정부에서 1894년(고종 31) 유수부였던 개성·강화·광주·수원의 신정사례(新定事

例)를 엮은 것으로 갑오승총(甲午陞總)의 결과에 따른 지방의 재정 내역이 확인된다. 『화영사례』는 1894년 당시 수원부 재정의 수입과 지출을 전(錢)·미(米)·포(布)·목(木) 등 항목별로 분류하여 기록함으로써 재정 현황의 세부적인 부분까지 보여주는 중요한 자료이다. 『기전영지(畿甸營誌)』는 1895년(고종 32) 의정부에서 편찬한 수원·춘천·강화부의 읍지로 이 중에서 첫 번째 책이 수원부에 관한 내용을 담고 있다. 다른 읍지에 비해 간략한 편이지만, 창고와 관련하여 설립 시기는 물론 창고의 용도까지 자세히 기록되어 있어 많은 참고가 된다. 『수원군읍지(水原郡邑誌)』는 1899년(광무 3)에 작성된 읍지로 『수원부읍지』와 동일본이다. 전체적인 체재와 기본 내용은 『화성지』와 동일하며 여기에 이후의 변화내용을 추가한 형태이다. 이외에도 화성 인근지역의 읍지인 『중정남한지(重訂南漢志)』, 『강화부지(江華府志)』, 『시흥군읍지(始興郡邑誌)』 등과 《1872년 지방지도》를 비롯한 지도들도 참고하였다.[20)]

한편 유수부의 창고 및 행궁에 배설되었던 각종 기물과 관련하여 주목되는 자료로 『화성중기(華城重記)』가 있다. 이 책은 19세기 말 수원부의 각종 공해 현황 및 재정 상황, 소장 기물을 보여주는 자료로 『화영사례』와 함께 화성행궁 내외에 설치되었던 유수부의 창고와 부속 시설의 운영을 파악할 수 있었다.

본 연구를 진행하기 위해 방대한 그림 자료도 참고하였다. 『화성성역의궤』의 〈화성전도(華城全圖)〉와 〈행궁전도(行宮全圖)〉는 화성 축조 당시 화성행궁의 초기 건립 모습을 보여준다. 또한 19세기 후반에 그려진 것으로 추정되는 〈화성전도(華城全圖)〉에서는 화성행궁의 실제 모습은 물론 행궁 내외에 설치되었던 각종 창고들의 위치를 확인할 수 있었다.[21)] 1795년 을묘원행 진찬연의 주요 행사 장면을 그려놓은 《화성능행도병풍(華城行幸圖屛)》의 그림을 통해 행궁 주요 건물의 성격도 파악할 수 있었다. 의궤의 도설과 병풍으로 남겨진 그림 자료는 행궁의 구조 및 공간을 사실적으로 분석하는데 매우 유용하게 활용되었다.[22] 특히 프랑스국립도서관에서 소장하고 있는『명니의궤』는 화려하게 채색되어 있어 화성행궁의 실제 모습을 추정하는데 도움이 되었다.

본서는 이상과 같은 화성행궁 관련 자료의 종합적인 분석 및 선행 연구 성과를 바탕으로 다음과 같이 구성하였다.

먼저 1장에서는 화성행궁의 성격을 이해하기 위하여 조선시대 전국에 건립 운영되었던 행궁을 이용 목적에 따라 4가지로 구분하여 고찰하였다. 선왕의 능을 참배하기 위해 이용되었던 능행 행궁, 병을 치료하거나 휴식하기 위해 온천을 다녀오는 온행 행궁, 한양을 방어하거나 난을 피하기 위한 전란대비 행궁, 상왕의 거처를 목적으로 하는 상왕거처 행궁으로 나누어 살펴보았다.

화성행궁은 평소 수원부 관아의 기능과 함께 정조가 상왕으로 거처하기 위한 공간을 조성하면서 건물의 증개축 과정을 통해 완성되었다. 평소 지방 관아로 기능하였다는 점은 다른 행궁들과 동일하지만, 장차 상왕으로 노후를 보내고자 했던 정조의 구상에 따라 증개축 과정에서 여러 건물들이 추가로 건립되었다. 그리하여 화성행궁이 능행행궁은 물론 상왕거처 행궁에 걸맞는 구조로 완공되었다는 것이 확인되었다. 이에 본장에서는 조선시대 국왕의 행행을 통한 지방 행궁의 이용 사례를 확인하고, 기타의 행궁들과 구별되는 화성행궁의 기능을 파악함으로써 조선시대 행궁의 역사에서 갖는 독특한 위상을 설명하였다.

2장에서는 화성행궁이 건립된 1789년부터 1796년까지의 과정과 행궁 건설을 이끌었던 사람들의 활동 내역을 살펴보았다. 행궁의 건설과정은 1789년부터 1792년까지의 수원 신읍 조성기와 1794년부터 1796년까지의 화성 성역 시기로 나누어 살펴보았다. 더불어 화성행궁이 평소 관아로 기능하였다는 점에 주목하여 행궁이 건립되고 운영되었던 시기 수원부의 부사, 유수, 판관 등을 역임하였던 주요 인물에 대하여 알아보았다. 또한 행궁 건설에 참여하였던 장인(匠人)들의 활약을 살펴보고 더불어 행궁 건설에 투입된 재정도 확인함으로써 화성행궁 건설과정을 종합적으로 고찰하였다.

3장에서는 행궁 주요 건물을 이용 현황에 따라 분류하여 행궁의 기능을 파악하였다. 행궁 주요 건물을 배치 양상과 기능에 따라 구획하고 1795년 혜경궁의 회갑연 행사와 국왕 행차 시 건물의 이용 상황, 국왕의 동선에 따라 건물을 분류하여 그 기능을 유추해 보았다. 동시에 평소 지방 관아로서의 기능도 함께 확인하여 행궁을 4개의 공간으로 구분하여 접근하였다.

첫째, 행궁의 정당인 봉수당을 중심으로 장락당·복내당·유여택 등을 포함하는 건물들은 생활공간으로 분류하였다. 둘째, 다양한 행사가 진행되었던 낙남헌을 중심으로 득중정과 노래당, 행궁의 후원에 위치하고 있던 미로한정 등은 행사와 휴식공간으로 구분하였다. 셋째, 행궁의 정문인 신풍루와 좌우에 배치된 남북군영, 외정리소·비장청·서리청·집사청 등 건물들은 행정과 군사공간으로 구분하였다. 넷째, 정조 사후에 정조의 어진을 모시기 위해 건립된 화령전은 제사공간으로 분류하였다. 이를 통해 화성행궁 주요 건물의 실제적 기능을 확인하고자 하였다.

4장에서는 화성행궁 내외에 위치한 유수부 산하의 창고와 부속 시설의 현황을 파악하였다. 평소 화성부의 관아로 이용되었던 화성행궁에는 지방 관아 소속의 창고는 물론 국왕의 행행에 필요한 여러 가지 기물을 보관하고 운영하던 시설들이 함께 설치되었다. 이러한 부속 시설들은 화성행궁 내외의 각 관청 건물에 분산되어 분포하고 있었다. 〈화성전도〉에서 위치가 확인되는 부속 시설을 기준으로 『화성중기』와 『화영사례』

등의 자료를 분석하여 수원 신읍 조성기 이후부터 19세기 말까지 화성행궁 내외의 창고 및 부속 시설을 확인하였다. 화성행궁 내외에 설치되었던 창고에 대한 고찰을 통해 평소 지방 관아인 유수부의 창고와 부속 시설의 운영을 파악함으로써 행궁 운영의 실체에 접근할 수 있었다.

5장에서는 화성행궁에서 사용하거나 소장하고 있던 기물을 파악하였다. 화성행궁은 평소 화성유수부 관아로 이용되다 국왕의 원행 기간 중에는 국왕의 임시 처소로 사용되었다. 이와 함께 정조가 구상하던 갑자년 구상에 따라 화성행궁에서 소장하고 있던 다양한 기물은 국왕의 원행 기간은 물론 정조의 노후 생활을 위한 당대 최고의 왕실 비품이었다. 이를 위해 자료에서 확인되는 봉수당과 낙남헌 기물, 유여택과 노래당의 기물, 원행에 대비하여 준비된 외정리소의 기물, 다양한 기종의 수라간 기물, 국왕의 행차 시 이동식으로 마련되었던 금루와 약방의 기물 등을 파악하였다. 이러한 기물은 정조대 이후 지속적인 국왕의 행차가 이루어지면서 유수부 창고에서 보관하였고, 이후 화성부의 행사에서 재사용되거나 유수부 산하 기구에서 이용되었다. 이들에 대한 분석을 통해 수원 신읍 조성기 이후부터 19세기 말까지 유수부 창고의 기물 보관 및 이용 현황을 파악하였으며 나아가 각 건물의 정확한 기능까지 알아낼 수 있었다.

6장에서는 화성행궁 각 건물에 걸려 있던 현판을 살펴보았다. 화성행궁 각 건물에는 명필들의 멋진 글씨로 쓰인 현판과 시액들이 걸려 있었다. 그중에는 정조의 어필 현판과 당대 최고 서예가들의 글씨로 쓰인 현판이 상당수였다. 행궁 건설 이후 주요 건물과 행궁의 여러 문(門)에 내걸렸던 편액을 비롯한 상량문과 시액 등 행궁 전체의 현판 현황에 대하여 정리하고 복원 가능성을 검토해 보았다. 이를 통해 국립고궁박물관에서 소장하고 있는 〈장남헌(壯南軒)〉·〈화성행궁(華城行宮)〉·〈봉수당

(奉壽堂)〉·〈장락당(長樂堂)〉·〈낙남헌(洛南軒)〉·〈득중정(得中亭)〉 현판 6개와 〈자궁행화성행궁진찬일악장(慈宮幸華城行宮進饌日樂章)〉·〈화성행궁경차정묘판상운(華城行宮敬次正廟板上韻)〉·〈화성진찬일구점시여연제신(華城進饌日口占示與宴諸臣)〉·〈낙남헌양로연(洛南軒養老宴)〉·〈노래당구점(老來堂口占)〉 등 5개 시액(詩額)의 상황을 알아 낼 수 있었다. 현판은 건물을 대표하는 상징성을 갖는다는 점에서 향후 화성행궁의 올바른 복원에 도움을 줄 수 있을 것이다.

화성행궁은 평소 유수부의 관아로 기능하다가 국왕 행행 시에는 국왕의 임시 거처로 기능하도록 설계되었다. 여기에 갑자년 구상에 따라 공간이 구획되고, 이후에는 정조를 추모하는 공간이 추가됨으로써 다른 행궁과 구별되는 화성행궁의 특수성을 가지게 되었다. 국왕이 머물던 궁궐과 지방 관청의 기능에 적합한 공간이 행궁의 신축과 증개축 과정을 통해 조화롭게 갖추어진 것이다.

본서에서는 위와 같은 다양한 자료를 통하여 화성행궁의 성격을 여러 측면에서 조명하고자 했다. 화성행궁의 역사·문화적 의미를 재조명함으로써 행궁의 조성 과정은 물론 그 규모와 구성 그리고 실제 기능까지 분석하여 당대의 수준 높고 세련된 문화의 실상을 밝혀내려고 하였다. 아울러 화성행궁의 미진한 복원에 대한 대안을 제시함으로써 향후 행궁의 올바른 복원과 조선시대 왕실 문화를 새롭게 이해하는 것은 물론 화성행궁에서의 왕실 문화 행사 복원에도 도움이 되기를 기대한다.

제 1 장

조선(朝鮮)의 행궁(行宮)

1. 능행 행궁
2. 온행 행궁
3. 전란내비 행궁
4. 상왕거처 행궁

제 1 장

조선(朝鮮)의 행궁(行宮)

1. 능행 행궁
2. 온행 행궁
3. 전란대비 행궁
4. 상왕거처 행궁

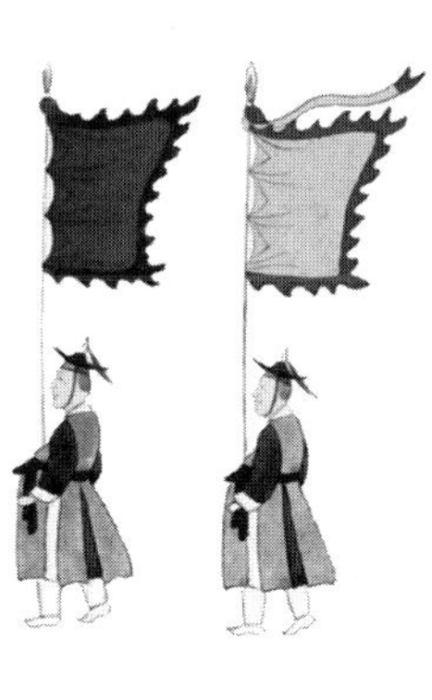

조선시대에 전국적으로 운영되었던 행궁(行宮)[1]은 국왕이 한양 도성의 궁궐을 벗어나 행차할 때 잠시 머물거나 유숙(留宿)하기 위하여 지방 군현에 마련된 숙소를 가리킨다.[2] 도성 내의 궁궐은 국왕의 사적·공적인 활동 공간으로 법궁(法宮)과 이궁(離宮)으로 구분된다.[3] 국왕이 임어(臨御)하는 도성 내의 궁궐 중에서 가장 으뜸이 되는 궁을 법궁이라 하고, 법궁의 상대개념으로 궁에 뜻하지 않은 변고가 생기거나 휴양 등의 이어(移御)를 목적으로 지은 궁을 이궁이라 하였다. 또한 왕실 소유로 필요에 따라 사용되었던 별궁(別宮)은 국왕의 잠저(潛邸)나 사저(私邸)로 한양 인근 지역에 다수 존재하였다.[4]

조선시대 국왕의 거둥은 유교사회에서 최고의 덕목인 덕치를 실현하는 행위의 하나라는 의미에서 행행(行幸)이라 불렀다.[5] 국왕의 궁궐 밖 행행은 궁을 벗어난다는 점에서 도성 내에서부터 국토의 경계에 이르기까지 매우 다양하다. 근거리를 다녀오는 경우 종묘(宗廟)와 사직(社稷) 및 능원(陵園)에 제사를 지내기 위한 행차, 친영(親迎)과 동뢰연(同牢宴)을 치르기 위하여 왕이 왕비를 맞이하기 위한 행차, 외교사절을 영접하기 위한 행차, 대사례(大射禮)와 강무(講武) 등의 군사훈련을 하기 위한 행차 등이 있다.[6] 도성에서 먼 거리를 다녀오는 경우 장기간의 휴식이나 병을 치료하기 위하여 온천 일대를 다녀오는 행차, 난을 피하기 위한 행차 등이 있었다.

국왕 일행은 지방을 다녀오는 행차길에 일정한 거리마다 행궁을 설치하여 잠시 쉬거나 유숙하면서 이동하였다. 국왕은 행궁에서 점심 수라를 들거나 문안차 방문한 각사 관원 및 인근 지역 지방관을 인견(引見)하기도 하였다. 조선후기에 이르면 그 횟수가 잦아지면서 행궁의 수요가 증가하기 시작하였다. 그러나 국왕의 행차가 있을 때마다 모든 지역에 행궁을 새롭게 건립할 수 없었다. 이에 특별한 경우를 제외하고 국왕이 지나가는 행차길 일대의 지방 관아가 행궁으로 이용된 것이다. 평소에는 지방 관아의 기능을 담당하다가 국왕이 행차하면 국왕의 임시 거처로 기능한 것이다.

조선시대 행궁은 이용 목적에 따라 크게 4가지로 구분할 수 있다. 선왕의 능을 참배하기 위해 이용되었던 능행 행궁, 온천을 다녀오는 온행 행궁, 한양을 방어하거나 난을 피하기 위한 전란대비 행궁, 상왕으로 물러나 머무르기 위한 상왕거처 행궁이다. 이러한 기준에 따라 행궁을 분류하면 〈표 1〉과 같다.

〈표 1〉 조선시대 행궁의 위치와 분류

분류		행궁의 위치
능행 행궁 [도성 기준]	북쪽	검암, 고양, 분수원, 파주[광탄], 임진, 장단[통제원], 판문평, 개성, 풍덕
	동쪽	여주, 이천(利川)
	남서쪽	노량[용양봉저정], 과천, 양천, 김포, 부평, 시흥, 안산, 안양, 사근참, 낙생, 화성
온행 행궁		온양, 진위, 직산, 천안, 초수, 배천, 이천(伊川), 고성
전란대비 행궁		강화, 광주[남한산성], 양주[북한산성], 의주, 영유, 박천, 영변, 해주, 부안[격포], 월미, 전주, 정릉동, 평양[풍경궁]
상왕거처 행궁		낙천정, 풍양궁, 연희궁, 화성

화성행궁은 현륭원(顯隆園) 조성 이후부터 국왕이 행차할 때마다 국왕의 임시 거처로 이용되면서 능행 행궁의 역할을 하였지만 본래는 정조의 갑자년[1804년] 구상에 따라 상왕이 거처하기 위한 목적으로 건립되었다고 할 수 있다. 이에 본서에서는 화성행궁을 상왕거처 행궁으로 분류하였다.

1. 능행 행궁

조선시대 국왕 행차는 주로 선대 왕의 능을 참배하는 능행이 대부분이었다.[7] 국왕의 능행길은 내소신료를 포함한 많은 사람들이 동행하는 대규모의 왕실 행사였다. 능원(陵園)은 대체로 현재 서울과 경기 일대에 분포하여 당일 참배가 가능하였지만, 개성 및 한강 이남에 조성된 왕릉을 다녀올 경우는 궁궐 밖에서 하룻밤 이상 유숙하지 않을 수 없었다. 이에 국왕 일행이 머물기 위한 임시 거처로 행궁이 운영된 것이다. 그 결과 능행 행궁은 왕릉의 위치에 따라 한양을 중심으로 북쪽의 고양·파주·장단·개성 일대, 동쪽의 여주와 이천 일대, 남서쪽의 김포와 양천·과천·수원 및 온양에 이르는 세 지역으로 구분할 수 있다.

1) 도성 북쪽 능행 행궁

한양의 북쪽에는 풍덕(豐德)의 후릉(厚陵)과 제릉(齊陵), 파주의 삼릉[三陵: 恭陵·順陵·永陵]·서오릉[西五陵: 敬陵·昌陵·翼陵·明陵·弘陵]·장릉(長陵) 및 소령원(昭寧園)과 수길원(綏吉園) 등의 능원이 자리 잡고 있다. 풍덕의 후릉과 제릉을 다녀오는 능행차는 조선초기부터 꾸준히 이

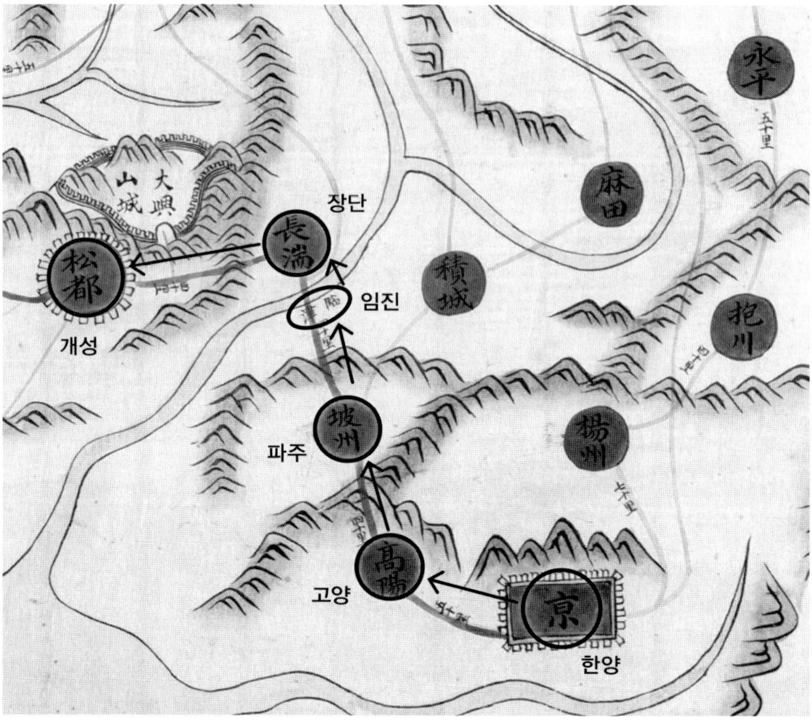

〈그림 1〉 한양에서 고양·파주·임진·장단을 거쳐 개성에 이르는 능행길, 〈황해도〉, 《해동지도》, 규장각

어졌다. 시대에 따라 조금씩 차이는 있었지만 일반적으로 한양을 출발한 어가는 첫날 검암(黔巖)을 거쳐 고양행궁(高陽行宮)에서 쉬었다가 분수원(汾水院)을 지나 파주행궁(坡州行宮)에서 유숙하였다. 다음날 임진관(臨津館)을 거쳐 장단(長湍)의 통제원행궁(通濟院行宮)과 판문평(板門坪)에서 잠시 주정한 후 개성부 행궁에 도착하였다.[8] 이 길은 약 160리(里)로 40리마다 점심 수라를 드는 주정소(晝停所)와 하룻밤을 유숙하는 행궁을 설치하고, 그 사이의 20리마다 잠시 쉬어가는 주필소(駐蹕所)를 배치하였다.

국왕 일행이 한양을 출발한 후 처음으로 잠시 쉬는 곳은 검암이었다. 조선시대 이 일대는 한양에서 북쪽 지방으로 통하는 관문이었기 때문에

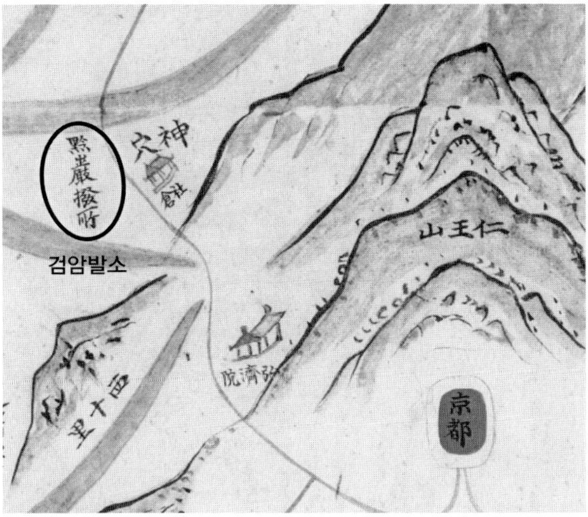

〈그림 2〉 검암발소, 〈양주지도〉, 《1872년 지방지도》, 규장각 (좌)
〈그림 3〉 검암기적비 (우)

중국을 오가는 사신이나 상인들이 반드시 지나는 지역으로 의주대로의 주요 기착지 중 하나였다.[9] 검암이 발참(撥站)의 역할에서 벗어나 국왕의 주정소로 주목받기 시작한 것은 숙종대 이후이다. 검암의 관사(官舍)는 1757년(영조 33)에 세워져 이용되다 1781년(정조 5) 정조의 명릉 참배에 앞서 새로운 건물이 건립 운영되었다. 이때 왕의 가마가 출입할 수 있도록 문을 넓게 만들고 어필 현판을 걸도록 하였으며 비각과 하마비(下馬碑)도 함께 건립되었다.

1781년은 영조가 연잉군 시절인 1721년(경종 1) 숙종의 탄신일(誕辰日)을 기념하기 위해 명릉을 참배한 지 1주갑이 되는 해였다. 영조는 연잉군 시절 명릉을 참배하고 한양으로 돌아오는 길에 검암에서 이틀을 머물렀다. 검암에 머무는 동안 가난 때문에 소를 훔쳤다는 도둑의 이야기를 듣고, 흉년으로 인해 기근이 심하여 한 짓으로 여기고 소는 농부에게 돌려주고 도둑을 용서한 일이 있었다. 정조는 명릉을 참배하고 돌아오다 검암에서 할아버지 영조의 일화를 떠올리고 이를 기념하기 위하여 친히 글을 짓고 비석을 세우도록 명하였다.

이렇게 해서 세워진 비석이 검암기적비(黔巖紀蹟碑)이다. 정조는 대신들에게 검암비문(黔巖碑文)을 보내 윤색하도록 하고 옛일을 기억하는 사람을 찾아 비문 작성에 참고하였으며 정민시(鄭民始, 1745~1800)에게 명하여 "검암사적비명(黔巖事蹟碑銘) 병인(幷引)"을 시제로 내리기도 하였다. 명릉을 다녀오는 능행길에는 완공된 비각을 둘러보고 검암 발장(撥將)을 불러 소견하기도 하였다. 검암기적비는 현재 서울 은평구 진관동의 진관문화공원 내에 하마비와 함께 남아 있다.

검암에는 국왕의 능행 때마다 임시건물[假家]이 설치되어 이용되었는데 그때마다 백성들의 동원으로 폐단이 계속되자 정조의 명에 의해 행궁을 건설하기로 결정하였다. 그러나 이후 실제로 행궁 건설과 이용기록은 확인되지 않고 있다. 다만 1791년(정조 15) 홍경모(洪敬謨, 1774~1851)의 서정기(西征記)에서 검암역의 우측에 '행궁치(行宮峙)'가 있고 그 뜰에 어제비와 하마비가 있었다는 기록만 확인될 뿐이다.

고양행궁은 검암을 출발한 국왕 행렬이 점심 수라를 위해 잠시 쉬어 갔던 곳으로 개성은 물론 파주 일대의 여러 능을 다녀오는 길목에 위치하고 있어 북쪽의 행궁 중 가장 빈번하게 사용되었다. 정조대에 국왕의 행차가 잦아지자 관사를 넓히는 공사가 진행되면서 행궁으로서의 면모를 갖추게 되었다. 특히 정조 초기 매년 서오릉 일대로 능행을 다녀옴에 따라 경기감영에서는 필요한 물건을 획급해 주고 관사를 넓혀 유숙하는데 편리하도록 하였다.[10] 이후 정조는 고양행궁에서 유숙하면서 주위의 능을 두루 전배하고 민정을 살폈다. 1787년(정조 11) 능행차에서는 고양의 객사에서 도과(道科)를 설행하고 행궁으로 돌아와 문무과(文武科)의 과차(科次)를 행하였다.[11] 이때 친히 활을 쏘아 맞힌 과녁을 고양군의 객사에 간직하도록 하였는데 이는 영조가 육일각(六一閣)을 지어 대사례

의 제구(諸具)를 간직하도록 하였던 옛일을 따른 것이었다.[12]

파주에서 장단을 지나는 능행길에서는 원(院)이 행궁으로 이용되기도 하였다. 원은 역(驛)의 기능을 보조하는 교통·숙박시설로 일반 여행객들이나 공물 및 노비신공(奴婢身貢) 운반자들의 숙식 해결을 위한 시설이었다. 조선 초기 원의 구분은 전국의 역과 동일하게 대로·중로·소로로 구분하였는데, 한양에서 개성까지 서북방면의 역로를 대로로 편성한 것처럼 원도 이 구역을 대로로 나누었다.[13] 한양에서 개성으로 이어지는 원의 대로에는 일정한 거리마다 많은 원들이 운영되었다. 이 가운데 분수원·광탄원·통제원이 국왕의 능행길에 행궁으로 이용된 것이다.

고양을 출발한 국왕 일행은 분수원(分水院)에서 잠시 쉬었다가 파주로 이동하여 하룻밤을 유숙하였다.[14] 분수원은 현재 경기도 파주시 광탄면에 있는 분수리 일대로 용미리와 분수 3리가 만나는 곳에 작은 고개가 있는 지역이다. 고양에서 파주로 이어지는 중간 길목에 있던 분수원은 돈화문에서 출발한 기발(騎撥)이 검암·양주(楊州)·고양을 지나 파주로 이어지는 의주대로(義州大路)의 중요 기착지였다.[15]

파주행궁은 현재 파주시 광탄면 부근으로 양주에서 흘러오는 광탄천(廣灘川) 언덕에 자리한 광탄원(廣灘院)을 가리킨다. 권근(權近, 1352~1409)의 시문집인 『양촌집(陽村集)』에 의하면 광탄은 서울과 개성의 중간에 위치하여 길을 가던 나그네들이 대부분 쉬어 가는 곳

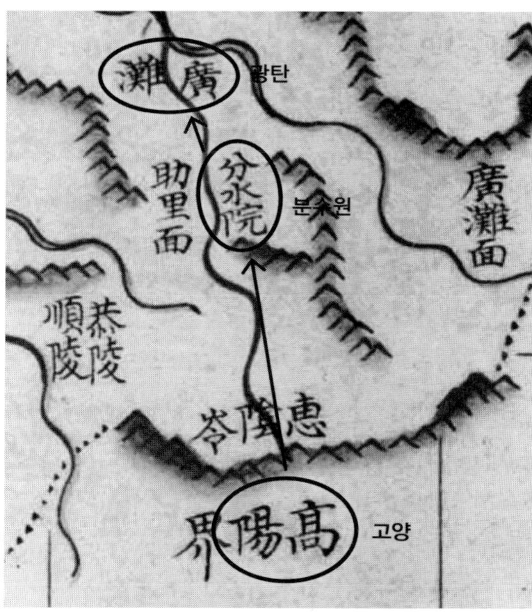

〈그림 4〉 고양·분수원·광탄, 〈파주〉, 《팔도군현지도》, 규장각

이라고 기록하고 있다.[16] 광탄원 아래로 큰길에 임하여 평평한 들을 내려다보고 있어 언덕에 오르면 탁 트인 시원한 조망이 속세의 피로를 씻어 주었다고 한다. 파주의 광탄원은 국왕의 능행길뿐만 아니라 먼 길을 떠나는 여행객들이 하룻밤을 묵고 다음 여정을 시작했던 곳이다. 파주행궁에서는 개성과 풍덕을 참배하는 능행길 외에도 영조대 이후에는 파주에 위치한 진종(眞宗)의 영릉(永陵)과 김포에 위치한 인조(仁祖)의 장릉(長陵)을 다녀오는 길에 하룻밤씩 유숙하기도 하였다.

다음 여정인 장단까지는 임진관(臨津館)에서 배로 임진강을 건너야만 했다. 임진강을 건너면 장단(長湍)의 통제원행궁에서 점심 수라를 들고 쉬어갔다. 이때 행궁 앞뜰에는 이동식 장막인 파오달(波吾達)이 설치되었는데 고려시대부터 이용했던 임시 숙소로 일종의 야외 천막이었다.[17] 파오달은 조선초기부터 중종대까지만 해도 이용 기록이 확인되지만 이후에는 그 명칭조차 생소하게 된 것으로 보인다. 그러나 이동식 장막인 파오달이 사라졌다기보다는 '파오달'이라는 명칭을 사용하지 않았을 뿐 띠로 덮은 '임시가옥[假家]'이 '파오달'을 대신하였던 것으로 추정된다.

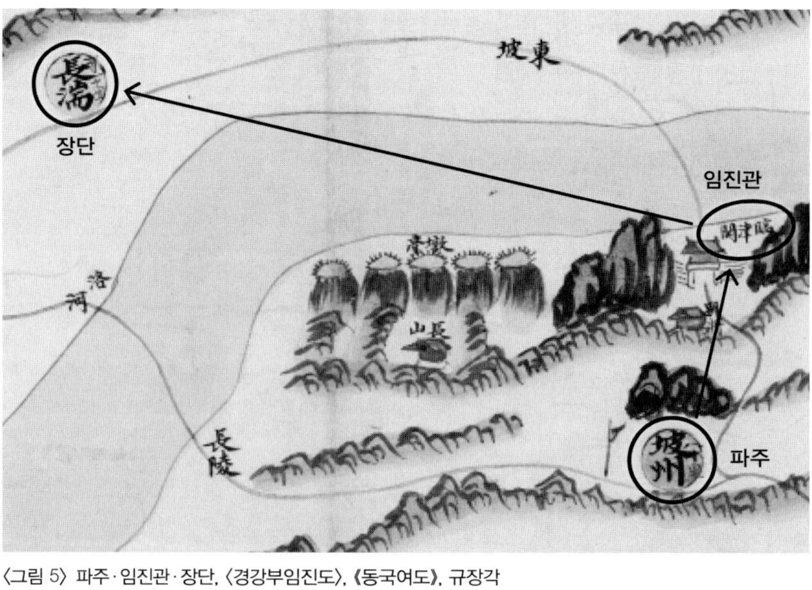

〈그림 5〉 파주·임진관·장단, 〈경강부임진도〉, 《동국여도》, 규장각

장단의 통제원행궁에서는 양로연이 열리기도 하였다. 중종은 1535년(중종 30) 풍덕의 제릉에 제사를 지낸 후 개성부와 풍덕의 노인들을 위한 잔치를 개경의 경덕궁(敬德宮)에서, 장단·파주·고양의 양로연 잔치는 통제원행궁에서 베풀었다.[18] 통제원행궁은 장단 관청의 뒤쪽이면서 향교의 앞쪽에 자리하였다는 것으로[19] 보아 1872년 작성된 장단부 지도를 통해 그 위치를 가늠해 볼 수 있다.

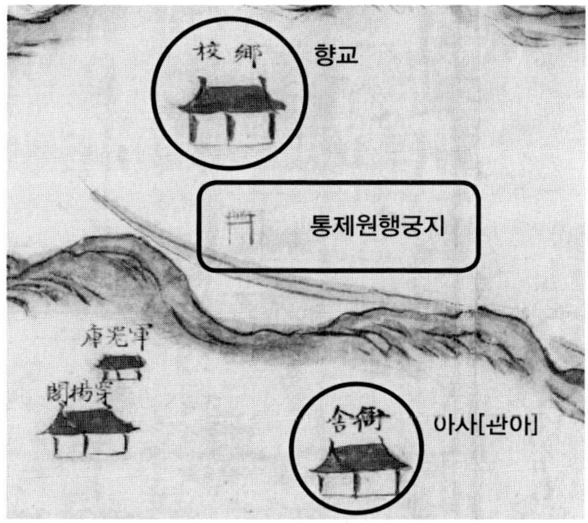

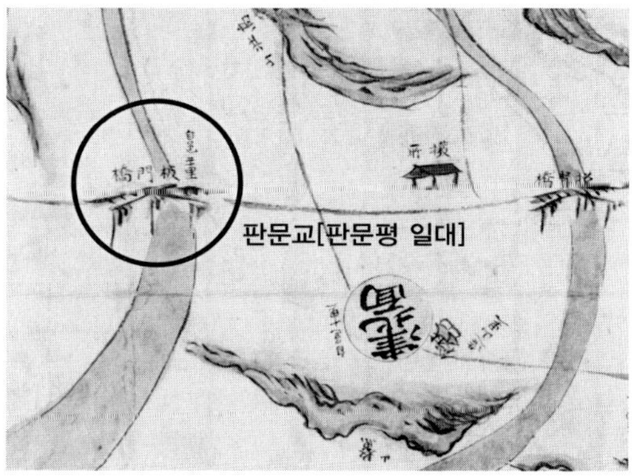

〈그림 6〉 통제원행궁 추정지, 〈장단부지도〉, 《1872년 지방지도》, 규장각 (상)
〈그림 7〉 판문교[판문평 일대], 〈장단부지도〉, 《1872년 지방지도》, 규장각 (하)

국왕 일행은 개성에 도착하기 전, 장단에서 개성으로 들어가는 길목의 너른 들판인 판문평(板門坪)에서 마지막 휴식을 취하였다. 판문평은 문종대에 경기조전절제사(京畿助戰節制使) 김윤수(金允壽, 1387~1462)가 경기좌우도(京畿左右道)의 마병(馬兵)과 보병(步兵) 3,436명을 주둔시킬 만큼 너른 땅이었다.[20] 개성으로 향하는 능행길의 마지막 주필소였던 판문평에 이동식 장막을 설치하여 쉬는 공간을 만들어 이용하였던 것이다.

개성은 고려의 도읍지로 많은 이궁들이 건립되었다. 개풍군 광덕면에 건립된 장원정(長源亭)은 고려의 문종·숙종·예종·인종·의종이 빈번하게 행차하였던 곳이다.[21] 도선(道詵, 827~898)의 『송악명당기(松岳明堂記)』에 "서강(西江)의 강변에 군자가 말을 모는 형세[君子御馬]의 명당자리가 있으니 태조가 통일한 병신년(丙申年, 936)으로부터 120년 뒤 이곳에 궁궐을 지으면 국업(國業)이 연장된다."는 기록에 따라 문종이 태사령(太史令) 김종윤(金宗允)에게 명하여 터를 살피고 이궁을 짓게 하였다.[22] 조선시대에는 연산군이 장원정 유람 계획을 세우지만[23] 거둥했던 기록은 확인되지 않는다.

이외에도 고종은 1250년(고종 37) 대장군(大將軍) 이세재(李世材)와 신집평(愼執平)을 풍덕군 남쪽 15리에 있는 백마산(白馬山) 남쪽의 옛 임해원(臨海院)터에 보내어 궁을 짓도록 하였다.[24] 임해원은 기우제를 지내던 곳으로 1040년(정종 6) 봄에는 가뭄이 계속되자 비를 내려달라는 의식을 진행하였다.[25] 1085년(선종 2)에도 4월이 지나도록 가뭄이 이어지자 해당 관청에 명하여 임해원에서 이레 동안 『운우경(雲雨經)』을 강설하게 하고 기우제를 지냈으며[26] 1101년(숙종 6) 4월에도 가뭄이 계속되자 임해원에서 용왕도량(龍王道場)을 열어 비가 오기를 빌었다.[27] 1250년(고종 37)에는 임해원 옛 터에 궁궐을 짓고 임해궁(臨海宮)이라 하였는데, 이후 제릉과 후릉이 조성되어 능행이 이루어지거나 사냥을 하기 위해 국왕의 행차가 이어지면서 임해궁이 이궁으로 이용되었다. 또한 1278년(충렬왕 4)에는 풍덕부 덕수현(德水縣)의 마제산(馬蹄山)에 수강궁(壽康宮)이 세워져[28] 이듬해부터는 왕과 공주들이 수강궁으로 거처를 옮겨 생활하면서 사냥을 하기도 하였다.[29]

고려시대의 경우 풍덕에 건립된 행궁의 이용이 활발하였던 것에 비해 조선시대는 주로 개성부의 행궁이 이용되었다. 국왕들은 개성에 머물면서 하루 동안 풍덕의 후릉과 제릉에 참배를 다녀왔지만 숙종대는 풍덕에도 행궁이 건립되어 이곳에서 유숙하며 능을 다녀왔다.[30]

개성부행궁은 대흥산성(大興山城)의 대승당(大乘堂)을 가리킨다.[31] 대흥산성은 송도 천마산(天摩山)과 성거산(聖居山) 사이에 있는 대흥산의 산성으로 1676년(숙종 2) 체찰사(體察使) 허적(許積, 1610~1680)과 훈련대장 유혁연(柳赫然, 1616~1680)의 감독 아래 축성되었다.[32] 당시 완성된 산성의 석축 둘레는 4,337파(把)이고 성가퀴[堞]가 1,531개였다. 이후 1796년(정조 20)에 새로 개축한 성의 둘레가 5,997보(步)이고 성가퀴가 1,530개였다는 점에서 성의 전체 구조는 크게 변하지 않았던 것으로 보인다.[33] 성의 북문은 박연폭포 위에 있고 남문은 토현(土峴)에 있으며, 장대(將臺)는 용천사(龍泉寺) 위에 있는데 중군영(中軍營)이 그 아래에 있었다. 동문은 가섭봉(迦葉峯) 밖에 있고 서문은 정광봉(定光峯)에 있으며 서소문(西小門)은 만경대(萬景臺) 밖에 있었다. 대승당은 표암(豹菴) 강세황(姜世晃, 1713~1791)의 《송도기행첩(松都紀行帖)》을 통해 그 모습을 확인할 수 있다. 대흥산성 안팎에는 대승당 외에도 산성 주둔군의 본영인 제승당(制勝堂), 영청당(永淸堂) 등이 함께 자리 잡고 있었다.[34]

그러나 조선후기에 이르면 또 다른 행궁이 새로 건립되었던 것으로 보인다. 신설 행궁의 동쪽에 삼절헌(三絶軒)이 있고 후원에는 초연정(超

〈그림 8〉 〈대승당〉, 《송도기행첩》, 국립중앙박물관

然亭)이 자리 잡고 있었는데[35] 삼절헌이 만월대와 5리 정도의 거리에 위치하고 있었다는 점에서 만월대와 멀지 않은 곳에 행궁이 새로 건립된 것으로 추정된다.[36] 행궁의 관리는 군기를 보관하고 있던 산성 내의 4~5개 사찰이 담당하고 있었지만[37] 정조대에 이르면 각 사찰의 승도 수가 줄어들면서 곤란을 겪고 있던 것으로 보인다.

2) 도성 동쪽 능행 행궁

한양의 동쪽 능행 행궁은 여주의 영릉(英陵)과 영릉(寧陵)을 다녀오는 길목인 이천(利川)과 여주(驪州)에 건립되었다. 이천과 여주를 다녀오는 길은 한양에서 출발하는 4로(路) 가운데 송파·광주·이천·장호원을 거쳐 충주에 이르는 도로이며 이천에서 여주까지 도로는 능행을 위해 별도로 개설되었다.[38]

이천행궁은 1469년(예종 1) 세종의 능을 여주로 천봉하면서 건립되었다.[39] 행궁의 중심 건물은 객관의 동쪽에 있던 애련당(愛蓮堂)으로 1728년(영조 4)에 중건하였다.[40] 행궁의 뜰에 있던 연못에 이세보(李世珤, 1426~1478)가 애련정(愛蓮亭)을 세우고 신숙주(申叔舟, 1417~1475)가 편액 글씨를 썼다.[41] 중종은 1528년(중종 23) 애련정에서 양로연을 베풀었으며[42] 숙종은 관리들이 오고 가는 길에 잠시 머무는 곳으로 이용하도록 하였다.[43]

여주행궁의 중심 건물인 청심루(淸心樓)는 고려 때 건립된 누각으로 객관 북쪽에 세워졌다.[44] 여주의 여강(驪江)을 끼고 세워진 청심루는 고려시대부터 조선시대에 이르기까지 많은 문객들의 시제로 등장할 만큼 경치가 아름다웠다. 1617년(광해군 9) 여주군수 김용(金涌, 1557~1620)이 중건하면서 이후 송시열(宋時烈, 1607~1689) 글씨로 쓰여진 현판이 내걸렸다.[45] 중종은 1528년(중종 23)에 영릉(英陵)을 참배하고 친제(親祭)를 끝낸 뒤 청심루에서 별시(別試)를 베풀었으며[46] 정조 역시 여주에 도착하자마자 청심루로 이동하여 할아버지 영조가 그랬던 것처럼 광주·이천·여주의 사민(士民)과 부로(父老) 등에게 하유(下諭)하는 일정을 이어나갔다.[47]

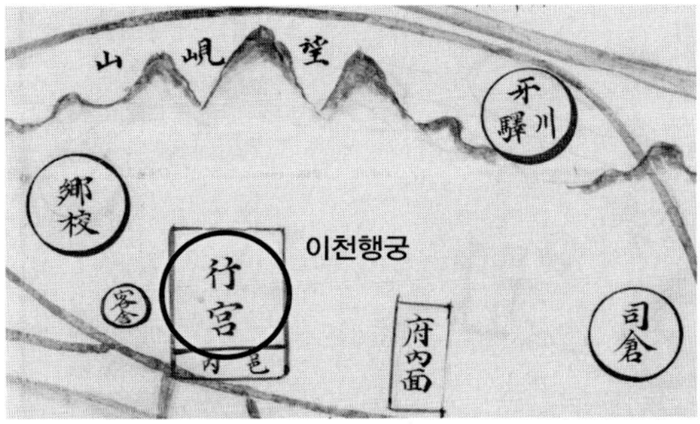

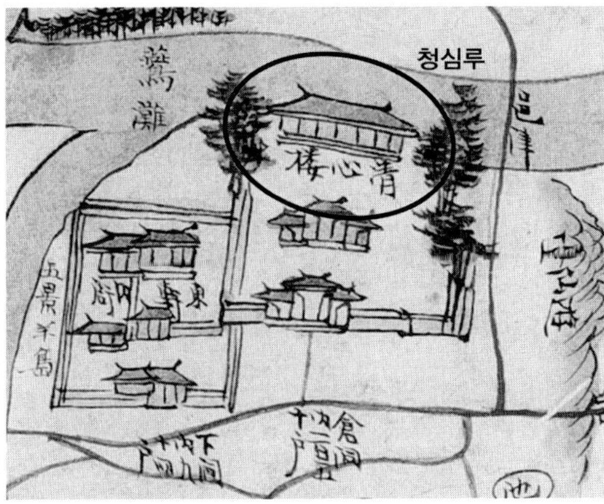

〈그림 9〉 이천행궁, 〈이천부지도〉, 《1872년 지방지도》, 규장각 (상)
〈그림 10〉 청심루, 〈여주목〉, 《해동지도》, 규장각 (하)

특히 정조는 여주에서 대대적인 군사훈련을 실시하였다. 선전관에게 명하여 신호탄[信砲]을 쏘아 각 영(營)의 기(旗)를 점검하게 하고, 경기관찰사 정창성(鄭昌聖, 1724~?)에게 명하여 크고 작은 모든 배를 정돈하여 대령하게 하였다. 초경(初更)이 지나 해가 지자 각 영의 대장이 마병(馬兵)·보병(步兵)의 군사를 거느리고 언덕 위에 진을 쳤고, 수백 척의 배는 청심루 앞에 정돈하여 횃불을 올리자 각 영과 배에서 일제히 고악(鼓樂)을 울렸다. 이때 강가로 구경나온 여주 백성들까지 합쳐져 장관을 이루었다고 한다.

그러나 여주행궁에서의 유숙은 자주 이루어지지 못했던 것으로 보인다. 성종 때 능행길에는 낮에 이천의 복하천(福河川)가에 주정하고 저녁은 여주로 이동하여 유숙하였다.[48] 하지만 일반적으로 국왕 일행은 하루 안에 여주의 두 능(陵)을 모두 참배하고 이천행궁으로 돌아가 유숙하는 일정에 따라 이동하였다.[49] 여주와 이천의 이동거리가 100여 리에 달하여 이천행궁에 도착하면 대부분 깊은 밤이 되었는데 숙종은 1688년(숙종 14) 능행길에서 닭 울음소리가 들리는 새벽[鷄鳴]에 이르러서야 이천행궁에 도착했다고 한다. 정조는 이런 이유로 1779년(정조 3) 능행 당시 여주행궁에 유숙하기도 하였다.

3) 도성 남서쪽 능행 행궁

한양의 남서쪽인 경기 남부 일대에는 주정소를 포함하는 행궁들이 조선후기에 집중적으로 운영되었다. 이 지역에서 행궁의 이용이 가장 빈번했던 시기는 1789년 수원부에 현륭원이 조성된 이후 정조의 원행이 매년 이루어졌던 정조년간이었다. 하지만 이 일대는 조선초기부터 온양온천을 다녀오는 행차로였기 때문에 이미 수원·진위·직산·천안 등에서 행궁이 운영되고 있었다.

화성 건설이 시작된 1794년(정조 18년) 4월 시흥로가 새롭게 개설됨에 따라 한양의 창덕궁에서 수원에 이르는 길에는 노량, 과천, 시흥, 안양, 사근참, 안산 등에 행궁이 설치되었다. 수원으로 향하는 능행길에는 약 20~30리마다 주정소나 주필소를 설치하고, 40~50리 거리에는 유숙할 수 있는 행궁을 건립하여 이용하였다.[50]

한양을 출발한 국왕 일행은 한강을 건넌 후 노량진(鷺梁津)의 주정소에서 점심을 들면서 잠시 휴식하였다. 노량행궁이 있던 노량진은 주교(舟橋)의 나룻길[津路]이었다. 노량진은 선릉·정릉·장릉(章陵)·현륭원[이후 융릉]과 온양에 거둥할 때 이용되었지만, 헌릉·영릉(英陵)·영릉(寧陵)에 거둥할 때에는 나룻길이 광나루[廣津]로 옮겨 설치되었다.[51] 노량

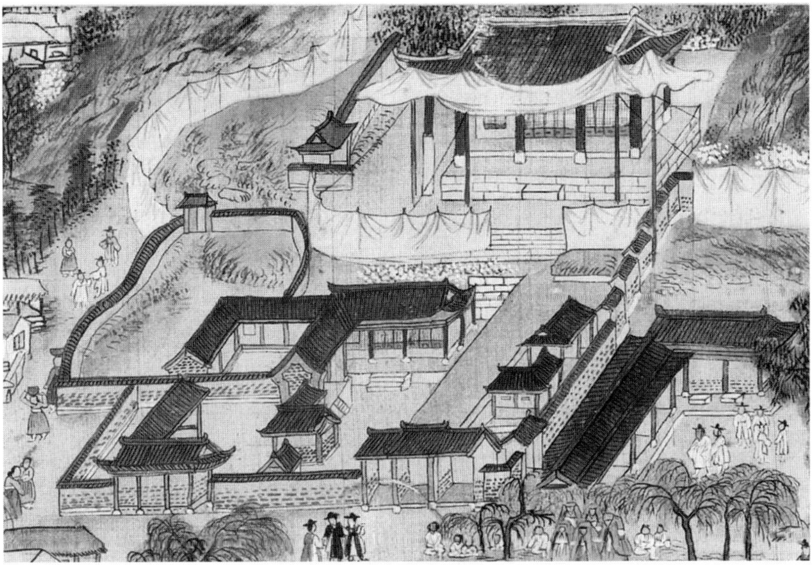

〈그림 11〉 노량행궁, 〈한강주교환어도〉 《화성능행도병풍》, 국립고궁박물관

〈그림 12〉 노량진행궁, 《동여도》, 규장각

〈그림 13〉 용양봉저정, 서울시

의 주정소가 국왕이 유숙하는 행궁의 모습을 갖추게 된 것은 고종대였다. 고종은 헌릉(獻陵)과 인릉(仁陵)을 참배하러 다녀오는 길에 노량행궁에서 수군(水軍)훈련인 수조(水操)를 행하고, 밤에는 횃불을 올려 야조(夜操)까지 관람한 후 하룻밤을 유숙하였다.[52] 국왕 일행이 행차길에 잠시 머무는 주정소로 이용되던 공간이 국왕이 직접 주관하여 군사훈련에 참가하고 유숙함에 따라 행궁으로서의 면모를 갖추게 된 것이다.

용양봉저정(龍驤鳳翥亭)은 현재 서울 동작구 본동에 위치한 노량행궁의 중심 건물로 1791년(정조 15) 정면 6칸, 측면 2칸으로 지어져 망해정(望海亭)이라고도 불렀다.[53] 망해정은 1793년(정조 17) 화재로 인해 남쪽 행각의 처마와 부연(浮椽) 등이 손상되었지만[54] 주교사(舟橋司) 김문순(金文淳, 1744~1811)이 도청(都廳) 이홍운(李鴻運)과 별간역(別看役) 정우태(丁愚泰)를 인솔하고 보수공사를 하였다.[55] 정조는 1797년(정조 21) 현륭원 원행을 마치고 환궁하던 중 용양봉저정에서 전 주교사 당상인

정민시(鄭民始)를 불러 주교사 소속의 장교와 이속(吏屬)·선인(船人) 등에게 상을 내리기도 하였다.[56] 노량행궁은 현재 용양봉저정만 남아 있지만, 당시의 모습은 《화성능행도병풍》의 〈한강주교환어도(漢江舟橋還御圖)〉를 통해 확인된다.

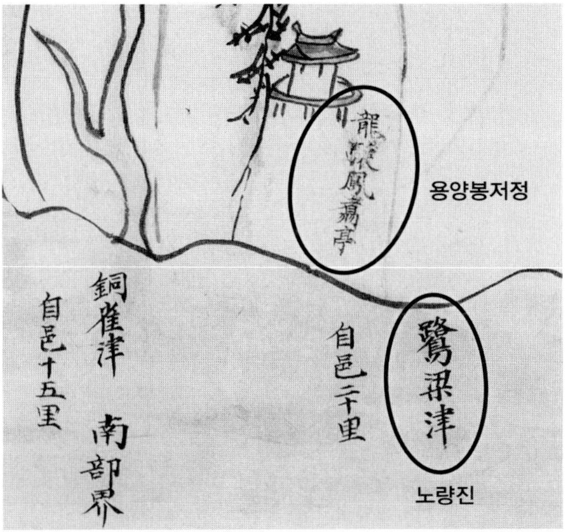

〈그림 14〉 용양봉저정과 노량진, 〈과천지도〉, 《1872년 지방지도》, 규장각

노량진을 출발한 국왕 일행이 첫날 유숙하는 곳은 과천행궁이나 시흥행궁이었다. 과천현은 조선전기부터 국왕들이 온양온천을 다녀오는 온행길에 잠시 쉬거나 하룻밤을 유숙하는 지역이었다. 성종대까지만 해도 남부지방으로 이동하는 길목은 양재의 낙생역 일대였지만, 중종대에 낙생역 일대가 쇠퇴하게 되자 길을 떠나는 공사 일행은 물론 백성들까지 과천현 일대에서 숙박하기 시작하였다.[57] 이후 과천현의 관아가 아닌 '과천행궁'이라는 명칭이 확인되는 것은 현종대이다. 당시 국왕이 유숙하던 행궁 주변은 군사가 주둔할 장막을 칠 공간조차 부족하였지만[58] 현종은 온양온천을 다녀오는 길에 과천행궁에서 하룻밤 유숙하였다.[59] 숙종과 사도세자 역시 온양을 다녀오는 온행길에 과천행궁에서 유숙하였으며 정조는 과천행궁에서 머물며 사도세자의 온행길에 참석하였던 과천의 부민들을 만나 쌀을 나누어주는 행사를 갖기도 하였다.

과천행궁은 현재 경기도 과천시 온온사(穩穩舍) 일대로 추정된다.[60]

〈그림 15〉 온온사

과천행궁은 1789년 가을 관아를 증개축하면서 약 200여 칸의 신축 건물과 함께 새로운 모습을 갖추게 되었다.[61] 당시 신축 규모는 칠량각(七樑閣) 18칸, 삼문(三門) 3칸, 삼문 전후의 중문(中門) 4곳이 각각 1칸, 공수(公須) 8칸, 어승마(御乘馬) 임시건물[假家] 3칸, 장교청(將校廳) 4칸 반, 개건 규모는 향청(鄕廳) 6칸, 보민고(補民庫) 4칸, 중수(重修) 규모는 동헌(東軒) 14칸, 내아(內衙) 18칸, 책실(冊室) 3칸, 행랑(行廊) 7칸, 사창(司倉)의 좌기청(坐起廳) 4칸 반, 사령청(使令廳) 9칸, 보수 규모는 경창(京倉) 24칸, 본창(本倉) 20칸, 외삼문(外三門) 3칸, 아사(衙舍) 전후 중문 3칸이었다. 이외에도 115칸의 행궁 담장과 내아 7칸이 신축되었고, 92칸의 기와를 갈아 끼우고 바깥 담장도 새롭게 보수하였다. 이듬해인 1790년(정조 14) 2월 정조는 현륭원 원행을 마치고 한양으로 돌아가는 길에 과천현에 머물며 동헌을 부림헌(富林軒), 내사(內舍)를 온온사(穩穩舍)라고 명명하고 어필 편액을 써 걸도록 하였다.[62]

이후 과천행궁에서 하룻밤을 유숙하는 원행길은 1793년까지만 이용되었다. 1795년 수원에서 치러진 혜경궁의 회갑연을 준비하면서 과천로를 대신할 시흥로가 만들어져 원행길이 변경되었기 때문이다. 과천로는 남태령 고개를 넘어야 하는 험준한 길로 연로한 혜경궁을 편히 모시기 위해서는 평탄하고 넓은 도로가 필요했다.[63] 이에 시흥로가 새롭게 조성되어 1794년부터는 과천행궁 대신 시흥행궁을 거쳐 가는 원행길이 이용된 것이다. 당시 창덕궁에서 현륭원까지는 과천길 85리에 교량은 21개소, 시흥길 83리에 교량이 24개소가 설치되었다.[64] 거리는 과천길이 시흥길보다 조금 더 멀었지만 교량의 수가 적어서 큰 차이는 없었던 것으로 보인다.

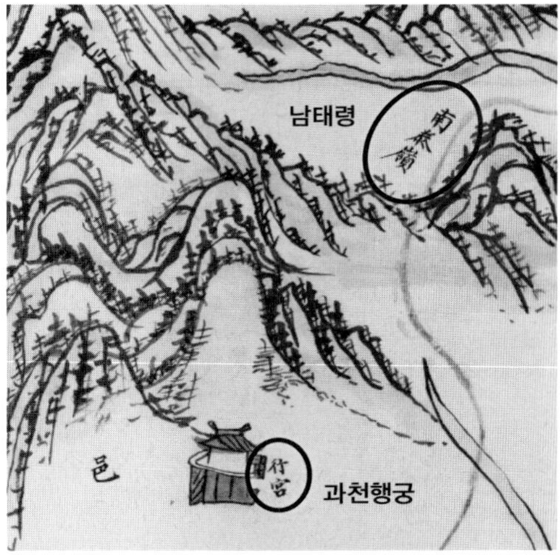

〈그림 16〉 남태령과 과천행궁, 〈과천지도〉, 《1872년 지방지도》, 규장각

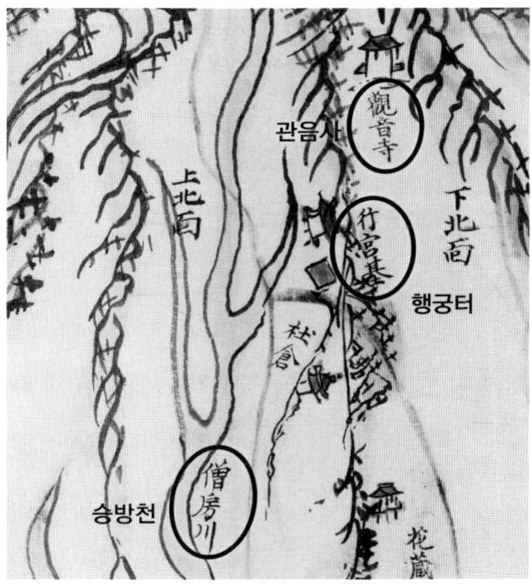

〈그림 17〉 관음사·행궁터·승방천, 〈과천지도〉, 《1872년 지방지도》, 규장각

노량행궁에서 과천행궁으로 가는 길에는 남태령 고갯길의 승방평(僧房坪) 행궁이 주정소로 이용되기도 했다.[65] 승방평은 현재 동작구 사당동에 있던 마을로 뒷산에 관음사라는 절이 있고 그 절 앞에 펼쳐져 있던 마을에서 이름이 유래하여 '승방뜰'·'심방뜰'이라고도 불렀다.[66]

〈그림 18〉 시흥행궁, 〈시흥환어행렬도〉, 《화성능행도병풍》, 국립고궁박물관

시흥행궁(始興行宮)은 1794년(정조 18) 경기감사 서용보(徐龍輔, 1757~1824)의 주청(奏請)으로 평안도 청천강변에 남당성(南塘城)을 쌓고 남은 돈 1만 3천여 냥을 가져다가 시흥로 개설과 함께 건립되었다.[67] 당시에는 금천행궁으로 완공되었지만 이듬해에 금천을 시흥으로 개칭하고 종6품의 현감을 종5품의 현령으로 격상시키면서 시흥행궁으로 부르기 시작했다.[68]

시흥행궁은 현재 시흥시 동헌 1길에서 동헌 3길에 이르는 지역으로 추정된다.[69] 복원된 화성행궁이나 남한산성의 양주행궁과 달리 시흥행궁 추정지는 현재 주택가이기 때문에 행궁지조차 확인되지 않고 있다. 그러나 1872년(고종 8)에 제작된 《1872년 지방지도》의 〈시흥현지도〉와 혜경궁의 회갑연을 기념하기 위해 제작된 《화성능행도병풍》의 〈시흥환어행렬도(始興還御行列圖)〉를 통해 행궁의 모습을 짐작할 수 있다.

고지도에 의하면 시흥행궁은 관악산 호압사(虎壓寺) 아래에 남서쪽을 바라보는 곳에 위치하였을 것으로 보인다. 행궁 주위에는 객사, 사창, 향교, 사직단 등이 자리 잡고 있었으며 행궁 전면에는 만안교(萬安橋)로 이어지는 시흥로가 개설되었다. 시흥행궁의 규모는 1899년(고종 36)에 간행된 『경기도시흥군읍지』를 통해 총 240칸이었다는 것을 알 수 있다.[70] 실제 모습은 《화성능행도병풍》의 〈시흥환어행렬도〉를 통해 확인되는데 행궁 입구에는 홍살문이 세워져 있고, 정면 3칸의 솟을삼문이 두 겹으로 세워져 있었다. 행궁의 주요 공간인 내삼문 안쪽은 낮은 삼문 뒤의 ㄱ자 전각 건물, 다시 그 뒤의 ㄱ자 건물과 연결된 ㅁ자 건물이 행각으로 연결되어 있다. 행각으로 연결된 안쪽 건물 앞마당에는 작은 정원이 조성되었다.

시흥행궁 내 건물들의 명칭에 대한 구체적 정보가 없는 상황에서 『원행을묘정리의궤』에서 확인되는 '시흥당(始興堂)'은 주목할 만하다.[71] 정

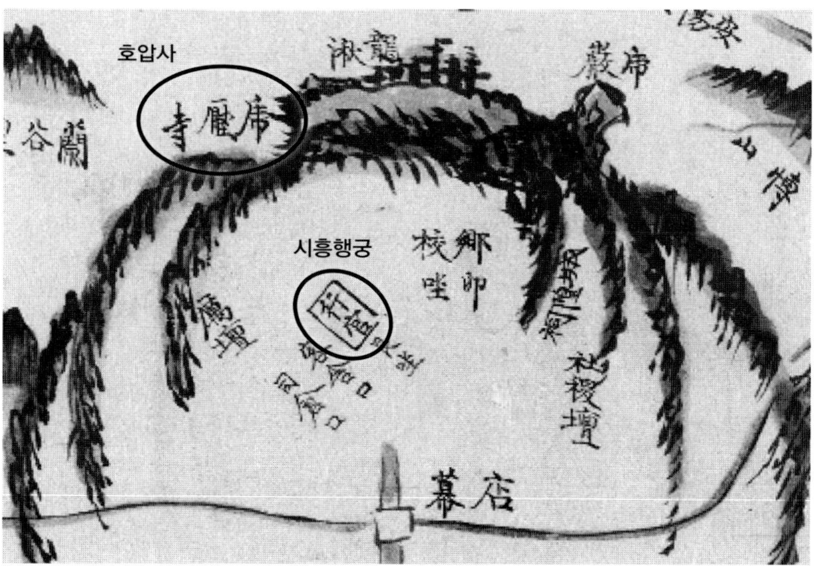

〈그림 19〉 시흥행궁과 호압사. 〈시흥현지도〉, 《1872년 지방지도》, 규장각

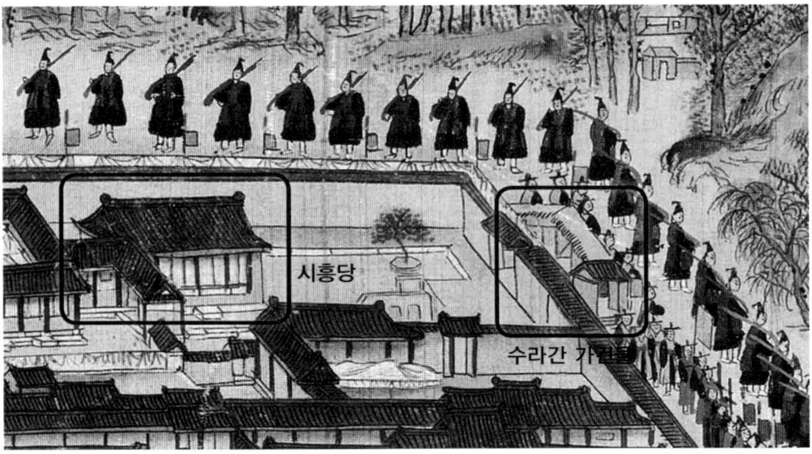

〈그림 20〉 시흥행궁의 시흥당과 동쪽 협문 밖의 수라간 가건물, 〈시흥환어행렬도〉, 《화성능행도병풍》, 국립고궁박물관

조는 시흥행궁에 도착하자마자 시흥당을 두루 살피고 주방으로 나아가 어머니께 올릴 음식을 직접 살펴본 뒤 자궁을 맞이하러 현문(縣門) 밖 막차(幕次)에 나아갔다.[72]

당시 시흥행궁에는 화성행궁과 마찬가지로 정조와 혜경궁의 수라를 만들기 위한 가건물 10칸과 임시 수라간 5칸이 마련되었다. 총 15칸의 수라간이 '시흥당 동쪽 담장 협문 밖'에 볏짚을 이용한 가건물로 세워진 것이다. 이때 '시흥당'으로 추정되는 건물과 임시 가건물인 수라간의 모습은 《화성능행도병풍》의 〈시흥환어행렬도〉에서 확인된다. 시흥행궁이 동북 방향을 등지고 있다는 점에서 정원을 품고 있는 건물이 '시흥당'이고, 시흥당 정원의 나무 건너편 작은 문이 '동쪽 담장 협문'이라고 볼 수 있다. 결국 '동쪽 담장 협문 밖'에 볏짚을 덧대어 세워진 가건물이 15칸의 수라간이라고 할 수 있다.

시흥행궁에서는 정조가 그랬던 것처럼 정조 사후 그의 영가(靈駕)가 하룻밤을 지냈으며, 이후 국장을 마치고 돌아오는 길에는 재우제(再虞祭)

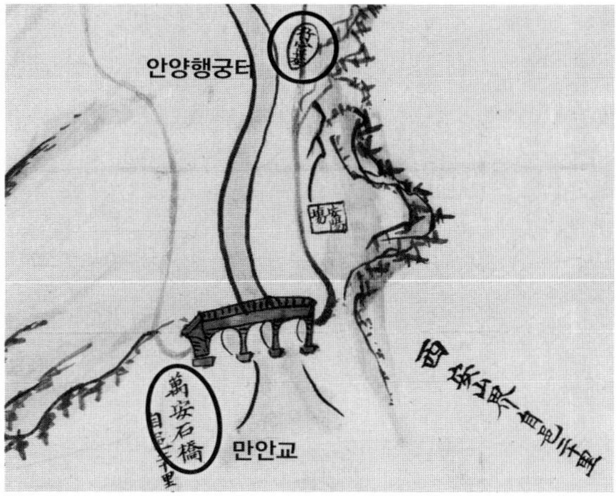

〈그림 21〉 안양행궁터와 만안교, 〈과천지도〉, 《1872년 지방지도》, 규장각

와 동지제(冬至祭)가 진행되었다.[73] 순조 역시 아버지 정조와 마찬가지로 시흥에서 유숙하는 경로로 화성을 다녀왔는데, 시흥행궁에서는 1816년(순조 16) 혜경궁의 발인 길과 1821년(순조 21) 효의왕후(孝懿王后, 1753~1821) 발인 길에 재우제가 거행되기도 하였다. 1858년(철종 9) 시흥행궁에 화재가 발생하였지만[74] 1868년(고종 5년) 안양행궁을 철거하여 시흥현(始興縣) 관아를 개수[75]할 때 행궁도 함께 수리하였을 것으로 추정된다.

안양행궁(安養行宮)은 1794년 시흥행궁과 함께 건립되었다. 행궁의 위치는 현재 석수동의 삼성산 자락으로 당시에는 금천현에 속한 안양리(安養里) 일대였다.[76] 행궁 건립에 앞서 1793년에는 안양의 삼성천에 만안교가 축조되었다.[77] 안양행궁의 발사(撥舍)는 사근평(肆覲坪)의 창사

〈그림 22〉 만안교와 만안교비

(倉舍), 노량(鷺梁)의 진정(鎭亭)과 함께 설치되어 국왕의 거둥길에 잠시 머물 곳으로 사용하였던 것으로 보인다.[78]

당시 원행길에 정조가 안양행궁에서 쉬었다는 직접적인 기록은 보이지 않지만 『원행정례』를 통해 그 가능성을 유추할 수 있다. 『원행정례』에 의하면 안양행궁에는 국왕의 원행길에 필요한 비품이 경기감영의 감독 아래 준비되었다. 안양행궁에는 안식(案息)을 포함한 대청과 방의 비품 3종, 종이와 기름을 포함하여 도배에 필요한 비품 8종, 끈을 포함한 지의[돗자리] 비품 4종으로 3개 항목 15종의 비품이 마련되어 있었다.[79] 그러나 정조가 유숙하였던 과천행궁과 시흥행궁에는 대청, 방, 수라간, 약방, 금루 등 공간별로 나누어 다양한 비품과 기물이 구비되어 있었다. 국왕 일행이 유숙하는 행궁과 잠시 쉬어가던 주필소에서 보관하고 있던 비품과 기물의 차이를 통해 규모를 짐작할 수 있다.

시흥이나 과천을 출발한 국왕 일행은 사근참에서 잠시 쉬고 화성으로 이동하였다. 사근참행궁(肆覲站行宮)은 수원 입구의 사근평 지점으로 현재 의왕시 고천동사무소 내에 자리 잡고 있던 것으로 보고 있다.[80] 정조는 사도세자의 영여(靈輿)를 옮기는 여정에서 사도세자가 왕세자 시절 온양온천에 행차할 때 사근참에서 쉬어갔던 것을 기억하며 당시 마중한 노인들에게 쌀을 나누어 주고 행궁을 짓도록 명하였다.[81]

〈그림 23〉 사근행궁과 사근창, 〈광주전도〉, 《1872년 지방지도》, 규장각

사근참행궁의 정당은 응란헌(凝鑾軒)이다. 정조는 을묘원행 행차길에 사근참의 응란헌에서 어머니 혜경궁에게 점심 수라를 올리고[82] 이를 기념하여 시(詩)를 짓기도 하였다.[83] 행궁은 『중정남한지(重訂南漢志)』에 의해 본채인 정당(正堂)과 별채인 별궁으로 이루어졌다는 것을 알 수 있다.[84] 본채인 정당 좌우에 창고가 하나씩 있고 감관 1인과 고지기[庫直] 1인이 관리하고 있었다.

지금까지 살펴본 것처럼 정조의 현륭원 능행길은 주로 과천이나 시흥을 통과하는 길이 이용되었다. 하지만 1797년(정조 20)에는 양천(陽川)과 김포, 부평과 안산을 거쳐 가는 원행길이 선택되었다.[85] 새로운 원행길은 김포에 있는 인조 생부인 원종(元宗)의 장릉(章陵)을 직접 살피기 위한 것이었다.[86] 인조는 인조반정 이후 신하들의 반대에도 불구하고 생부인 정원군(定遠君)을 원종으로 추존하여 취약했던 왕권을 확립하고자 하였다. 정조는 인조의 정원군 추존을 사도세자 추존의 모델로 삼고 장릉을 직접 살핀 후 현륭원으로 행차한 것이다.

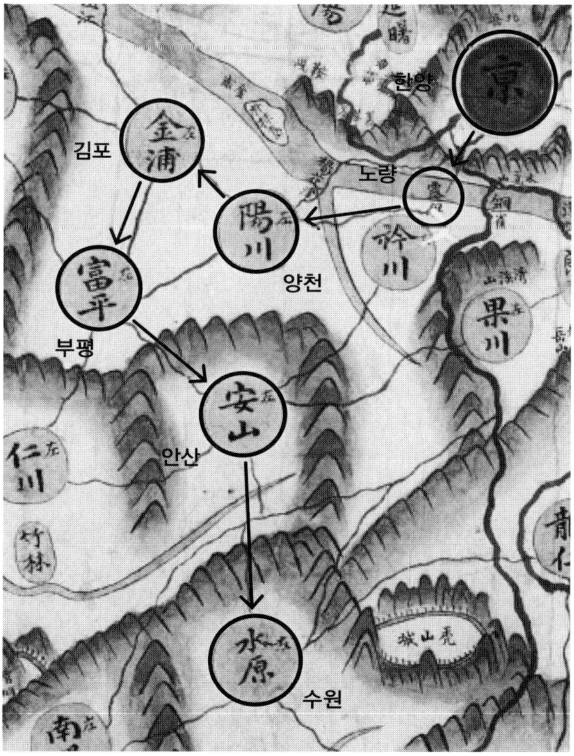

〈그림 24〉 한양에서 노량·양천·김포·부평·안산을 거쳐 수원에 이르는 능행길, 〈대동총도〉, 《해동지도》, 규장각

김포를 거쳐가는 원행길의 이동 경로와 그에 필

요한 군령은 1796년에 돌림병 때문에 미루어진 원행 준비과정에서 사전 계획되었던 일정으로 진행되었던 것으로 보인다.[87] 한양 궁궐을 출발한 정조 일행은 노량의 용양봉저정에서 잠시 머물고 양천행궁에서 점심 수라를 든 후 장릉에서 친히 제를 올리고 김포행궁에서 유숙하였다. 양천행궁과 김포행궁은 김포의 장릉을 다녀올 때 주로 이용되었다. 양천행궁은 한양의 창덕궁으로부터 30리 거리에 위치하여 국왕 일행이 능행길에 잠시 쉬는 주정소로 이용되었으며, 양천에서 다시 30리 떨어진 김포행궁은 하룻밤 유숙하는 행궁으로 이용되었다. 인조는 김포행궁과 양천행궁에서 머물며 생모인 인헌왕후(仁獻王后, 1578~1626)의 무덤인 육경원(毓慶園)을 참배하였으며[88] 정묘호란 당시에는 강화로 피난 갔다가 환도하는 길에 두 행궁에서 하룻밤씩 머물기도 하였다.[89] 또한 1797년 정조의 행차와 관련한 군령에 의하면 부평행궁은 김포행궁으로부터 30리이고 안산행궁과의 거리는 40리였다.[90] 그러나 당시 부평에서 안산까지 이동거리는 40리의 2배였다고 한다. 지름길로 만들어진 도로가 도리어 기존에 다니던 길보다 멀리 우회하도록 설계됨에 따라 길을 만든 지방관이 치죄되었을 정도이다.[91]

조선후기 국왕의 궁궐 밖 거둥과 능행 횟수가 증가하면서 백성을 직접 만나 민정을 살필 수 있는 상언(上言)과 격쟁(擊錚)이 증가하였다.[92] 정조대 상언과 격쟁은 총 4,427건(상언 3,092건, 격쟁 1,298건)의 기록이 남아 있을 정도로 활발하게 작동하였다. 이러한 흐름은 현륭원 원행길에서도 이어져 부평도호부에 이르는 길에서는 부로를 만나 그들의 고통을 묻고 해결해주었다. 이외에도 소현세자 비인 민회빈(愍懷嬪) 강씨(姜氏)의 묘소에 헌작례(獻酌禮)를 행하고, 문정공(文貞公) 강석기(姜碩期, 1580~1643)의 묘소에 승지를 보내어 치제(致祭)하였다. 원행길과 가까운 거리에 자리 잡고 있던 고 영의정 김재로(金在魯, 1682~1759)의 묘소에는 승지를 보내어 제사를 지내고, 고 상신(相臣) 김치인(金致仁, 1716~1790)에게 시호를 내리기도 하였다.[93)]

부평행궁에서 잠시 쉬는 동안 정조의 일정은 부평도호부의 유적을 통해 추정할 수 있다. 부평도호부가 자리잡고 있던 현재 부평초등학교에는 욕은지(浴恩池)와 어사대(御射臺)가 남아 있다.[94)] 욕은지는 1887년(고종 24)에 중수하면서 현재 자리로 이전하였는데 그 유래가 왕이 선부(先父)의 능에 참배할 적에 이곳에서 발을 씻은 것에서 이름 지었다고 한다. 또한 국왕이 활쏘기를 하였던 어사대에는 음각으로 새겨진 '어사대광서정해중수(御史臺光緒丁亥重修)'를 통해 욕은지와 함께 중수되었던 것으로 추정된다. 부평도호부에 머물렀던 왕이 정조가 유일하다는 점에서 선부의 능을 참배한 왕은 정조라고 할 수 있다. 정조는 원행길에 부평행궁으로 이용되었던 부평도호부 관아의 욕은지에서 발을 씻으며 잠시 피로를 풀고, 어사대에서 활을 쏘았던 것으로 보인다.

〈그림 25〉 욕은지, 문화재청 (상)
〈그림 26〉 어사대, 문화재청 (하)

정조의 흔적은 인천도호부에서도 확인된다. 부평을 출발하여 안산으로 가던 정조는 시를 한 수 지어 수령 황운조(黃運祚, 1730~1800)의 글씨로 인천도호부 관아에 걸도록 명하였다.[95)] 정조 일행은 기존 길보다 먼 길로 이동함에 따라 늦은 밤이 되어서야 안산행궁에 도착하였다. 안산행궁에서 하룻밤 유숙한 정조 일행은 다음날 목적지인 화성행궁으로 가는 길에 구포(鷗浦)에서 잠시 쉬어가기도 하였다.

그러나 안산행궁에서 유숙한 국왕 일행의 기록은 물론 행궁으로 이용되었던 안산의 관아 기록 역시 남아 있지 않다. 다만 안산 읍성 내에서 객사로 추정되는 건물터가 조선 후기 건축 구조물로 확인됨에 따라 안산의 관아로 추정할 뿐이다.[96] 송시열의 『송자대전(宋子大全)』에서 확인되는 「안산현관사중건기(安山縣官舍重建記)」에 따르면 현종대에 이제두(李齊杜, 1626~1687)가 현감으로 부임하여 1668년(현종 9) 가을부터 터를 닦기 시작하여 관사를 건축한 사실이 확인된다. 물론 이 건물들이 현재의 건물터와 일치한다고 할 수는 없지만 읍성 내부에 있던 것은 틀림없어 보인다. 하지만 이 역시 일제강점기에 신사(神社)가 들어서면서 훼손되었던 것으로 추정된다. 일반적으로 관아 주변에 사직단(社稷壇)·여단(厲壇)·우사단(雩祀壇)·향교 등이 건립되었다는 점에서 이 일대를 안산행궁으로 쓰였던 옛 관아터로 보아도 좋다고 판단된다.

이외에 주로 온양온천을 다녀오는 길에 이용되었던 진위행궁(振威行宮)과 직산행궁(稷山行宮)은 온행행궁에서 다루기로 하고, 다음은 경기 광주목의 낙생역(樂生驛)에 자리 잡고 있던 낙생행궁(樂生行宮)에 대하여 살펴보기로 한다.

낙생역은 1460년(세조 6) 전국의 역을 정비하는 사업에 따라 경기좌도(京畿左道)의 23개 역 가운데 하나로 양재도(良才道)에 속하여 경기좌도 찰방에 의해 경영되었다.[97] 낙생역은 양재역과 함께 공무로 인한 행차가 있을 때마다 인마(人馬)를 보충해주거나 역무(驛務)를 도와주는 역할[98]을 하는 동시에 남도(南道)로 가는 대로(大路)의 출발점으로 역로 중에서 인후(咽喉)에 해당되는 가장 중요한 곳이었다.

조선 초기 낙생역은 경기도 광주의 대모산(大母山)에 조성된 헌릉(獻

陵)이나 영릉(英陵)을 배알하기 위한 능행길은 물론 사냥과 강무(講武)를 행하기 위해 자주 이용되었다. 태조는 서울과 지방에서 정기적인 강무를 시행함으로써 사냥을 통한 군사훈련을 체계화 시켰고, 이로 인해 태종 대에는 사냥 제도가 본격적으로 시직되었다.[99] 태종은 광주에서 강무하기 위해 행차하던 중 낙생역 앞의 너른 들에서 머물렀다.[100] 세종은 낙생역을 지나 온양온천을 다녀왔으며[101] 광주·수원에서 강무나 사냥을 하며 낙생역 일대에서 유숙하였다.[102] 단종은 낙생역 일대의 넓은 들판에서 매사냥을 구경하였는데[103] 국왕 일행이 머물 경우 낙생역 앞의 넓은 들판에는 임시 거처인 파오달이 세워져 사용되었다.

〈그림 27〉 양재역과 낙생역, 〈광주전도〉, 《1872년 지방지도》, 규장각

낙생역 일대는 세조대 즈음부터 타지에서 이주해오는 사람들로 인해 번화한 모습을 갖추게 됨에 따라 이후 온양온천을 다녀오는 길로 자주 이용되었다. 세조대 경기도관찰사(京畿都觀察使) 이극배(李克培, 1422~1495)는 낙생역의 이주민 정책을 직접 관리함으로써 마을 조성에 앞장섰

지만[104] 실제로 낙생행궁이 건립된 것은 성종대로 추정된다. 이전에는 국왕이 행차하면 낙생역 앞의 너른 들판에 이동식 장막을 세워[105] 사용하다 국왕들의 유숙이 잦아지면서 행궁이 들어선 것으로 보인다. 낙생역은 명을 받든 사신 및 공사(公私)의 과객(過客)과 각 고을의 수령 가족들이 숙박하는 곳으로 중요하게 인식되어 있었다.[106] 그러나 중종대에 이르면 낙생역의 관사는 퇴락하고 역리(驛吏)들도 떠나 민가는 3~4호 정도만 남게 되었다. 결국 낙생역이 쇠락하게 되자 국왕은 물론 공사 일행들이 이용하는 길은 과천을 거쳐가는 길로 바뀌게 된다.

2. 온행 행궁

휴양을 목적으로 하는 행궁은 대체로 온천 지역에 건립되었다. 우리나라는 전국에 걸쳐 온천이 분포하는데 평산(平山)·연안(延安)·온양(溫陽)·이천(伊川)·고성(高城)·동래(東萊) 등이 유명하였다.[107] 이 중에서 국왕이 행차하였던 곳은 충청도 온양과 청주의 초수[椒井], 강원도 이천(伊川)과 고성, 황해도의 배천[白川] 온천이다. 조선시대 국왕들은 질병치료를 목적으로 온천을 자주 이용하였는데, 한양 도성을 벗어나 경기 이외의 지방으로 거둥하였기 때문에 적어도 10일 이상이 소요되었다.[108] 여기서는 국왕의 행차로 온천지역에 건립되었던 온행 행궁에 대하여 살펴보고자 한다.

충청도 온양온천은 알맞은 물의 온도 때문에 조선시대 역대 왕들이 가장 즐겨 찾던 휴양지였다.[109] 군(郡)의 서쪽 7리에 자리 잡고 있던 온양행궁에는 내정전(內正殿) 16칸, 외정전(外正殿) 12칸, 온천욕을 할 수 있는 탕실(湯室) 12칸이 마련되었다.[110] 행궁에는 세조대에 새로운 이름을 얻은 오래된 우물도 있었다. 세조는 충청도를 순수(巡狩)하는 여정 중 속리산(俗離山) 복천사(福泉寺)에 거둥하였다가 온양온천에 머물며 휴식을 취하였다. 이때 차가우면서도 단맛의 맑은 물이 넘쳐나는 신천(神泉)을 발견하고 "옛날에 없던 것이 지금 새로 생겨 탕정(湯井)의 물은 따뜻하고 이 우물은 차니 이는 실로 상서의 발로이다."라고 하며 '주필신정(駐蹕神井)'이라는 이름을 내렸다.[111] 또한 온양행궁 주위에는 외부의 침입에 대비하기 위한 녹각성(鹿角城)이 설치되기도 하였다.[112]

온양행궁에는 태조·세종·세조·현종·숙종·영조 등의 국왕이 거둥하였다. 세종은 1463년(세조 9) 왕비와 함께 거둥하여 온천을 즐겼으며, 이듬해에는 왕세자도 함께 온천을 하였다. 1483년(성종 14)에는 세조의 비인 정희왕후(貞熹王后, 1418~1483)가 치료차 온양에 행차하였다가 행궁에서 승하하셨다. 온양온천을 가장 많이 이용했던 국왕은 세조와 현종이었다. 세조는 온양을 5번 이상 방문하였는데 행궁에 머무는 동안 인근의 도고산(道高山)에서 사냥을 하거나 문무과 별시를 행하였다.[113] 현종은 1665년(현종 6년)부터 5년간 계속해서 온천을 찾았다. 현종은 온천에 머무는 동안 온양에 사는 노인 15명을 가자(加資)하거나 전조(田租)를 면제해 주고, 온양 가까이 있는 고을의 조세를 경감해 주었으며 문무과 정시(庭試)를 실시하고 군사들에게 호궤를 행하였다.[114] 선조와 영조 역시 충청도와 경기의 사서인(士庶)으로 80세 이상인 노인에게 가자하고 전세(田稅)를 줄여주었으며 문사(文士)와 무사(武士)를 시취(試取)하였다.

휴양 목적의 행행이지만 국왕의 대민 정책은 다방면에서 이루어졌다. 국왕의 행차를 기념하여 온양은 물론 의금부와 형조의 가벼운 죄수들을 석방해주었고, 국왕이 행궁에 머문다는 것을 알고 고변하는 여러 사건을 직접 처리하였다. 비록 장기간 동안 도성의 궁을 떠나 있었지만, 지방에 머무는 동안 백성들의 의견을 수렴하거나 농사의 풍흉 및 지

역의 지형을 숙지하는 등 국정운영에 필요한 정보 수집 활동을 게을리하지 않았다.[115]

온양행궁을 다녀오는 여정은 숙종의 행차로를 통해 확인된다.[116] 국왕 일행은 온양온천을 방문할 경우 과천, 사근참, 수원, 진위, 직산, 천안을 통과하였기 때문에 행차길 곳곳에 주정소와 주필소를 포함하는 행궁이 운영되었다. 온양에 내려갈 때 첫날 대가(大駕)의 여정은 과천을 떠나 광주의 사근천(沙斤川)에서 잠시 쉬고 저녁에는 옛 수원 읍치에서 유숙하였다. 둘째 날에는 사시(巳時)에 수원을 떠나 미시(未時)에 진위(振威)행궁에 이르러 유숙하였고, 셋째 날에는 진시(辰時)에 진위를 떠나 현재의 평택 일대인 소사(素沙)의 주정소에서 잠시 쉬다가 저녁에 직산(稷山)행궁에서 유숙하였다. 넷째 날은 진시(辰時)에 대가가 직산을 떠나 오시(午時)에 천안행궁에 이르러 유숙하였으며 다섯째 날에는 진시(辰時)에 천안을 떠나 오시(午時)에 온양행궁에 도착하였다. 돌아올 때는 출발 당일 오전 9시[巳初]에 온양을 떠나 위의 길을 거꾸로 거슬러 과천으로 돌아와 유숙하였다. 이 경우 서울과 온양을 잇는 행차길에는 30리마다 파발을 설치하여 군사 5명과 말을 대기시키고 문서를 교대로 전달하며 왕복하도록 하였다.[117]

숙종과 영조는 온양온천을 다녀오는 온행길에 옛 수원부 읍치의 관아에서 유숙하였다.[118] 국왕의 침실로 이용되었던 수원부의 애련당(愛蓮堂)은 1671년(헌종 12) 원만리(元萬里)가 수원부사로 있으면서 영건한 어목헌(御牧軒)에 딸린 건물이었다. 영조는 1750년(영조 26) 행차길에 숙종이 다니셨던 길을 따라 거둥한다는 뜻의 '계석행(繼昔幸)'이라는 어필을 판각하여 상방에 걸어놓도록 하였다.

사도세자는 1760년(영조 36) 7월 온양행궁에 행차하여 16일 동안 머물면서 습창(濕瘡)을 다스렸다.[119] 이때 사도세자가 온양행궁에서 활쏘기

〈그림 28〉 영괴대비, 문화재청 (좌)
〈그림 29〉 영괴대비 탁본, 한신대학교박물관 (우)

를 하였는데 사대(射臺)에 그늘이 없음을 안타깝게 여겨 군수(郡守) 윤염(尹琰)에게 홰나무 세 그루를 심도록 명한 일이 있었다. 정조는 1795년(정조 19) 경모궁(景慕宮)을 참배하고 사도세자가 온양행궁에 행차하였을 때 심었던 나무가 거의 아름드리로 자라 그늘이 땅을 덮을 정도가 되었다는 것을 듣고 사대를 증축하고 비석을 세우게 하였다.[120] 비석에는 사도세자의 옛 행적과 관련하여 당시 관찰사, 고을 수령, 분부를 받들어 나무를 심었던 사람의 이름을 기록하도록 하였다. 그리고 그해 가을 정조가 비석의 앞면을 쓰고 윤행임(尹行恁, 1762~1801)이 뒷면을 쓴 온궁영괴대비(溫宮靈槐臺碑)가 세워졌다. 현재 온양관광호텔 입구에 위치한다.

온양행궁의 모습은 『온궁사실(溫宮事實)』의 〈온천행궁도〉를 통해 확인된다.[121] 그러나 정조대 이후 국왕의 온행이 중단되면서 온궁은 쇠락

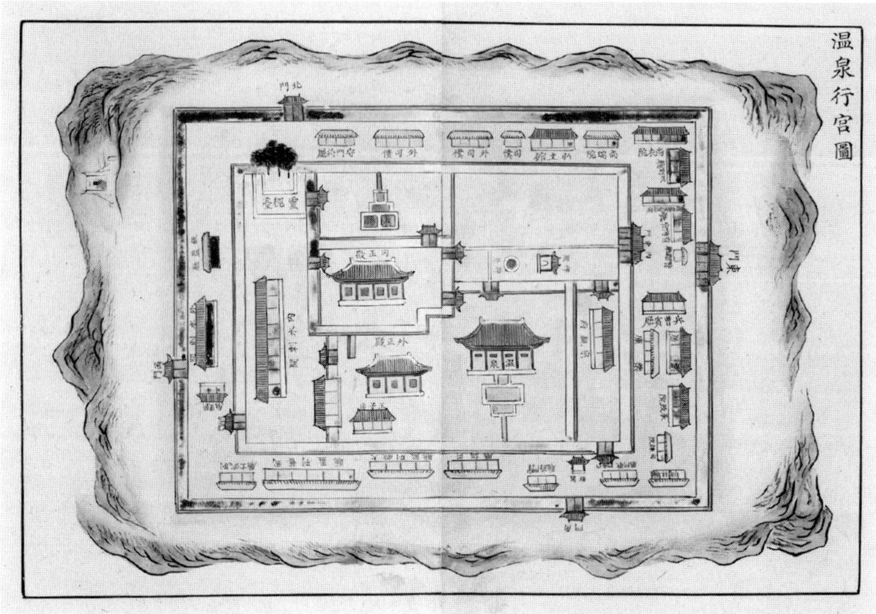

〈그림 30〉 〈온천행궁도〉, 『온궁사실』, 규장각

하기 시작하였다. 이후 흥선대원군이 온양을 자주 다녀갔지만 실제 국왕의 행차가 아닌 이유로 수리되거나 복원되지는 않았다.[122]

온양을 다녀오는 국왕의 거둥이 잦아지면서 유숙하는 지역마다 행궁이 들어섰다. 국왕의 행차로인 경기 남부의 과천·사근천·진위·직산·천안 등의 지역에서는 기존 행궁들을 증개축하였고 시흥과 안산에는 행궁이 신축되었다. 여기서는 앞에서 다루지 않은 진위·직산·천안 행궁에 대하여 살펴보고자 한다.

진위행궁과 직산행궁은 온양온천으로 가는 온행길에 이용되었다. 진위는 온양으로 내려가는 길에 수원을 지나 반드시 하룻밤을 유숙하는 곳이었다. 진위행궁은 정조대에 이르러 현감인 조윤식(曺允植)에 의해 개보수가 이루어졌다. 당시 중건 비용이 부족하자 경기 감영에서 공명첩(空名帖) 500장을 발행하여 진위를 비롯한 파주·고양·수원·과천

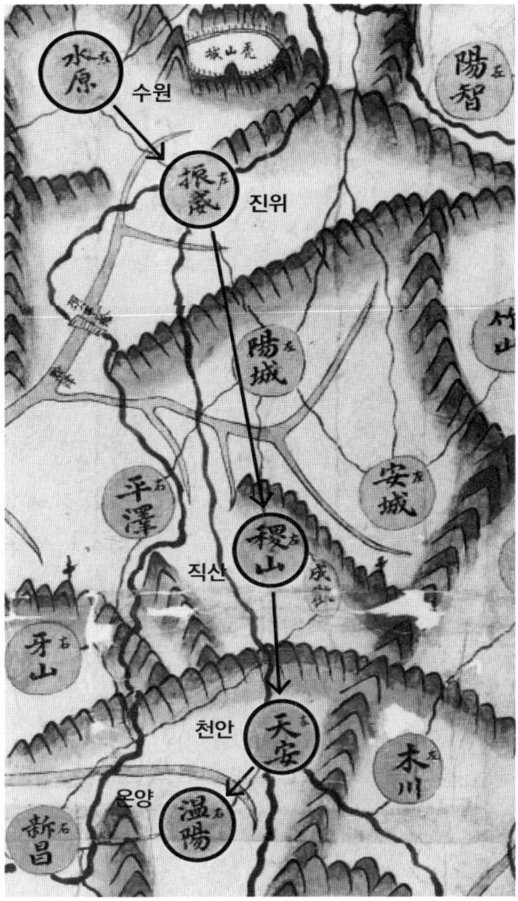

〈그림 31〉 수원에서 진위·직산·천안을 거쳐 온양에 이르는 온행길, 〈대동총도〉, 《해동지도》, 규장각

등의 행궁 개수에 필요한 비용을 마련해 주었다.[123] 그 결과 진위행궁은 공사 1년여 만인 1793년 9월 동헌과 창고를 포함한 100여 칸 이상의 건물이 새로운 모습을 갖추게 되었다.[124]

직산행궁은 온양에 도착하기 전 마지막으로 유숙하는 곳이었다. 상황에 따라 다르지만 일반적으로 온양에 내려가는 길에는 직산에서 하룻밤 유숙하고, 한양으로 올라오는 길에는 온양에서 바로 진위까지 이동하는 경우가 많았다. 현종은 1665년(현종 6) 온양 행차길 직산현에 들러 영소정(靈沼亭)이라는 작은 정자를 짓고 그 앞에 두 이랑[畝]쯤 되는 연못을 파서 연꽃을 심게 한 일이 있었다. 숙종은 1717년(숙종 43) 온양을 다녀오면서 직산행궁에 머물며 연못의 연꽃과 잎이 매우 무성한 것을 보고 시(詩) 한 수를 지었다. 당시 대가를 따라온 신하들이 모두 화답하자 관찰사가 어제시(御製詩)를 새겨 정자에 걸었다고 한다.[125]

진위와 직산을 오가는 길에는 소사평(素沙坪), 직산과 온양 사이에서는 천안의 모산(茅山) 주정소에서 잠시 쉬는 경우도 있었다.[126] 진위에

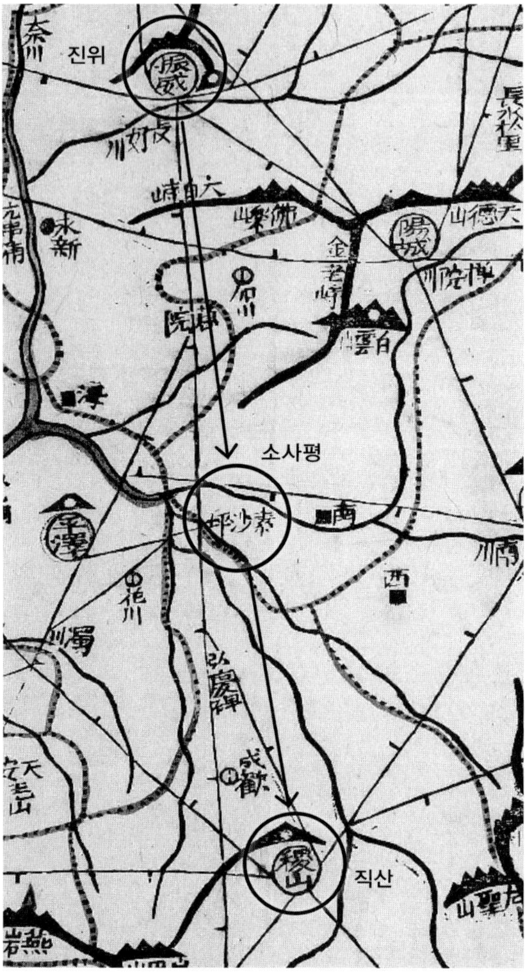

〈그림 32〉 진위에서 소사평을 거쳐 직산에 이르는 온행길, 《대동여지도》, 규장각

서 소사평을 거쳐 직산과 천안으로 이어지는 길은 『위판조성도감의궤(位版造成都監儀軌)』를 전주에 봉안하기 위한 노정길로 이용될 만큼 18세기 이후 중요한 교통로였다.[127)]

천안행궁은 온양으로 가는 길에 주정소로 이용되었다. 숙종의 경우 천안에서 온양까지 새로운 길을 만들어 이용하려 했지만 새 길이 좁고 진창이 많아 불편하여 옛길을 다시 개수하여 이용하였다.[128)] 같은 해 숙종은 온양을 다녀오는 길에 천안행궁에서 유숙하였지만[129)] 이후 천안행궁에서 유숙하였던 국왕이 확인되지 않는 것으로 보아 일회성으로 그쳤던 것으로 추정된다.

충청도에는 온양 이외에도 청주와 안부(安富)[130)]에 온천이 있었다. 청주의 초수[椒水, 또는 椒井]는 물이 뜨겁지 않았지만 다른 온천과 달리 후추[胡椒]와 같은 톡 쏘는 물맛으로 유명하였다.[131)] 초수는 눈병에 효험이 있는 것으로 유명하여 물이 매운맛을 내는 7월과 8월에 병든 사람이 목욕하면 병이 치료되었다고 한다.[132] 세종도 안질(眼疾)을 치료하기 위해 초수의 온천수를 궁으로 가져가 사용하거나 직접 거둥하였다. 초수행궁은 1448년(세종 30) 화재로 소실되었지만[133] 이후 복원되어 세조가 복천사(福泉寺)에 거둥하는 길에 잠시 쉬어가기도 하였다.[134]

강원도에도 왕실 구성원들이 방문하였던 온천이 확인된다. 이천(伊川)온천은 세종이 옛 동주(東州, 현재 철원)에서 무예 연습을 하고 거둥하였던 곳으로 온천물이 안질 치료로 유명하였다. 세종은 이천의 갈산동(葛山洞) 온천물이 눈병 치료에 좋다는 이야기를 듣고 거둥하여 효험을 경험하였다.[135] 이천에는 갈산동온천 외에도 현의 북쪽 80리 지점에 구리항온천(仇里項溫泉)과 99리 지점에 사동온천(寺洞溫泉)이 있었다.[136] 구리항온천은 국왕의 거둥이 확인되지 않지만, 사동온천은 1441년(세종 23) 세종의 명에 의해 행궁을 짓고 이듬해 봄에 임금이 거둥하였다. 그러나 화재로 소실된 이후 사동온천행궁 이용은 더 이상 확인되지 않는다.

금강산의 동쪽 기슭 냇가에 있는 고성(高城)온천은 세조를 비롯한 왕실 가족들이 자주 이용하였다. 특히 세조는 수양대군 시절부터 온천 방문을 계속하였는데, 농사철에 폐단을 가져온다는 이유로 온천 이용을 중지해달라는 상소가 올라오기도 하였다.[137] 하지만 이후에도 세조의 고성온천 행차는 계속되어 1465년(세조 11)에 행궁을 수축하고[138] 이듬해에는 왕세자와 함께 거둥하여 행궁의 교외에서 매사냥[放鷹]을 하였다.[139] 18세기 중반까지만 해도 세조가 머물렀던 불당(佛堂)이 남아 있었지만[140] 이후에는 확인되지 않는다. 이외에도 평해(平海)의 서쪽 백암산(白巖山) 아래에 있는 온천[141]은 산등성이 높은 언덕에서 맑고 깨끗한 온천물이 나왔다고 한다.

황해도는 전국에서 온천이 가장 많은 지역으로 국왕이 거둥하였던 배천온천이 유명하다. 배천[白川]은 고려시대에 배주[白洲]로 불리던 지역으로 1413년(태종 13)에 개칭되었다.[142] 온천은 군의 남쪽 25리 지점인 전점(氈岾)과 군의 남쪽 5리 즈음인 대교(大橋) 두 지역에 분포하였는데, 세종은 온천에서 목욕한 후 병을 고친 대신들의 경험을 듣고 온천을 이용하였다고 한다.[143]

3. 전란대비 행궁

전란에 대비하기 위해 건립된 행궁은 한양을 비롯한 전국의 주요 방어 거점지역에 분포한다. 도성을 방어하기 위한 북한산성의 양주행궁과 남한산성의 광주행궁, 강화도로 이어지는 서해 뱃길에 건립된 인천의 월미행궁과 부안의 격포행궁, 피난처로 이용되었던 강화행궁·의주행궁·정릉동행궁·전주행궁·평양행궁[풍경궁] 등이 있었다.

강화행궁은 고려시대부터 운영되었다. 강화에 궁이 건립된 것은 대몽항쟁기로 강화천도가 결정되자마자 당시 최고 집권자인 최우(崔瑀, ?~1249)의 명에 의해 강화부 동쪽으로 10리 떨어진 송악리(松岳里) 일대에 궁이 건립되었다.[144] 강화부의 궁궐은 대몽항쟁기 동안 고려의 법궁으로 각 건물의 이름을 송도의 궁궐 이름과 동일하게 불러 격을 높이었다.[145] 일시적이지만 강화에서 법궁의 역할을 하는 궁궐과 대치되는 별궁으로 마니산이궁(摩尼山離宮)이 있었다. 1259년(고종 46) 마니산에 대궐을 지으면 나라의 운수를 연장할 수 있다는 교서랑(校書郞) 경유(景瑜)의 간언에 따라 창건된 것이다.[146] 마니산이궁은 현재 흥왕리 산 51번지 일대로 강화군 향토 유적 13호로 지정되어 있다.[147] 김노진(金魯鎭, 1735~1788)의 『강화부지』에서 가리키는 마니산 남쪽 흥왕촌 이궁 터는[148] 《청구요람》에서 확인되는 '고행궁지'와 일치하고 있다는 점에서 마니산이궁의 위치로 추정된다.

마니산이궁이 창건되고 두 달여 후인 4월에는 삼랑성(三郎城)과 신니동(神泥洞)에 가궐(假闕)을 건립하라는 명이 내려졌다.[149] 하지만 두 가궐의 조영은 바로 시행되지 못하다가 1264년(원종 5)에 임시궁궐이 조영되었나. 가궐이 완성된 후 원종(元宗)은 삼랑성과 신니동 궁에서 펼쳐진 대불정오성도량(大佛頂五星道場)에 직접 참여하였다.[150] 삼랑성 가궐은 전등사 경내에 건립되었고 신니동 가궐은 선원사 경내의 부속 건물로 조영되어 운영되었다.[151] 이는 고려시대 이궁이 사찰의 부속 건물로 건립됨에 따라 연등회의 개최는 물론 왕의 기도처 역할도 함께 담당하고 있었다는 것을 보여주는 것이라고 할 수 있다.

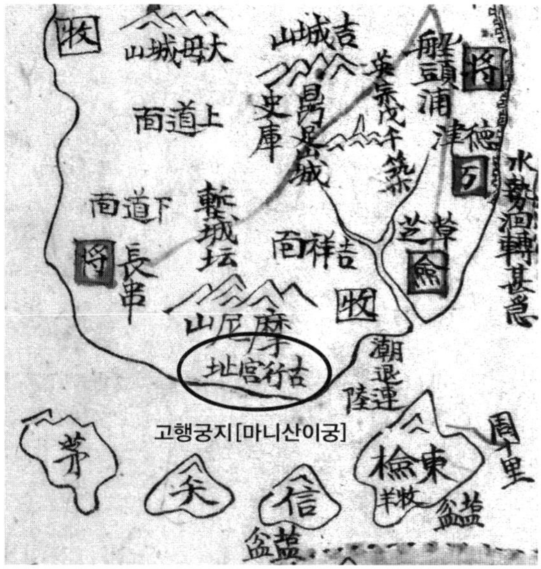

〈그림 33〉 고행궁지[마니산이궁], 《청구요람》, 규장각

조선시대 강화행궁은 강화부 내성의 관아 북쪽으로 현재 복원된 외규장각 왼편에 자리 잡고 있었다.[152] 강화는 1413년(태종 13) 도호부로 승격된 후 태종이 사냥을 했다는 기록이 있지만 행궁의 운영이 원활하지 않았던 것으로 보인다. 강화행궁의 이용이 확인되는 것은 광해군대이다.[153] 1617년(광해 9) 유학 정총(鄭聰)이 강화에 행궁을 두고 영진(營鎭)을 설치하여 혹시나 일어날 변고에 대비할 것을 건의하였고 그 결과 이듬해에 외성이 축조되고 별당이 건립되었다. 이후 1627년(인조 5년) 1월 정묘호란 당시 인조가 대비와 종묘사직의 신주(神主)를 모시고 강화로 피난하

였다. 그러나 당시까지만 해도 국왕이 머물 공간이 건립되지 않았기 때문에 강화부 객사를 행궁으로 이용하였던 것으로 보인다.

1631년(인조 9) 유수 이시백(李時白, 1581~1660)이 객사 북쪽 담 밖에 행궁을 건립하였다. 그 결과 병자호란 당시 세자를 비롯한 왕실의 피난처로 이용되었지만 청나라 군대의 방화로 대부분 소실되었다. 1676년(숙종 2)에는 불타버린 강화행궁을 재건하는 대신 덕진(德津)에 정사(亭舍)를 지어 국왕의 행차에 대비하자는 의견이 올라와 이듬해에 40여 칸의 건물을 지어 행궁으로 삼았다. 그러나 덕진정사의 이용이 활발하지 않자 1711년(숙종 37)에는 유수 민진원(閔鎭遠, 1664~1736)이 강화부 행궁을 새롭게 중건하였다. 이때 덕진정사를 철거하여 그 재목으로 강화행궁을 건립하였지만 1731년(영조 7) 강화부 객사 일대가 다시 화재로 소실되었다. 이후 1782년(정조 6)에 행궁 동쪽의 연초현을 철거한 후 외규장각이 들어서고 1855년(철종 6) 행궁 건물 약 146칸과 담장 60파(把)를 포함하는 대규모의 보수 공사가 이루어졌다. 그러나 1866년 병인양요 당시 화재로 인해 행궁은 다시 소실되고 말았다.

강화행궁은 〈강화부궁전도(江華府宮殿圖)〉[154]를 통해 행궁·외규장

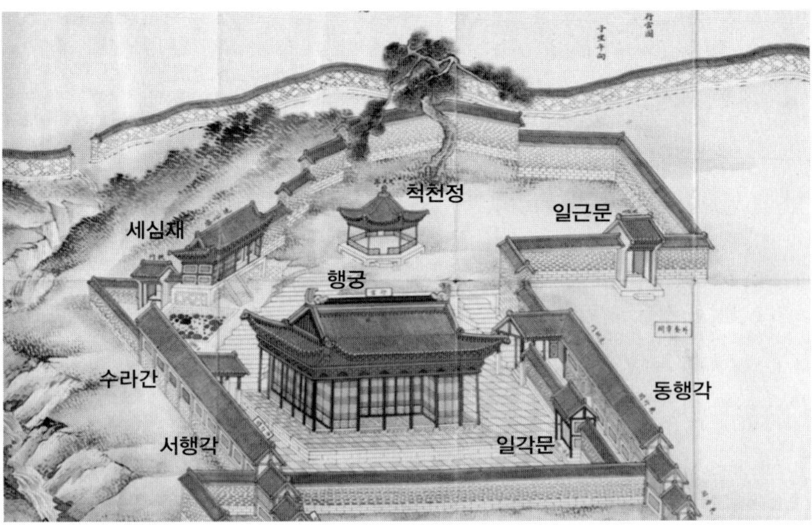

〈그림 34〉 〈강화부궁전도〉 제1폭 행궁도, 국립중앙도서관

각·장령전·봉선전·만녕전이 좌로부터 병풍처럼 늘어서 있던 것이 확인된다. 행궁의 후원에는 육면지붕을 갖춘 척천정(尺天亭)과 세심재(洗心齋)가 자리 잡고 있다. 척천정은 막연히 '산정(山亭)'으로 불리다가 1728년(영조 4) 유수 송성명(宋成明, 1674~1740)이 편액한 것을 1781년(정조 5) 유수 서호수(徐浩修, 1736~1799)가 단청을 입혀 정자의 모습을 갖추게 되었다. 행궁 건물의 북서쪽에 위치한 세심재는 1684년(숙종 10) 유수 이민서(李敏敍, 1638~1688)에 의해 세워졌는데, 세심재 뒤로 맑은 냇물이 흐르고 송죽이 숲을 이루고 있어 많은 문인들의 시(詩)에 등장하고 있다.

세심재를 돌아 흐르는 냇물은 행궁의 남쪽으로 물줄기가 흘러내리고 있다. 세심재 아래는 장방형의 연못[池]이 그 아래로 이어지는 행각과 맞닿아 있는데, 이 행각에 수라간이 위치하고 있었다. 수라간에서 시작되는 서행각은 행궁 서쪽의 담을 이루며, 3개의 계단으로 구성된 서층각(西層閣)은 우익문(右翼門)으로 이어진다. 이와 달리 동쪽의 행각은 외규장각과 이중의 담으로 둘러싸여 있었다. 행궁 동쪽 담의 일각문(一閣門)과 그 문을 꺾어 다시 동행각의 동협문(東挾門)을 지나야만 외규장각과 통하는 구조로 지어졌다. 동행각은 서행각과 마찬가지로 3개의 계단으로 구성된 동층각(東層閣)으로 이어져 남쪽의 좌익문(左翼門)과 연결되었다. 척천정의 동남쪽에 세워진 일근문(昵覲門)은 외규장각을 드나드는 또 다른 통로였다. 행궁 권역은 강화부궁의 좌측에 치우쳐 건립되었지만, 행궁의 사방에는 문을 설치하여 주위 건물들과의 이동이 편리하도록 배치되었다.

광주행궁은 남한산성 내에 있는 행궁이다. 남한산성은 신라 문무왕(文武王) 때 쌓은 주장성(晝長城) 옛터에 축조된 성으로[155] 행궁은 1624년(인조 2) 산성이 크게 개축될 때 함께 조성하기 시작하여[156] 이듬해에 완공되었다.[157] 당시 상궐(上闕) 72칸(間) 반, 하궐(下闕) 154칸의 총 227칸이

〈그림 35〉 광주행궁, 〈남한산성도〉, 《동국여도》, 규장각

완공되었고 1711년(숙종 37)에는 종묘를 봉안하는 좌전(左殿) 26칸과 사직을 봉안하던 우실(右室) 4칸이 추가로 건립되었다.[158] 산성 수축에 앞서 행궁, 객관, 사찰 등이 먼저 완공되었다. 이 건물들은 산성 축성 공사에 동원된 관원 및 장졸과 승군들의 거처로 활용하기 위한 것으로 행궁 공사에 동원된 인력은 산성 공사에도 참여하였을 것으로 추정된다.

광주행궁은 병자호란 당시 항전의 역사가 남아 있는 곳이다. 전란 이후 광주행궁을 이용한 국왕은 숙종·영조·정조이다.[159] 이들은 여주의 영릉과 광주의 헌릉을 다녀오는 능행길에 광주행궁에서 유숙하였다. 숙종[1688년, 숙종 14]과 영조[1730년, 영조 6]는 4박 5일 능행 기간 중 2일, 정조는 효종이 사망한 지 2주갑[120년] 되는 해인 1779년에 7박 8일 일정 중 4일을 광주행궁에서 머물렀다. 정조는 광주행궁에 머물면서 문무과 별시, 성조와 야조의 군사훈련 참관, 매화포 발사 시범, 백성들의 채전(債錢) 탕감, 수행 군사들에게 베푸는 호궤 행사 등을 실시하였다.[160] 남한산성에서의 이런 다양한 행사 경험은 이후 1795년 화성행궁에서 을묘원행의 여러 가지 행사로 재연되었다고 할 수 있다.

이후에도 국왕의 행차는 계속되어 철종과 고종대까지 이어졌다. 철종은 순조와 순원왕후(純元王后, 1789~1857)의 가례를 거행한 지 1주갑[60년] 되는 해인 1862년(철종 13) 순조의 인릉을 참배하는 길에 광주행궁에

〈그림 36〉 일제강점기 광주행궁의 상궐(上)과 하궐(下), 『조선고적도보』, 국립문화재연구소

서 유숙하였다.[161] 철종은 행궁에 머물며 인화관(人和館)에서 문과를 시행하고 연무관(演武館)에서 야조(夜操)를 거행하였다. 고종도 1867년(고종 4) 헌릉과 인릉을 참배하는 길에 광주행궁에서 이틀을 머물면서 철종과 마찬가지로 인화관에서 문과를 시행하고 연무관에서 야조를 거행하였다.

북한산성(北漢山城) 내에 위치한 양주행궁은 숙종대에 건립되었다. 행궁의 건립은 산성 축성의 연장선상에서 계획된 것으로 유사시에 대비하여 행궁의 부속 건물에 군량과 군기를 저장하는 것은 물론 창고와 관

〈그림 37〉 양주행궁, 《북한지》, 규장각

사(官司)에는 각종 물품을 마련하여 보관하도록 하였다. 행궁터는 1711년(숙종 37) 결정되었는데 당시 북한산 일대를 돌아본 지관(地官) 대부분이 상원암(上元菴) 주위의 넓은 터가 최고의 길지라고 아뢲에 따라 그대로 정해졌다.[162] 같은 해 이유(李濡, 1645~1721)의 건의에 따라 산성의 성역을 끝내고 10월부터 행궁을 추가로 건립하기 시작하여 이듬해 6월 완공한 후 축성에 관계한 모든 관리들에게 상을 내렸다.[163]

행궁은 양주부(楊州府) 남쪽 30리 지점으로 북한산 상원봉(上元峯) 아래에 위치한다. 행궁의 규모는 내정전(內正殿) 28칸, 행각(行閣) 15칸, 수라간(水刺間) 6칸, 변소 3칸, 내문(內門) 3칸, 외정전 28칸, 행각 18칸, 중문(中門) 3칸, 월랑(月廊) 20칸, 외문 4칸, 산정문(山亭門) 1칸으로 모두 129칸이다.[164] 하지만 양주행궁의 이용은 원활하지 않아 실제로 양주행궁에 직접 올랐던 국왕은 숙종과 영조뿐이었다. 숙종은 행궁이 완성된 이듬해인 1712년(숙종 38) 4월 10일 영잉군[영조]의 배호(陪扈)를 받으며 행차하였다. 그리고 60년이 지난 1772년(영조 48) 4월 10일 영조는 당시를 기념하기 위해 다시 북한산 행궁에 올랐다.[165]

양주행궁은 1832년(순조 32) 6월 서울에 내린 폭우로 인해 큰 피해를 입었다.[166] 당시 총융사(摠戎使) 유상량(柳相亮, 1764~?)의 보고에 의하면 행궁의 후록(後麓)과 산골짜기마다 산사태가 나서 행궁을 비롯한 각

〈그림 38〉 1904년 북한산성의 양주행궁, 『조선고적도보』, 국립문화재연구소

종 공해와 사찰·누관(樓觀)이 무너졌으며 유실된 민가가 45호, 익사자가 30명이나 되었다고 한다. 그러나 당시에는 보수공사가 이루어지지 않고 50여 년 동안 방치되다가 1879년(고종 16) 8월에 내린 큰비로 남아 있던 행궁은 물론 공해의 성첩까지 모두 무너지고 말았다.[167] 빗물로 인해 화약은 못 쓰게 되고 군기를 보관하고 있던 곳까지 무너지자 같은 해 11월 대대적인 수축이 진행되었다.[168] 행궁의 보수공사는 무위소(武衛所)와 호조가 함께 진행하였는데 공해는 무위소에서 개수하고 성첩은 삼영(三營)에서 수축하였다.

고종대에는 창덕궁 주합루(宙合樓)를 비롯한 각 전궁(殿宮)에 봉안되어 있는 책보(冊寶)가 양주행궁으로 옮겨졌다.[169] 이후 대전, 대왕대비전, 왕대비전, 중궁전의 옥책과 옥보 및 『선원보략』도 함께 봉안되었다.[170] 행궁의 정전(正殿)이 책보봉안소(冊寶奉安所)로 이용되었지만 장소가 협소하여 행궁 후원(後苑)의 정결한 곳에 별도의 건물을 세워 다시 옮겼다.[171] 1893년(고종 30) 5월 북한산성과 행궁 일대의 공해를 보축한 것을[172] 마지막으로 양주행궁에 대한 기록은 확인되지 않는다.

〈그림 39〉 용만관, 〈의주부〉, 《해동지도》, 규장각

〈그림 40〉 이화정, 〈영유현〉, 《해동지도》, 규장각

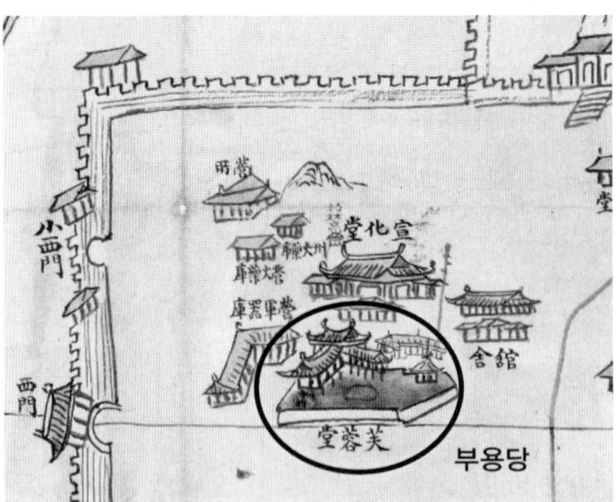

〈그림 41〉 부용당, 〈해주지도〉, 《1872년 지방지도》, 규장각

의주(義州)는 임진왜란 당시 선조의 피난처였다. 당시 국왕이 머물 공간이 여의치 않아 목사(牧使)가 거처하던 용만관(龍灣館)을 행궁으로 삼았다.[173] 객관이었던 용만관 동쪽에는 취승루(聚勝樓)라는 누각이 있었는데 영조는 선조가 주필하셨던 것을 기념하여 1741년(영조 17) 어필 현판을 써서 걸었다.[174]

선조의 피난길에는 의주 외에도 평안도의 영유(永柔)·박천(博川)·영변(寧邊), 황해도 해주(海州) 등의 지방 관아가 행궁으로 이용되었다. 이 중에서 가장 오랜 기간 머물렀던 곳은 평안도의 영유이다. 영유는 박천과 경계를 이루는 북쪽 미두산(米豆山)에 봉수와 냉정참(冷井站), 남쪽 와룡산(臥龍山)에 연대(煙臺)가 설치되어 국경지대의 변란을 신속하게 중앙에 전달할 수 있는 지역이었다. 영유현의 남쪽 1리에 위치한 이화정(梨花亭)은 선조가 반년 동안 머문 것을 기념하여

1750년(영조 26) 영조가 어필 현판을 하사하였다.[175)]

1592년(선조 25) 4월 의주에서 피난 생활을 하던 선조는 이듬해 8월 해주로 이동하였다.[176)] 선조 일행은 해주에 도착하여 백림당(栢林堂) 옛터에 종묘를 마련하고 태묘(太廟) 6칸을 건립하여 열성(列聖) 위판(位版)을 봉안하였다. 그리고 부용당(芙蓉堂) 서쪽에 행궁 8칸을 짓고 의인왕후(懿仁王后, 1555~1600)와 인헌왕후가 머물도록 하였다. 또한 영방(營房)을 의금부(義禁府)로 삼고 아역소(衙役所)를 빈청(賓廳)으로 삼아 조세(租稅)를 경감하고 효자(孝子)와 조부모를 모시는 손자는 부역을 면제시켜 주었다. 국왕은 해주에서 머문 지 36일 만에 경운궁으로 환도하였지만 두 왕후와 왕자들은 남쪽의 난리가 평정되지 않아 그대로 해주에 머무르게 하였다.

1773년(영조 49) 해주행궁에 전(殿)을 설립하고 비(碑)를 세울 것을 청하는 상소가 올라왔다. 영조는 어필로 '부용당(芙蓉堂)'이라고 써서 현판을 걸게 하고 그 옆에는 작은 글씨로 '추모하는 마음을 부친다.'고 썼지만, 별도의 전각을 설립하거나 비를 세우지는 않았다.[177)] 이후 1790년(정조 14)에도 해주 유생 정지근(鄭知勤)의 상소가 이어졌지만, 비석을 세우거나 전각을 짓는 일은 진행되지 않다가 1863년(철종 14) 영의정 정원용(鄭元容, 1783~1873)의 건의에 따라 국왕이 주필하셨던 곳에 비석이 세워졌다.[178)]

부안행궁(扶安行宮)은 전라도 부안현에 위치한 행궁으로 격포행궁(格浦行宮)으로 부르기도 한다. 1640년(인조 18) 순검사(巡檢使) 박황(朴潢, 1597~1648)의 청에 따라 부안의 격포에 진을 설치하고 호남 수로(水路)의 요충을 관리하도록 하였다.[179)] 그리고 같은 해 관찰사 원두표(元斗杓, 1593~1664)가 격포진에 행궁을 건립하였다. 원래는 박황이 순검사로 있으면서 부안 격포의 형세를 아룀에 따라 그 일을 전담하여 관리하

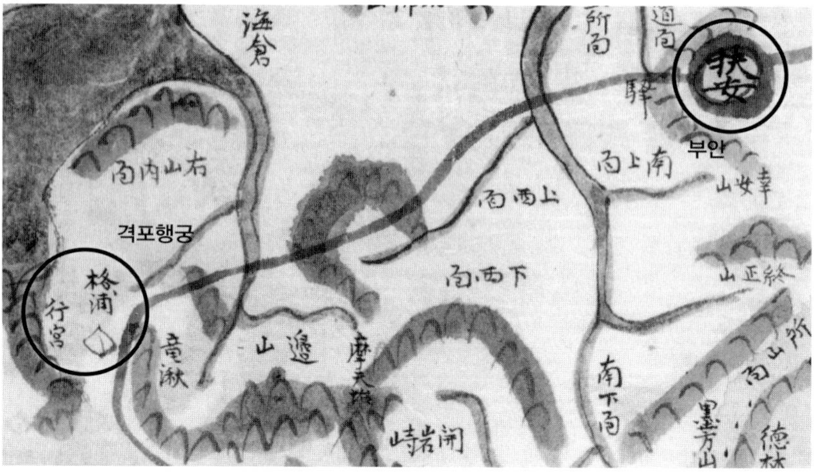

〈그림 42〉 부안과 격포행궁, 《청구도》, 규장각

도록 하려 했지만 박황이 심양에 가게 되면서 원두표에 의해 격포행궁이 건설되었다.[180] 건립 당시 부안에 검영(檢營)을 특별히 설치하고 행궁을 세웠지만 관리가 원활하지 못했던 것으로 보인다.

임난 이후 호남의 격포와 호서의 안흥(安興)지역은 수로의 요충으로 인식되어 산성이 축조되었다.[181] 관찰사 원두표 역시 강화도를 지키기 위해 격포에 진을 두어야 한다고 주장하였다.[182] 그러나 격포가 강화도와 거리가 가깝다는 이유 외에 관방의 요충지라 할 만한 땅도 아니고 배를 감출만한 곳도 없다는 의견에 따라 설치되었던 검영은 곧 혁파되었다. 1747년(영종 23) 호남양전사(湖南量田使) 원경하(元景夏, 1698~1761)가 올린 상소에 의하면 행궁에 설치되었던 검영은 이미 사라졌으며 행궁의 규모도 여러 번 바뀌어 별장(別將) 한 사람이 관리하고 있었다.[183] 이후에도 격포행궁 관리는 소홀하여 호남어사(湖南御史) 홍자(洪梓, 1707~1781)는 행궁 주위의 고을이나 창고가 텅 비어 있다고 보고하였다.[184] 그는 폐기된 둑을 보수하고 행궁의 둔전(屯田)을 만들어 백성들이 경작하게 하고, 전례대로 세금을 징수하고 창고를 설치하여 흩어진 백성들을 모아 변란에 대비할 것을 건의하였다.

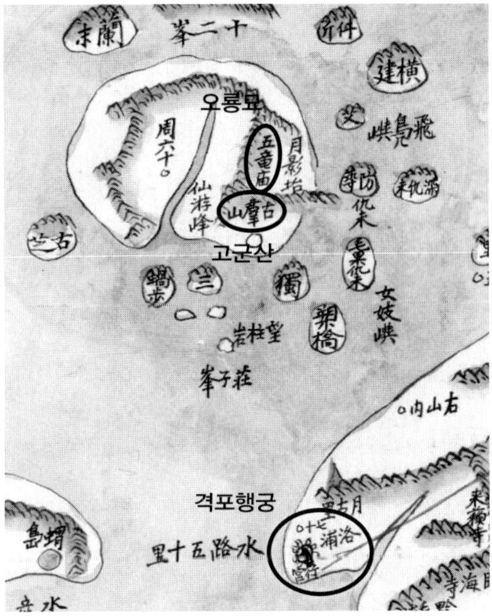

〈그림 43〉 격포행궁과 고군산도의 오룡묘, 《동여도》, 규장각

격포에 대한 논의가 다시 확인되는 것은 정조대이다. 전라도 관찰사 서유린(徐有隣, 1738~1802)은 장계를 통해 별장을 첨사로 승진시켜 격포를 재정비할 것을 건의하였지만 대신들의 반대에 부딪혀 진행되지 못하였다.[185] 10여 년의 시간이 흐른 1791년(정조 16) 격포진의 별장은 혁파되었고 부안의 검모진(黔毛鎭)을 격포진으로 옮겨 하나로 통합하여 통제하었지만[186] 이듬해에 다시 격포행궁의 존폐 여부에 대한 문제가 제기되었다.[187] 하지만 고종대에 와서 격포에 첨사를 두고 진을 설치하여 군사를 증원시키고[188] 격포진의 관청 건물을 다시 건립하여 백성들이 살 수 있는 고을로 만들도록 하였다.[189]

격포와 멀지 않은 고군산도에는 고려시대에 운영되었던 숭산행궁(崧山行宮)이 있었다.[190] 고군산도는 고려시대 서해 바닷길의 중심지로 송나라 사신 서긍(徐兢, 1091~1153) 일행이 고려 조정으로부터 공식적인 영접을 받게 되는 첫 번째 장소였다. 고려에서는 사신 일행을 맞이하기 위해 동접반(同接伴) 김부식(金富軾, 1075~1151)을 고군산도에 내려보냈다.

당시 고군산도의 모습은 수백길 절벽을 이룬 2개의 봉우리 밑으로 군산정이 있었고, 문밖에는 10여 칸의 관아 건물[公廨]이 자리 잡고 있었다. 서쪽의 작은 산 위에 오룡묘(五龍廟)와 자복사(資福寺)가 있었고, 또 서남쪽에는 숭산행궁이 자리 잡고 있었는데 행궁을 둘러싸고 민가 10여 채가 들어서 있었다. 고려에서 일정을 모두 마친 서긍 일행은 서해 바닷길을 통해 귀국하기 위해 다시 고군산도로 내려왔다. 풍랑으로 인해 고군산도에서 14일 대기하다가 출발하였지만, 다음 기착지인 흑산도에서 역풍을 만나 다시 고군산도로 돌아와 6일 동안 머물다가 송나라로 돌아갔다.

월미행궁[191]은 현재 인천 월미도(月尾島)에 자리 잡고 있던 행궁이다.[192] 월미도는 자연도(紫燕島), 영종도(永宗島)[193]와 함께 인천도호부에 속해 있던 섬이었다. 월미도에 행궁 건립을 제안한 사람은 현종대 영의정을 지낸 홍명하(洪命夏, 1607~1667)였다. 그는 인천과 영종도 사이에 있던 작은 섬[小峙]인 월미도를 인천에서 영종을 거쳐 강도로 연결하는 군사요충지로 인식하고 있었다.[194] 월미도는 인천과 강화를 잇는 바다 길목에 위치한 섬으로 위급한 상황일 경우 인천에서 배를 타고 강화로 가는 길에 잠시 머물 수 있는 위치였다.[195] 또한 월미행궁은 인천 앞바다의 밀물과 썰물의 차가 심하여 갯벌이 드러나 배가 다닐 수 없을 경우 물때를 기다리기 위한 장소로 이용하기 위해 건립되었다. 이에 따라 1656년(효종 5) 월미도에 관사를 짓고 행궁이라 부르기 시작하였다.[196]

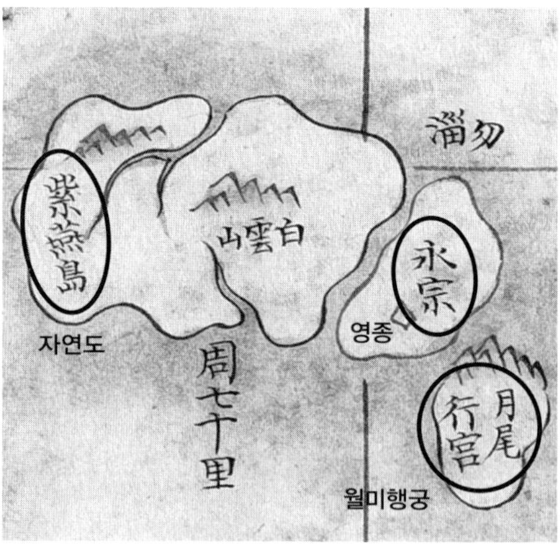

〈그림 44〉 자연도·영종·월미행궁, 〈인천〉, 《조선지도》, 규장각

월미행궁은 정전 8칸, 동월

랑 4칸, 서월랑 4칸, 남월랑 7칸, 수직간(守直間) 3칸, 내중간(內中間) 1칸, 외중간(外中間) 1칸의 총 28칸 규모로 창건되었다.[197] 행궁에 배치된 수직군 3명은 부역을 면해주고 이곳의 땅을 경작할 수 있도록 해주었으며 행궁에 배 2척을 두고 제물진과 영종진 사이를 왕복하는 훈련을 하도록 하였다.

그러나 월미행궁의 관리는 원활하지는 않았던 것으로 보인다. 숙종대 초반 월미행궁을 거쳐 강도로 가는 뱃길이 위험하다는 이유로 강화의 갑곶 아래지역인 덕포에 성을 쌓아 대비하였다.[198] 물론 행궁의 수리 기록이 확인되지만[199] 국가 주도의 관리는 이루어지지 않았던 것으로 보인다. 영조대에는 영종첨사(永宗僉使)로 하여금 행궁의 관리를 뽑도록 하고 허물어진 곳은 해당 진(鎭)에서 수리 보수하도록 하였다.[200] 하지만 정조 초기 훈련대장 구선복(具善復, 1718~1786)이 해서(海西) 지역을 살피고 돌아와 보고하는 내용에 의하면 행궁의 상황은 개선되지 않았던 것으로 보인다.[201] 당시 행궁에는 수직(守直)이 근무하고 있었지만 월미행궁의 건립 시기를 묻는 정조의 질문에 알 수 없다는 구선복의 답변으로 보아 체계적인 관리가 이루어지지 않았던 것으로 추정된다. 특히 1885년(고종 22)에는 일본이 '행궁터[行宮基地]'에 해군용 석탄 창고를 건립하였다는 것으로 보아 조선말에는 이미 행궁 건물들은 허물어지고 터만 남아 있던 것으로 추정된다.[202]

전주행궁은 전라도 전주부 동쪽 40리 떨어진 대둔산 남쪽 소양면 위봉산의 위봉산성(威鳳山城) 내에 위치한다. 전주행궁은 유사시 전주의 경기전(慶基殿)에 모신 태조 이성계의 영정과 전주사고의 실록을 옮겨서 봉안하기 위해 건립되었다.[203] 위봉산성은 숙종 즉위 이듬해인 1675년(숙종 1)에 쌓은 성으로 둘레 5,097파(把), 성가퀴[女堞] 2,437개, 성문 3곳, 암문 8곳, 우물 45곳, 저수 제방[儲水陂] 9곳, 염산(鹽山) 1곳 등이

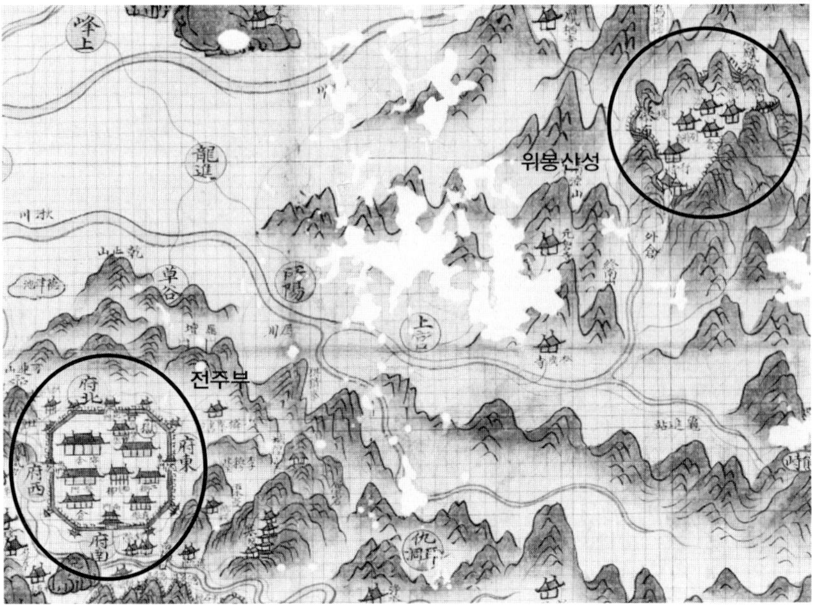

〈그림 45〉 위봉산성과 전주부, 〈전주〉, 《비변사인방안지도》, 규장각

축조되었다.[204] 당시 위봉산성은 평소 별장이 전주부에 상주하면서 산성을 관리하였지만 유사시 위봉산성의 방어 기능에 대한 문제가 제기되자 산성을 폐기하고 적상산성(赤裳山城)으로 다시 옮겼다.[205]

전주행궁이 본래의 역할을 하게 된 것은 1894년에 이르러서이다. 동학농민운동 당시 농민군에 의해 전라감영이 함락되자 조경묘(肇慶廟)의 위판(位版)과 경기전의 어진이 위봉산성의 행궁으로 옮겨졌다.[206] 당시 감사였던 김학진(金鶴鎭, 1838~1917)은 농민운동 초기인 4월 여산(廬山)에 도착하여 조정의 도움만 기다리고 있었다. 그러나 조정과 연락이 닿지 않은 채 단오가 다가오자 각 읍에서 도피해온 수령들과 함께 위봉산성의 행궁으로 이동하여[207] 단오절 제향인 위안제(慰安祭)와 태조의 고유제(告由祭)를 함께 올렸다.[208] 하지만 이듬해인 1895년(고종 32) 행궁 및 이에 소속된 군리(軍吏)를 모두 폐지함에[209] 따라 전주행궁도 훼철된 것으로 추정된다.

정릉동행궁(貞陵洞行宮)은 본래 정릉동에 있던 월산대군(月山大君, 1454~1488) 후손의 집이었다.[210] 임진왜란이 끝나고 피난하였던 국왕 일행이 한양으로 환도하였지만 도성의 궁궐 대부분이 파괴되어 거처할 곳이 마땅치 않았다. 이에 그나마 제 모습을 갖추고 있던 월산대군 후손의 집을 행궁으로 삼고 기거하였다.

선조는 지속적인 거주와 국정 운영을 위한 공간을 추가로 확보하기 위해 정릉동행궁에 인접해 있던 계림군(桂林君, ?~1545)과 그 이웃인 한총(韓叢, 1574~1619)의 집을 수용하여 행궁 영역을 확장시켰다.[211] 그 결과 정릉동행궁은 국왕의 임시 거처에서 벗어나 점차 궁궐로서의 면모를 갖추게 되었다. 선조는 정릉동행궁에서 계비인 인목왕후(仁穆王后, 1584~1632)의 책봉례를 거행하였으며 태평관(太平館)에서 친영례(親迎禮)를 거행하였다.[212] 10여 년 가까이 정릉동행궁에 머물며 국정을 이어가던 선조는 행궁의 개선에 힘을 쏟기 시작한다. 선조는 1605년(선조 38)부터 궁궐의 정전에 해당하는 별전(別殿) 공사를 시작하여 2년 후에 완공하고 말년까지 지내다가 정전에서 홍서하였다.[213]

선조의 뒤를 이은 광해군은 정릉동행궁의 서청(西廳)에서 즉위식을 거행하고[214] 여차(廬次)를 마련하여 상주로 기거하였다. 광해군은 행궁을 경운궁(慶運宮)으로 개칭함으로써 이궁으로 확립시켰다. 처음에는 흥경궁(興慶宮)으로 명하였지만 전대의 궁호로 사용되었기 때문에 적절하지 않다는 의견에 따라 경운궁으로 결정되었다.[215] 이로써 정릉동행궁의 역사는 막을 내리고 경운궁으로 시작하여 덕수궁으로 이어지는 새로운 궁의 역사가 시작된 것이다.

평양행궁은 임진왜란 당시 선조의 피난처 중 하나로 이용되었다. 세조대 한명회(韓明澮, 1415~1487)는 평양의 옛 궁궐터에 행궁을 새롭게 조성하고 순행(巡幸)에 대비할 것을 청하였다.[216] 평양행궁은 선조의 피

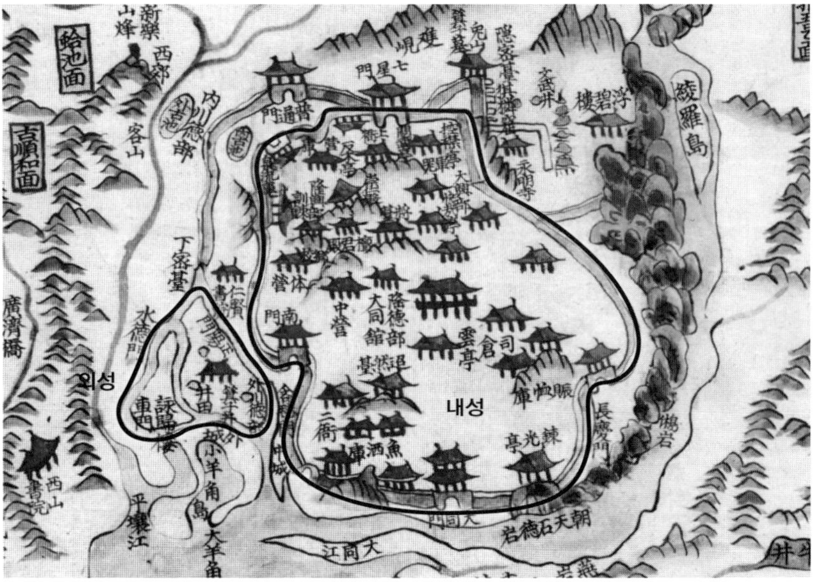

〈그림 46〉 내성과 외성, 〈평양부〉, 《광여도》, 규장각

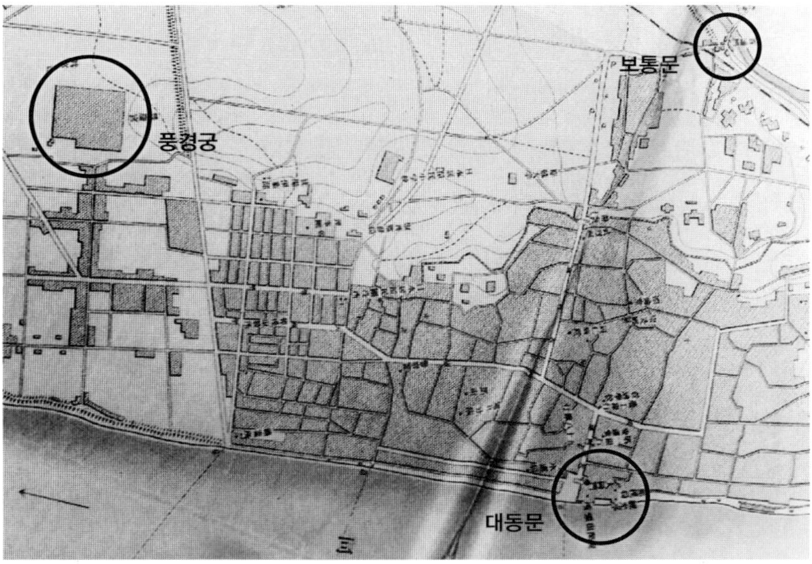

〈그림 47〉 평양시가도의 풍경궁, 『평양요람』

난길에 임시 거처로 이용되었지만 행궁의 이용 실태는 확인되지 않는다. 이후 평양에 새로운 행궁인 풍경궁(豐慶宮)이 들어선 것은 20세기에 들어선 이후였다.[217] 고종은 1902년(고종 39) 평양을 서경으로 삼고 행궁을 설치한다는 조칙을 내린다.[218] 풍경궁에는 정전인 태극전(太極殿), 편전인 지덕전(至德殿), 동궁전인 중화전(重華殿), 정문은 황건문(皇建門), 동문은 건원문(建元門), 서문은 대유문(大有門) 등의 주요 시설이 건립되었다.[219] 같은 해 6월 23일 태극전의 정초를 하고 이듬해인 1903년 6월 16일 황건문을 상량함으로써 공사가 마무리되었다.[220] 행궁의 외장이 490파(把), 내장이 285파(把)로 약 360여 칸의 건물이 완공되어 화성 행궁 다음으로 큰 규모를 갖추게 되었다.

태극전과 중화전이 완공되자 황제와 황태자의 어진이 풍경궁에 봉안되었는데 당시 행렬을 그린 반차도를 통해 그 규모를 짐작할 수 있다.[221] 그러나 풍경궁은 1904년 2월 23일 일본의 강압에 의해 한일의정서(韓日

〈그림 48〉 황건문[정문], 『평양요람』 (상)
〈그림 49〉 태극전[침전], 『평양요람』 (하)

議定書)가 체결되고, 일제가 러일전쟁에 대비하기 위해 국내의 군용지를 수용하는 과정에서 병영기지로 포함됨에 따라 전쟁 중 일제의 군기고와 숙소로 이용되면서 훼철되기 시작하였다.[222] 1908년에는 태극전과 중화전에 봉안하고 있던 어진이 덕수궁 정관헌(靜觀軒)으로 이봉되었고[223] 이듬해 8월 21일에는 칙령 제5호 「자혜의원관제(慈惠醫院官制)」가 반포되어 각 도에 자혜의원이 설치되면서 행궁의 기능은 상실하게 되었다.[224] 결국 황제의 행차는 이루어지지 않은 채 수원의 화성행궁과 함께 자혜의원으로 전용됨에 따라 일제강점기를 거치며 철저하게 파괴되었다.

앞의 사진은 『평양요람(平壤要覽)』에서 확인되는 풍경궁의 정문인 황건문과 정전인 태극전이다.[225] 황건문은 정면 세 칸짜리 대문이며, 태극전은 정면 9칸, 측면 5칸짜리 건물로 세 방향의 정면 층계와 건물 양끝을 정자형 기둥으로 받친 구조의 장중한 건물로 풍경궁의 장대한 모습을 상상할 수 있다.

4. 상왕거처 행궁

조선시대 상왕(上王)으로 물러나 기거하기 위한 목적으로 건립된 행궁은 태조대의 함흥본궁(咸興本宮), 세종대의 낙천정(樂天亭)·풍양궁(豊壤宮)·연희궁(衍喜宮), 정조대의 화성행궁이 있다.

함흥본궁은 태조가 왕위에 오르기 전 살던 옛집으로 함흥부의 남쪽 15리 운전사(雲田社)에 위치하고 있었다.[226] 이런 연유로 함흥에는 태조의 아버지 환조(桓祖)의 정릉(定陵), 환조의 비인 의비(懿妃)의 화릉(和陵), 태조의 조부 도조(度祖)의 의릉(義陵), 도조의 비인 경비(敬妃)의 순

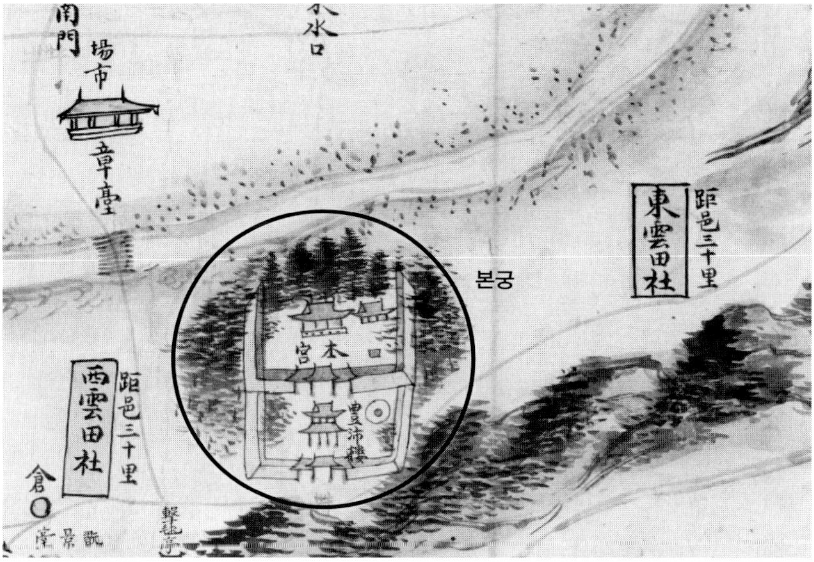

〈그림 50〉 본궁, 〈함흥부지도〉, 《1872년 지방지도》, 규장각

릉(純陵)이 자리 잡고 있다.[227]

함흥본궁은 태조가 상왕으로 물러난 이후 북쪽지방을 순수(巡狩)할 때 거처하는 공간으로 이용되었다.[228] 그러나 임진왜란 당시 화재로 소실되었다가 광해군 때 관찰사 한준겸(韓浚謙, 1557~1627)에 의해 중수되었다. 인조대에는 함흥본궁이 선비들 유락의 장소로 변할 정도로 그 위상이 떨어졌지만, 호연천(湖連川)가에 위치하여 본궁이 물결에 패여 나갈 우려가 있자 제방을 쌓고 재정비하였다.[229] 숙종대에는 익조(翼祖)부터 태조까지 사조(四祖)의 위판(位版)을 봉안(奉安)하고 있다는 이유로 비석을 세우기도 하였다.[230]

정조대에는 경모궁의 삭제(朔祭)와 망제(望祭) 시간을 함흥본궁의 예에 따라 자시(子時)에 행하는 것을 정식(定式)으로 삼도록 하였다.[231] 환조의 위패를 모시는 영흥본궁의 의식(儀式)을 완성함에 따라 정조의 사

도세자 현창과 환조 추제를 연결시켜 '효(孝)'이념을 공고히 할 수 있었다.[232] 결국 정조는 그동안 폐지되었던 전례를 다시 거행하고 이를 책으로 구성한 『본궁의식(本宮儀式)』을 간행하여 후대에 이어지도록 하였으며[233] 함흥본궁의 정전 앞에 있던 풍패루(豊沛樓)를 중수하여 재정비하였다.[234] 이후 순종은 1917년(순종 10) 남대문역에서 증기차를 이용하여 원산을 거쳐 함흥본궁에 행차하기도 하였다.[235]

태종은 상왕의 신분으로 이궁을 자주 이용하였다. 태종은 왕실에서 위험한 일이 일어나거나 일어날 가능성이 있을 때 도성 가까운 곳으로 피하기 위해 이궁을 건립하여 이용하였다.[236] 태종은 궁궐에서 부엉이가 우는 변고가 일어나자 새가 우는 것을 흉조로 보고 피방(避方)할 장소를 물색하기 시작하였다.[237] 당시 개경에도 이궁이 있었지만 거리가 멀어 왕래하는 것이 편치 않다는 점에서 한양 인근 지역에 이궁 조성 계획을 세운 것이다. 그 결과 낙천정을 거쳐 다녀올 수 있는 거리인 풍양에 이궁을 짓기로 결정되었다.

가장 먼저 건립된 이궁은 현재 서울 광진구 자양동 일대에 지어진 낙천정이다. 태종은 어느 날 동교(東郊)에 거둥하여 대산(臺山)에 올라 주위 풍광을 감상한 후 정자를 짓고 이궁으로 삼아 자주 왕래하였다.[238] 태종은 한강이 내려다보이는 경치 좋은 곳에 지어진 낙천정에 기거하며 매사냥을 하거나 한강에서 낚시하는 것을 구경하는 것을 즐겼다. 이외에도 세종과 함께 거둥하여 국정을 의논하였으며 세종부터 성종대까지는 낙천정에서 국왕이 친림(親臨)하는 열병(閱兵) 의식이 거행되기도 하였다.[239] 낙천정은 세종의 비인 소헌왕후(昭憲王后, 1395~1446)와 세종 발인 때 재궁이 머무는 곳으로 이용되기도 하였지만[240] 문종대에는 건물에 비가 새고 기울어져 수리할 정도로 낙후되었던 것으로 보인다.[241] 이후 낙천정에 행차한 국왕의 기록은 확인되지 않으며 18세기 중반 즈음에는 이미 폐지

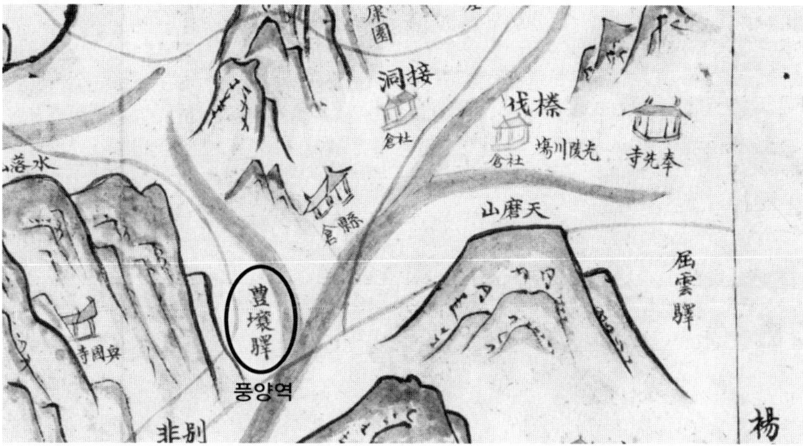

〈그림 51〉 풍양역, 〈양주지도〉, 《1872년 지방지도》, 규장각

되었던 것으로 확인된다.[242]

풍양궁은 경기도 양주목 풍양현 동쪽에 있던 행궁이다.[243] 태종은 풍양에 나아가 이궁 지을 터를 직접 살펴보고[244] 병조에 명하여 포천의 천보산(天寶山)에서 이궁을 짓는데 필요한 목재를 벌채하여 사용하도록 하였다.[245] 세종은 풍양궁이 완공되자 포천(抱川)의 속현이었던 풍양을 양주도호부로 이속시키고, 본현 및 서울 각사로 들어오는 미곡을 모두 그 고을 안에 있는 연복사(演福寺)에서 거두어 놓도록 하였다.[246] 상왕 거처에 필요한 재정 확보를 위한 조치였던 것으로 보인다.

태종은 풍양궁이 완성되자 1420년(세종 2) 2월 대비를 먼저 이어시키고 본인도 바로 거처를 옮겼다.[247] 풍양궁은 태종 이후 세종·성종을 거쳐 연산군대까지 국왕들이 주필하거나 사냥을 즐기는 거점으로 이용되었다. 태종 이후 풍양궁에 자주 거둥한 국왕은 세조로 선공감(繕工監)에 명하여 풍양궁을 대대적으로 수리하고[248] 중궁(中宮)과 세자를 대동하고 강무(講武)를 거행하거나[249] 사냥을 즐겼다. 연산군 역시 여러 차례 풍양궁에 머물며 사냥을 하였지만, 이후에는 풍양궁을 바라보는 민가를 모두 철수시켜 유락의 장소로 이용하였다.[250)]

연산군대 이후 이용되지 않았던 풍양궁은 중종대에 와서 광릉 참배길에 주정소로 이용되었다. 하지만 당시 풍양궁의 수리는 이루어지지 않은 것으로 보인다. 대신들이 담장과 창문을 수리하여 주정소로 사용할 것을 청하였지만 중종은 수리로 인한 폐단을 걱정하며 기존 건물 그대로 이용하거나 임시 장막을 쳐서 사용할 것을 명하였다.[251)] 영조는 광릉·강릉·태릉에 참배하고 돌아오면서 풍양궁 옛터에 비석을 세우기도 하였다.[252)] 이후 풍양궁 관련 기록은 『대동지지』에서 확인되는데[253)] 『대동지지』가 1861년부터 1866년 사이에 편찬되었다는 점에서 풍양궁은 19세기 중반에도 보수나 수리가 안 된 상태 그대로 방치되었던 것으로 보인다.

풍양궁이 완공될 즈음에는 두 이궁이 한양의 동쪽에 치우쳐 있다는 이유로 서쪽의 무악(毋嶽)에 신궁(新宮)을 건립하는 결정이 내려졌다.[254)] 신궁이 건설되는 기간 중 세종은 서이궁(西離宮) 건설 현장에 술을 내려[宣醞] 노고를 치하하고,[255)] 태종은 직접 현장에 나아가 진행 상황을 살폈다.[256)] 같은 해 11월 완공된 서이궁은 1425년(세종 7)에 연희궁(衍禧宮)으로 개칭되었다.[257)] 이후 연희궁에는 세종과 세자가 상당 기간 머물

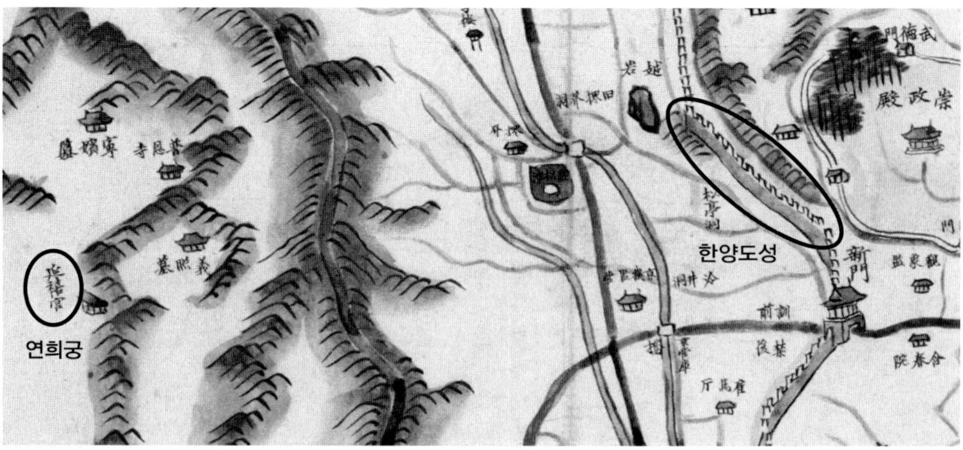

〈그림 52〉 연희궁과 한양도성, 〈도성도〉, 《여지도》, 규장각

며 국정을 살폈고, 세조는 이곳에서 농사 형편을 살펴보기도 하였다. 이후 연산군이 새롭게 수축하여 연회장으로 사용하였지만 이후 폐쇄되었다.

화성행궁은 수원부에 조성된 조선시대 최대 규모의 지방 궁궐로 정조의 '갑자년 구상[1804년]'이라는 계획의 일환으로 건립되었다.[258] 갑자년 구상은 죄인으로 억울하게 돌아가신 부친 사도세자를 추숭하는 정조의 정치적 행보에서 비롯되었다. 정조는 즉위하자마자 영조의 탕평정치를 계승하되 정국 운영에서 척족(戚族)을 배제하고 청론사류(淸論士類)를 등용하며, 규장각을 세워 학문정치의 기틀을 마련하고자 하였다. 한편으로는 장용영(壯勇營)을 설치하여 군사력을 집중시키는 계획을 추진하였다.

1788년(정조 12) 1월 친위부대의 성격이 강한 장용영을 발족시키고 2월에는 노론·소론·남인으로 구성된 삼상정권(三相政權)을 수립하기에 이른다. 이때 영의정에 노론의 김치인(金致仁, 1716~1790), 좌의정에 소론의 이성원(李性源, 1725~1790), 우의정에 남인의 채제공(蔡濟恭, 1720~1799)을 임명하여 영조의 탕평을 계승한다는 뜻을 천하에 알리며 정당성을 강조하였다.

이렇게 삼당 간의 구도가 형성되자 정조의 숙원 사업인 사도세자 무덤의 천봉에 대한 논의가 본격화되었고, 결국 1789년(정조 13) 7월 금성위(錦城尉) 박명원(朴明源, 1725~1790)의 상소에 따라 영우원(永祐園) 이장이 결정된 것이다. 정조는 아버지의 무덤을 수원으로 옮기고 왕릉과 비교하여 손색이 없을 정도의 규모로 조성하여 죄인으로 돌아가신 사도세자의 허물을 씻어내는 것은 물론 임오의리(壬午義理)의 정당성을 확실히 하였다.

수원부 옛 읍치 자리에 현륭원을 조성함에 따라 그 자리에 위치하던 수원부는 현재 팔달산 아래로 이전하여 신도시로 조성되기 시작하였다.

새롭게 꾸며진 수원 신도시의 관아는 이후 증개축 과정을 통해 화성행궁으로 확대되었으며, 현륭원과 화성행궁을 호위하기 위해 화성(華城) 신도시 건설이 추진되었다.

정조는 현륭원 조성 이후 아버지 묘소를 참배하기 위해 매년 수원부에 행차하였다. 화성 성역이 한창이던 1795년(정조 18)에는 어머니 혜경궁을 수원으로 모시고 내려와 회갑연을 화성행궁에서 성대하게 치렀다. 정조는 현륭원 조성 직후 얻은 왕세자가 청년이 되면 상왕으로 물러나 아버지 무덤을 지척에 둔 수원부에서 노후를 보내려는 계획을 가지고 있었다. 즉 왕세자가 15세가 되고 어머니 혜경궁이 칠순이 되는 1804년[갑자년]이 되면 왕위를 물려주고 어머니와 함께 수원으로 내려간다는 갑자년 구상을 세우고 이를 추진했던 것이다.

정조의 갑자년 구상에는 측근 신료들의 화성 이주 계획도 포함되어 있었다. 정조는 화성 건설 초기부터 근신(近臣)들에게 수원 성내에 집을 짓도록 명하였고 그 결과 신대승(申大升, 1731~1795?), 서유린(徐有隣, 1738~1802), 채제공 등이 수원에 집을 마련하게 되었다.[259] 당시 신대승의 집은 득중정에서 경여(輕輿)를 타고 밭 사이의 작은 길을 따라 멀지 않은 곳에 위치하였던 것으로 보아 현재 화령전 근처였다고 추정된다. 이러한 사실은 그의 아들 신위(申緯, 1769~1845)의 문집인 『경수당전고(警修堂全藁)』에 의해 확인된다.[260] 신대승의 집은 화성 건립 이후 가장 먼저 마련된 중앙 관료의 집이었지만 화령전 건립 부지로 결정되면서 그대로 수용되었던 것으로 보인다. 채제공의 집은 수원 향교 인근에 지어졌는데 1896년 수원 최초의 근대적 학교인 신풍초등학교로 이용되었다.[261] 서유린의 집은 정확한 위치가 확인되지 않지만, 대구서씨인 서용보(徐龍輔, 1757~1824) 역시 수원부 신풍동에 집을 마련하고 있던 것으로 확인된다.[262]

〈그림 53〉 화성행궁 전경, 수원시

갑자년 구상이라는 정조 노후 계획에 따라 건립된 화성행궁은 1800년(정조 24) 정조가 갑작스럽게 서거하면서 상왕거처 행궁으로 이용되지는 못했다. 다만 정조년간부터 시작된 현륭원 참배와 순조 이후 현륭원과 건릉을 다녀오는 국왕들이 능행차 길에 머물던 능행행궁으로 이용되었다. 특히 정조 사후 행궁 내에 정조의 어진을 모신 사당인 화령전이 건립되어 정조를 추모하는 공간이 추가되었다.

1789년(정조 13) 현륭원이 들어서 옛 수원부 읍치를 현재 수원 팔달산 아래로 이전하면서 건립된 화성행궁에는 이듬해 2월 동헌인 장남헌(壯南軒), 내당인 복내당(福內堂), 사정(射亭)인 득중정(得中亭)이 들어섰고 각 건물마다 정조 어필의 현판이 내걸렸다.[263] 약 10개월 동안 이어진 수원부 공해 건립공사는 5월 초에 완공되어 낙성연을 베풀었다.[264] 이후 1795년(정조 19) 혜경궁의 회갑연을 치르기 위해 행궁의 기존 건물이 증개축되거나 신축되었고, 이듬해인 1796년(정조 20) 화성 공역의 마무리와 함께 576칸이라는 대규모의 화성행궁이 준공된 것이다.

조선시대 국왕의 지방 행차는 비정기적으로 이루어졌기 때문에 대부분의 경우, 지방 관아가 행궁의 역할을 대신하였다. 화성행궁 역시 건립 초기에는 수원부 관아로 신축되었지만 1789년 현륭원이 조성되고 정조의 행차가 매년 이루어짐에 따라 행궁으로서 역할이 중요하게 되었다. 정조년간 화성행궁에서는 1795년 혜경궁의 회갑연 잔치, 화성 공역을 하는 동안의 호궤 행사, 1796년 화성 준공을 축하하는 낙성연, 행행 때마다 실시된 군사훈련에 이르기까지 다양한 행사가 펼쳐졌다.

결국, 화성행궁은 평소 지방 관아의 기능을 하다가 국왕의 능행길에는 국왕 일행의 임시 거처인 능행행궁으로 이용되었다. 원래 정조가 구상했던 대로 상왕거처 행궁으로 기능하지는 못했지만, 그에 필요한 여러 제반 시설은 이미 마련되어 있었다. 화성이 건설되면서 그 지휘부로서 전란에도 대비할 수 있었고, 때로는 온양온천을 다녀오는 길에 이용하는 온행 행궁으로도 기능할 수 있었다. 이러한 화성행궁의 복합적 기능을 감안할 때 화성행궁이야말로 조선시대 행궁의 다양한 기능을 모두 보여준다는 점에서 조선을 대표하는 행궁이라고 할 수 있을 것이다.

제 2 장

화성행궁의 건설과정과 주요 인물

1. 화성행궁의 건설과정
2. 화성행궁 건설 관련 주요 인물

1. 화성행궁의 건설과정

화성행궁 건설은 크게 두 시기로 구분할 수 있다. 1789년(정조 13)부터 1792년(정조 16)까지 수원 신읍 조성기의 행궁 신축 과정과 1794년(정조 18)부터 1796년(정조 20)까지 화성 성역 시기의 행궁 증개축 과정이다. 여기서는 수원 신읍 조성기에 진행된 화성행궁 건립 과정을 건립 논의와 준비 단계, 시기별 행궁의 규모, 행궁 건축에 투입된 재원을 중심으로 살펴보았다. 또한 화성 성역 시기에 행궁의 증개축이 이루어진 점에 주목하여 봉수당·장락당·낙남헌과 같은 주요 건물의 신축 및 증축 과정을 시기별로 정리하고 증개축에 투입된 비용을 살펴봄으로써 화성행궁 건설의 전 과정을 고찰하였다.

1) 수원 신읍 조성기(1789년~1792년)

화성행궁의 역사는 경기도 양주에 있던 사도세자의 무덤을 수원부의 옛 읍치 자리로 옮기고, 그 자리에 있던 수원부 읍치를 팔달산 아래로 옮겨 신도시를 건설하는 것으로부터 시작한다. 정조는 1789년(정조 13) 7월 11일 금성위(錦城尉) 박명원(朴明源)의 상소를 계기로[1] 사도세자의 무덤인 영우원(永祐園)을 천장하기로 결정하였다. 천봉지는 대신들과 논의를 거쳐 일찍이 효종(孝宗)의 능지로 추천되었던 수원 화산(花山) 기슭의 옛 수원부 읍치 자리가 낙점되었다. 그리고 대대적인 인사이동을 단행하여 서유방(徐有防, 1741~1798)을 경기 관찰사, 조심태(趙心泰, 1740~1799)를 수원부사에 임명하고, 동시에 원소 옮기는 일을 담당할 도감(都監)을 설치하도록 명하였다. 영의정 김익(金熤, 1723~1790)을 총호사 및 천원도감과 원소도감의 도제조, 서유린(徐有隣)·이재간(李在簡, 1733~1789)·정창순(鄭昌順, 1727~?)을 천원도감 제조, 김이소(金履素, 1735~1798)·정민시(鄭民始, 1745~1800)·이문원(李文源, 1740~1794)을 원소도감 제조로 삼아 영우원 천장이라는 대역사에 착수하였다.

정조는 영우원 천장에 필요한 비용과 관련하여 매우 구체적인 전교를 내렸다. 천장할 산세를 살피러 오고 가는 도감에게는 말을 내려주고, 전례에 따라 인부와 장색(匠色)에게 지급하는 양료(糧料)는 이전에 비해 2배로 지급할 것을 명하였다. 이외에 추가로 필요한 비용은 영문(營門)에서 경기감영으로 1만 냥을 내려보내 운영하도록 하였다. 또한 효종의 영릉(寧陵)과 인조의 장릉(長陵) 천장을 기록한 의궤를 기준으로 삼도록 명하였다. 천장을 결정한 당일 그에 필요한 대부분의 절차가 마련된 것으로 보아 정조는 사전에 모든 작업을 구상하였던 것으로 보인다.

영우원을 천장하기 위해서는 여러 가지 준비 작업이 필요했다. 정조는 무엇보다도 수원부 백성들을 안심시키는 일이 가장 중요하다고 강조하였다. 묘역이 조성될 화산 일대가 수원부 읍치 자리였기 때문에 이읍에 따라 생활 기반을 새롭게 마련해야 할 백성들의 고통과 번거로움을 걱정하지 않을 수 없었다. 당시 팔달산 기슭 아래의 신읍으로 이주할 민호는 244호(戶)였다.[2] 이주 가구의 주인[家主]·역(役)·성명 및 주택의 칸수를 조사하여 성첩(成貼)하면 이주비용을 비롯한 보상금이 우선적으로 지급되었다.[3] 이를 위해 수원 이읍에 필요한 이주 비용은 균역청에서 10만 냥을 떼어주어 사용하도록 하였다.[4]

정조는 수원부민의 사기를 북돋우기 위하여 특별 조치도 시행하였다. 첫째, 수원부에 맞닿아 있는 광주부의 일용면(一用面)과 송동면(松洞面)을 이속시켜 수원부를 확장하였다.[5] 둘째, 수원부에 구금되어 있는 모든 죄수를 특사로 석방하고, 수원부민으로서 유배 중인 사람들도 귀환시켰다.[6] 셋째, 원소 조성 이듬해에는 현륭원 인근의 면리(面里)와 신읍치로 이주하는 민인(民人)에게 10년 동안 면세 혜택을 주고, 500결을 복호(復戶)하는 조치를 취하였다.[7] 삶의 터전을 뒤로하고 새로운 거처를 마련하는 부민들에게 최대의 혜택이 돌아가도록 한 것이다.

현륭원 조성과 수원 이읍을 위한 제반 대책과 함께 구 수원부의 관아 중 일부 건물들은 팔달산 아래로 옮겨 재사용하거나 새로운 건물이 건립되었다. 수원부 신읍 조성기 행궁의 건물 현황은 1789년(정조 13)부터 이듬해까지 현륭원을 조성하면서 전령에 의거하여 수원부에서 보고한 내용을 기록한 『수원하지초록(水原下旨抄錄)』과[8] 1791년(정조 15) 작성된 수원부 관아 건물의 건축대장인 『수원신읍영건공해간수성책(水原新邑營建公廨間數成冊)』[9]을 통해 알 수 있다.

새로운 읍치를 조성하면서 수원부 및 기내(畿內)의 공장(工匠)만으로 영건 날짜를 맞추기 어렵다고 판단되자 양도(兩道)와 호서(湖西), 그리고 인근 고을의 목수(木手)나 석수(石手)를 징발[調發]하여 공사를 진행하였다.[10] 그 결과 현륭원 조성 사업이 한창이었던 9월 말에 이르면 수원 신읍에는 행궁을 비롯한 객사(客舍)와 향교 등이 제 모습을 드러내기 시작하였다. 당시 새롭게 건립된 건물의 규모는 행궁 27칸[장남헌(壯南軒)]에 복내당(福內堂)과 담장을 포함하여 약 550여 칸이었다.[11]

행궁과 객사 및 향교 등의 1차 공사가 마무리되자 공역에 참가했던 비장(裨將)과 장교(將校) 등에게 치계(馳啓)에 따라 직급을 올려주거나 상전(賞典)을 베풀었다.[12] 그해 10월 6일에는 사도세자의 영여(靈輿)가 원소의 정자각에 도착하고, 정조 일행도 수원의 신읍치에 도착하였다.[13] 정조는 환궁하는 9일까지 새롭게 건립된 신읍의 행궁에 머물며 구읍의 원소를 다녀오면서 현륭원 조성을 마무리하였다. 이러한 일정에 따라 10월 즈음에는 국왕이 거처할 만큼 행궁의 모습이 완공되었던 것으로 판단된다. 기록에 의하면 11월에 행궁의 부속 건물들이 완공되었고, 강무당 및 기타 공해(公廨) 건물 공사는 계속 진행되고 있었다.[14]

이듬해인 1790년(정조 14) 2월에는 동헌인 장남헌과 복내당 외에 사정(射亭)인 득중정(得中亭)이 건립되었으며 행궁의 각 건물마다 국왕 글씨의 현판이 내 걸렸다.[15] 동시에 복내당의 동행각 밖에는 유여택(維與宅)이 완공되어[16] 행궁의 주요 건물이 대부분 들어서게 되었다. 겨우내 이어진 수원부 공해 건립 공사는 5월 초에 완공되어 낙성연을 베풀고 공사를 감독한 비장(裨將)과 장교(將校) 이하에게 등급에 따라 상전(賞典)을 시행하였다.[17] 이튿날에도 영건도청은 품계에 맞추어 벼슬을 주고 책응 비장과 외감(外監)은 가자(加資)하였으며 행궁 각 건물의 감동 비장과 간역 장교 등에게도 새로운 자리를 마련해 주었다.[18] 이외에 간역(看役)한 하리(下吏) 21명에게도 특례로 시상하였다.[19]

당시 완성된 수원부 관아는 행궁으로 구분되는 건물뿐만 아니라 객사·각청(各廳)·창고 등의 공해 건물 및 강무당·장용영·무기고 등의 군영 건물들도 함께 건립되었다. 이때 신읍에는 행궁 및 공해 이외에도 이주해 온 부민들이 거주할 가옥[新接家舍]도 새롭게 들어섰던 것으로 보인다.[20] 또한 공해의 각 관청과 시전(市廛)의 건물 기둥에는 작은 판자에 이름을 써서 걸도록 하였다. 거주 가옥도 대신(大臣)부터 유생·무사·군교(軍校)·서리(胥吏)에 이르기까지 각각의 집에 관직, 성명, 가옥의 칸수를 기록하여 걸도록 하였다. 이는 정조의 명에 의한 것으로 어가(御駕)가 도착했을 때 신읍을 둘러보는데 편리함을 위한 것이었다고 판단된다.

1789년 7월부터 공사를 시작하여 1790년 5월까지 약 10개월 만에 행궁과 공해 건물 360여 칸 및 바깥 담장 200여 칸이 완성되어 행궁의 모습을 갖추게 되었다. 〈표 2〉는 위의 자료를 토대로 수원 신읍이 조성되던 시기 행궁을 포함한 공해의 규모 변화를 정리한 것이다.[21)]

〈표 2〉를 통해 수원부 신읍 조성 이후 3년여에 걸쳐 행궁을 비롯한 향교와 각종 공해 건물들의 건립 현황을 알 수 있다. 1789년 9월 당시 행궁을 비롯한 수원부의 주요 건물은 492.5칸, 이듬해 5월에는 567칸으로 10여 개월 만에 70여 칸 이상의 건물이 추가로 건축되었다.

1789년 9월에 가장 먼저 건립된 건물은 장남헌과 복내당이다. 『수원하지초록』의 '행궁 27칸'과 『수원신읍영건공해간수성책』의 '장남헌 27칸'은 동일 건물로 동헌인 장남헌을 행궁의 중심 건물로 인식하고 있었음을 보여주는 것이라고 할 수 있다. 당시 건립된 내아(內衙)는 복내당으로 판단되며, 이후 문(門)·익랑(翼廊)·행각 등이 추가로 신축되었다. 객사 20칸을 비롯한 관청 건물과 공해를 구획하는 담장까지 건립되면서 관아의 모습이 갖추어지기 시작했다.

1790년 5월에는 득중정과 진남루, 좌익문을 포함하는 문과 그 주변의 익랑 등이 추가로 완성되었으며 군영과 관련된 기구도 상당수 신축되었다. 장용영전목고(壯勇營錢木庫)를 비롯하여 강무당(講武堂)·군향고(軍餉庫)·고마고(雇馬庫)·군수고(軍需庫)·군기대청(軍器大廳)·군기총검고(軍器銃劍庫) 등이 설치되었다. 특히 장용영의 재원을 마련하기 위한 창고인 전목고는 2칸이 추가로 신축되어 총 3칸의 규모로 확대되었고, 4칸 규모의 저치고는 부속 건물인 14칸의 대청과 6칸의 행랑을 포함하여 총 24칸 규모로 건립되었다. 1793년 장용외영(壯勇外營)의 설치에

〈표 2〉 수원 신읍 조성기(1789년~1792년) 화성행궁 규모

	1789년 9월 26일	1790년 5월 7일	1791년[추정]
행궁	行宮 27칸 三門 5 左翼廊 9 右翼廊 6 西行閣 5 樓上庫 10 中門 5 內衙 34	得中亭 9칸 大門 1 鎭南樓 6 左翊門 3 左右翼廊 6 南翼廊 6 北翼廊 5 裨將廳 15 臥護軒 15.5 大門 1 翼廊 8 外三門 3	壯南軒 27칸(中門 4, 挾門 2) 得中亭 9(中門 2, 挾門 2, 板墻門 8) 重鑰門 5-左右翼廊 15 樓上庫 10 及唱房 5 左翊門 3- 左右翼廊 6 南翼廊 5(中門 1) 北翼廊 6(中門 1) 隱若軒 15(大門 2, 中門 2, 挾門 1) 御乘馬廐 10 內衙 36(中門 3, 挾門 1)-行廊 4 裨將廳 9.5(中門 1)-翼廊 5 鎭南樓 二層閣 山亭 1(六面閣, 中門 1)
객사 및 기타	客舍 20 中門 2(處) 軍需庫 19.5 公須 7 官廳 5 倉舍 60 各處牆垣 278 (향교 52칸 제외)	壯勇營錢木庫 1 講武堂 16 雜物庫 2 米庫 5 鄕廳 19 軍餉庫大廳5.5(庫舍 42) 雇馬庫大廳 4.5(庫舍 6) 官廳大廳 6.5(庫舍 18) 御乘馬廐 10 軍器大廳 6 軍需庫米庫 6 軍器銃劍庫 5 明倫堂 10 執事廳 24.5 哨官廳 17 防營軍官廳 12 討捕軍官廳 19.5 別驍士廳 6 作廳 28 營繕 10 教坊 6 客舍翼廊 4 外墻垣 199	客舍壁大廳 10.5-東軒 9, 西軒 7 內三門 3-左右翼廊 5, 西翼廊 4 外三門 5 厠間 1 中門 2 壯勇營錢木庫 3 講武堂 16 衙馬廐 4 公須 7 教坊廳 10 軍器大廳 6-弓房 4.5 樓上庫 14 米庫 14 火藥庫 1 軍餉庫大廳 6-米庫 32 勅需庫 10 司倉捧上廳 7.5-東庫 20, 北庫 20 營繕 10 官廳捧上廳 6.5-米庫 12 別庫米庫 6 雇馬庫捧上廳 4.5-米庫 7, 中門 1 壯勇營儲置庫 4-大廳 14, 行廊 6 刑獄[草家] 6 南醮樓 6 執事廳 11-翼廊 11 哨官廳 12-翼廊 5 討捕廳 9-翼廊 9.5 防營廳 8-翼廊 5 別驍士廳 5 作廳 16-翼廊 13
	492.5칸	567칸	612.5칸

앞서 장용영 운영을 위한 창고 및 운영기구로 마련된 것으로 보인다.

이외에도 행궁의 후원에는 육면(六面)의 정자인 미로한정이 세워졌고, 객사를 비롯한 각 건물의 부속 창고나 행랑 등이 추가로 건립되어 행궁 내외에 다양한 시설들이 갖추어졌다. 『수원신읍영건공해간수성책』에서 확인되는 건물의 규모는 612.5칸으로 1790년 5월의 567칸에 비해 변화 폭이 크지 않은 것으로 보이지만, 『수원신읍영건공해간수성책』에 담장 기록이 없다는 점에서 전체 규모는 약 800여 칸 이상이었을 것으로 추정된다.[22]

당시 행궁 조성에 투입된 실제의 재용은 확인되지 않는다. 하지만 읍치 조성을 위해 마련된 재원에는 행궁 건립 비용도 포함하고 있었을 것으로 보인다. 읍치를 이전하고 신도시를 조성하는데 필요한 재원 중 가장 먼저 확보된 것은 균역청에서 수원부로 내려보낸 10만 냥이었다.[23] 이때 균역청에서 내려보낸 10만 냥은 거주지를 옮기는 민호들에게 지급할 돈 외에 공해를 짓는데 필요한 비용을 포함하고 있었다. 아울러 추가 비용이 발생할 것을 대비하여 금위영과 어영청의 두 군영에서 10만 냥을 가져다 쓰도록 하였다. 또한 행궁에서 치러지는 각종 행사와 관련한 비용 역시 별도로 준비되었다. 호조에서 관할하는 관서와 영남 지역에서 환곡이 많은 고을의 모조(耗條)를 작전(作錢)한 것 가운데 5,000냥과 균역청과 진휼청 보환곡(補還穀)의 모조 중 1,000석을 수원부로 옮겨 사용하도록 하였다.[24]

읍치를 이전하고 행궁의 여러 건물을 건립하기 위해서는 많은 양의 목재가 필요했다. 이에 구읍의 관아에서 쓸 만한 재목들은 그대로 옮겨 신읍 공해 공사에 가져다 쓰도록 하였다. 그 결과 구읍치의 강무당과 이청(吏廳)의 재목을 옮겨 행궁 건립에 사용하였다.[25] 하지만 이후 공사에 들어가는 목재가 부족하게 되자 안면도(安眠島)의 풍락송(風落松) 130주

(株)가 특별히 추가 지급되었다.[26)]

옛 읍치에서 가져온 것은 목재만이 아니었다. 신읍에 조성된 행궁 및 공해 건물의 이름들도 옛 수원부의 명칭을 가져와 사용하였다. 그 결과 행궁의 정문은 창건 당시에 구읍에서 사용하던 누각의 이름 그대로 진남루(鎭南樓)로 불렸다.[27)] 당시 수원부사였던 조심태가 정조의 명을 받들어 진남루 편액을 썼지만, 1795년 정조의 명에 의해 신풍루로 고치고 조윤형(曺允亨, 1725~1799)으로 하여금 편액을 쓰게 하였다. 유여택도 건립 당시 헌액을 변경하지 않고 구읍의 동헌이었던 옛 이름인 은약헌(隱若軒)으로 그대로 부르다가 1796년 증축하면서 유여택으로 변경된 것이다.

2) 화성 성역 시기(1794년~1796년)

행궁의 외형적 모습에서 가장 큰 변화를 맞게 된 것은 화성을 건설하기 시작한 1794년(정조 18)이었다. 정조는 화성 건설에 앞서 1793년 수원부를 화성유수부로 승격시켜 신읍의 위상을 높였다. 그리고 1795년 화성행궁에서 치를 어머니 혜경궁의 회갑연을 준비하면서 주요 건물을 증개축하거나 새로운 건물을 건립하였다.[28)]

정조는 화성 신도시 건설과정에서 행궁의 공사를 무엇보다도 소중하게 생각하였다. 이에 화성 건설 기간 중 현장 책임자인 감동당상 조심태를 비롯한 대신들과 의견을 조율하면서 공사 전반을 파악하고 있었다. 특히 화성행궁 건설과정에서는 조심태와 함께 수시로 의견을 주고받으며 공사의 전반적 상황을 주시하고 있었다. 낙남헌 터를 닦을 때는 원행 기간 동안 직접 행궁을 돌아보고 득중정이 들어설 위치를 결정하였다.[29)] 기존의 득중정을 서쪽으로 이동하여 활쏘기 공간을 확보하게 될 경우 행궁과 이어진 북쪽 마을의 민가가 뜯겨나가게 될 것을 염려하여 건물 자체를 조금 뒤로 물러 터를 마련하도록 하였다.

건물을 증축할 경우에는 미리 그려진 도형(圖形)을 살펴보며 관계자들과 논의하였다. 당시 화성 성곽 공사 현장을 주관하고 있던 도청(都廳) 이유경(李儒敬, 1747~?)이 그려 올린 도형을 본 정조는 불필요한 것을 없애고 행궁의 전체 칸수를 줄이도록 명하였다.[30] 또한 건물의 복도(複道) 설치와 관련해서도 소박하고 견고하게 짓도록 명하면서 도형을 다시 그려 올릴 것을 명하였다.[31] 정조는 필요에 따라 건축 조감도를 수시로 확인하면서 행궁 조성에 깊이 관여하였고, 그 결과 화성행궁은 건립 초기 계획과 달리 건축 과정에서 소폭 축소되어 576칸으로 완공되었다.

화성 건설은 1794년 정월에 시작되었지만 행궁 공사는 7월부터 시작되었다. 그해 여름은 날이 몹시 무더워 7월 12일부터 30일까지 대부분의 성곽 공사가 중단되었지만 뒤늦게 시작된 행궁 증축 공사만은 계속 진행되었다. 이듬해에 치를 혜경궁의 회갑연을 위해 공사를 서둘러야 했기 때문일 것이다. 『화성성역의궤』를 바탕으로 1794년 7월부터 1796년 7월즈음까지 약 2년여 간 진행된 행궁의 공사 과정은 〈표 3〉과 같다.

행궁의 신축공사는 화성 성역이 한창이던 7월 18일 진시(辰時)에 장락당이 들어설 터 닦는 작업으로 출발하였다.[32] 장락당·낙남헌·노래당·득중정 등 행궁 주요 건물들의 신축공사가 동시에 시작되었다. 장락당 터 닦는 공사를 비롯해 7월 27일 복내당 서북쪽 건물과 유여택 북쪽 건물, 29일은 봉수당에서 복내당으로 이어지는 서행각을 짓기 시작하였다.

8월에 들어서면서 공사는 더욱 속도를 내기 시작하여 2일 묘시(卯時)에는 낙남헌 지을 터를 닦았다. 낙남헌이 들어선 곳은 득중정의 옛터로 1790년 원행 기간 동안 정조가 활을 쏘아 연이어 사중(四中)한 것을 기리기 위해 세워진 사정(射亭)이었다.[33] 그런데 1795년 을묘원행에서 다양한 행사를 치르기 위한 공간을 새로 마련하기 위해 득중정을 서쪽으

〈표 3〉 화성 성역 시기(1794년~1796년) 화성행궁 건립 과정

<table>
<tr><th>연도</th><th>월</th><th>일</th><th>공사 과정</th></tr>
<tr><td rowspan="13">1794</td><td rowspan="3">7</td><td>18</td><td>장락당(長樂堂) 터 닦기</td></tr>
<tr><td>27</td><td>복내당(福內堂) 서북쪽과 유여택(維與宅) 북쪽의 행각 공사 시작하기</td></tr>
<tr><td>29</td><td>봉수당(奉壽堂) 서쪽 행각 공사 시작하기</td></tr>
<tr><td rowspan="6">8</td><td>2</td><td>낙남헌(洛南軒) 터 닦기</td></tr>
<tr><td>11</td><td>장락당(長樂堂) 주춧돌 놓기</td></tr>
<tr><td rowspan="3">13</td><td>장락당(長樂堂) 기둥 세우고 상량</td></tr>
<tr><td>낙남헌(洛南軒) 주춧돌 놓기</td></tr>
<tr><td>노래당(老來堂)과 득중정(得中亭) 공사 시작하기</td></tr>
<tr><td>22</td><td>낙남헌(洛南軒) 기둥 세우고 상량</td></tr>
<tr><td rowspan="3">9</td><td>22</td><td>장락당(長樂堂) 완공</td></tr>
<tr><td>27</td><td>경룡관(景龍館)과 남북군영 공사 시작하기</td></tr>
<tr><td>28</td><td>낙남헌(洛南軒) 완공</td></tr>
<tr><td>10</td><td>8</td><td>전체적으로 행궁 공사 마무리하기</td></tr>
<tr><td rowspan="2">1795</td><td>4</td><td>2</td><td>봉수당(奉壽堂) 북행각 공사 시작하기</td></tr>
<tr><td>5</td><td>13</td><td>봉수당(奉壽堂) 북행각 완공</td></tr>
<tr><td rowspan="3">1796</td><td>5</td><td>27</td><td>유여택(維與宅) 남북행각 공사 시작하기</td></tr>
<tr><td>6</td><td>10</td><td>유여택(維與宅) 북행각 완공</td></tr>
<tr><td>7</td><td>6</td><td>유여택(維與宅) 남행각 완공</td></tr>
</table>

로 옮기고 그 터에 낙남헌을 세운 것이다. 11일 묘시에는 장락당의 주춧돌을 놓고 이틀 후인 13일 묘시에는 장락당 기둥을 세워 상량하였다. 같은 날 진시에는 낙남헌 주춧돌을 놓고 낙남헌 남쪽에 딸린 노래당과 득중정 공사를 시작하였다. 노래당은 득중정과 낙남헌에서 치러지는 각종 행사 도중에 휴식을 취하기 위하여 새롭게 만들어진 건물이었다.

9월에는 행궁의 주요 건물들이 제 모습을 드러내기 시작했다. 가장 먼저 완공된 것은 가장 먼저 공사를 시작한 장락당이었다. 22일에 장락당, 28일에는 낙남헌이 완공되었다. 또한 9월 27일에는 봉수당 남쪽 각

도와 연결되는 경룡관과 행궁 정문인 신풍루 좌우에 남북군영을 짓기 시작하였다. 7월부터 시작된 화성행궁의 건물 공사는 10월에 들어서면서 마무리되었다. 이로써 이듬해인 1795년 혜경궁의 회갑연을 치르기 위한 행궁의 대대적인 증개축 사업이 일단락된 것이다.

혜경궁의 회갑연 잔치를 마친 후에도 화성 건설과 함께 행궁의 증개축 공사는 계속되었다. 1795년 4월에는 봉수당 북쪽의 행각 공사가 추가로 진행되어 한 달여 만에 완공되었다. 이듬해인 1796년 5월 27일에는 유여택의 남쪽과 북쪽의 행각 공사가 시작되어 6월 10일에는 북행각 공사가 마무리되고 7월 6일에는 남행각 공사가 완성됨에 따라 마침내 봉수당에서 경룡관을 통해 유여택으로 이어지는 행궁의 모습이 갖추어졌다. 이렇게 완성된 행궁의 증개축 비용은 『화성성역의궤』를 통해 구체적으로 확인된다. 〈표 4〉는 화성 건설 기간 중 혜경궁의 회갑연을 치르기 위해 화성행궁을 증개축하는 과정에 투입된 공사비용을 정리한 것이다.[34)]

『화성성역의궤』에 의하면 화성 성역의 총 공사비는 873,517냥 7전 9푼이며 이 중에서 공해를 포함하는 행궁의 공사비용은 45,081냥 9전으로 행궁의 증개축 비용은 화성 성역 전체 비용의 약 5.2%를 차지하였다.[35)] 조선후기 관영 건축공사의 총 비용에서 가장 많이 지출하는 것은 인건비와 자재비였다.[36)] 화성 성역에서도 총 공사비 가운데 자재비는 38%, 인건비는 42%로 큰 비중을 차지하였다. 화성 축성 공사비용 중 자재비의 경우 채석장에서 석재를 떠내는 값이 40%이고, 목재 매입비가 1.4%였던 것에 비해 목공사 위주인 화성행궁 건축에서는 다소 다른 양상을 보인다. 행궁 공사 역시 전체 비용의 53%를 인건비가 차지하였지만, 인건비의 절반 이상은 목수에게 지급되었다. 이러한 양상은 다음 절에서 살펴볼 장인의 구성에서도 목수가 다수를 차지하는 것으로 재확인된다.

행궁의 외형이 갖추어지자 이후에는 신축 건물의 내부를 채우거나 기

〈표 4〉 화성행궁 증개축 공사 비용

구분	건물명	투입 금액	비고
행궁	봉수당(奉壽堂)	4,329냥 7전 2푼	–
	장락당(長樂堂)	3,236냥 9전 1푼	–
	경룡관(景龍館)	1,354냥 7전 4푼	–
	복내당(福內堂)	1,702냥 0전 8푼	–
	유여택(維與宅)	5,064냥 2전 5푼	–
	낙남헌(洛南軒)	9,970냥 6전 0푼	낙남헌 8,655냥 7전 동행각·동삼문 1,314냥 9전
	득중정(得中亭)	2,489냥 6전 4푼	–
	신풍루 행각 (新豐樓行閣)	2,235냥 7전 6푼	신풍루 행각 739냥 5전 6푼 신풍교 917냥 5전 3푼 마랑 578냥 6전 7푼
공해	남북군영(南北軍營)	1,993냥 0전 9푼	–
	외정리소(外整理所)	4,254냥 7전 9푼	2,766냥 6전 1푼 서리청 1,488냥 1전 8푼
	강무당행각(講武堂行閣)	1,753냥 1전 1푼	–
	무기고(武器庫)	2,223냥 7전 2푼	무고 행각 990냥 7전 7푼 화약고 773냥 0전 8푼 화약도침소 459냥 8전 7푼
	수성고(修城庫)	1,849냥 9전 7푼	–
	지소(紙所)	2,623냥 5전 2푼	–
계		45,081냥 9전 0푼	–

존 건물의 보수공사가 시작되었다. 은약헌[이후 유여택]의 침실 및 행각에는 전돌을 이용한 온돌을 새로 깔고[37] 지붕도 새롭게 바꾸었다.[38] 복내당·장남헌·득중정·은약헌에서는 바닥에 까는 방석이나 돗자리를 새로 마련하고 도배하는 일이 진행되었다.[39] 1795년은 행궁이 건립된 지 7년째 되는 해로 바닥 깔개의 개비연한이 도래하는 시기였기 때문에 건물의 바닥 깔개[지의]와 도배 등의 보수공사도 함께 진행된 것이다. 이렇게 건설된 화성행궁은 조선시대 지방에 건립된 궁궐로서는 최대 규모로

완공되었다. 수원 신읍 조성기와 화성 성역 시기로 나누어 화성행궁의 전체 규모를 정리하면 〈표 5〉와 같다.[40)]

〈표 5〉 화성행궁 규모(1796년)

건물명	수원 신읍 조성기 건축규모	화성 성역 시기 건축규모	전체(칸)
봉수당(奉壽堂)	7량 21칸, 행각 43칸	행각 외 48칸	112
장락당(長樂堂)	–	정당 7량 13칸, 행각 외 12칸	25
경룡관(景龍館)	–	정당 5량 4.5칸, 행각 외 6칸	10.5
복내당(福內堂)	정당 5량 18칸, 행각 29칸	20.5칸	67.5
유여택(維與宅)	정당 5량 8칸, 부사 외 20칸	행각 외 50칸	78
낙남헌(洛南軒)	장춘각 5칸	정당 7량 14.5칸	19.5
노래당(老來堂)	–	정당 5량 7칸 외 29.5칸	29.5
득중정(得中亭)	–	5량 13칸, 부사 7칸	20
신풍루(新豐樓)	누문 6칸	좌우행각 21칸	27
남북군영(南北軍營)	군영 24칸	좌우익랑 38칸	62
외정리소(外整理所)	–	정당 5량 6칸, 부사 외 21.5칸	27.5
서리청(書吏廳), 집사청(執事廳)	–	5량 22칸, 부사 외 6칸	28
비장청(裨將廳)	정당 및 익랑 14.5칸	–	14.5
기타	–	55칸	55
계	188.5칸	332.5칸	576칸

화성 성역 시기와 맞물려 진행된 행궁의 대대적인 증개축 공사는 1795년 어머니의 회갑연을 치르기 위한 정조의 효심에 의한 것이라고 할 수 있다. 그러나 그 이면에는 갑자년 구상 속에서 정조가 상왕으로 머물기 위한 목적에 따라 행궁의 공간을 설계하고 배치하였던 것이라고 할 수 있다.

2. 화성행궁 건설 관련 주요 인물

1) 수원부 역대 부사·유수 및 판관

화성행궁 건설과정에서 무엇보다 중요한 것은 공역에 참여했던 수많은 사람들의 힘이었다. 행궁 건설 기간 동안 수원부 부사, 유수, 판관을 역임하였던 인물들과 공사 현장에 투입되었던 장인들을 중심으로 화성행궁의 건설과정을 좀 더 세밀하게 살펴보고자 한다. 〈표 6〉은 화성행궁 건설이 시작되었던 수원 신읍 조성기인 1789년부터 완공이 마무리되는 1796년까지 수원부의 부사와 유수, 그리고 판관을 역임한 관리들을 정리한 것이다.

〈표 6〉 수원 신읍 조성기 및 화성 성역 시기(1789년~1796년) 수원부 역대 부사·유수, 판관

번호	조성기관	부사·유수 판관	재임 기간(임명~이임)
1	수원부	조심태(趙心泰)	18개월(1789년 7월~1791년 1월)
		–	–
2	수원부	김사목(金思穆)	12개월(1791년 1월~1792년 1월)
		–	–
3	수원부	이경무(李敬懋)	12개월(1792년 1월~1793년 1월)
		–	–
4	화성유수부	채제공(蔡濟恭)	4개월(1793년 1월~1793년 5월)
		김노성(金魯成)	13개월(1793년 1월~1794년 2월)
5	화성유수부	이명식(李命植)	9개월(1793년 5월~1794년 2월)
		정동협(鄭東協)	13개월(1794년 3월~1795년 윤2월)
6	화성유수부	조심태(趙心泰)	29개월(1794년 2월~1797년 7월)
		홍원섭(洪元燮)	26개월(1795년 윤2월~1797년 4월)

화성 신도시 사업은 영우원 천봉과 수원 신읍의 이전을 담당하기 위해 조심태가 수원부사로 임명되는 것으로부터 출발하였다.[41] 그는 1789년 7월 수원 부사에 선임됨과 동시에 현륭원 조성과 수원 이읍을 훌륭히 완수하고, 이듬해에는 용주사(龍珠寺) 공역을 총괄하여 신도시 건설의 기초 사업을 성공적으로 마무리지었다. 조심태의 이런 다양한 경험은 수원부가 유수부로 승격된 이후 화성 신도시의 향후 발전 계획을 마련하기 위한 시기에 맞추어 3대 유수로 임명되는 바탕이 되었다. 그는 1794년 2월부터 1797년 7월까지 약 2년 5개월 동안 유수를 역임하면서 화성 신도시 건설의 기반을 다지는 역할을 맡게 된 것이다.

조심태는 신읍 조성기 수원부 관아 공사는 물론 이후 화성행궁 증개축 과정에서 정조와 수시로 의견을 수고받으며 공사를 감독하였다. 행궁의 행사공간인 낙남헌 터를 결정할 때도 정조와 직접 행궁을 돌아보고 득중정의 위치를 결정하였다.[42] 정조는 당시 득중정을 서쪽으로 이동하여 활쏘기 공간을 확보하게 될 경우 행궁의 북쪽 마을 민가들에게 피해가 발생할 것을 염려하여 건물을 조금 뒤로 물러 터를 마련하도록 하였다. 또한 수시로 행궁 주요 건물의 증축 현황을 도형(圖形)으로 그려 정조와 논의한 후 불필요한 것을 없애고 건물의 칸수를 줄여 소박하고 견고한 행궁이 건설되도록 감독하였다.[43]

수원부사 재임 중에는 수원 신읍에 신도시 모습이 갖추어지기 시작하자 백성들이 편리한 생활을 할 수 있는 다양한 정책을 마련하였다. 신읍에 점포를 설치하여 수원 백성들이 시전(市廛)에 직접 참여하는 상공업 진흥 방안과 용주사 승려들이 종이와 신발[紙鞋]을 만들 수 있는 사원 수공업발전 방안을 제시하여 시행하였다. 현륭원 식목사업도 역점을 두고 진행하여 식목방략을 정리하였는데 이후 이 방략이 현륭원 식목 공역의 기준이 되었다.

특히 화성 성역의 실제 총감독인 감동당상에 임명된 조심태의 활약은 다양한 방면에서 확인된다. 화성 성역 이전부터 사업에 필요한 물자와 인력 조달의 구체적 방법을 건의하는 것은 물론 다양한 화성 축성 방안도 제시하였다. 그는 화성 건설에 필요한 재정 확보를 위해 금위영과 어영청의 10년치 정번전(停番錢)을 이용하거나 공사 규모가 커지게 되자 균역청에서 10만 냥을 빌려와 공사를 진행하도록 하였다.

화성 건설 외에도 장안문 성밖의 황무지를 개간하고 수리시설인 만석거(萬石渠) 축조를 감독하여 완공하였다. 만석거 축조로 농업용수의 저장이 가능해지자 이 일대의 새로운 토지를 매입 개간하여 시범농장인 대유둔(大有屯)을 추가로 완성하였다. 대유둔이 완성되자 조심태는 둔전 경영의 구체적 방안을 강구하였다. 둔전 경영과 관련하여 토지 매입 및 개간 비용, 총 수확량, 다음해 파종을 위해 종자와 세곡으로 덜어두어야 할 양, 둔전 소속 원역에게 지급한 요미(料米), 도랑을 파고 제방을 축조하는데 지출된 비용 등의 방안을 마련하였다. 이외에도 교리(校吏), 군졸(軍卒) 및 관예(官隷)들에게 토지를 나누어 주고 농사를 짓도록 하며, 상호감독체제를 실시하여 농사의 효율성을 높이도록 하였다. 조심태가 올린 다양한 둔전 경영 정책은 다시 홍원섭(洪元燮, 1744~1807)이 정리하여 제출함에 따라 수원 농업정책의 근간이 될 수 있었다. 조심태는 둔전 경영을 더욱 확대하여 충청도 평신진 목장을 혁파한 후 둔전을 설치할 것을 제안하여 정조의 승인을 받기도 하였다.

장용영 운영과 관련한 조심태의 활동 역시 다양한 분야에서 확인된다. 수원부사 재임 기간 동안 지역 향군의 실태를 파악한 것을 바탕으로 장용영 향군의 선발 기준을 제시하거나 향군의 재정 방안을 강구하였다. 정조는 장용외영의 군사 체계가 마련되자 조심태에게 군제 정비를 바로잡을 것을 명하였고, 그 결과 정민시와 함께 새로운 화성군제인 〈장

용외영군제절목(壯勇外營軍制節目)〉을 선보였다.[44]

조심태는 유수 역임 이후 1798년(정조 22) 2월 2일부터 이듬해인 1799년(정조 23) 9월 21일까지 약 1년 6개월 동안 8대 장용대장을 역임하였다. 장용대장을 역임하면서 장용외영의 군사력 강화를 위한 정책으로 수원 인근의 다섯 개 고을인 과천(果川)·시흥(始興)·용인(龍仁)·안산(安山)·진위(振威)의 군정(軍丁)을 장용외영에 소속시킬 것을 건의하여 시행하였다. 또한 화성 및 수리시설 축조의 경험을 바탕으로 현릉원 일대의 만년제 공사도 주관하여 마무리하였다. 조심태는 화성행궁 건설을 포함한 화성 신도시 건설에 가장 중추적인 역할을 맡았다고 할 수 있다.[45]

수원 이읍 시기 조심태에 이어 수원부사를 역임한 사람은 김사목(金思穆, 1740~1829)과 이경무(李敬懋, 1728~1799)였다. 김사목은 1791년 1월부터 1792년 1월까지 약 1년 동안 수원 신읍 공역 시기 수원부사를 역임하였다. 정조는 1791년 1월 원행에서 경기감사를 역임하여 기전(畿甸) 백성들의 사정에 정통한 김사목을 수원부사에 임명하였다.[46] 이때는 신읍의 관아를 비롯해 객사·향교 등의 공해(公廨) 모습이 갖추어짐에 따라 수원부의 본격적인 운영을 위한 정책 마련이 필요한 시기였다. 김사목은 수원부사에 임명되기 이전 형조판서로 있으면서 수원 신읍의 백성을 모집하는 방법을 논의하는 과정에도 적극적으로 참여하였다. 그는 수원이 삼남의 주요 길목이라는 점을 지적하며 부호들이 원하는 대로 수원에서 전방을 열게 한다면 백성들이 교역의 이로움으로 인해 수원에 부민들이 증가할 것이라는 의견을 제시하였다.[47]

김사목은 부임 이후 현릉원을 비롯해 신읍에서 벌어지고 있던 크고 작은 공사들을 마무리하였다.[48] 원소 일대의 식목사업과 함께 흙을 돋우고 사초(莎草)를 깔아 무덤의 봉분을 다듬고 곤신지(坤申池)의 석축도 고쳐 쌓았다. 배양치(培養峙)에 벽돌을 깔고 대왕교(大王橋)를 돌로 쌓았으며 용주교(龍珠橋) 가운데 작은 돌다리 6곳을 새로 쌓는 일도 완공하였다. 또한 수원부 곳곳에 남아 있는 낡은 공해(公廨)를 철거하고 새로 짓는 등의 공사를 완수하였다.

이경무는 1792년 1월부터 1793년 1월까지 12개월 동안 부사의 소임을 다하였다. 이경무는 수원부사로 임명되자마자 정조의 명에 따라 전 부사 조심태, 김사목과 함께 『원행정례(園幸定例)』를 바로 잡아 현륭원 조성 이후 매년 진행되고 있던 원행에 필요한 정책을 확고히 하였다.[49] 또한 이경무 역시 현륭원 금천교를 개축하고 제이교(第二橋), 제삼교(第三橋)를 축조하는 공사를 마무리한 후 길이와 너비, 돌의 수효, 투입된 물력(物力)을 성책(成冊)하여 보고하는 등 완공된 원소의 관리와 보수공사에 힘을 기울였다.[50] 10월에는 7월 중 장맛비로 무너진 독성산성의 성첩을 보수하여 완공하기도 하였다.[51]

이경무는 수원부사로 재직하면서 수원부민의 실태를 조사하기 위해 가솔(家率)을 데리고 와서 수원에 정착한 유호(儒戶)를 조사하였다. 당시 유호는 총 89호로 본래 수원부에 거주하던 77호와 새로 이주한 12호가 확인되었으며 무호(武戶) 역시 가족과 함께 새롭게 정착한 가구가 26호였다는 것을 조사하여 유생과 무사들의 성명, 내력(來歷), 가사(家舍)를 성책하여 보고하였다.[52] 이후에는 신읍에 새로 이주한 민호(民戶)의 거주 현황을 조사하여 땅 주인이 대지세(垈地稅)를 납부토록 하였으며 정조의 명에 따라 과천에서 수원까지 원행길의 연도 폭을 일정하게 맞추어 백성들에게 피해가 가지 않도록 하였다.[53]

이경무는 형조판서로 자리를 옮긴 이후에도 수원부가 군총(軍總)에 비해 활과 칼[弓刀]·약환(藥丸) 등의 부족한 병기 문제를 지적하면서 한양의 바깥 지역 여유 있는 곳에서 옮겨와 유사시에 대비할 것을 건의하였다.[54] 이에 어영대장 조심태를 비롯한 각 군영의 대장들과 논의를 거쳐 군기를 마련하는 방안을 강구하였다.

이후 수원부가 유수부로 승격되면서 화성유수부의 초대 유수로 채제공(蔡濟恭)이 임명되었다. 채제공은 1790년부터 3년간 '채제공 독상(獨相)' 체제가 유지될 정도로 정조의 신임을 받았던 인물이다. 그는 화성유수부의 초대 유수 및 화성 성역을 총괄하는 총리대신(摠理大臣)에 임명되어 화성 신도시 건설과 운영 방안을 마련하였다. 정조대 남인계의 핵심관료로서 현륭원 조성 과정부터 화성 건설에 이르기까지 화성 신도시를 조성하는데 중심 역할을 하였다.

1789년 영우원 천봉이 결정되자 우의정이었던 채제공은 영의정 김익, 좌의정 이성원(李性源, 1725~1790)과 함께 천봉지인 수원에 내려가 묘자리를 직접 간심하고 천하의 명당임을 확인하는 글을 정조에게 올렸다.[55] 채제공은 화성유수로서 화성행궁의 건설과정을 총괄하면서 이후 수원 신도시 조성과정에서 신읍의 도시 기반 정책을 수립하는 다양한 의견을 제시하였다.[56] 그가 제시한 수원부의 장시 개설 방안은 3대 유수 조심태에 의해 한성부 출신이 아닌 수원부의 백성 가운데 장사 경험이 있는 사람들에게 돈을 빌려주는 것으로 정리되어 수원 신읍의 상업 활성화 정책으로 이어졌다. 또한 1791년 광주와 용인에 있는 창고를 수원부로 옮겨 세우자는 채제공의 의견에 따라[57] 화서문 내 이창(二倉) 건물에 잇대어 광주창이 마련되었고[58] 용인창은 동장대 남쪽에 별도로 지어져 관리되었다.[59]

채제공의 유수 재임 기간은 1793년 1월부터 5월까지 약 4개월의 짧은 시간이었지만 영의정으로서 향후 화성 신도시 건설을 진행하기 위한 준비 기간이었다는 점에서 그 의미가 있다고 할 수 있다. 정조는 수원부를 화성유수부로 승격시킨 후 도시를 정비하는 초기 단계에 채제공과 같은 최고 관료를 임명함으로써 왕권 강화는 물론 향후 유수부에서 시행할 정책의 지원을 얻고자 했던 것이다.[60] 초대유수에 임명된 채제공은 수원 신읍에 집을 새로 마련하고 당호를 채로헌(采露軒)이라고 지었다. 이 집으로 인해 수원에 연고를 갖게 된 채제공은 지역에 대한 정보를 얻고, 유수부 운영에 필요한 일들을 두루 살피며 신도시 건설에 필요한 기반을 마련하였을 것이다.[61]

채제공은 수원부의 업무는 유수가 주관하고 판관이 보좌하게 하는 동시에 백성들의 정소(呈訴) 중 큰 것은 유수부에서 처리하고 작은 것은 이아(貳衙)에서 처리하도록 하였다.[62] 방영청(防營廳)은 열교청(列校廳)으로 변경하여 이아에, 토포청(討捕廳)은 그대로 중영(中營)에 소속시키고 유수의 편비(編裨) 5인은 송도의 예에 따르도록 하는 등 유수부 운영 방안도 마련되었다. 춘궁기에는 환곡을 더 분급하는 것과 함께 저장해 두었던 대동미를 빌려주어 백성의 굶주림을 구제하는 정책도 시행하였다.[63]

채제공은 화성을 건설하기 위한 축성 방안뿐만 아니라 공역에 필요한 비용을 충당하기 위한 방안도 모색하였다. 성역이 시작되고 5개월 만에 금위영과 어영청 및 삼남의 결전(結錢)에서 빌려와 준비해두었던 15만 냥 가운데 8천 냥 정도만 남게 되어 비용이 부족하게 되자 균역청에서 10만 냥을 추가로 빌려와 사용하도록 하였다.[64] 또한 예산확보를 위해 승군을 동원하여 비용을 절약하도록 하였다. 이후에도 부족한 공사비용은 평안도 병영의 포흠조(逋欠條) 2만 냥을 성역 비용으로 전환할 것을 제안하여 시행하였다.[65]

이외에도 채제공은 정조의 명에 따라 팔달산 서장대(西將臺)의 상량문을 짓고 화성의 화서문(華西門)과 행궁의 노래당 등의 현판을 쓰기도 하였다. 1796년 10월 화성 공역을 축하하는 낙성연을 주관한 채제공은 정조대 후반기[1789~1800] 국가 주요 정책을 수립하고 집행하는데 주도적으로 참여하였다. 현륭원 조성으로 시작된 화성 신도시 건설은 정조의 구상을 바탕으로 대소신료와 백성들의 역량이 총망라된 대규모의 국가 사업이었다. 이 사업을 계획적으로 이끌 수 있었던 것은 바로 채제공과 같은 인물이 있었기 때문에 가능하였다고 할 수 있을 것이다.

채제공의 뒤를 이어 2대 유수에 임명된 인물은 이명식(李命植, 1720~1800)이다. 이명식은 1793년 5월 25일 수원부유수에 임명되어 이듬해 2월까지 총 9개월 동안 수원부를 이끌었다. 그는 연로하다는 이유로 관직을 거절하였지만, 정조는 수원부유수를 고굉(股肱)이나 주액(肘腋)처럼 여기고 있다며 화성에 유수를 둔 것은 바로 선침(仙寢)을 수호하고 행궁을 보살피기 위한 것이라고 강조하며 이명식을 임명하였다.[66] 이명식은 유수 기간 중 채제공의 제안에 의해 채택된 공도회(公都會) 제도를 개선하여 시행 가능한 방안을 제시하였다.[67] 이명식은 다른 인물에 비해 짧은 기간 동안 유수로 재임하였지만, 1794년 9월 12일부터 1797년 1월 7일까지 약 2년 3개월 정도 장용영의 향색제조를 역임하였다는 점이 주목된다.[68] 정조는 일찍부터 장용영의 재용에 관한 조치와 계책 대부분이 서유린과 정민시에 의해 마련되었으며 이명식이 그다음으로 중요한 역할을 하였다고 평가하고 있었다.[69] 화성행궁이 증개축을 통해 제 모습을 완성해가고 있던 시기에 이명식이 화성 신도시 운영에 필요한 재정 책임자로 참여하고 있었던 것이다.

화성행궁 건설 기간 동안 유수부의 행정 실무를 담당하였던 판관을 역임한 인물은 3명이었다. 1대 판관인 김노성(金魯成)의 재임 기간은 1793년(정조 17) 1월부터 이듬해 2월까지 1년 1개월이었다. 이때는 수원부가 유수부로 격상된 시기로 신도시의 기반을 마련하던 중요한 기간이었다. 김노성은 판관으로 재임하면서 행궁 증개축 공사에 앞서 200여 칸의 수원부 관아 건물 공사를 마무리하였다.[70] 1794년 1월에는 책응도청(策應都廳)에 차하(差下)되어 화성 성역과 관련한 출납 업무도 함께 담당

하였다.[71]

2대 판관인 정동협(鄭東協)의 재임 기간은 1794년(정조 18) 2월부터 이듬해 윤2월까지 약 1년이었다. 정동협은 판관 임명 이전 현륭원 조성 과정에서 원소도감의 낭청에 임명되어[72] 흙을 보충하는 일을 담당하던 보토소(補土所)에서 근무하였다.[73] 원소도감의 일을 마무리하고 부평부사(富平府使)·풍덕부사(豐德府使)·울산부사(蔚山府使)를 거쳐 1794년 2월에 수원부 판관에 임명되었다.

정동협이 수원부 판관에 임명된 시기는 화성 성역을 시작하는 때로 정조는 그를 직접 만나 화성 성역에 힘쓸 것을 당부하였다.[74] 정동협은 부평부사 재임 기간 동안 국왕의 행차길에 교량을 설치하는 일을 처리하여 높은 평가를 받았는데[75] 이러한 공사 경험이 화성 성역 시기 판관에 임명된 계기가 된 것으로 보인다. 을묘원행 기간 중에는 사민 50여 명, 기민 261명이 참가한 신풍루에서의 진휼행사를 담당하였으며[76] 이후 진주목사(晉州牧使)에 제수(除授)되었다.[77]

3대 판관을 지낸 홍원섭(洪元燮)의 재임 기간은 1795년 윤2월부터 1797년 4월까지 2년 2개월이다. 홍원섭이 수원부 판관에 임명되자 아전과 백성들이 그의 부임을 기대하고 있었을 만큼 지방 행정 능력은 이미 검증되었던 것으로 보인다.[78] 홍원섭은 신역포(身役布)를 받을 때 1자[尺]당 1/5의 정채(情債)를 받는 규칙을 만들고, 대동미 수확을 증액시키는 정책을 추진하였다.[79] 그러나 같은 해 12월에는 환곡을 상환받을 때 수향(首鄕)에게만 일임하여 규정보다 많이 거두고 재목(材木) 운반에 필요한 말을 세내는 삯을 반만 지급하였다는 이유로 암행어사 정만석(鄭晩錫, 1758~1834)의 서계에 따라 추고를 당하기도 하였다.[80]

그럼에도 불구하고 홍원섭의 공적은 다양한 분야에서 확인된다. 홍원섭은 1776년 호조 정랑의 신분으로 경모궁(景慕宮)과 규장각 건설을 감독한 것을 시작으로 건축 분야에 두각을 나타내고 있었다.[81] 이후 별례방낭청(別例房郎廳)으로 협양문(協陽門) 전로(前路)의 계체(階砌)가 무너진 곳에 대한 수개(修改) 공사를 담당하거나[82] 동관왕묘(東關王廟)·남관왕묘(南關王廟)의 비석을 세우는 일에도 차출되었다.[83]

특히 홍원섭은 유수 조심태와 함께 만석거와 대유둔 건설에 주도적 역할을 하였는데, 이 사업의 기본 구상은 홍원섭에게서 나왔다고 할 수 있다. 그는 연암 박지원(朴趾源, 1737~1805)의 동년배이자 연암일파 일원으로 연안부사(延安府使) 재임 중 제언절목(堤堰節目)에 따라 수문과 수갑을 설치하는 등 와룡지(臥龍池)를 수축하는 경험을 가지고 있었다.[84] 정조는 만석거와 대유둔 설치에 대한 유수 조심태의 보고를 받은 후 이 내용을 홍원섭에게 정리하여 제출하도록 하였다. 연암일파로서의 지식은 물론 연안부사로 추진하였던 수리 사업의 경험을 화성에서 재연할 수 있도록 한 것이다. 이후 현륭원의 외남산(外南山)에 보토(補土)하고 나무 심는 역을 마치고 베풀어진 시상에서 홍원섭만이 유일하게 준직(準職)에 제수되었다.[85] 홍원섭은 정조의 명에 따라 화성 성신사(城神祠)와 영화정(迎華亭)의 상량문을 지어 바쳤으며[86] 성역 기간 동안 판관으로 간검(看檢)한 경험으로 인해 『화성성역의궤』의 간인(刊印)을 감독하기도 하였다.[87]

2) 행궁 공역 참가 관리자와 장인

행궁 건설의 중요한 동력은 공사에 직접 참여하였던 별간역(別看役)·패장(牌將)·비장(裨將) 등의 중간관리자와 장인들이었다. 수원 신읍에 행궁을 비롯한 관아의 모습이 드러나기 시작한 것은 1차 공사가 마무리된 1789년 9월이었다. 〈표 7〉은 당시 수원 신읍의 행궁 및 객사 공역에

참여하였던 지방관 이하의 인물들의 직책, 공사 참여 기간, 거주지 등을 정리한 것이다.[88)]

〈표 7〉 1789년 9월 행궁·객사·향교 공역 참가 명단

이름	직책	일수(기간)	출신
조윤식(曺允植)	순영동칙비장(巡營董飭裨將)	74일(7월 12일~9월 26일)	서울
조명집(曺命楫)	이읍도청비장(移邑都廳裨將)	61일(7월 24일~9월 26일)	수원
이광진(李光進)	책응비장(策應裨將)	26일(7월 24일~9월 26일)	서울
이문환(李文煥)	책응외감장교(策應外監將校)	61일(7월 24일~9월 26일)	수원
김보명(金輔明)	행궁급내아감동비장 (行宮及內衙監董裨將)	61일(7월 24일~9월 26일)	논산
서정우(徐正祐)	행궁급내아외감장교 (行宮及內衙外監將校)	61일(7월 24일~9월 26일)	수원
박창흥(朴昌興)	행궁급내아간역패장 (行宮及內衙看役牌將)	47일(8월 9일~9월 26일)	수원
안도형(安道亨)	행궁급내아간역패장 (行宮及內衙看役牌將)	58일(7월 27일~9월 26일)	수원
조한진(曺翰振)	객사감동비장(客舍監董裨將)	44일(8월 12일~9월 26일)	수원
임준창(林俊昌)	객사간역패장(客舍看役牌將)	61일(7월 24일~9월 26일)	수원
신　섬(申　暹)	향교감동비장(鄕校監董裨將)	45일(8월 11일~9월 26일)	수원
이종범(李宗範)	향교간역향소(鄕校看役鄕所)	45일(8월 11일~9월 26일)	수원
이근욱(李根郁)	향교간역패장(鄕校看役牌將)	61일(7월 24일~9월 26일)	수원
이태협(李泰協)	부석감동비장(浮石監董裨將)	65일(7월 20일~9월 26일)	수원
홍윤우(洪允祐)	부석간역패장(浮石看役牌將)	65일(7월 20일~9월 26일)	수원
문세준(文世俊)	부석간역패장(浮石看役牌將)	65일(7월 20일~9월 26일)	수원
서택수(徐宅修)	번와감동비장(燔瓦監董裨將)	44일(8월 12일~9월 26일)	파주
박치관(朴致寬)	번와간역패장(燔瓦看役牌將)	65일(7월 20일~9월 26일)	수원
황인욱(黃仁郁)	번와간역패장(燔瓦看役牌將)	65일(7월 20일~9월 26일)	수원
이　위(李　渭)	노야간역패장(爐冶看役牌將)	65일(7월 20일~9월 26일)	수원
김인철(金仁哲)	노야간역패장(爐冶看役牌將)	65일(7월 20일~9월 26일)	수원
박진황(朴震晃)	군기고간역패장(軍器庫看役牌將)	51일(8월5일~9월 26일)	수원

이들은 대체로 공역을 총괄하는 관리자들이었다. 순영동칙(巡營董飭)에 임명된 조윤식(曺允植)은 신읍의 행궁 및 객사의 공사를 총괄하였던 인물이다. 서울 출신의 조윤식은 현륭원 조성은 물론 이후 원소의 식목 및 보토 사업, 신읍의 행궁 및 관아를 건립하는 공역 등의 다양한 분야에서 활약하였다. 영우원 천장이 결정된 당일 경기감사(京畿監司) 서유방은 수원부의 일을 잘 알고 있는 예빈시봉사(禮賓寺奉事) 조윤식을 데리고 갈 것을 청하였다.[89] 그 결과 조윤식은 다음날인 7월 12일 수원에 도착하자마자 신읍 조성 사업 중 행궁 건설에 투입되어 9월 26일까지 공사 전반을 담당하였다. 그러나 이듬해 9월 행궁이 완공되고 공사 관계자들에게 포상하는 명단에서 그의 이름은 확인되지 않는다.

이는 조윤식이 1789년 가을 행궁의 1차 공사를 마무리한 후에 현륭원 조성과 이듬해 시작될 용주사 공역 준비에 투입되었던 것으로 보인다. 능상이 조성된 이후 원소 운영 및 관리는 물론 현륭원의 원찰로 건립된 용주사 공역에 투입됨으로써 행궁 공사에는 다른 인물이 대체된 것으로 판단된다. 조윤식은 1790년 2월 정조의 현륭원 원행길에 능상 주위의 식목과 보토에 대한 보고를 정조에게 직접 아뢰었으며,[90] 용주사 공역에서는 도간역(都看役)으로 참가하여 용주사 건립을 주관하였다.[91]

공역과 관련하여 다년간 경험을 가진 조윤식은 건축 대상의 도면을 그리는 일에 남다른 재주가 있던 것으로 보인다. 정조는 현륭원 정자각에 드리우는 주렴[簾]을 구성할 때도 조윤식이 제출한 도면에 따라 마련하도록 하였으며[92] 용주사 공사 과정에서도 조윤식이 그린 용주사 도면을 함께 열람하며 절터를 남향으로 고쳐 짓는 것에 대한 의견을 공유하였다.[93] 조윤식은 용주사를 비롯한 수원부의 여러 공역이 마무리된 10월 6일 진위 현령에 임명되었다.[94] 그러나 진위현령은 물론 이후 안성군수를 역임하면서도 차사원(差使員)으로 원소를 살필 일이 있을 때마다 수

시로 다녀가면서 현륭원 관리를 담당하였다.[95)]

조윤식이 공역에 남다른 능력이 있었지만 이후 화성행궁 및 화성 공사에서 그의 이름이 확인되지 않는 것은 현륭원 관리에 집중하도록 하기 위한 정조의 배려 때문이었던 것으로 보인다. 현륭원 조성 이후부터 1799년 3월 18일까지 정자각 수리 및 식목사업은 조윤식이 주관하고 있었다. 정조는 조윤식이 지방관으로 불성실하다는 죄목이 올라와도 현륭원 관리에 치중한 이유로 정상참작을 하여야 한다는 의견을 개진할 정도였다.[96)] 정조는 현륭원과 신읍의 상황을 점검하기 위해 화성 신도시 건설의 주역이었던 조심태와 함께 조윤식을 수시로 만나 상황을 점검하였다.[97)] 또한 진위현령으로 재임하던 조윤식은 건축의 경험을 살려 진위현의 객사·아사(衙舍)·창고 등 약 100여 칸의 건물을 수리하였다.[98)] 진위 객사는 역대 국왕들이 온양온천으로 온행을 다녀오는 길에 하룻밤 유숙하던 곳으로 진위행궁으로 이용되었다.

이외에 이읍외책응(移邑外策應) 이문환(李文煥), 행궁급내아외감(行宮及內衙外監) 서정우(徐正祐), 노야패장(爐冶牌將) 이위(李渭) 등은 이듬해 행궁 건설 공사에도 투입되었다. 이문환과 서정우는 7월 24일부터 9월 26일까지 61일, 이위는 7월 20일부터 9월 26일까지 65일 동안 공사에 참여하였다. 특히 서정우는 조윤식과 함께 용주사의 공사에 참여하고 그 노고가 인정되어 변장(邊將)으로 승진되었다.[99)]

신읍 건설은 1789년 9월 1차 공사가 마무리되고 겨울을 넘기며 이어져 이듬해 5월에 이르러 2차 공사가 완공되었다. 〈표 8〉은 『수원하지초록』에서 확인되는 1790년 5월 행궁 및 객사의 공역에 참여하였던 관리 명단을 정리한 것이다.

유수부 시기 행궁의 증개축 공사는 화성 성역과 함께 동시에 진행되었다. 화성 공사에 투입된 별간역(別看役)은 전 현감(縣監) 정우태(丁遇

〈표 8〉 1790년 행궁 및 객사 공역 참가 명단

이름	직책	담당 구역
민광승(閔光升)	영건도청비장(營建都廳裨將)	–
홍신권(弘愼權)	책응비장(策應裨將)	–
서정우(徐正祐)	외감장교(外監將校)	–
조명거(曺命巨)	감동비장(監董裨將)	득중정·진남루·좌익문·좌우익랑·남북익랑
이필재(李弼載)	간역장교(看役將校)	–
이광춘(李光春)		
심종석(沈鍾祏)	감동비장(監董裨將)	강무당·군향고·군기대청· 총검고·별효사청·군수미고
김지택(金之澤)	간역장교(看役將校)	–
이재운(李載雲)		
조 □(趙 □)	감동비장(監董裨將)	와호헌·비상청·관정고·어승마·마구익랑
이문환(李文煥)	간역장교(看役將校)	–
오흥대(吳興大)		
엄익무(嚴翊武)	간역장교(看役將校)	장용영·전미목고·잡물고·고마청·방영청
김중려(金重麗)	감동(監董)	부석소
황일청(黃一淸)	간역장교(看役將校)	–
김광서(金光瑞)	간역장교(看役將校)	번와소
나천경(羅天經)	간역장교(看役將校)	초관청·하리청
이 위(李 渭)	간역장교(看役將校)	집사청·토포청
이명혁(李命爀)	간역향소(看役鄕所)	향청
유서신(柳瑞新)	도간역(都看役)	각청
박동흥(朴東興)	색리(色吏)	책응소
박지대(朴枝大)		
나윤관(羅允寬)		
김광득(金光得)		
이봉욱(李奉郁)	간역색리(看役色吏)	득중정
나은술(羅殷述)	간역색리(看役色吏)	진남루

이름	직책	담당 구역
김인홍(金仁弘)	간역색리(看役色吏)	좌익문·익랑
김선홍(金善弘)	간역색리(看役色吏)	강무당
이환일(李煥一)	간역색리(看役色吏)	군향고
최윤익(崔潤益)	간역색리(看役色吏)	군기대청·총검고·별효사청·군수미고
황인갑(黃仁甲)	간역색리(看役色吏)	와호헌
김원협(金元浹)	간역색리(看役色吏)	장용영·전미목고·잡물고·방영청
박충대(朴忠大)	간역색리(看役色吏)	비장청·관청고
박취장(朴取長)	간역색리(看役色吏)	어승마·마구익랑
라은보(羅殷輔)	간역색리(看役色吏)	부석소
이정은(李廷殷)	간역색리(看役色吏)	번와소
홍명관(洪命寬)	간역색리(看役色吏)	집사청·토포청
김광벽(金光碧)	간역색리(看役色吏)	노야소
서광겸(徐光謙)	간역색리(看役色吏)	명륜당
이완득(李完得)	간역색리(看役色吏)	향청

泰)와 한량(閑良) 김계중(金啓重)이었다.[100] 정우태는 정조시대 최고의 별간역으로 1793년 12월부터 1794년 10월까지 총 206일 동안 화성 축성을 감독하였고, 이듬해 3월부터 1796년 9월까지 용인현령으로 왕래하면서 공사를 담당하였다. 그는 장안문·서장대·방화수류정 등을 포함하여 화성 건설 전반을 담당하였지만 행궁에서는 낙남헌의 공사만 주관하였던 것으로 확인된다.

이에 비해 행궁 건립에서 가장 오랜 기간 별간역으로 공사를 담당한 것은 김계중이었다. 그는 1794년 3월부터 1796년 9월까지 795일 동안 행궁 공사를 주관한 것으로 보아 화성행궁 공역은 김계중의 감독 아래 진행되었다고 할 수 있다. 그는 행궁의 장락당·경룡관·노래당·득중정·복내당 행각·유여택 행각·정리대청 등 주요 건물 공사를 감독하였으며 화성 건설에서는 장안문과 동장대 공역만 감독으로 활동하였다. 김계중은 화성 성역과 관련하여 정우태와 함께 별간역으로 이름을 올리고 화성 성역을 마친 후 내려지는 상전(賞典)에 따라 순장(巡將)에 임명되었다.[101)]

김계중은 화성 성역 이외의 공역에서도 간역이나 별간역으로 참가한 기록이 확인된다. 행궁 건설이 한창인 1794년 12월에는 사도세자의 사당인 경모궁에 존호를 올리는 일을 맡았던 상호도감(上號都監)의 간역으로 참가하였다.[102)] 여기서 일한 공적이 높이 평가되어 이듬해에는 군직(軍職)인 변장에 제수되었다.[103)] 1800년에는 정조 사후에 설치된 임시기구인 삼도감(三都監: 빈전혼전도감·국장도감·산릉도감)의 별간역에 임명되었다.[104)] 『화성성역의궤』 찬집(纂輯)시에도 간역 감관으로 참여하였으며[105)] 격포(格浦) 별장(別將)[106)]과 함경도 산산(蒜山) 첨사(僉使)[107)]로 임명되어 소임을 다하였다.

정우태나 김계중과 같은 별간역은 재능이 있는 무관들에게 주어지는 임시직으로 공역의 과정을 감독하는 역할을 맡고 있었다.[108)] 공사 현장에서 별간역은 감독을 맡았고 실제의 작업은 장인들이 담당하였다. 장인의 우두머리인 편수(邊首)는 일반 장인을 거느린 해당 분야의 책임자로 화성 성역에 참여했던 편수의 직종은 석수·목수·미장이[泥匠]·와벽장·대장장이[冶匠]·기와장이[蓋匠]의 6개 종목이었다. 그러나 행궁의 증개축 과정에는 이보다 적은 4개의 직종만 투입되었다. 〈표 9〉는 『화성성역의궤』의 '공장(工匠)'을 토대로 행궁의 증개축 공사에 동원된 편수의 명단을 정리한 것이다.

화성 성역 공사는 석수와 목수를 비롯한 총 22개의 직종에서 1,840명의 장인들이 동원되었다.[109)] 하지만 행궁 건설에 동원된 편수는 석수 1명, 목수 10명, 미장이 2명, 기와장이 1명으로 4개 직종의 총 14명이었다. 화성 공사에 투입된 편수는 석공 662명 중 24명, 목수 355명 중

〈표 9〉 화성행궁 공역에 동원된 편수 명단

공장(工匠)	이름	근로 일수(일)	편수 담당 건축 건물	출신/소속
석수(石手)	유보한(柳輔漢)	418	낙남헌	서울
목수(木手)	정복룡(丁福龍)	730	복내당·낙남헌·노래당·경룡관	서울/내수사
	권성문(權成文)	640	노래당·유여택 행각	서울/내수사
	손삼득(孫三得)	706	낙남헌·노래당·중포사	서울
	손동현(孫東顯)	646	득중정	서울
	민백록(閔百祿)	512	낙남헌·득중정	서울
	이광록(李光綠)	457	장락당·낙남헌·노래당·유여택 행각	서울
	박쾌득(朴快得)	358	낙남헌·경룡관·신풍루 행각	서울
	송상득(宋尙得)	104	낙남헌·노래당	서울
	한진욱(韓辰郁)	738	낙남헌·방화수류정·군기고·수성고	수원
	김치한(金致漢)	467	장락당·복내당·낙남헌·노래당	수원
미장이[泥匠]	윤동주(尹東柱)	324	낙남헌·득중정·노래당·봉수당 후행각	서울
	김상득(金尙得)	385	복내당·낙남헌·노래당·득중정·경룡관·봉수당 후행각·유여택 행각·외별고	수원
기와장이[蓋匠]	이흥득(李興得)	143	장락당·낙남헌·경룡관·좌익문 행각·유여택 행각	서울/총융청

16명의 비율로 편수 1인당 일반 장인 30명 내외를 거느리고 공사를 담당하였다. 결국 14명의 편수가 약 30명의 장인을 거느린다고 보았을 때 행궁 공사에 동원된 장인은 2년여 동안 약 420명 정도가 동원되었을 것으로 추정된다. 또한 화성 성곽 공사의 경우 돌을 다듬는 석수 장인이 가장 많았던 것과 달리 행궁의 경우 목조 건축물이 주축이였다는 점에서 목수 장인이 다수를 차지하였다.

행궁을 포함한 화성 성역에 동원된 장인들의 활동 내역은 정조대를 전후로 진행된 대규모의 관급 공사에서 확인된다. 〈표 10〉은 화성 성역 기간을 전후로 발행된 의궤를 분석하여 〈표 9〉의 장인들 이름이 확인되

는 의궤 목록을 정리한 것이다.[110]

석수는 서울에 거주하던 편수 유보한(柳輔漢)이 유일하다. 그는 총 418일 동안 행궁의 낙남헌 외에 부석소와 남성·동북성·동암문·동성·동일치·동일포루의 공사를 담당하였으며 화성 성역을 마치고 가장 높은 등급인 1등상을 받았다. 유보한은 관청에 소속되어 있지 않았지만 정조대 전후 한양과 경기 일대에서 진행된 대형의 관급 공사에 꾸준히 참여하고 있던 것으로 보아 실력이 출중하였던 것으로 추정된다.

유보한의 활약은 1786년(정조 10) 문효세자의 예장을 치르기 위한 빈궁(殯宮)과 혼궁(魂宮)을 운영할 때와 1789년 사도세자의 묘소를 이장하는 현륭원 조성에서 확인된다. 이후 화성과 행궁 공사를 거쳐 1800년 정조의 빈전(殯殿)과 혼전(魂殿) 공사, 성소의 부덤인 건릉 조성에도 석수로 참여하였다. 또한 1805년(순조 5) 창덕궁의 인정전 영건과 정순왕후 원릉(元陵) 조성, 1807년(순조 7) 명종과 인순왕후가 모셔진 강릉(康陵)의 개수공사에서도 그의 이름이 확인된다.

행궁 공사에서 가장 많은 장인은 목수들로 총 10명이 확인된다. 우선 정복룡(丁福龍)은 서울 출신의 내수사 소속으로 화성 성역 전 기간에 이르는 730일간 목수편수로 참가하였다. 행궁의 주요 건물인 복내당·낙남헌·노래당·경룡관 외에 화성 공사에서는 구포 치목소를 비롯해 팔달문·북동포루·북서포루·북포루·향교의 공사를 마치고 1등상을 받았다.

정복룡은 1786년 문효세자의 예장 과정에서는 내수사 소속의 목수로 참여하였다. 1789년 영우원 천봉 과정에서는 대여편수(大轝邊首)로 참여하고 공로를 인정받아 품계를 올려 직첩을 받았다. 1800년에는 정조의 국장을 치르는 과정에서 목수로 참여한 사실도 확인된다. 1805년 정순왕후 국장에서도 장례 준비 공사는 물론 같은 해에 있었던 창덕궁 인정전 영건 공사에도 참여하였다. 정복룡은 특히 인정전 공사 과정에서

〈표 10〉 화성행궁 공역에 동원된 편수의 기타 공역 참여 내역

공장(工匠)	이름[화성성역의궤]	장인들의 이름이 확인되는 의궤	표기 이름
석수(石手)	유보한(柳輔漢)	『文孝世子殯宮魂宮都監儀軌』	劉普漢
		『顯隆園園所都監儀軌』	柳保漢
		『華城城役儀軌』	–
		『正宗大王殯殿魂殿都監儀軌』	兪輔漢
		『健陵山陵都監儀軌』	–
		『貞純王后元陵山陵都監儀軌』	柳保漢
		『仁政殿營建都監儀軌』	劉甫漢
		『康陵改修都監儀軌』	劉輔漢
목수(木手)	정복룡(丁福龍)	『文孝世子禮葬都監儀軌』	丁朴龍
	정복룡(丁福龍)	『永祐園遷奉都監儀軌』 『華城城役儀軌』 『正祖國葬都監儀軌』 『貞純王后國葬都監儀軌』 『仁政殿營建都監儀軌』	–
	권성문(權成文)	『華城城役儀軌』	–
		『健陵山陵都監儀軌』 『貞純王后元陵山陵都監儀軌』 『仁政殿營建都監儀軌』 『惠嬪顯隆園園所都監儀軌』 『孝懿王后殯殿魂殿都監儀軌』 『健陵遷奉都監儀軌』 『顯穆綏嬪殯宮魂宮都監儀軌』 『顯思宮別廟營建都監儀軌』	權聖文
	손삼득(孫三得)	『垂恩廟營建廳儀軌』 『華城城役儀軌』	–
	손동현(孫東顯)	『華城城役儀軌』	–
		『健陵山陵都監儀軌』	–
		『貞純王后元元陵山陵都監儀軌』	孫東玹
		『仁政殿營建都監儀軌』	孫同賢
	민백록(閔百祿)	『顯隆園園所都監儀軌』 『華城城役儀軌』 『健陵山陵都監儀軌』	–

공장(工匠)	이름[화성성역의궤]	장인들의 이름이 확인되는 의궤	표기 이름
목수 (木手)	이광록(李光祿)	『華城城役儀軌』 『健陵山陵都監儀軌』 『純祖純元王后嘉禮都監儀軌』 『仁政殿營建都監儀軌』 『綏嬪徽慶園園所都監儀軌』 『西闕營建都監儀軌』	–
	박쾌득(朴快得)	『思悼世子墓所都監儀軌』 『垂恩廟營建廳儀軌』 『英祖元陵山陵都監儀軌』 『華城城役儀軌』 『健陵山陵都監儀軌』	–
	송상득(宋尙得)	『華城城役儀軌』	–
		『健陵山陵都監儀軌』	宋相得
	한진욱(韓辰郁)	『英祖殯殿都監儀軌』	韓振郁
	한진욱(韓辰郁)	『英祖魂殿都監儀軌』	韓振郁
		『英祖貞聖王后眞宗孝純王后祔廟都監儀軌』	韓震郁
		『永祐園遷奉都監儀軌』	韓振郁
		『華城城役儀軌』	–
		『健陵山陵都監儀軌』	韓震郁
	김치한(金致漢)	『華城城役儀軌』	–
미장이 [泥匠]	윤동주(尹東柱)	『華城城役儀軌』 『正宗大王殯殿魂殿都監儀軌』 『健陵山陵都監儀軌』 『元陵山陵都監儀軌』 『仁政殿營建都監儀軌』 『綏嬪徽慶園園所都監儀軌』	–
	김상득(金尙得)	『華城城役儀軌』	–
기와장이 [蓋匠]	이흥득(李興得)	『文孝世子殯宮魂宮都監儀軌』 『文禧廟營建廳謄錄』 『華城城役儀軌』 『貞純王后殯殿魂殿都監儀軌』 『元陵山陵都監儀軌』 『仁政殿營建都監儀軌』	–

16명의 목수를 인솔하여 목재를 구하기 위해 평안도를 다녀오기도 하였는데 이후 공역을 마무리한 후 목수 166명과 함께 3등상으로 목(木) 1필을 받았다.

권성문(權成文) 역시 서울 출신의 내수사 소속으로 화성 공사에 참여하였다. 640일 동안 행궁의 노래당·유여택 행각 공사를 담당하였으며 화성의 팔달문·동장대·창룡문·영화정·남포루·서북각루·동포루 공역에 참여한 후 가장 높은 등급의 상을 받았다. 권성문은 화성 성역을 거치면서 최고의 목수 반열에 오른 것으로 보인다. 화성 건설 이전의 관급 공사에서는 그의 이름이 확인되지 않지만 화성 성역 이후부터 대형의 공사에서 그의 이름이 계속해서 확인되고 있다.

권성문은 1800년 정조의 무덤인 건릉 조성 공사에서 조성소(造成所) 소속의 편수로 공역에 참여한 후 1등급의 상으로 미포(米布)를 받았다. 1805년 정순왕후의 무덤인 원릉 조성 공사에서도 조성소 소속의 목수편수로 총 153일 동안 공사 현장을 이끌었으며 같은 해 인정전 영건에서는 정현편수(正弦邊首)로 공역에 참여하였다. 정현편수는 처마선 등 건축물의 곡선을 책임지는 목수라는 점에서 인정전의 지붕 곡선을 정하는 일을 맡았을 것으로 보인다. 또한 인정전 공사에서 목재를 구하기 위해 목수들과 함께 강원도 인제에 파견되었는데 한계(寒溪)와 금산(禁山)에서 평주목(平柱木), 춘설목(春舌木), 창방목(昌防木), 주두목(柱頭木), 충량목(衝樑木) 등 목재 178주를 찾아내어 가져오는 일을 완수하기도 하였다.

1815년(순조 15)에는 돌아가신 혜경궁홍씨를 현륭원에 합장하는 공사에도 참여하였다. 당시에도 권성문의 의견에 따라 창방과 익공을 비롯한 부연, 단청, 풍차, 도회 등을 수리하여 정자각의 보수공사를 마무리하였다. 1821년(순조 21) 효의왕후의 빈전과 혼전을 마련하는 공사에도 목수편수로 참여하여 1등상을 받았다. 또한 같은 해 정조 건릉을 천봉하는 과정에서는 절충(折衝) 신분으로 공역에 참가하였다. 당시 호조 장계에 의하면 권성문은 별례방(別例房) 소속의 대령목수(待令木手) 신분으로 경험이 부족한 초보 목수를 대체하기 위해 공역에 투입되었는데 공사 현장에서는 목수편수 권성문이 표석소(表石所) 패장으로 차정되어 공역을 완수하였다.

이듬해인 1822년에는 순조의 친모인 수빈박씨(綏嬪朴氏, 1770~1822)의 예장(禮葬) 때 빈궁(殯宮)과 혼궁(魂宮)을 설치하고 운영한 과정에도 참여하였다. 현목 수빈의 혼궁(魂宮) 수리 공사에서 공사의 현장 감독인 패장으로 책임을 다한 후 가선(嘉善)이라는 품계를 받았다.

1824년(순조 24)에는 수빈박씨의 사당인 경우궁(景祐宮)을 영건하고 신주를 봉인하는 과정에서도 목수패장의 신분으로 공역에 참가하였다. 조선후기에는 경험이 많은 목수 중 일부를 무관 계통의 하급 벼슬을 주어 공사 감독인 패장으로 임명하는 경우가 있었는데 주요 관급 공사에 계속해서 참가한 권성문의 공이 인정되면서 절충이나 패장의 관직을 얻은 것이다.

손삼득(孫三得)은 서울 출신으로 화성 공역에서 706일 동안 공사에 참여하였다. 행궁의 낙남헌·노래당·중포사 공역을 담당하였으며 화성 건설에서는 창호 만드는 일 외에 장안문·화서문·서북 각루·동북공심돈의 공사에 참여하였다. 그의 활약은 1764년(영조 40년) 수은묘(垂恩廟) 영건 공사에 내수사 소속으로 참여하였던 기록이 확인되지만 1786년 작성된 『영릉보토소등록(英陵補土所謄錄)』에서는 서울 출신으로만 기록되어 있다. 손삼득은 화성 건설 당시 무소속 장인 중 가장 상위에 기록되어 있던 만큼 최고 반열에 오른 장인이었지만 이후의 관급 공사에서 그의 이름이 확인되지 않는 것으로 보아 화성 공역을 끝으로 장인으로서 그의 경력은 끝났던 것으로 보인다.

손동현(孫東顯)은 관청에 속하지 않으면서 서울에 거주하였던 목수로 화성 성역에서 646일 동안 목수편수로 공사에 참여하였다. 행궁 공사에서는 득중정에만 참여하고 화성 공역에서는 장안문·화서문·영화정·서북공심돈·서포루·서북각루 등을 담당한 것으로 보아 대체로 화성 건설에 집중적으로 참여하였던 것으로 파악된다. 1789년 춘당대에서 관무재(觀武才)와 별시사(別試射) 시상을 행하였는데 이때 손동현도 참여하여 2등상을 받았다.

그의 공사 참여 기록은 1800년 정조의 무덤인 건릉 조성, 1805년 인정전 영건 공역과 정순왕후 무덤인 원릉 조성 공사에서 확인된다. 손동현은 인정전 영건 당시 좋은 품질의 나무를 얻기 위해 1803년 12월부터 전라도에 파견되었다. 공사에 필요한 기둥의 길이와 굵기에 맞는 나무를 확보하기 위해 전문 장인이 직접 벌목 현장에 내려간 것이다. 손동현이 영건도감으로 올려보낸 치보(馳報)에 담긴 내용은 향후 기타 지역에서 올라오는 목물(木物)의 기본이 되었다. 그는 원릉 조성 공사에서도 질 좋은 나무를 얻기 위해 5개월 동안 현지에 내려가 벌목에 매달렸는데 이 공로를 인정받아 어영청 별무사(別武士)에 임명되었다.

민백록(閔百祿)은 서울 출신으로 화성 공역에 총 512일 동안 참여하였다. 행궁에서는 낙남헌·득중정을 담당하였으며 화성에서는 팔달문·동장대·창룡문·북암문·봉돈·동북공심돈 등의 공역을 맡았다. 1789년 현륭원 조성과 1800년 건릉 조성에도 목수로 참여한 기록이 확인된다.

이광록(李光祿)은 서울에 거주하면서 관청에는 소속되지 않은 목수로 화성 건설에서는 457일 동안 목수편수로 참여하였다. 행궁 공사에서는 장락당·낙남헌·노래당·유여택 행각 등을 담당하였으며 화성 공사에서는 팔달문·화양루·서남암문 공역에 참여하였다. 이외에도 구포치목소에서 목재를 깎고 다듬어 재목으로 만드는 일을 담당하였다.

화성 공역 이후에는 1800년 건릉 조성과 1802년 순조와 김조순(金祖淳, 1765~1832)의 딸인 순원왕후 김씨의 가례(嘉禮) 행사에 목수로 참여한 기록이 확인된다. 특히 1805년 창덕궁 인정전 공사에서는 공포를 짜는 일을 책임지는 공답편수(工踏邊首)로 참여하였다. 치목소에서 목재를 다듬는 작업부터 공포를 짜는 일까지 다양한 분야에서 그의 활약이 확인되는 것으로 보아 기량이 우수했던 목수라고 추정된다. 이후에도 1822년(순조 22) 순조의 어머니인 수빈박씨의 휘경원(徽慶園) 조성과 1832년 경희궁(慶熙宮)을 중건한 공사에도 목수로 참여하였던 기록이 확인된다.

박쾌득(朴快得)은 서울 출신으로 358일 동안 화성 공역에 참여하였다. 행궁의 낙남헌·경룡관·신풍루 행각 공사와 화성의 팔달문·서장대 공역을 담당하였다. 박쾌득은 1762년(영조 38) 사도세자의 묘소인 수은묘(垂恩墓) 조성 공사에서부터 그의 이름이 확인되기 시작한다. 2년 후인 1764년(영조 40) 사도세자의 사당인 수은묘(垂恩廟)를 영건하는 공사에서는 자문감(紫門監) 소속의 목수로 공역에 참여하였다. 또한 1776년(정조 즉위) 영조의 원릉 조성 공사에서도 목수로 참여하였으며 화성 건설 이후에는 1800년 정조의 건릉을 조성하는 과정에 목수로 활동한 기록이 확인된다.

송상득(宋尙得)은 서울 출신으로 104일 동안 화성 건설에 참여하였는데 행궁의 낙남헌·노래당 건설에만 투입되었던 것으로 확인된다. 그는 화성 건설을 전후로 한 대규모의 관급 공사에서는 1800년 정조의 무덤인 건릉 조성 공사에만 이름이 확인되고 있다.

한진욱(韓辰郁)은 수원부에 거주하는 목수로 총 738일간 목수편수로 공역에 참여하였다. 행궁의 낙남헌과 방화수류정을 비롯해 군기고와 수성고를 담당하였으며 화성 공사에서는 장안문·화홍문·서포루·영화정

공사를 담당하였다. 한진욱은 1776(정조 즉위년)년 영조의 빈전과 혼전을 마련하는 공사와 2년 후인 1778년(정조 2)에는 영조를 비롯한 정성왕후, 진종, 효순왕후의 신주를 종묘에 봉안하기 위한 준비 작업에 목수로 참여하였다. 이후 1789년 사도세자의 무덤인 영우원 천봉 과정을 기록한 『영우원천봉도감의궤』와 1800년 정조 무덤을 조성하는 과정을 기록한 『건릉산릉도감의궤』에서 목수로 참여한 사실이 확인된다.

김치한(金致漢)은 한진욱과 함께 수원 출신으로 467일 동안 화성 건설에 참여하였다. 행궁의 장락당·복내당·낙남헌·노래당 공사 이외에 구포 치목소에서 활동하였다. 김치한의 기록은 화성 성역 외에서는 확인되지 않는다는 점에서 수원부 일대에서만 활동하던 목수였던 것으로 추정된다.

화성 성역에 참여한 미장이[泥匠]는 경편수 김명철(金明喆)·박도성(朴道成)·윤동주(尹東柱), 향편수 김상득(金尙得)을 포함하는 총 4명이었다. 이 중 윤동주와 김상득이 행궁 공사의 대부분을 담당하였던 것으로 보인다. 윤동주는 서울 출신으로 342일 동안 화성 공사에 투입되었다. 행궁에서는 낙남헌·득중정·노래당·봉수당 후행각 공역을 맡았으며 화성에서는 장안문·서장대·북옹성·남성·남암문·남동적대·남서적대·동북성·동장대·서성·서암문 등을 담당하였다. 윤동주는 정조의 무덤인 건릉 조성에도 40명의 장인을 이끌고 공역에 참여하였으며, 정조의 빈전과 혼전을 준비하는 과정에도 공역을 담당하였다. 또한 1805년 정순왕후의 원릉 조성과 인정전 영건에도 참여한 기록이 확인된다.

김상득(金尙得)은 수원부 소속으로 385일 동안 화성 건설에 참여하였다. 행궁의 복내당·낙남헌·노래당·득중정·경룡관·봉수당 후행각·유여택 행각·외별고 등의 공사에 참여하였고 화성에서는 장안문·북성·북옹성·향교·영화정·남수문 등을 담당하였다. 김상득은 이후에 수원부 일대의 공역에 꾸준히 참여한 것이 확인된다. 1798년(정조 23) 4월에는 현륭원 정자각의 계체석을 개수하는 공역에도 참여하였는데 공역을 마친 후에는 실제 역에 응한 날짜만큼 목 1필씩을 지급받았고, 같은 해 2월부터 시작하여 4월에 마무리된 만년제(萬年堤) 공역에도 편수로 참여한 기록이 확인된다.[111)]

이흥득(李興得)은 총융청에 속한 기와장이[蓋匠]로 화성 공사에서 143일간 편수로 참여하였다. 화성 공역에 참여하였던 기와장이는 총 34명으로 이흥득은 이들 중 가장 오랜 기간 공역에 참여하였다. 행궁 건립 과정에서는 장락당·낙남헌·경룡관·좌익문 행각·유여택 행각 등 여러 건물 공사에 참여하였으며 화성 공역에서는 장안문과 팔달문 등 대부분 목조건물의 기와 공사를 담당하였는데 성역을 마친 후 첩가되었다.

그는 1786년 문효세자의 빈궁과 혼궁 조성 과정에 참여하였으며 1789년 문효세자의 문희묘(文禧廟)를 영건하고 신위를 기록한 『문희묘영건청등록』에서도 그의 이름이 확인된다. 1805년 정순왕후의 원릉 조성을 비롯해 빈전과 혼전을 마련하는 과정과 같은 해 창덕궁 인정전 영건 공사에서도 공역에 이름을 올렸다.

제 3 장

화성행궁 주요 건물의 배치와 기능

1. 봉수당(奉壽堂)과 생활공간
2. 낙남헌(洛南軒)과 행사·휴식공간
3. 신풍루(新豊樓)와 행정·군사공간
4. 화령전(華寧殿)과 제사공간

화성행궁 주요 건물은 1789년 수원 신읍의 관아로 신축된 이후 갑자년 구상에 맞추어 정조를 비롯한 왕실 구성원의 생활에 적합한 공간으로 재탄생되었다. 본장에서는 행궁 주요 건물의 기능을 살펴보기 위해 을묘원행 당시 신행되었던 각종 행사의 성격, 1789년 이후 국왕의 능행길에서 확인되는 건물의 이용 상황을 고려하여 행궁을 총 4개의 구역으로 나누었다. 행궁의 정당인 봉수당을 중심으로 하는 생활공간, 낙남헌을 중심으로 백성들과 소통이 이루어진 행사·휴식공간, 행궁 정문인 신풍루를 중심으로 행정·군사공간, 화령전을 포함하는 제사공간으로 구분하여 고찰하기로 한다.

화성행궁의 공간별 고찰에 앞서 주요 건물의 배치현황을 먼저 살펴보고자 한다. 화성행궁의 옛 모습이 확인되는 자료는 『원행을묘정리의궤』를 비롯한 3종의 의궤에 수록된 도설(圖說)과 정조의 화성 행차 장면을 그려놓은 화첩식 의궤인 《화성원행의궤도》의 〈화성행궁도〉, 6폭과 12폭으로 그려진 병풍 〈화성전도〉, 김홍도(金弘道, 1745~?)가 그린 것으로 전해지는 〈화성행궁도〉까지 총 7종이 남아있다. 〈표 11〉은 화성행궁의 모습이 확인되는 그림 자료를 정리한 것이고, 〈그림 54〉는 이를 토대로 건물의 이용 상황에 맞추어 행궁을 4개의 공간으로 구획한 것이다.

〈표 11〉 화성행궁 그림 자료

번호	자료	그림명	소장처
1	『원행을묘정리의궤』	〈화성행궁도〉	규장각
2	『화성성역의궤』	〈행궁전도〉	규장각
3	『뎡니의궤』	〈행궁전도〉	프랑스국립도서관
4	《화성원행의궤도》	〈화성행궁도〉	국립중앙박물관
5	〈화성행궁도〉	–	개인소장
6	〈화성전도〉(12폭)	–	국립중앙박물관
7	〈화성전도〉(6폭)	–	국립중앙박물관

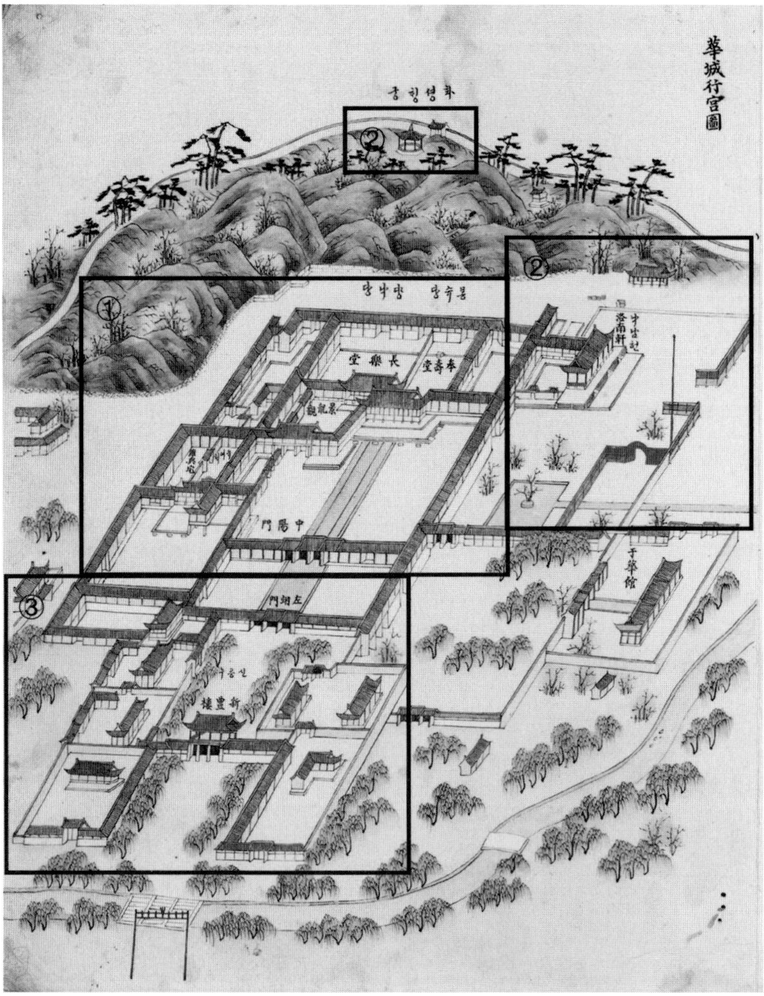

〈그림 54–1〉 화성행궁 공간 구획도–〈화성행궁도〉, 《화성원행의궤도》, 국립중앙박물관

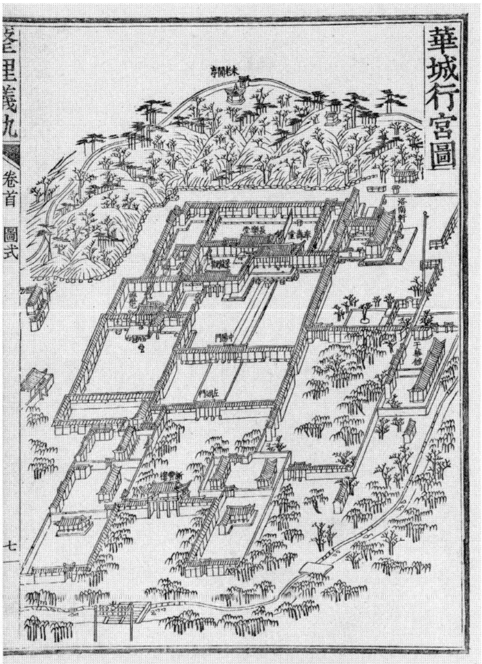

〈그림 54-2〉 화성행궁 공간 구획도-〈화성행궁도〉, 『원행을묘정리의궤』, 규장각

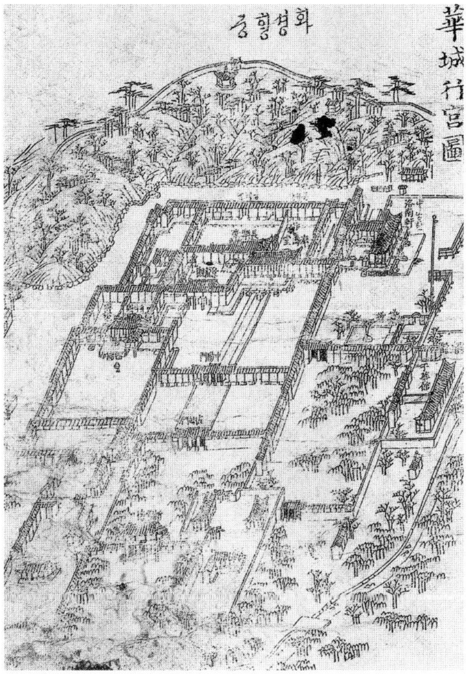

〈그림 54-3〉 화성행궁 공간 구획도-〈화성행궁도〉, 개인 소장

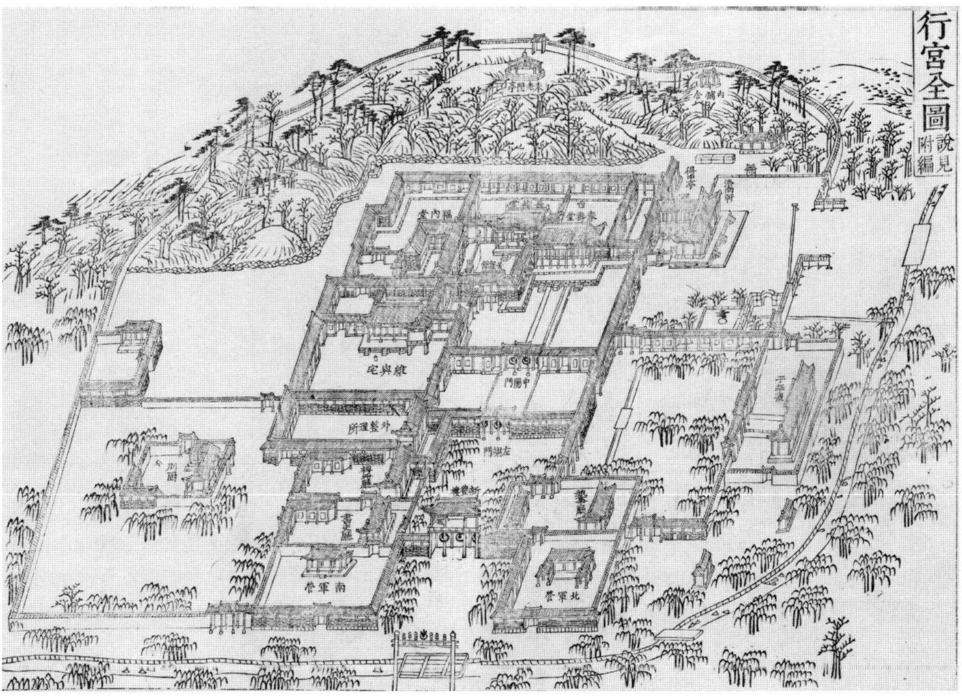

〈그림 54-4〉 화성행궁 공간 구획도-〈행궁전도〉, 『화성성역의궤』, 규장각

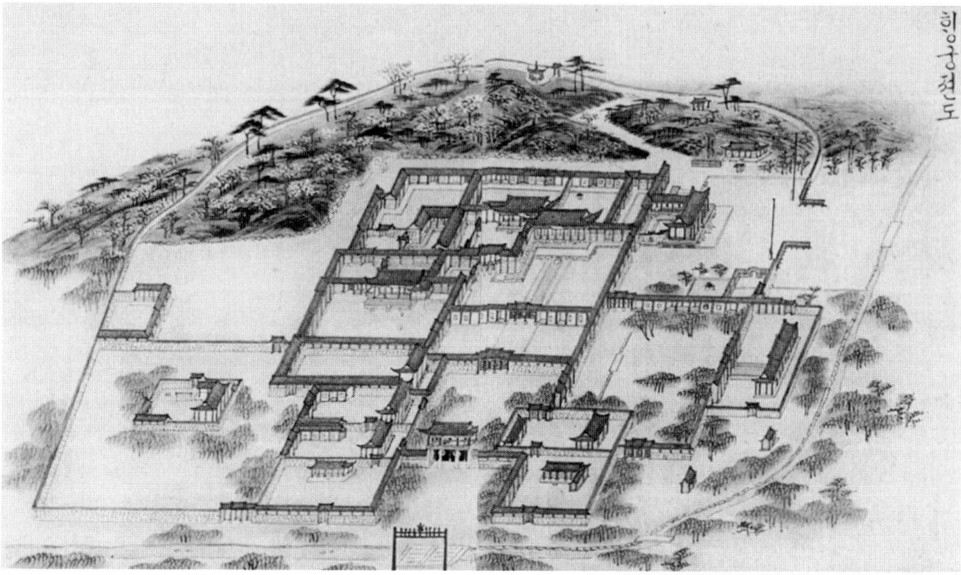

〈그림 54-5〉 화성행궁 공간 구획도-〈행궁전도〉, 『뎡니의궤』, 프랑스국립도서관

시기상 가장 먼저 그려진 것으로 보이는 『원행을묘정리의궤』의 〈화성행궁도〉(그림 54-2)는 화성행궁 모습이 세로의 긴 형태로 그려져 있다. 이와 함께 김홍도가 그린 것으로 전해지는 〈화성행궁도〉(그림 54-3)는 『원행을묘정리의궤』의 〈화성행궁도〉와 동일한 모습을 보인다는 점에서 1797년 전후에 그려진 것으로 추정된다. 이에 비해 『화성성역의궤』의 〈행궁전도〉(그림 54-4)와 『뎡니의궤』의 〈행궁전도〉(그림 54-5)는 가로로 길게 그려져 있어 『원행을묘정리의궤』의 〈화성행궁도〉에서 생략된 별주를 포함하여 보다 확대된 행궁 영역을 살펴볼 수 있다. 특히 『뎡니의궤』의 〈행궁전도〉와 《화성원행의궤도》의 〈화성행궁도〉(그림 54-1)는 그림이 채색되어 있어 좀 더 선명한 모습의 행궁을 유추해 볼 수 있다. 또한 국립중앙박물관에서 소장하고 있는 6폭과 12폭의 병풍인 〈화성전도〉에서도 화성행궁의 모습이 확인된다. 두 개의 병풍에 그려진 행궁의

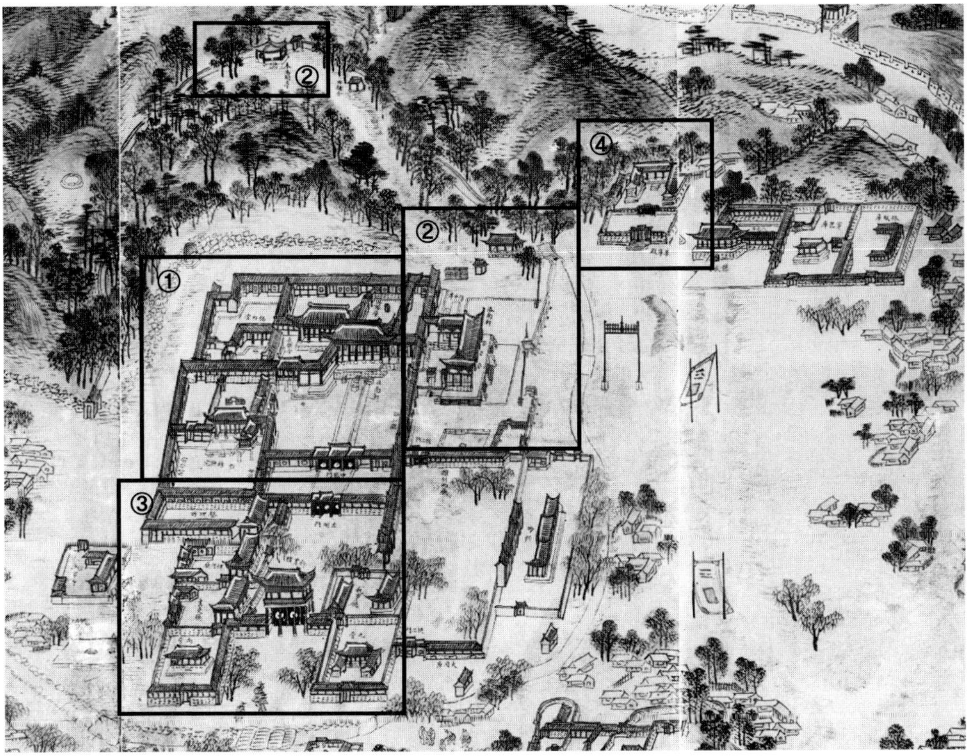

〈그림 54-6〉 화성행궁 공간 구획도-〈화성전도〉(12폭), 국립중앙박물관

① 봉수당과 생활공간 ② 낙남헌과 행사·휴식공간 ③ 신풍루와 행정·군사공간 ④ 화령전과 제사공간

* 그림에 따라 공간 구획의 차이가 있을 수 있음.
* 6폭의 〈화성전도〉는 12폭과 동일하여 생략하였음.

모습은 『화성성역의궤』의 〈행궁전도〉와 동일한 형태로 화성을 포함한 신도시 일대의 모습이 함께 그려져 있다. 특히 12폭의 〈화성전도〉(그림 54-6)는 화성 건축물은 물론 행궁의 주요 건물 이름이 기록되어 있어 화성행궁을 구성하고 있는 건물의 실제적인 위치를 가늠할 수 있는 중요한 자료이다. 이외에도 정조 사후 새로 건립된 화령전의 모습도 그려져 있어 19세기 화성행궁의 완성된 모습이 확인된다.

1. 봉수당(奉壽堂)과 생활공간

봉수당은 화성행궁의 정당(正堂)으로 행궁의 안쪽 중앙에 자리하고 있다. 봉수당의 남서쪽은 을묘원행에서 혜경궁의 침소로 이용되었던 장락당과 연결되고, 장락당 남쪽에는 행궁의 내당인 복내당이 위치한다. 복내당 동쪽 담장 너머에 세워진 유여택은 평소 수원부의 동헌으로 이용되다가 원행 기간 동안에는 편전의 역할을 하였다. 여기서는 을묘원행 기간 중 혜경궁의 회갑연이 열렸던 봉수당을 중심으로 행궁의 남서쪽에 배치된 주요 건물들에 대하여 살펴본다.

1) 봉수당

봉수당은 평소 부사나 유수가 집무를 보는 공간으로 이용하다가 국왕이 행차하였을 때는 정당으로 사용하였다. 봉수당의 초기 명칭은 장남헌으로 1789년 가을에 완공되어 이듬해 정조어필의 편액이 내걸렸다. 이후 을묘원행에 맞추어 '장수하심을 봉축한다.'는 뜻의 봉수당으로 개칭하였는데 혜경궁의 만수무강을 기원한다는 의미를 담고 있다.[1] 편액은 조윤형이 썼으며 상량문은 이병모(李秉模, 1742~1806)가 지었다.

행궁 깊숙한 곳에 동향으로 위치한 봉수당[당시 장남헌]은 1789년 정당을 비롯해 북쪽 각도의 누상고(樓上庫), 봉수당 정면의 중양문(中陽門)과 좌익문(左翊門)의 좌우익랑이 함께 신축되었다. 이후 1794년 옛 건물 43칸에 새로 48칸이 지어져 총 91칸의 행각과 7량 21칸으로 완성되었다. 봉수당 북서쪽 행각과 행랑을 신축하며 건물의 뒤뜰에는 짧은 판자로 담을 만들어 중영문을 만들었다. 누상고와 동쪽으로 연결된 행랑이 완공됨에 따라 주변 건물들과 구분되는 봉수당 중심의 공간이 완성되었다.

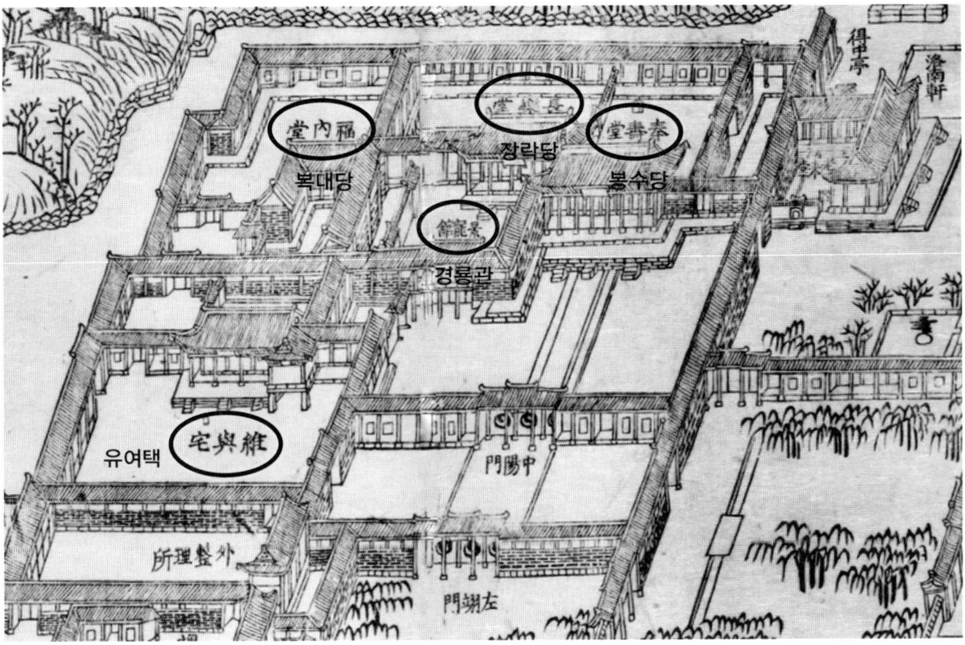

〈그림 55〉 봉수당과 생활공간(〈그림 54-6〉의 ①)의 주요 건물, 〈행궁전도〉, 『화성성역의궤』, 규장각

〈그림 56〉 봉수당 전경

건물 구조는 봉수당 북쪽으로 7칸의 각도(閣道)가 이어지고 그 각도를 동쪽으로 꺾어 낙남헌으로 이어지는 곳에 건장문(建章門)과 누상고가 배치되었다. 봉수당 서남쪽 모퉁이는 장락당(長樂堂)과 이어지고, 봉수당 남쪽은 정당 건물에서 바로 동쪽으로 꺾어 각도를 지어 경룡관(景龍館)과 연결되도록 하였다. 정당의 앞마당은 중양문의 안쪽으로 남쪽 행각은 유여택의 북행각과 이어지고, 북쪽 행각은 누상고와 행궁의 객사인 우화관(于華觀)으로 통하는 동삼문(東三門)으로 이어진다. 그리고 중양문의 바깥쪽은 다시 좌익문의 안쪽으로 연결되며 북쪽은 동삼문, 동쪽은 신풍루, 남쪽은 유여택으로 통하는 유여문과 외정리소(外整理所)의 기층헌(起層軒)과 연결되는 구조로 지어졌다. 행궁 중심에 자리한 정당인 봉수당에서 행궁의 사방으로 편리하게 이동이 가능하도록 설계된 것이다.

신읍 조성 당시 수원부의 동헌이었던 장남헌에서는 읍내 유생들을 대상으로 하는 과거시험이 치러졌으며,[2] 수원에 하달되는 각종 문서들이 장남헌에 설치된 게시판을 통해 전달되었다.[3] 수원부가 화성유수부로 승격된 후에는 어필(御筆)로 쓴 '화성행궁' 현판을 장남헌에 걸어 두었다는[4] 점에서 장남헌이 행궁을 대표하는 건물이었다는 것이 확인된다.

장남헌이 봉수당으로 개칭된 후 봉수당에서 치러진 가장 중요한 행사는 1795년 을묘원행의 혜경궁 회갑연이었다. 당시 진찬 과정은 『을묘원행정리의궤』를 통해 알 수 있다.[5] 회갑연은 1795년 윤2월 13일 진시(辰時)부터 시작되었다. 혜경궁은 처소인 장락당에 머물다가 연회가 시작되면 봉수당으로 이동하여 정조의 잔을 받도록 되어 있었다. 정조가 봉수당 마루에 마련된 수주정(壽酒亭)에 친히 나아가 어머니에게 잔을 받들어 올리며 만수무강을 기원하는 것으로 성대한 진찬이 시작되었다. 혜경궁이 머물던 장락당은 봉수당의 서남쪽 행각과 서로 이어져 지어졌다. 이러한 구조는 연회가 펼쳐지는 동안 혜경궁이 건물과 건물을 이동하는

불편을 최소화하기 위하여 설계된 것이라고 할 수 있다.[6)]

당시 진찬 모습은 《화성능행도병풍》의 〈봉수당진찬도〉를 통해 확인된다.[7)] 진찬도 화면 위쪽에는 거대한 차일을 친 봉수당과 그 뒤로 장락당이 보이며 아래쪽에는 중양문과 좌익문이 그려져 있다. 혜경궁은 내외(內外)하는 관례에 따라 귀갑문(龜甲門)으로 가려진 봉수당 안쪽에 자리 잡아 그림에는 보이지 않으며 봉수당 정면 왼편에 마련된 정조의 자리만 확인된다. 보통 거북의 잔등과 같은 연속적인 육각형 무늬의 살대를 짜 넣은 귀갑살은 궁궐의 잔치에서 전각 정면에 설치하는 임시 가리개로 사용되었다.[8)] 봉수당 앞마당에는 혜경궁의 친인척들이 둘러앉았고, 승지·사관·각신들은 중양문 밖에 반열을 이루어 좌정하였다. 그림 중앙에는 3작(爵)을 올릴 때 추는 무고(舞鼓)와 진찬이 끝날 때 추는 선유락(船遊樂)이 화려한 채로 동시에 묘사되어

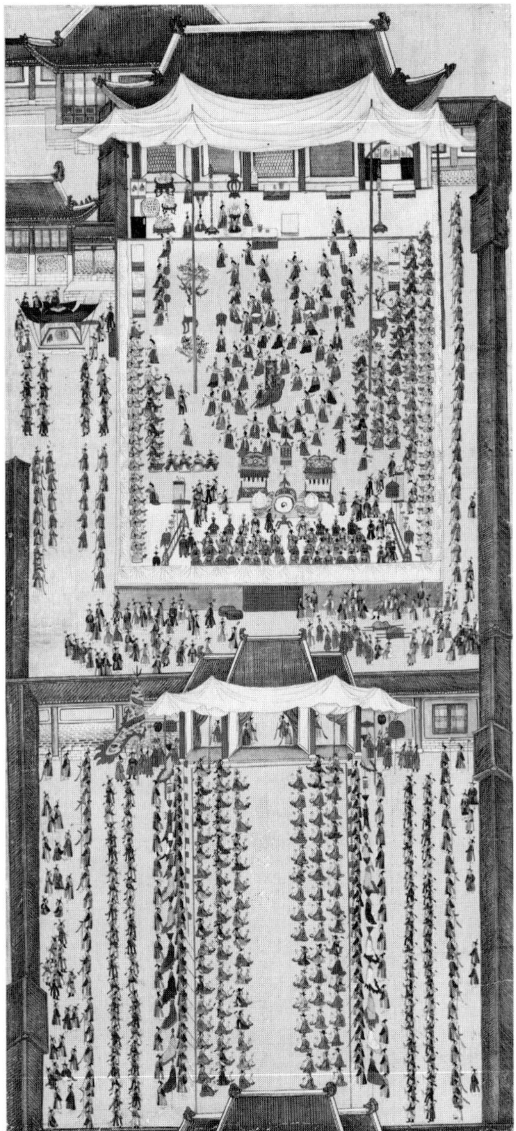

〈그림 57〉 〈봉수당진찬도〉, 《화성능행도병풍》, 국립고궁박물관

있다.[9] 하나의 그림에 상단의 봉수당을 중심으로 진행된 다양한 잔치 풍경, 삼문을 모두 활짝 열어놓고 차일을 쳐놓은 중양문, 그리고 아래의 좌익문까지 그려놓음으로써 화려했던 진찬 모습을 보여주는 구성이 돋보인다.

그림에서 보는 것처럼 정당인 봉수당은 중양문과 좌익문이 하나의 직선으로 축을 이루고 있다. 중양문은 내삼문(內三門)으로 행궁의 정문부터 정전까지 바깥·중간·안쪽에 차례로 설치한 대문 중 안쪽 3칸의 문을 말한다. 화성행궁에 행차한 국왕들은 행궁의 정문인 신풍루·좌익문·중양문을 통과하여 정당인 봉수당으로 이동하였다. 중양문은 한나라 고조(高祖)의 고향인 패현(沛縣) 풍읍(豐邑) 중양리(中陽里)에서 그 유래를 찾을 수 있다. 중양문이 봄의 방위(方位)인 동향을 가리킨다는 점에서 봄의 별칭인 양중(陽中)을 뜻하기도 하며 정조의 원행이 대부분 정월에 이루어졌기 때문에 봄에 행차하여 행궁 안으로 들어간다는 의미로 보기도 한다.[10]

중삼문(中三門)인 좌익문은 1790년 남북의 행각을 연결하며 지어졌다. 남쪽은 외정리소의 부속건물인 기층헌과 연결되며 북쪽은 우화관 정문인 중약문(重鑰門)과 이어진다. 좌익문은 '곁에서 돕는다.'는 의미로 내삼문인 중양문을 바로 앞에서 도와 행궁을 지킨다는 뜻이라고 할 수 있다. 편액은 정동준(鄭東浚, ?~1795)이 썼다.

순조는 부친인 정조의 무덤에 전배하기 위한 능행 기간 중 봉수당에서 중요한 정치적 결단을 내리기도 하였다. 1806년(순조 6) 병인경화(丙寅更化)로 시파가 벽파를 축출하고 정권을 잡아 정국이 소용돌이치던 시기 건릉 참배길에 오른 순조는 봉수당에서 영의정 이병모(李秉模), 판부사 서용보(徐龍輔, 1757~1824)를 소견한 후 벽파로 지목되던 서용보를 좌의정에 임명하였다.[11] 정조의 넋이 깃든 봉수당에서 벽파 일부까지

끌어안는 정치적 조치를 단행한 것이다. 이는 순조가 정국을 재편하기 위한 조치로 아버지 정조가 원대한 정치적 구상을 펴고자 하였던 역사적 장소인 '화성행궁'에서 정조의 권위를 빌어 자신의 의지를 천명한 것이라고 해석할 수 있다.

2) 장락당(長樂堂)과 경룡관(京龍館)

장락당은 을묘원행 기간 중 혜경궁의 침전으로 사용하기 위하여 1794년 8월에 새롭게 지어졌다. 장락당이란 이름은 전한(前漢)의 도읍 장안성(長安城)의 장락궁(長樂宮)에서 유래한 것이다. 장락궁은 제후가 군신들과 소회를 하던 곳이었으나 태후가 거처하게 되면서 대왕대비나 대비전을 일컫는 말로 사용되었다. 정조 역시 어머니의 만수무강을 기원하며 혜경궁이 머물 공간을 행궁의 내전으로 보고 장락당이라 명한 것이다. 편액은 정조가 직접 썼으며 상량문은 1796년 정민시가 지었다.

장락당은 정당 7량 13칸을 기본으로 복내당과 연결되는 행각 3칸, 봉수당 서쪽 행각과 연결되는 장락당 뒤쪽의 9칸 행각이 함께 지어졌다. 복내당과 연결되는 남쪽 담장에는 작은 2개의 문을 설치하여 서쪽은 다복문(多福門), 동쪽은 장복문(長福門)이라 하였다. 장락당은 봉수당의 남쪽 벽에 잇대어 지붕이 겹쳐져 있는 독특한 구조의 동향 건물로 지어졌다. 이것은 회갑연에서 혜경궁이 침소인 장락당과 봉수당 사이를 편히 이동할 수 있도록 배려한 것이다. 당시 장락당 앞의 누문인 경룡관도 함께 세워졌는데 좌익문과 중양문을 통해 행궁의 정당으로 들어와 봉수당을 거치지 않고 직접 장락당을 드나들 수 있는 구조였다.

장락당을 드나드는 문의 역할을 하는 경룡관은 5량 4칸 반의 규모로 2층에는 사방의 평평한 난간 위에 분합을 설치하고 마루를 깐 누각이다.

〈그림 58〉 경룡관, 〈봉수당진찬도〉, 『원행을묘정리의궤』, 규장각

경룡관 남북으로 각도를 짓고, 1층에는 세 개의 널문을 설치하고 지락문(至樂門)이라 하였다.[12] 봉수당 남쪽 행각과 연결되며 동남쪽의 경선문(慶善門)을 통해 유여택을 드나들 수 있는 구조였다. 경룡관은 당(唐) 태종(太宗)이 거처한 궁궐 이름에서 차용한 것으로[13] 큰 용을 가리키는 '경룡(景龍)'은 태종의 '정관지치(貞觀之治)' 시대를 구현하고자 했던 정조의 뜻을 담고 있다. 편액은 조종현(趙宗鉉, 1731~1800)이 썼으며 상량문은 1796년 황승원(黃昇源, 1732~1807)이 지었다.

혜경궁은 을묘원행 당시 화성행궁 도착일인 윤2월 10일 봉수당 앞뜰에서 가마를 내려 경룡관을 통해 침전인 장락당으로 이동하였다. 정조는 어머니를 따라 장락당으로 들어가 저녁 수라를 올리는 것으로[14] 화성행궁에서 일정을 시작하였다. 이후 13일 봉수당 회갑연과 14일 낙남헌 양로연에서도 잔치가 펼쳐지는 봉수당과 낙남헌으로 이동하기 앞서 장락당에서 어머니께 술잔을 올리고 장수를 축원하였다.

장락당의 모습은 《화성능행도병풍》의 〈봉수당진찬도〉를 통해 일부분 확인되고 경룡관의 모습은 『원행을묘정리의궤』의 〈봉수당진찬도〉에서 확인된다. 장락당은 봉수당의 남쪽 지붕 뒤 건물로 정면에는 수직으로

긴 장방형의 살을 직교로 짜 넣은 띠살창문 네 짝이 설치되었다. 이러한 띠살창은 경복궁의 사정전(思政殿)과 만춘전(萬春殿), 대비전인 자경전(慈慶殿), 창경궁의 침전인 경춘전(景春殿) 등에 사용되었다.[15] 봉수당의 왼쪽 아래에서 확인되는 경룡관의 지락문 앞에는 혜경궁이 사용하였을 것으로 보이는 가마가 놓여 있다. 이 그림을 통해 혜경궁이 봉수당 앞마당에서 가마를 내리고 경룡관을 통하여 장락당으로 이동하였다는 것을 추정할 수 있다.

3) 복내당(福內堂)

복내당은 관아의 안채에 해당하는 건물로 행궁의 내당(內堂)이라고 할 수 있다. 수원 신읍 조성 당시 내사(內舍)로 창건되어 1790년 원행 당시 정조가 어필로 현판을 썼다고 하지만 전해지지 않는다. 상량문은 1796년 민종현(閔鍾顯, 1735~1798)이 지었다.

복내당은 1790년 5량 18칸 규모의 동향 건물로 지어진 이후 을묘원행 기간 중 정조의 침전으로 사용하기 위하여 1794년 증축 공사가 이루어졌다. 신축 당시 복내당 건물 18칸에 북쪽으로 연결된 건물 3칸과 동남쪽의 행각 26칸이 전부였다. 그러나 증축 공사에서 북쪽 온돌방 4칸 반은 장락당 서쪽 행각과 이어지도록 하고, 분합이 설치된 서별당 5칸과 복내당 뒤편의 서행각 11칸이 추가로 지어져 총 67칸 반의 규모로 확장되었다. 복내당을 드나들기 위해서는 서남쪽의 구여문(九如門), 동행각의 유복문(維福門), 외행각 북쪽 끝의 구복문(求福門)을 이용하였다. 복내당은 평소 지방 관아의 안채로 이용하기 위해 행궁의 가장 깊숙한 서남쪽 모퉁이에 지어졌는데 이러한 위치는 국왕의 원행 시 침전으로 이용하기 좋은 조건이었다고 보인다. 다른 주요 건물들이 사방으로 통하는 문을 곳곳에 배치하였던 것과 달리 복내당의 서남쪽은 외행각으로 둘러 싸여 있었다. 평소 관아의 안채이자 국왕이 행차하였을 때는 국왕의 침전으로 이용됨에 따라 다소 폐쇄적인 구조였던 것으로 판단된다.

복내당은 『한서(漢書)』「조충국전(趙充國傳)」의 '복은 안에서 생겨난다.'라는 뜻에서 이름을 따왔다.[16] 문의 이름인 '구여'는 『시경』「천보편(天保篇)」에 신하가 임금의 장수하심을 송축하는 글에서 유래된 것이며 '유복', '구복' 등의 이름에서는 임금의 복과 장수를 바라는 뜻이 깃들어 있음이 확인된다.

4) 유여택(維與宅)

유여택은 평소 유수가 거처하였다가 국왕이 행차하면 편전으로 이용되었다. 수원부 읍치를 이전한 이듬해 복내당 동쪽 행각 밖에 5량 8칸의 동향 건물로 세워져 은약헌(隱若軒)이라 불렸다. 유여택이란 이름은 『시경』 대아(大雅) 황의(皇矣)편에 주나라가 천명을 받은 유래와 문왕의 덕을 칭송한 것에서 뜻을 취한 것으로 화성에 유수를 내려보내 화성을 더욱 창대하게 경영하려던 정조의 의지를 반영한 것이다. 편액은 유사모(柳師模, 1750~?)가 썼다.

1790년 신축 당시 유여택과 공신루(拱宸樓) 외에 경룡관과 이어지는 유여택의 서쪽 각도, 유여택 동쪽의 행랑 등이 건립되었다. 공신루는 유여택 앞쪽 툇마루에 설치된 누각으로 조선시대 상류주택에서 보이는 누각의 형태이다. 이후 1794년에는 은약헌의 지붕을 바꾸고 6칸 반의 온돌을 추가로 설치하였다. 또한 북쪽 행각의 연휘문(延暉門)과 유여문(維與門), 동쪽 행각의 북쪽 끝 공랑에 위치한 빈희문(賓曦門), 남쪽의 경화문(慶華門)을 포함하는 긴 행각이 완공되었다. 1795년에는 은약헌에서 유여택으로 이름이 바뀌었고 그 이듬해 50칸의 행각이 남북으로 증축되어 전체 78칸의 규모를 갖추게 되었다.

유여택의 북쪽은 중양문의 남쪽 행각을 담으로 하고, 그 사이에 연휘문을 만들어 정당인 봉수당과 통하도록 하였으며 연이은 동쪽 담에 유여문을 만들어 좌익문 앞마당을 드나들 수 있도록 하였다. 또한 유여택 정면의 북쪽 모퉁이에는 빈희문을 두어 외정리소와 통하도록 하였으며 남서쪽으로 향춘문(向春門)과 가어문(嘉魚門)을 두어 복내당과 연결하고, 남쪽에 경화문을 두어 행궁 외부와 드나들 수 있도록 하였다. 유여택 일대는 평소 유수가 거처하다가 국왕이 행차하면 편전으로 사용하였던 건물의 기능에 맞게 사방에 문이 만들어져 드나듦이 편리하도록 설계되었다.

성소는 을묘원행 첫날 장락당에서 어머니께 저녁 수라를 올린 후 유여택에서 시신(侍臣)들과 암행어사 홍병신(洪秉臣)을 접견하고 원행 기간 동안 치러질 행사와 관련한 회의를 주관하였다.[17] 윤2월 14일 새벽에는 신풍루에서 진휼행사를 진행하기 앞서 유여택에서 행사를 담당하는 신료들을 만나 진휼행사 과정을 다시 한번 확인하였다.[18] 1798년 원행에서는 유여택에서 대신들의 아침 문안 인사를 직접 받으며 하루 일정을 시작하였다.[19] 정조는 원행 때마다 유여택에서 신료들과의 만남을 가지거나 과거 급제자들을 접견하였으며, 시사(試射)·시방(試放)의 입격인(入格人)에게 상을 내리기도 하였다.[20] 그런가 하면 1800년에는 정조 서거 후 현륭원 어진봉안각(御眞奉安閣)에서 옮겨온 어진을 화령전(華寧殿)에 모시기에 앞서 유여택에서 잠시 봉안하였는데 이 역시 유여택이 정조가 늘 머물던 편전이었음을 감안한 조치였다고 할 수 있다.

화성행궁에 행차했던 국왕의 이동 경로는 정문인 신풍루를 거쳐 좌익문과 중양문을 통과해서 정당인 봉수당으로 이어졌다. 하지만 행궁에 유숙하면서 행궁을 드나드는 경우에는 신풍루와 좌익문으로 들어와 중양문으로 이동하지 않고, 남쪽의 유여문을 거쳐 유여택으로 이동하였으며[21] 서장대로 직접 이동할 때는 유여택 남쪽의 경화문을 사용하기도 하였다.[22] 행궁에 도착하고 출발하는 날 이외에는 행사와 이동 동선에 따라 편전인 유여택을 중심으로 움직이고 있었다.

2. 낙남헌(洛南軒)과 행사·휴식공간

낙남헌은 화성행궁 건물 중에서 가장 획기적인 구조로 지어졌다. 낙남헌의 넓은 앞마당에서 혜경궁의 회갑을 기념하는 양로연과 문무과 별시, 화성 건설을 축하하는 낙성연 등의 다양한 행사가 펼쳐졌다. 낙남헌 남쪽의 휴식용 건물인 노래당은 서쪽의 득중정과 연결되고, 낙남헌 동북쪽에는 객사인 우화관이 자리 잡고 있었다. 여기서는 유수부의 대규모 행사가 펼쳐졌던 낙남헌을 중심으로 행궁 북서쪽에 배치된 주요 건물들에 대하여 살펴보고자 한다.

1) 낙남헌

1794년 옛 득중정 자리를 노래당 서쪽으로 옮기고 그 터에 낙남헌이 새롭게 건립되었다.[23] 낙남헌이라는 이름은 한나라 고조(高祖)가 낙양(洛陽)의 남궁(南宮)에서 주연을 베풀었던 것에서 차용한 것이다. 편액은 전 참판 조윤형이 썼고, 상량문은 1796년 규장각제학 심환지(沈煥之, 1730~1802)가 지었다. 낙남헌은 7량 14칸 반의 규모로 동북방향은 우화관의 남쪽 담과 이어지고 북쪽은 강무당과 통한다.

이렇게 세워진 낙낙헌의 앞마당은 '상하동락(上下同樂)'이라는 정조시

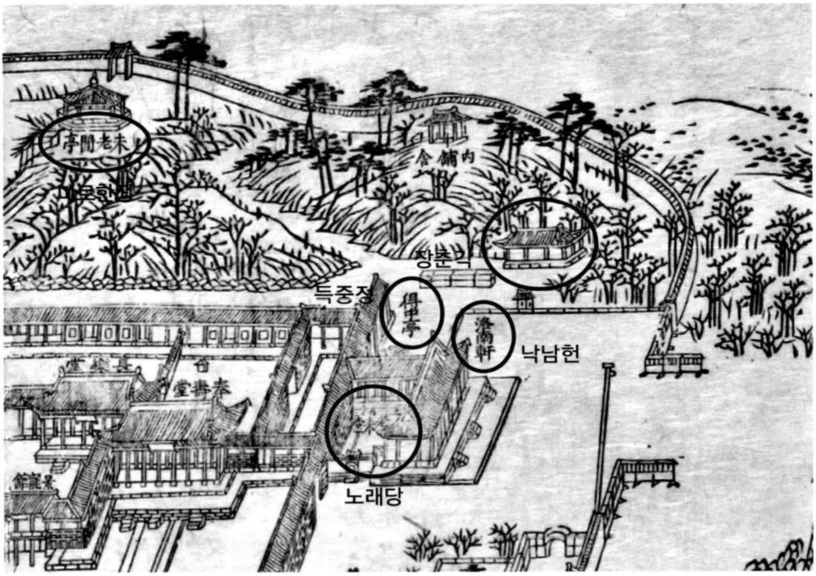

〈그림 59〉 낙남헌과 행사·휴식공간(〈그림 54-6〉의 ②)의 주요 건물, 〈행궁전도〉, 『화성성역의궤』. 규장각

〈그림 60〉 낙남헌 전경

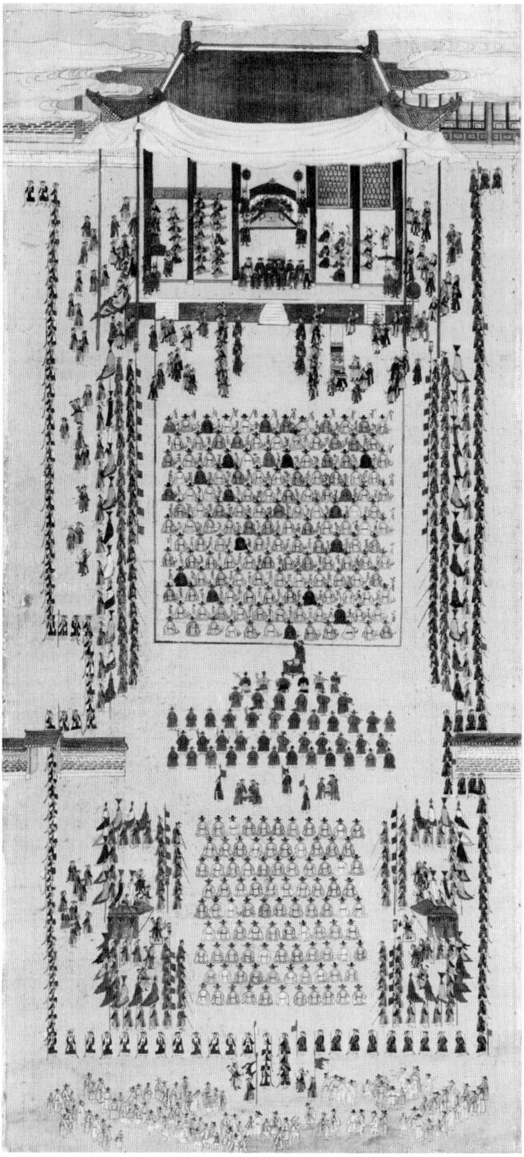

〈그림 61〉〈낙남헌양로연도〉, 《화성능행도병풍》, 국립고궁박물관

대의 시대정신이 구현된 의미 있는 공간으로 자리매김하게 된다.[24] 행궁을 둘러친 담장 대신 개폐 가능한 이동식 담장이 설치되어 유수부의 다양한 행사 때마다 가능한 많은 사람들이 모일 수 있는 공간으로 이용되었다. 낙남헌은 넓은 대청마루 삼면에 분합(分閤)을 설치하여 행사가 있을 때는 분합을 모두 올려 마루 공간을 더욱 넓게 활용하였으며 동북쪽으로 트여 있는 넓은 앞마당에는 홍살판으로 만든 담장을 설치하여 형편에 따라 개폐가 가능하도록 하였다. 이러한 낙남헌의 열린 구조는 상징적 의미를 가지고 있었다. 당시만해도 지배층과 피지배층이 모두 한 자리에 모여 흥겨운 잔치를 벌인다는 것은 결코 쉬운 일이 아니었다. 그러나 수원 신읍이 조성된 이후 낙남헌 앞마당은 국왕과 신료 및 백성들이 모두 모여 함께하는 화합과 소통의 장으로 이용된 것이다.

낙남헌 앞마당에서는 혜경궁 회갑연을 기념하는 양로연과 문무과 별시, 화성 완공을 축하하는 낙성연 등의 행사가 펼쳐졌다. 그중에서도 낙남헌에서 치러진 중요한 행사 중의 하나가 혜경궁의 회갑연을 축하하기 위한 양로연이었다. 당시의 모습은 《화성능행도병풍》의 〈낙남헌양로연도〉를 통해 확인된다. 맞배지붕의 용머리가 양쪽으로 우뚝 솟은 채 상서로운 구름들과 어우러져 위용을 과시하는 낙남헌이 묘사되고, 차일을 친 채 모든 분합을 올린 낙남헌 마루 가운데 정조의 어좌가 자리하고 있다. 담장 사이에는 붉은 옷을 입은 악사와 무희들이 늘어서 있고, 마당에는 노란 수건[黃細布]이 달린 지팡이를 잡은 노인들이 정좌하고 있다. 당시 양로연에는 화성에 살고있는 61세 이상의 노인들과 70세 이상의 문관, 음직(蔭職), 무관 및 본부 경내에 거주하는 대신들이 초대되었다.[25] 그림 아래에는 시위군병과 양로연을 구경하는 백성들의 활기찬 모습들이 담겨 있다. 특히 그림 중앙에는 좌우의 끊어진 벽돌담을 그대로 표현하여

〈그림 62〉 〈낙남헌방방도〉, 《화성능행도병풍》, 국립고궁박물관

이동식 담장으로 넓어진 낙남헌 마당이 어떻게 활용되었는지 보여주고 있다.

많은 사람들이 한꺼번에 모이는 대규모의 행사에서 넓은 공간을 만들 수 있는 이동식 담장은 매우 유용하였다. 잔치에 참여하는 신료는 물론 낙남헌 마당에 들어가지 못하는 백성들도 담장 주변에서 잔치의 흥겨움을 함께할 수 있었다. 결국 신분적 차별이 존재하던 시대에 그것을 뛰어넘어 모두 하나가 되려는 노력이 낙남헌의 열린 마당에서 이루어졌던 것이다.

낙남헌에서는 을묘원행 기간 중 문무과 별시도 치러졌다.[26] 《화성능행도병풍》의 〈낙남헌방방도〉는 과거시험을 치른 후 합격자를 발표하고 시상하는 장면을 그린 것으로 기본 구도는 〈낙남헌양로연도〉와 동일하다. 그러나 〈낙남헌양로연도〉와 달리 이동식 담장의 묘사를 생략하여 시상 장면의 엄숙함을 표현하였다.

〈그림 63〉 〈낙성연도〉, 『명니의궤』, 프랑스국립도서관

낙남헌에서 치러진 중요한 행사 중 하나는 화성의 완공을 축하하는 낙성연이었다. 이 자리에는 화성 공역을 지휘한 총리대신 및 낙성연의 초대 손님은 물론 공사에 참여한 감독 이하 일꾼들, 각지에서 구경 온 백성들까지 모두

참여하여 화성 건설이 지배층과 피지배층의 협력에 의해 이루어진 사업임을 유감없이 보여주었다.[27] 이외에도 정조는 낙남헌에서 화성 건설에 참여한 사람들에게 음식을 나누어 주고 노고를 치하하는 호궤행사를 가지기도 했는데[28] 이는 『화성성역의궤』의 〈낙성연도〉와 〈대호궤도〉로 남아 있다.

2) 득중정(得中亭)

득중정은 활을 쏘는 사정(射亭)이다. 정조는 1790년 원행 중 활쏘기를 하고 연달아 사중(四中)한 후 득중정이라 이름 지었다.[29] 당시 득중정은 9칸의 규모로 낙남헌 터에 지어졌다가 1794년 현재의 자리로 옮기면서 증축되었다.

득중정은 낙남헌과 마찬가지의 북향 건물로 노래당과 용마루가 이어져 ㄱ자 모양으로 건립되었다. 정당이 5량 13칸이며 득중정 계단 앞에는 어사대(御射臺)를 만들어 벽돌을 깔았고, 봉수당의 북쪽 각도와 기둥으로 연결하였는데 단청을 칠하지 않아 단아한 멋을 내었다. 득중정 남쪽에는 득한문(得閒門)을 만들어 복내당과 장락당으로 이동이 편리하도록 하였다. 득중정에는 정조의 친필 편액이 걸렸으며 상량문은 1791년 홍양호(洪良浩, 1724~1802)가 지었다.

득중정에서는 화성부의 유생과 무사(武士)들의 시험이 여러 차례 치러졌다.[30] 특히 1792년에는 무사를 시취하고 활쏘기를 하였는데 과녁에 적중한 것이 많았다. 정조는 이를 기념하기 위해 그날의 고풍(古風)을 써서 방목(榜目)과 함께 내려보내, 판각하여 득중정에 게시함으로써 무예를 권장하는 뜻을 보이도록 하였다.[31]

정조는 화성에 내려올 때마다 득중정에서 활쏘기를 즐겼는데, 을묘원행 기간 중에는 대신들과 활쏘기를 하고 매화시방(埋火試放)을 관람하였다.[32] 이러한 모습은 《화성능행도병풍》의 〈득중정어사도〉에서 확인된다. 당시 활쏘기와 매화시방이 동시에 이루어지지 않았지만 두 개의 행사를 하나의 그림에 묘사함으로써 성대하였던 당시의 모습을 최대한 많이 보여주고자 한 것이다. 득중정 앞마당에서 시연된 매화시방의 신기한 불꽃놀이 모습을 구경하기 위해 많은 백성들이 모여 들었다. 득중정과 낙남헌 앞마당에 설치되었던 이동식 담장을 걷어내고 백성들과 소통하였던 상하동락의 공간이 재연되었던 것이다.

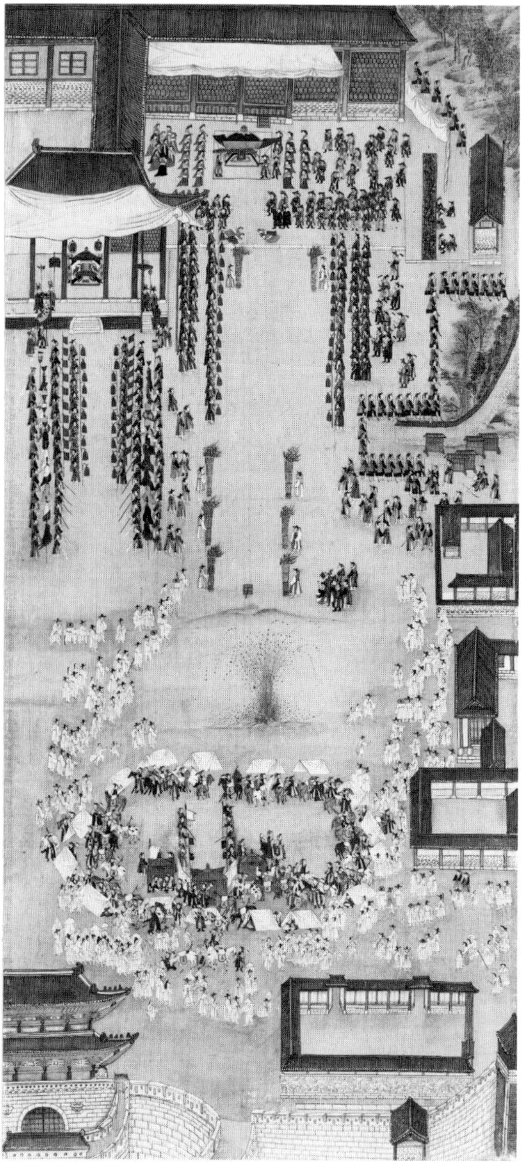

〈그림 64〉 〈득중정어사도〉, 《화성능행도병풍》, 국립고궁박물관

득중정 서쪽 담장 안쪽에는 장춘각(藏春閣)이 자리 잡고 있다. 장춘각은 화성 성역 이전에 5칸 규모의 건물로 건립되었다.[33] 그러나 장춘각의 이용 실태 및 관련 자료가 확인되지 않고 있다. 다만 1799년 화성 및 행궁 일대의 식목사

업 일환으로 장춘각 동쪽 뜰에는 복숭아 접목과 은행 접목 11그루가 심어졌다는 기록이 확인될 뿐이다.[34] 장춘각의 정확한 용도는 확인되지 않지만 건립 이후 건물 주변의 조경사업이 확인된다는 점에서 꾸준히 관리되고 있던 것으로 보인다.

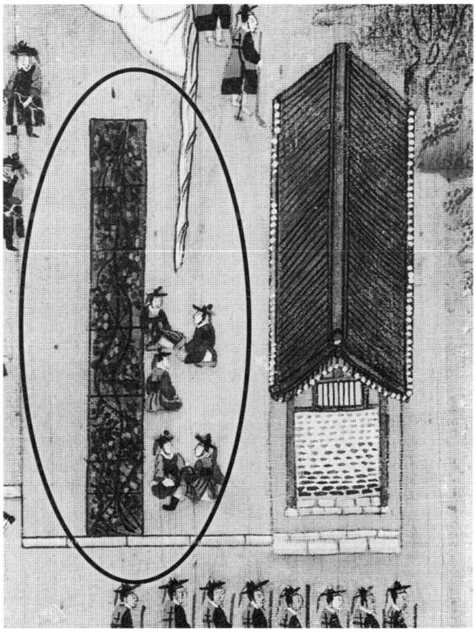

〈그림 65〉 장춘각의 취병, 〈득중정어사도〉, 《화성능행도병풍》, 국립고궁박물관

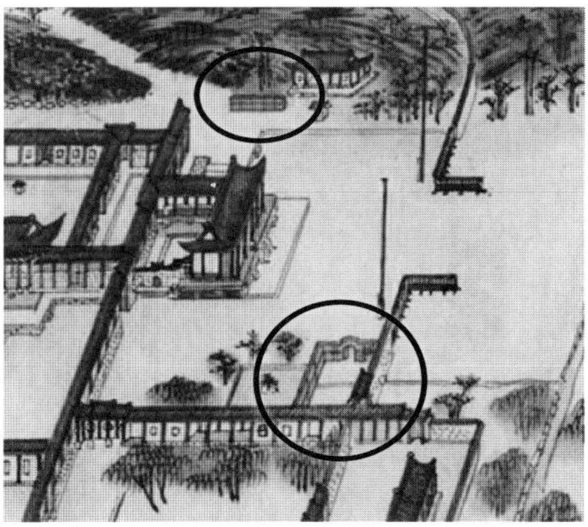

〈그림 66〉 우화관 북쪽 담장과 장춘각의 취병, 〈행궁전도〉, 『뎡니의궤』, 프랑스국립도서관

장춘각의 모습은 《화성능행도병풍》의 〈득중정어사도〉와 『뎡니의궤』를 통해 알 수 있다. 을묘원행 당시 정조가 참가하는 활쏘기가 한창 진행중임에도 불구하고 장춘각과 취병(翠屛)을 사이에 두고 휴식을 취하는 병사들의 모습이 확인된다. 여기서 주목되는 것은 장춘각과 동편의 득중정 사이에 설치된 취병이다. 취병은 관목류나 덩굴성 식물 등의 가지를 틀어 올려 병풍 모양으로 만든 울타리를 말한다. 외부에서 내부가 직접 들여다보이는 것을 방지하고 공간을 나누는 역할을 하면서 경관을 조성하는 기능을 하였다. 넝쿨식물로 만들어진 취병의 모습은 〈동궐도〉의 주합루(宙合樓) 아래 석단

〈그림 67〉 주합루의 취병, 〈동궐도〉, 고려대학교박물관

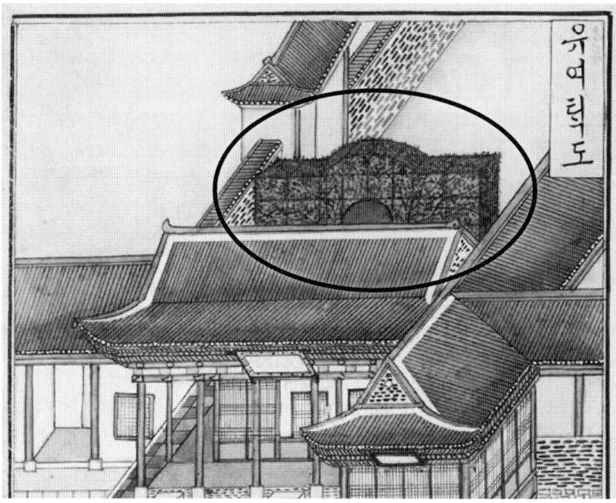

〈그림 68〉 유여택의 취병, 〈유여택도〉, 『뎡니의궤』, 프랑스국립도서관

의 어수문(魚水門) 좌우에 그려져 있는 것을 통해 확인된다.[35)]

화성행궁에는 총 3곳에서 취병의 설치가 확인된다. 장춘각 이외에 객사인 우화관의 북쪽 담장이 만나는 동북쪽과 유여택의 뒤쪽에 취병이 설치되었다. 우화관 담장에 설치된 취병은 공간을 구획하는 기능 외에도 아치형의 문으로도 이용하고 있었으며, 취병 남쪽에 만들어진 작은 연못[小池]과 조화를 통해 휴식공간으로 조성되었을 것으로 보인다. 유여택의 뒷마당에 설치된 취병 역시 국왕의 행차

동안 편전으로 사용되었던 유여택의 특별함을 보여주는 것이라 하겠다.

3) 노래당(老來堂)

노래당은 1794년 을묘원행을 치르기 위해 행궁을 증개축하는 과정에서 낙남헌과 함께 새롭게 지어졌다. 총 5량 7칸의 건물로 낙남헌의 서쪽 용마루가 남쪽으로 꺾이는 곳에 서향으로 자리 잡고 있었다. 노래당은 낙남헌과 득중정에서 치러진 여러 행사 도중 휴식을 취하기 위한 공간에 걸맞게 단청을 하고 처마 아래 계단에 벽돌을 깔았으며 정원의 동쪽 담장은 회칠을 하여 아늑하게 단장하였다.

노래(老來)란 "늙은 것은 운명에 맡기고 편안히 거처하면 그곳이 고향이다[老來又委命 安處卽爲鄕]"라는 당나라 시인 백거이(白居易)의 시에서 유래한 것으로 화성을 노후의 안식처로 삼고자 했던 정조의 뜻이 담겨 있다.[36] 정조의 이러한 의지는 주나라의 노래자(老來子)가 칠순의 나이에도 때때옷을 입고 재롱을 부리며 늙으신 부모님을 즐겁게 했다는 고사를 떠올리며 지은 시(詩)와[37] 노래당을 드나드는 문의 이름에서도 확인된다. 벽돌로 무지개[虹霓]문을 만들어 난로(難老)라 하고 낙남헌으로 통하는 북쪽 모퉁이에는 부채꼴[單扇]문을 내어 가풍(歌風)이라 하였다.[38] '난로'는 늙지 않고 오래도록 살고 싶다는 뜻이고, '가풍'은 노래하며 풍류를 즐긴다는 뜻으로 화성에서 어머니와 함께 노후를 보내고자 했던 정조의 마음이 깃들어 있다. 정약용(丁若鏞, 1762~1836) 역시 '노래당'이라는 이름이 정조가 화성에서 노년을 보내려는 계획을 보여주는 것이라고 밝히고 있다.[39] 편액은 채제공이 썼으며 상량문은 1796년 정범조(丁範祖, 1723~1801)가 지었다.

4) 미로한정(未老閑亭)

〈그림 69〉 미로한정, 〈한정품국도〉, 서울대학교박물관

미로한정은 행궁의 후원에 세워진 정자(亭子)로 득중정 서쪽 팔달산 능선의 중턱 기슭에 위치한다. 1790년에 지어진 미로한정은 6각형의 건물로 육면정(六面亭)이라고도 불렸다. 행궁에서 미로한정으로 올라가는 길은 봉수당·장락당·복내당과 연결되는 득한문(得閒門)과 연결되는 곳에서 시작한다.

미로한정이란 이름은 '장차 늙어서 한가하게 쉴 정자'라는 뜻으로 갑자년 구상이라는 정조의 정치적 구상을 담아 명명한 이름이라고 할 수 있다. 정조의 이러한 계획은 측근 신료들에게도 널리 알려져 정조의 근신들이 정조가 화성에 내려와 노후를 보내고자 했던 마음을 묘사할 때 '미로한정'이란 이름을 예로 들어 설명하였다. 1802년 장용영 폐지 당시 영의정 심환지 역시 정조가 상왕으로 물러나 어머니와 함께 수원에 머물고자 했던 뜻을 되새기며 미로한정의 의미를 강조하였다.[40)]

휴식공간으로서 미로한정의 풍치는 김홍도(金弘道)가 그린 《화성추팔경도(華城秋八景圖)》의 〈한정품국도(閒亭品菊圖)〉를 통해 느낄 수 있다. 행궁과 행궁 후원의 실경을 그린 이 그림은 국화꽃과 어우러진 미로한정의 가을 정취를 느끼게 해준다. 미로한정에는 정자의 편액 외에도 행행 때 어제시에 화답하는 시를 각판한 것이 고종대까지도 남아 있었지만 현재 정자의 편액은 물론 시를 각판한 시액도 확인되지 않는다.[41]

3. 신풍루(新豊樓)와 행정·군사공간

신풍루는 화성행궁의 정문으로 동쪽을 향하고 있다. 신풍루 좌우의 건물들은 대체로 행정기구들과 남북군영 행각이 위치한다. 정문을 기준으로 남군영과 북군영이 위치하며 남군영의 서쪽 담을 경계로 서리청,

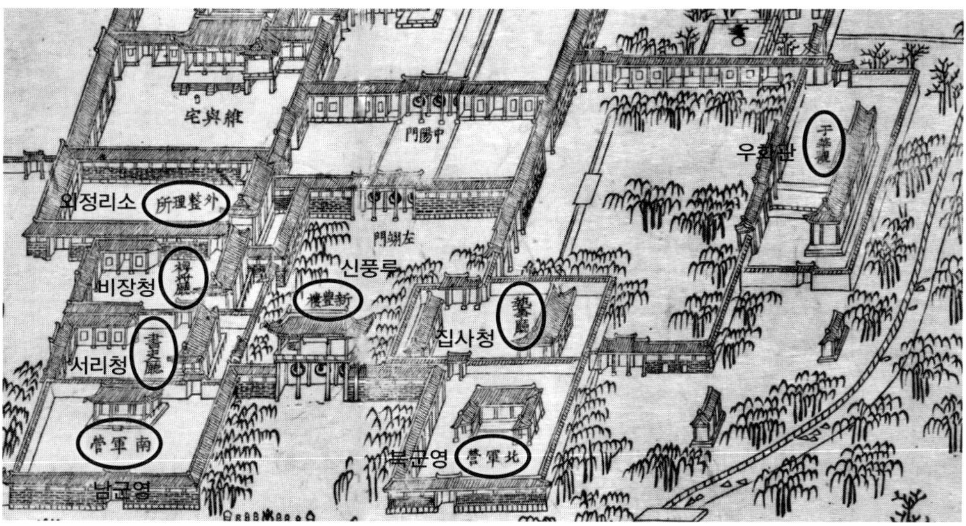

〈그림 70〉 신풍루와 행정·군사공간(〈그림 54-6〉의 ③)의 주요 건물, 〈행궁전도〉, 『화성성역의궤』, 규장각

비장청, 외정리소가 이어져 자리 잡고 있다. 북군영의 서쪽 담을 사이에 두고 집사청이 세워졌으며, 집사청 북쪽 담 너머에는 수원부 객사인 우화관이 건립되었다. 여기서는 행궁의 정면에 세워진 신풍루를 중심으로 행궁의 동쪽편에 배치된 주요 건물들에 대하여 살펴본다.

1) 신풍루

신풍루는 행궁의 정문으로 1층은 3개 널문으로 된 외삼문, 2층은 누마루 형태로 지어졌다. 1789년에 세워진 신풍루는 옛 수원부 누각의 이름을 그대로 가져와 진남루(鎭南樓)라 하였는데, 편액은 정조의 명에 따라 당시 수원유수 조심태가 썼다. 그러나 이후 1795년 신풍루로 개칭되고 당시 최고의 명필인 조윤형이 다시 편액을 썼으며 1796년에 윤시동(尹蓍東, 1729~1797)이 상량문을 지었다.

신풍루는 한나라 고조의 고향인 패현 풍읍 중양리에서 유래하였다.[42] 그는 천하를 평정한 뒤 고향을 그리워하는 아버지를 위하여 옛 진(秦)나라 여읍(驪邑)을 풍읍의 거리와 똑같게 고치고 풍읍의 백성들을 이주시켜 신풍(新豐)이라 하였다. 정조는 화성을 고향처럼 여기는 마음과 함께 1804년[갑자년] 이후에는 상왕으로 내려오려는 계획을 가지고 있었다. 갑자년 구상에 따라 상왕으로 물러나 수원에 내려와 살면서 신왕을 지원하고 아버지의 무덤인 현륭원 곁에서 어머니 혜경궁을 모시며 노후를 보내고 싶어 했던 것이다.

화성행궁 정문인 신풍루는 국왕 행차길의 마지막 여정이라고 할 수 있다. 화성행궁에 도착한 국왕 일행은 장안문을 거쳐 종가(鍾街)와 좌우군영 앞길을 지나 신풍루·좌익문·중양문을 거쳐 봉수당으로 이동하였다.[43] 이로 인해 신풍루 앞길에는 말을 타고 행차한 국왕을 맞이하는 마랑(馬廊)이 마련되었던 것으로 보인다. 『수원신읍영건공해간수성책』에 의하면 신읍 조성 당시 어승마랑(御乘馬廐) 10칸이 건립되었던 것이 확인된다. 이후 1794년 수리하여 13칸으로 증축되었지만 정확한 위치는 알 수 없다.

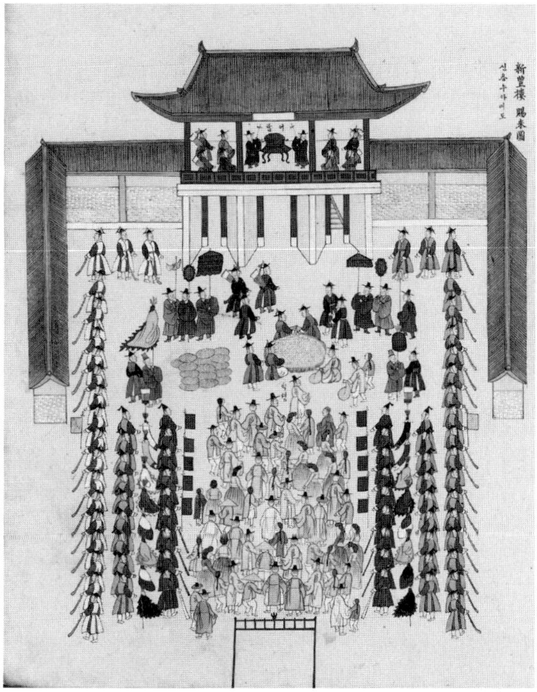

〈그림 71〉 〈신풍루사미도〉, 《화성원행의궤도》, 국립중앙박물관

1795년 을묘원행 당시 정조는 어머니의 회갑을 축하하기 위하여 신풍루에서 화성부의 사민(四民)들에게 쌀을 나누어 주고 굶주린 백성들에게는 죽을 끓여 먹이는 진휼행사를 베풀었다. 이 행사에는 화성부와 인근 지역에 살고 있는 홀아비·과부·고아·독거노인 등의 사민(四民)과 가난한 백성들이 참석하였다. 신풍루에서는 정조가 친히 진휼행사를 이끌었고 행궁과 거리가 먼 지역에는 대신들을 보내어 행사를 진행하였다.[44] 이때 진휼행사에 모인 사민과 기민은 총 4,819명으로 당시 모습은 《화성원행의궤도》의 〈신풍루사미도〉를 통해 확인된다.[45] 신풍루 2층 중앙에는 어좌가 마련되어 있고 신풍루 앞에는 백성들에게 나누어 줄 쌀과 이를 받기 위해 모여든 부민들이 모여 있는 모습이 그려져 있다.

정조대 이후에도 현륭원과 건릉을 전배하기 위해 국왕들의 능행차는 계속되었다. 그리고 이때마다 신풍루에서는 수원의 빈민과 노인들에게

〈표 12〉 순조대 이후 국왕별 화성 능행 기간 중 진휼행사 내역

왕명	진휼 일시	진휼 내역
순조	1804년 8월 30일	을묘년 양로연에 참석했던 90세 이상 9명, 80세 이상 2명, 70세 이상 99명에게 쌀과 고기를 나누어줌
	1806년 2월 20일	–
	1807년 8월 28일	–
	1810년 8월 28일	가난한 백성들에게 쌀을 내려줌
	1817년 2월 27일	1810년의 예에 따라 부로들에게 쌀과 布 지급
	1821년 2월 20일	–
	1822년 2월 20일	–
	1826년 2월 23일	本府 境內의 士庶人 중 70세 이상 중 가장 궁핍하고 가난한 자[最窮獨者] 남녀 671인에게 쌀을 각 6斗씩 나누어줌
	1828년 2월 24일	城內의 士庶人 중 70세 이상 노인과 39세[순조와 같은 나이] 40명에게 쌀과 고기를 나누어줌
헌종	1843년 3월 16일	本府의 70세 이상 朝官과 士庶人에게 등급을 나누어 쌀을 나누어줌
	1846년 2월 21일	건릉과 현륭원 境內의 70세 이상인 朝官과 士庶人에게 쌀을 나누어줌
철종	1852년 2월 26일	境內 朝官과 士庶人 중 70세 이상 노인을 등급에 따라 쌀을 나누어줌
	1855년 2월 28일	本府의 80세 이상 노인들에게 쌀과 고기를 나누어줌
	1860년 3월 17일	–
고종	1868년 3월 14일	–
	1870년 3월 13일	–

쌀을 나누어 주는 진휼행사가 진행되었다.[46] 〈표 12〉는 순조대 이후 국왕들의 화성 능행 기록과 진휼행사를 정리한 것이다.

순조부터 고종까지 화성을 다녀온 능행은 총 16회로 이 중에서 9회에 걸쳐 진휼행사가 진행되었다. 순조는 1810년(순조 10) 행차에서 아버지 정조와 마찬가지로 신풍루 누각에 올라 사미(賜米)를 베풀었지만, 상황

에 따라 환궁 후에 진휼행사가 이루어지기도 하였다. 이후 수원에서는 매년 봄마다 신풍루 앞에서 향음주례(鄕飮酒禮)를 거행하였는데 수원 춘팔경의 하나인 '신풍사주(新豊社酒)'가 여기서 시작되었다.

2) 남북군영행각(南北軍營行閣)

군영이란 친군위(親軍衛)들이 숙직을 서며 호위하는 곳을 가리킨다. 군영 건물은 수원 신읍 조성이 시작된 1789년 신풍루 좌우에 각각 5개의 대청마루와 대들보 12칸으로 지어졌고, 1794년에는 각각 행각 19칸이 증축되어 총 62칸의 규모로 완공되었다. 남북군영행각은 궁궐이나 관아에서 정당 앞이나 좌우에 지어진 행랑과 같은 형식으로 행궁 정문인 신풍루의 좌우에 지어져 행궁의 대문을 수호하는 기능을 하였다.

『화성성역의궤』에 의하면 1789년 신축된 남북군영은 장령(將領)들이 처소로 이용하고 있었다. 남북군영행각은 장용외영이 설치되기 이전 수원 지방군들의 숙직 장소였거나 다른 용도로 사용되었다. 당시는 친군위들이 우열은 북쪽, 좌열은 남쪽으로 나누어 각 100명씩 주둔하였다. 그러다가 장용외영 개편이 단행된 1793년에 이르러 군병들의 수가 늘어나자 좌·우열을 없애고 1, 2, 3번을 정하여 매년 각 100명씩을 양쪽 군영에 나누어 배치하였다.

3) 외정리소(外整理所)

외정리소는 1796년 유여택 건너편의 빈희문 밖에 터를 닦아 건물을 짓고 외정리아문(外整理衙門)이라는 편액을 걸었다.[47] 외정리소 건물은 정당 5량 6칸에 총 27칸 반 규모의 2층 건물로 1층은 헛간, 2층은 다락을 만들어 남향으로 지어졌다. 외정리소 북쪽에는 좌익문(左翊門) 행각과 이어지는 곳에서 동쪽으로 꺾인 부분에 3칸의 창고건물인 기층헌(起層軒)을 신축하였다. 기층헌에 설치된 살창[箭窓][48]은 창고를 환기시키기 위해 헛간과 다락으로 구성된 2층 구조로 다량의 행궁 기물과 물품을 보관하는 외정리소 기능에 맞도록 설계되었다.

여기서 정리(整理)란 국왕이 행차하여 유숙(經宿)하는 곳에 호조판서가 미리 가서 행궁 전각의 방롱(房櫳)·관점(莞簟)·장악(帳幄)·궤안(几案) 등에 관계된 모든 것을 정돈하고 수리하는 것을 말한다.[49] 즉 정리소는 국왕이 행차 도중 임시로 거처할 곳에 관리가 미리 도착하여 제반 사항을 정돈하고 수리해서 사전에 준비하는 일을 담당하는 기구였다.

1789년 현륭원 조성 이후 정조의 원행이 잦아지면서 행궁 각 건물의 포진이나 도배를 비롯한 보수 관련 일은 정리사인 호조판서가 장용외사와 상의하였지만 을묘원행 이후에는 별도의 물자와 인력을 내려보내 저축해 두었다가 시행하게 되었다.[50] 그 결과 화성유수가 장용외사와 정리사를 겸하게 되고 화성행궁의 수리에 필요한 물자는 정리소로 집중되었다. 외정리소는 1796년 여름, 을묘원행 이후 행궁을 관리하기 위한 비용을 구체적으로 마련해야 한다는 명목 아래 창건된 것이다.[51] 이후 외정리소에는 내용고(內用庫)를 비롯한 창고가 설치되어 특별히 관리되었다.[52]

4) 비장청(裨將廳)·서리청(書吏廳)·집사청(執事廳)

비장청은 유수부의 비장(裨將)들이 사용하던 건물로 1789년 외정리소 동편에 세워졌다.[53] 비장청은 신축 당시 서리청 건물로 사용하기 위해 세워졌다. 하지만 1796년 여름 서리청이 동쪽 금도청(禁盜廳) 자리로 옮

겨가면서 비장청 건물로 이용되기 시작하였다.[54)]

서리청은 문서의 기록·발급·수령을 담당하는 서리들이 사용하던 건물로 1796년 비장청의 동편에 남향으로 세워졌다. 본래 서리청은 비장청에서 사무를 보다가 금도청으로 옮겼는데, 이후 금도청 건물을 헐어내고 그 자리에 5량 22칸으로 새로 지었다.[55)]

집사청은 1789년 좌익문 밖 동북 담장 안쪽에 남향으로 세워졌다.[56)] 집사청은 집사(執事)들이 사무를 보던 곳으로 궁궐의 액정서(掖庭署)와 같은 역할을 하였다. 화성행궁의 집사청은 평소에는 행궁의 잡다한 사무를 담당하던 집사들이 이용하다가 원행 기간이나 작헌례(酌獻禮)를 올릴 때는 국왕을 보좌하여 의식을 진행하는 집사들이 사용하였을 것이다.

5) 우화관(于華觀)

우화관은 수원부 객사의 중심 건물로 1789년 수원 신읍 조성과 함께 건립되었다. 관해(官廨)인 우화관은 지방 관아로 분류되지만 『화성성역의궤』의 〈행궁전도〉나 『명니의궤』에서 화성행궁 영역에 포함하여 그려놓았다는 점에서 간단히 살펴보고자 한다.[57)]

우화관은 건립 초기 팔달관(八達館)으로 불리다가 왕명에 의해 화(華) 땅의 봉인(封人)이 축원한다는 뜻의 '우화관'으로 개명되었다. 낙남헌 앞마당의 동쪽에 자리 잡고 있는 건물은 총 7량 22칸 반으로 6칸의 대청에 분합과 퇴를 달고 벽돌을 깔았으며 동쪽으로 온돌 2칸과 마루 7칸, 서쪽으로 온돌 2칸에 마루 5.5칸으로 단청을 칠하였다.[58)] 여기에 우화관 앞문인 내삼문(內三門) 3칸과 내삼문 좌우에 동익랑 3칸, 서익랑 2칸, 문 안쪽에 서변행각 4칸이 세워졌다. 내삼문 앞에는 중삼문(中三門)이 세워져 내삼문과 함께 단청을 칠하였으며 행궁에서 우화관을 드나드는 곳에는 중약문(重鑰門)이 세워졌다.

객사에서는 국왕을 상징하는 전패(殿牌)를 안치하고 매달 초하루와 보름에는 향망궐배(向望闕拜) 의식을 행하였다.[59] 국왕을 상징하는 나무패가 마련된 객사는 나라의 중요한 의식이 있을 때 지방에 나간 대소사신(使臣)과 수령들이 배례(拜禮)하여 국왕에게 정성을 표하였다. 이러한 의식을 행하였던 건물이라는 점에서 행궁 전체가 동향으로 배치되었음에도 우화관만은 남향으로 건립된 것으로 보인다. 객사는 이외에도 사신의 숙소로 이용되었는데 우화관의 좌·우익사가 그 기능을 담당하였던 것으로 보인다. 우화관은 객사의 기능에 머물지 않고 을묘원행 당시 낙남헌에서 치러진 문·무과 유생들의 대기 장소로 이용되었는데[60] 문과 시험의 답안지는 우화관에서 접수하였다.[61] 화성이 완공된 이후 상량문을 봉안하는 날에도 제의에 앞서 검은색 단령을 갖춰 입은 헌관들의 대기 장소로 활용되기도 하였다.[62]

4. 화령전(華寧殿)과 제사공간

화령전은 정조 서거 다음해인 1801년 현륭원 어진봉안각(御眞奉安閣)에 있던 어진을 옮겨 모시기 위해 낙남헌 북쪽에 건립된 영전(影殿)이다.[63] 정조는 현륭원 조성 이후 부친을 가까이서 모시고 싶다는 마음을 담아 원내에 어진봉안각을 설치하였다. 그러나 정조 사후 별도의 왕명(王命) 없이 선대왕의 어진을 옮길 수 없는 난처한 상황이 벌어지게 되었다. 이에 당시 원상(院相)인 심환지가 임시로 어진을 화성행궁으로 옮겨 모시자는 의견을 내어 그대로 채택되었다. 이후 대신과 각신들의 논의 결과에 따라 행궁의 유여택으로 옮겨진 어진을 영구히 봉안하기 위한

〈그림 72〉 화령전(〈그림 54-6〉의 ④), 〈화성전도〉, 국립중앙박물관 (좌)
〈그림 73〉 화령전 전경 (우)

영전 건립이 결정되었다. 그러나 어진봉안각의 어진이 군복 차림의 소본(小本)으로 영전과 어울리지 않나는 문세섬이 제기되었다. 이에 1791년 도사(圖寫)해서 규장각 주합루에 봉안하고 있던 강사포(絳紗袍) 차림의 대본(大本) 어진 1본이 추가로 수원으로 보내졌고, 그 결과 화령전에는 정조의 어진 2본이 모셔지게 되었다.

조선 초기 국왕의 어진을 모신 영전은 태조의 어진을 봉안하기 위해 전주의 경기전(慶基殿)·영흥부의 준원전(濬源殿)·개성의 목청전(穆淸殿) 등이 세워졌으며, 세조의 무덤인 광릉이 양주에 조성되면서 원찰인 봉선사를 세우고 세조의 영전을 모시게 되었다.[64] 조선 후기에 들어서는 한양의 영희전(永禧殿)과 창덕궁의 선원전(璿源殿)에 주요 국왕의 어진을 모시고 역대 임금들이 직접 거둥하여 제사를 올림으로써 왕실의 위상을 높이었고 예외적으로 강화에 숙종과 영조의 어진을 모신 장녕전(長寧殿)과 만녕전(萬寧殿)이 세워졌다.

화령전은 이러한 영전 건립의 전통에 더하여 정조가 구상하였던 상왕 거처 공간인 화성행궁의 사당으로 세워졌다고 할 수 있다. 사당은 조선시대 사대부 주택의 가옥 뒤편에 조상의 위패를 모셔놓고 제사를 지내던 곳이었다. 이러한 의미에서 화성행궁을 정조가 상왕으로 머물고자 하였던 미래의 거처라고 본다면 화령전은 조선시대 고택의 뒷마당에 마련된 사당이라고 볼 수 있을 것이다. 주지하다시피 화성행궁은 정조의 갑자년 구상에 따라 수원 신읍 조성 이후 상왕으로 거처하기 위해 확대 증축된 공간으로 정조 노년의 거처로 설계된 궁궐이었다. 그러나 1800년 정조의 죽음으로 인해 본래 목적인 상왕거처 행궁의 기능을 하지 못하고 정조대부터 능원을 다녀오는 길에 이용하는 능행 행궁의 역할이 그대로 유지되었다. 결국 화령전은 정조가 노후를 보내고자 했던 거처에 건립된 영전으로 정조의 어진을 모시고 제사를 올림으로써 행궁의 제사공간으로 자리 잡게 된 것이다.

화령전은 정조 서거 이듬해인 1월부터 공사를 시작하여 4개월 만에 완공되었다. 화령전은 강무당에서 남쪽으로 77보, 낙남헌에서 북쪽으로 79보되는 지점에 화성행궁과 마찬가지로 서쪽을 등지고 동쪽을 향하는 방향으로 건립되었다.[65] 영전의 전호가 '화령(華寧)'으로 결정되자 별도의 관리를 두지 않고 수원유수와 판관이 예겸하도록 하였다.

화령전 건립 이후 19세기 동안 순조를 시작으로 헌종, 철종, 고종에 이르기까지 국왕들의 수원부 행차는 계속되었다. 화령전에서는 1804년(순조 4) 순조를 시작으로 1908년(순종 1) 어진이 선원전(璿源殿)으로 이안(移安)될 때까지 국왕의 행차 때마다 작헌례(酌獻禮)가 행해졌고 매년 탄신제(誕辰祭)와 납제(臘祭)가 거행되었다. 조선시대 국왕이 선대왕릉에 나아가 직접 참배하는 친제는 이루어졌지만 국왕이 한양 도성을 벗어난 영전에서 작헌례를 올린 사례는 확인되지 않는다. 그러나 화령전에서는 현륭원과 건릉을 다녀온 국왕 일행이 화성행궁에서 유숙하는 일정에 따라 국왕이 친히 참석하는 작헌례가 가능하였다.

화령전은 정조의 어진을 봉안하는 정전인 운한각(雲漢閣)을 중심으로 좌측에 재실인 풍화당, 우측에 전사청과 향대청이 배치되었다. 운한각과 복도각(複道閣)으로 연결된 이안청(移安廳)은 운한각을 수리하거나 변고가 발생하였을 때 어진을 임시로 보관하는 건물이다. 조선시대 영전 건축물에서 복도각이 확인되는 것은 화령전이 유일하다. 현재 수원의 도시 개발로 소실되었던 전사청은 복원되었지만, 유실된 제기고는 미복원 상태이다.[66)]

화령전 이름은 화성에서 '화'를 따오고, 『시경』 국풍 주남 「갈담(葛覃)」의 마지막 구절인 '돌아가 부모에게 문안하리라[歸寧父母]'에서 '령' 자를 따와 붙인 것으로 순조가 화성에 묻혀 있는 아버지 정조를 찾아가 문안을 여쭙고자 하는 마음을 보여준다. 정전인 운한각은 『시경』 대아(大雅)의 '운한(雲漢)'편 첫 구절에 "환한 저 은하수가 하늘에 밝게 둘러 있네[倬彼雲漢昭回于天]"에서 따온 것으로 왕실과 백성 모두 편안하기를 바라는 정조의 마음을 담고 있다. 화령전의 운한각 편액은 1804년 순조 어필로 제작하였으며 상량문은 당시 화성부유수였던 이만수(李晩秀, 1752~1820)가 썼다. 상량문을 통해 영전이 소박하면서도 건실하게 건축되었다는 것을 알 수 있다.

제 4 장

화성행궁의 창고(倉庫)와 부속시설

1. 행궁 내(內) 창고와 부속시설
2. 행궁 외(外) 창고와 부속시설

화성행궁은 평소 유수부의 관아로 이용되지만 국왕이 행차하는 기간 동안은 국왕의 임시 거처로 운영되는 이중의 기능을 가지고 있었다. 이로 인해 화성행궁 내외에는 유수부 산하의 재정 기구인 각종 창고를 비롯한 다양한 부속시설들이 자리 잡고 있었다. 평소 유수부 관아의 중심 기구였던 화성행궁은 화성 성곽 내외에 설치된 창고 및 여러 부속시설들과 긴밀한 관계 속에서 운영되고 있었다. 본장에서는 행궁 내외에 설치되었던 유수부 소속의 창고와 부속시설의 고찰을 통해 행궁 운영의 일면을 살펴보고자 한다. 〈그림 74〉는 화성행궁 내외에 설치되었던 유수부 소속 창고와 기타 부속시설의 위치를 〈화성전도〉에 표시한 것이다.

1. 행궁 내(內) 창고와 부속시설

1) 내탕고(內帑庫)와 외탕고(外帑庫)

(1) 내탕고

화성행궁 봉수당 뒤편 건물에는 내탕고가 위치하고 있었다. 내탕고란 국왕의 개인 재산인 내탕금(內帑金)을 보관하던 창고로 천재지변이나 극

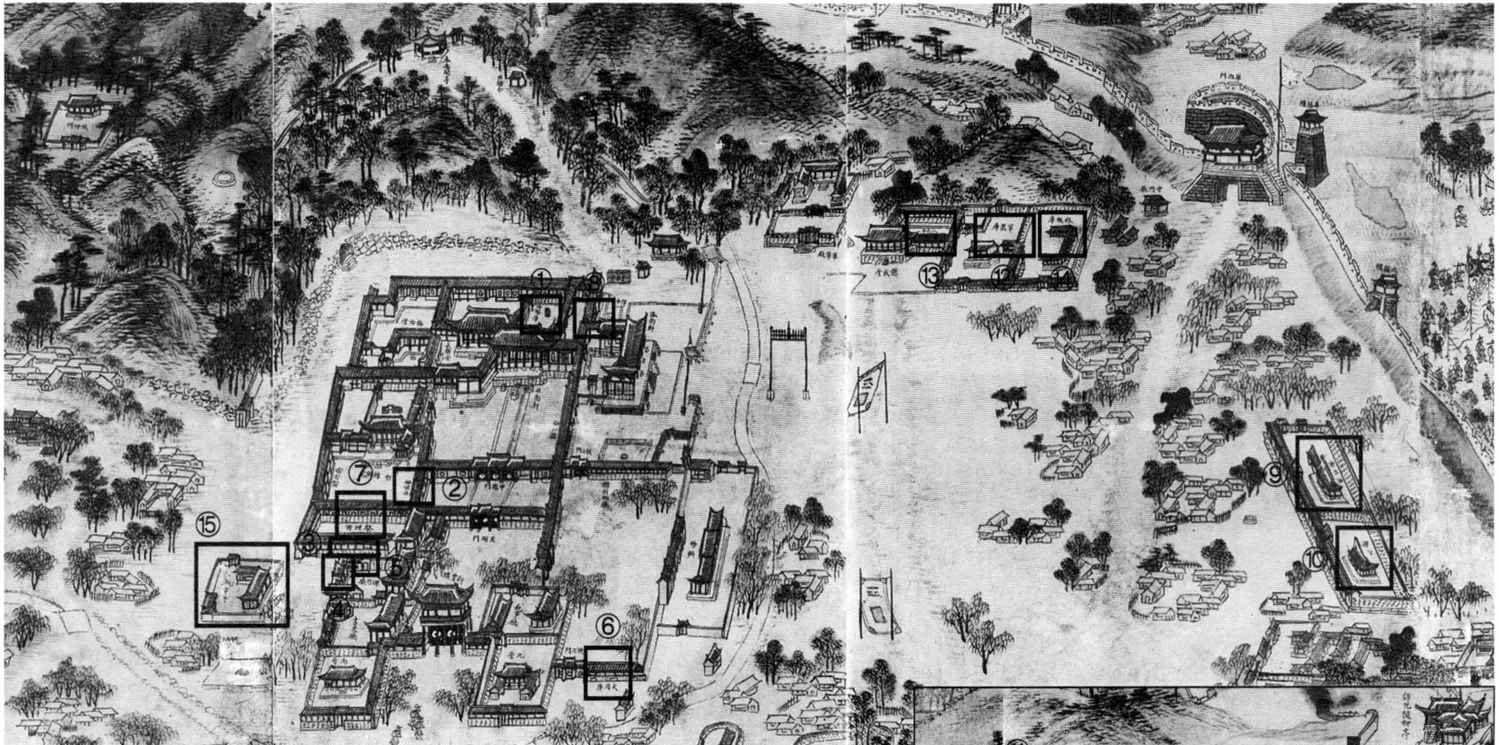

〈그림 74〉 화성행궁 내외(內外) 창고와 부속시설 위치

① 내탕고 ② 외탕고 ③ 관천고 ④ 저치고 ⑤ 책응고 ⑥ 대동고 ⑦ 외정리소 ⑧ 행궁수리소 ⑨ 광주창 ⑩ 이창
⑪ 용인창 ⑫ 군기고 ⑬ 팔색고 ⑭ 수성고 ⑮ 분봉상시

* 용인창은 방화수류정 남쪽에 위치

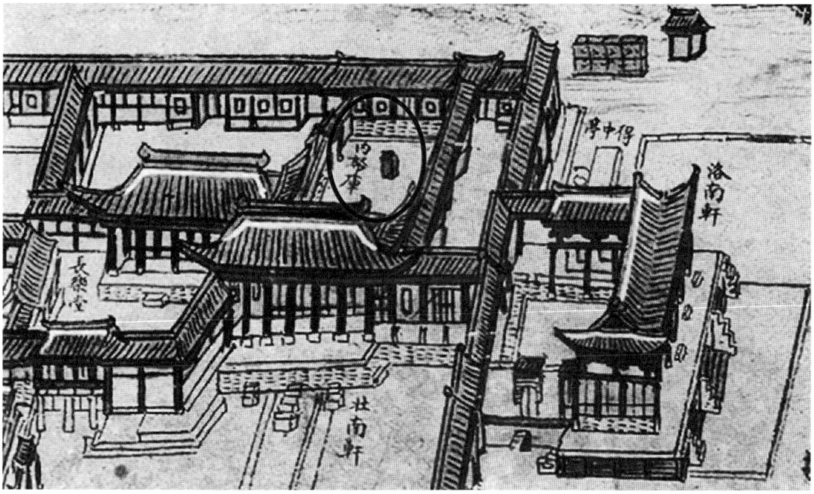

〈그림 75〉 내탕고(〈그림 74〉의 ①), 〈화성전도〉, 국립중앙박물관

신한 흉년으로 백성들이 곤궁할 때 내탕고의 재물로 백성들을 구휼하거나 관료들에게 특별 포상을 내려 주었다.[1] 이외에도 내탕금은 왕의 개인적 용도뿐만 아니라, 왕실의 체면과 권위를 유지하는 재원으로 이용되었다.

유수부에 내탕을 관리하는 창고가 마련된 것은 강화부에서 확인된다. 『강화부지』에 의하면 강화부에는 내탕의 여러 기용을 보관하는 '호남고(戶南庫)'가 설치되었다.[2] 강화부 내탕고에는 서책(書冊)·서화(書畵)·병풍과 족자[屛簇]·짐승 가죽[皮物] 등의 기물을 보관하고 있었으며 관리는 내시부(內侍府) 소속의 중관(中官)이 직접 담당하고 있었다.[3] 화성행궁에 내탕고가 설치된 것은 강화유수부와 동일한 조치인 동시에 정조의 갑자년 구상에 의해 설치된 것으로 판단된다.

내탕금은 화성유수부 운영 전반에 포괄적으로 사용되었다. 특히 장용영 설립 초기의 운영 경비 대부분은 내탕에서 옮겨져 사용하였던 것으로 보인다. 1788년(정조 12)에는 장용영의 환무미(換貿米) 수납량을 조정하는 과정에서 다달이 주는 요미(料米)와 창고에 저축하는 과정에서 생기는 부족분[欠縮分] 등이 내탕금으로 보충되었으며,[4] 내탕금으로 매입한 곡식을 여러 도에 저치하기도 하였다.[5] 장용영 혁파 당시 내영의 별고(別庫)와 외영의 각 창고가 모두 내탕에 환속되었다는 것은 상당 부분의 내탕금이 장용외영이 설치된 화성으로 집중되었던 것으로 추정할 수 있다.[6]

(2) 외탕고

외탕고는 정조시대 수원부에 설치된 기구이다. 1791년(정조 15) 행궁의 유여택 북쪽 행각에 자리 잡고 국왕이 사용할 물품을 준비하는 일을 맡아 보았다.[7] 관리는 감관(監官) 1인, 서리(書吏) 1인, 고지기[庫直] 1명, 감고(監考) 1명이 배치되었다.[8] 관리가 교체될 때는 신임 내감(內監)과 전임 내감이 창고를 조사하고 회록된 내용을 확인한 후 신임 유수가 내영에 보고하였다.[9]

외탕고는 수원부와 시흥현에 각각 하나씩 설치하여 유생과 무사[儒武]의 포상[勸課]에 대비하도록 하였다.[10] 이를 위해 수원부에서는 매년 대동미(大同米), 선가(船價)의 가승미(加升米), 진휼청의 정퇴조(停退條)인 관서의 소미(小米), 영남의 사군목(射軍木), 호남의 전죽(箭竹) 등을 거두었다. 장용영에서는 4만 냥을 경기감영에 꿔주어 현륭원 화소에 살

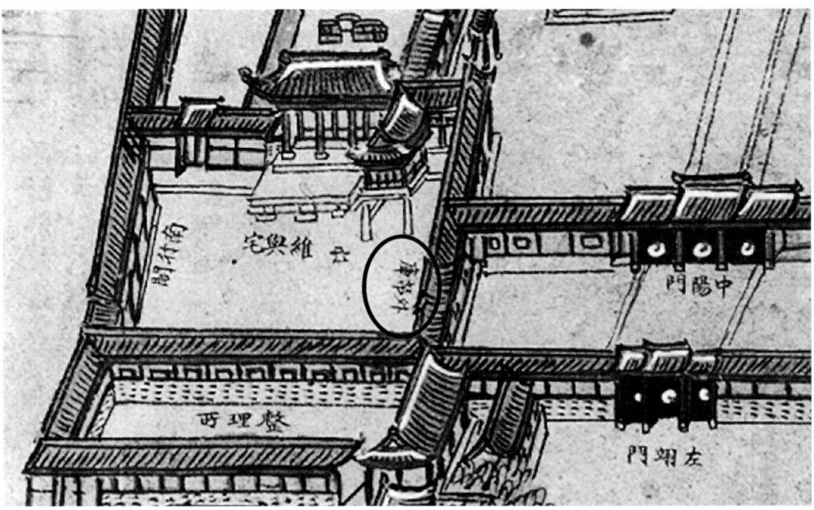

〈그림 76〉 외탕고(〈그림 74〉의 ②), 〈화성전도〉, 국립중앙박물관

고 있는 백성들의 전답을 보상해주고 남은 돈 일부를 외탕고로 이송시켰다.[11] 이외에도 수원부의 대동세 중에서 원미(原米)를 외탕고로 옮겨 저장하였으며[12] 외탕고의 물품이 부족한 경우에는 수원부의 저치미(儲置米)를 가져다 사용하기도 하였다.[13]

외탕고의 보관 물품은 지출 내역을 통해 유추할 수 있다. 수원부에서는 무사 시취 후 외탕고에서 목(木)·포(布)·동개(筒箇)·전죽·부채 등을 시상품으로 내려 주었다.[14] 1794년(정조 18) 원행이 끝나고 수원부유수 이명식과 부인 심씨(沈氏)에게 하사한 쌀[米]·약삼(藥蔘)·화화주(禾花紬)와 면주(綿紬)는 외탕고의 기물이었다.[15] 1795년(정조 19) 을묘원행에서는 장용외영 향군의 사격시험을 실시하고 외탕고의 물품으로 입격자를 시상하였으며,[16] 수원부 출신의 공조 참판 이석조(李奭祚)에게 외탕고의 쌀 1포를 100세까지 매달 지급하도록 하였다.[17] 1796년(정조 20) 원행에서도 수가(隨駕)하는 각 군영의 장관 이하 관리와 각 관사의 당상(堂上)·낭청(郎廳)·이예(吏隸)들에게 외탕고의 쌀[米]과 돈[錢]을 회감(會減)하여 지급하였다.[18] 외탕고에는 이러한 물품 외에 법전을 비롯하여 수원에서 진행된 각종 행사와 화성부의 행정 업무를 기록한 서적,[19] 국왕의 원행에서 사용되었던 다양한 물품과 수라간 기물·현판·병풍 등도 보관하고 있었다.[20]

외탕고 운영은 1796년에 작성된 〈외정리소절목〉의 '외탕고절목'에 의해 이루어졌지만 이미 전례로 시행되고 있던 것으로 보인다. 외탕고의 쌀과 돈은 수원부의 운영 과정에서 탄력적으로 사용되었다. 수원부의 이아(貳衙) 건립 당시 외탕고의 돈을 우선 가져다 쓰고 관서에서 돈이 올라오면 즉시 갚도록 하였다.[21] 원소에 나무를 심고 가꾼 장교와 군병에게 내리는 시상,[22] 식목 비용,[23] 원소 정자각 개수 공사에 참여한 인부들의 시상,[24] 수원의 군기(軍器)를 새로 구비하고 보수한 후 관원을 시상할

때도 외탕고에서 지출하였다.[25]

하지만 외탕고의 재원은 충분하지 않았던 것으로 보인다. 화성유수 조심태는 창고의 재원을 보충하기 위해 보성(寶城) 봉갑사(鳳甲寺)를 외탕고에 소속시켜 줄 것을 청하여 허락을 받았으며[26] 화성 성역을 마친 후에는 호궤에 쓰고 남은 물력을 외탕고로 소속시켜 재정을 확보하였다.[27]

고종대에 이르기까지 외탕고의 수입과 지출 내역은 다양한 양상을 보인다. 수원부는 관속들에게 지급할 비용이 부족하면 외탕고의 재정을 빌어 사용하였고,[28] 포흠(逋欠)을 조사하여 거두어들인 돈의 일부를 외탕고에 저장해 두기도 하였다.[29] 수원부에 새로 개설된 정군(正軍)의 유지 비용으로 외탕고에서 12,000냥을 가져다 쓰거나[30] 수원부의 조세 가운데 쓰고 남은 것은 돈으로 바꾸어 외탕고에서 보관하였다.[31] 〈표 13〉은 『화영사례』에서 확인되는 외탕고의 수입과 지출 현황을 정리한 것이다. 이를 통해 19세기 말 외탕고의 운영에 대하여 추정할 수 있을 것이다.

〈표 13〉 외탕고(外帑庫)의 수입과 지출 현황

구분		세액·수량	수입처·지출처	비고
수입	米	507섬	대동미	배·말 값 57섬 포함
	錢	560냥	–	穀作錢
지출	米	130섬	예고	이송
		30섬	이아	이송
		60섬 3말	외탕고와 관천고	관리[비장·감관·서리·고지기] 급료
		288섬 2말	진제고	이송
	錢	96냥	외탕고와 관천고	관리의 朔錢
		18냥	외탕고 수직방	연료 비용
		52냥	외탕고와 관천고	관리 봄·가을 옷값
		19냥 5전	전라도 여름보리	운송비용
		374냥 5전	–	비정기적 지출

외탕고 수입은 대동미의 쌀과 곡식을 팔아 마련한 돈[穀作錢]이 대부분이었다. 지출은 예고(禮庫)와 이아로 이송하거나 외탕고와 관천고의 관리에게 지급되는 급료, 외탕고 관리에 필요한 일반 비용 외에 비정기적 지출 비용 등 연말까지 사용하고 남은 쌀은 진제고(賑濟庫)로 이송하여 흉년 구제에 대비하기도 하였다.

1829년(순조 29)에는 봉부동(封不動)을 신설하여 외탕고에 수속시킴으로써 꾸준한 재정 확보 기반이 마련되었다.[32] 봉부동의 수입은 매년 저치고와 수성고에서 들어오는 돈이 가장 많았다. 매년 10월 저치고에서 2,000냥, 수성고에서 1,000냥을 외탕고로 옮겨 비상시에 대비하도록 하였는데[33] 이러한 흐름은 『화영사례』가 작성된 19세기 말까지 지속되었다. 1856년(철종 7)에는 전라도와 경상도에 10,000냥을 환곡으로 설치하고 거기서 나오는 이자[還耗]를 거두기도 하였다.

2) 관천고(筦千庫)와 저치고(貯置庫)

(1) 관천고

관천고는 내용고(內用庫)의 부속기구로 설치되어 원소 관리를 담당하였다.[34] 1791년 행궁의 정리소 동쪽 행랑에 설치되어 서리 1인, 고지기 1명, 감고 1명이 배치되었다.[35] 비변사가 올린 〈화성행궁정리수성곡(華城行宮整理修城穀)〉의 '조적절목(糶糴節目)'에 의하면 관천고는 현륭원의 정자각과 비각 및 홍살문 내외의 공해(公廨) 등을 수리하는 일을 담당하였다.[36] 이외에도 원소의 식목과 파종 사업, 우물 관리, 화소 내외의 보토(補土) 등의 업무도 관할하였다.[37]

정조 사후에는 관천고에서 정조의 무덤인 건릉(健陵)도 함께 관리하였다. 건릉은 다른 능침(陵寢)의 예에 따라 능의 수개는 호조에서 거행하

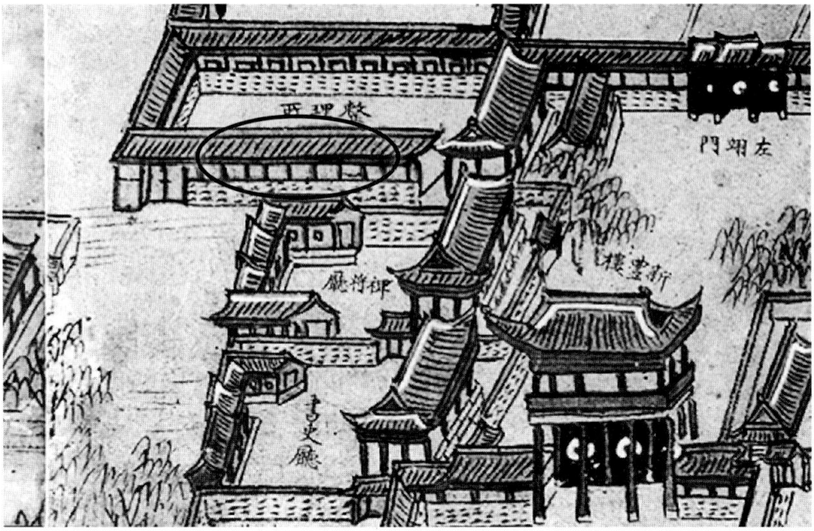

〈그림 77〉 관천고(〈그림 74〉의 ③), 〈화성전도〉, 국립중앙박물관

였지만, 매번 공역을 할 때마다 시간과 비용의 문제가 커지자 도감을 설치하는 것을 제외하고는 관천고에서 직접 처리하였다.[38] 그러나 19세기 말에 이르면 관천고의 기능은 점차 축소되었던 것으로 보인다. 수원부 위상의 변화에 따라 관천고는 장례원(掌禮院)과 관찰부(觀察府)를 거쳐 내장원(內藏院)에 이속되었다.[39] 내장원에 속한 뒤에는 능을 돌보는 관리들의 급료 지급에도 어려움을 겪고 있었다. 〈표 14〉는 『화영사례』에서 확인되는 관천고의 수입과 지출 현황을 정리한 것이다.

〈표 14〉 관천고(筦千庫)의 수입과 지출 현황

구분		세액·수량	수입처·지출처	비고
수입	錢	500냥	저치고	–
		300냥	연산둔	둔세
		21냥 7전 9푼	장주면	신작로 면세전
	租	320섬 2말 7되	화소 안 논[畓]	賭地

구분		세액·수량	수입처·지출처	비고
수입	租	28섬 3말	가방평 南屯	打租
		6섬	둔우(屯牛) 6마리	賭地
	太	74섬 7말 2되 4홉	화소 내 밭[田]	賭地
		20섬 8말 9되	남둔.장주면 신작로	還起田 賭地
지출	租	179섬 5말 4되	능원소	식목지 頃下
		22섬 8말 2되	園軍	–
		5섬	둔우 5마리	支徵할 곳이 없어 감면
	租	8섬 7말 5되	원소	제향때 군정의 수렴 대체 비용
		6섬 3말	가방평	씨앗
		124섬 1말 6되	–	비정기적 지출
	錢 [1년]	108냥	園官客	양식과 饌價
		75냥	園官 軍丁·신지기	12달 급료
		20냥 5전 2푼	능원소	1년간 각종 비용
		48냥	능원소	원관이 순시할 때 藍與君 비용
		117냥 7전	능원소	草拜席·향탄·제향횃불·용지
		40냥 3푼	능원소	운반 馬稅 및 잡물값
	錢 [2년]	20냥	능원소	기명 비용–2년
		87냥 7전	능원소	기명 및 수복의 옷 비용–2년
		32냥 4전 8푼	능원소	각종 물품 비용–3년
		5냥	능원소	대반·중반 5립의 옻칠 값–3년
		27냥 3전	능원소	철물 값–5년
		40냥	능원소	원관의 짐말 2필의 비용–3년
		104냥 7전	능원소	솥과 쟁반 개비 비용–10년
		15냥 5전	능원소	보자기와 새끼줄[艮衣]–3년
		11냥 3전	능원소	치미·油芚–5년
		10냥	능원소	무명 차일 1부–5년
		34냥 1전	능원소	수복의 옷 수선 비용–3년
	太	10섬 2말 6되	–	식목지 頃下 비용
		8섬 4말 3되 5홉	–	신작로 頃下 비용

관천고의 초기 재정은 현륭원 화소 경계의 토지 중 일부를 원소의 관원과 지방관에게 맡겨 해마다 세금을 거두어 별도의 창고에 저축하여 이용하도록 하였다.[40] 이는 19세기 말까지 이어져 화소 내의 논에서 도지(賭地)로 경작되고 있었던 것으로 보인다. 이외에도 관천고의 재정은 저치고에서 이획된 돈과 화소 내 전답의 도지로 수확한 벼와 콩 등이 주요 수입원이었다. 여기에 충청도 연산현 수촌리의 연산둔(連山屯)도 중요한 재원이었다.[41] 연산둔의 논[畓]은 25결 21부 8속으로 여기서 나오는 세는 700냥이었는데 1899년(광무 3)까지 변화 없이 그대로 유지되다가 경부(京府)로 이속되었다.[42] 또한 가방평(加坊坪) 남둔에서는 타조(打租)로 거둔 수입 가운데 다시 가방평의 씨앗을 지출한다는 점에서 가방평 둔전의 수조액이 수입으로 확보되었던 것으로 추정된다. 지출은 원관객(園官客)의 찬가(饌價) 및 관리들의 급료, 원소 관리에 들어가는 각종 비용으로 다양하였다.

(2) 저치고

저치고 역시 국왕의 원행 때마다 진배(進排)와 관련된 일을 담당하는

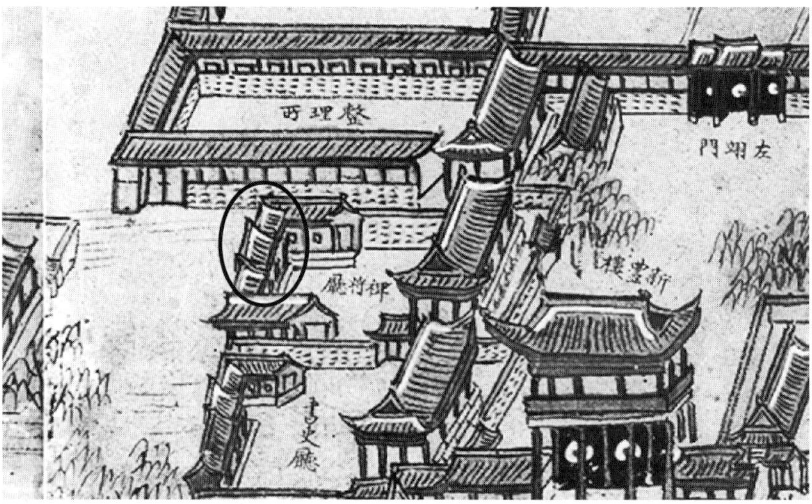

〈그림 78〉 저치고(〈그림 74〉의 ④), 〈화성전도〉, 국립중앙박물관

기구였다. 장용영 소속의 저치고는 신읍 초기인 1791년(정조 15)에 건립되었지만, 유수부의 저치고는 1798년(정조 22) 행궁의 비장청 앞쪽 행랑[前廊]에 설치되었다. 저치고의 재정은 다른 창고에 비해 다소 여유가 있었던 것으로 파악된다. 외탕고의 부족한 재원으로 충당되거나 원소의 삭망(朔望) 제향 때 필요한 각종 물품 비용, 수직군의 고가(雇價), 건릉의 재실 앞길 돌다리 공사 및 식목에 필요한 비용으로 대체되었다.[43] 순조대에는 국왕의 능행 때마다 군병의 여비와 호궤에 필요한 비용을 저치고에서 가져와 사용할 정도였다.[44]

이러한 흐름은 19세기 말까지 계속되었던 것으로 보인다. 『화성중기』에 의하면 당시 관천고의 재고는 4,504냥 9전 2푼, 외탕고의 재고는 2,923냥 9전 4푼인 것에 비해 저치고는 8,067냥 1전 6푼으로 창고가 넉넉하였다. 〈표 15〉는 『화영사례』에서 확인되는 저치고의 수입과 지출 현황을 정리한 것이다.

〈표 15〉 저치고(貯置庫)의 수입과 지출 현황

구분		세액·수량	수입처·지출처	비고
수입	錢	6,084냥	시흥·과천·용인·진위·안산	良軍·私軍의 身錢
		511냥 2푼	시흥·과천·용인·진위·안산·수원	別驍士 保軍 身錢
		467냥 6전	보향고	收布鄕軍 身錢
		300냥	호남	쌀모곡[大米耗] 100섬 값
지출	錢	257냥	광혜고	壯抄軍 身錢
		835냥	호방고	牙兵 身錢
		132냥	영고	有廳軍官의 身錢
		500냥	관천고	이송
		2,000냥	봉부동	이송
		150냥	-	진상하는 붕어[鮒魚] 값
		84냥 2전 4푼	사직단과 釋奠	燭籠衣 비용
		3,404냥 3전 8푼	-	비정기적 지출

19세기 말 저치고의 재정 대부분은 수원을 비롯한 인근 지역의 양군(良軍)과 사군(私軍)의 신전(身錢)으로 충당되었다. 지출의 경우 진상하는 붕어 구입이나 석전대제(釋奠大祭)에서 사용하는 초 구입과 같은 항목 외에 봉부동으로 이송하거나 비정기적 비용이 발생하였다. 저치고 역시 다른 창고와 마찬가지로 돈이 이획되면서 탄력적으로 운영되었다.

3) 책응고(策應庫)와 대동고(大同庫)

(1) 책응고

책응고는 지방 관아를 운영하기 위하여 경비를 보관하거나 조달하기 위한 기구였다. 책응고는 곡물과 잡물을 저장하는 창고로 어영청, 훈련도감과 같은 중앙관서는 물론 지방의 관아에 설치되었는데[45] 주로 병영이 설치되었던 황해도 병영·충청도 병마절도영·북한산성에서 운영되었다. 여기서 책응(策應)이란 벌어진 일이나 사태에 대하여 알맞게 헤아려서 대응한다는 것으로 일련의 일이나 사태에 대비하기 위해 물품을 비축해 두는 창고라고 할 수 있다. 수원부의 책응고는 1795년 비장청 서쪽에 마련

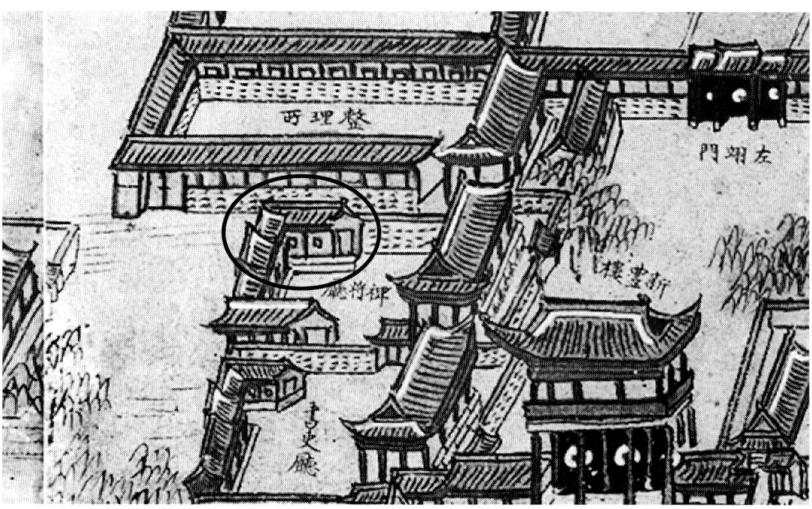

〈그림 79〉 책응고(〈그림 74〉의 ⑤), 〈화성전도〉, 국립중앙박물관

되어 3아문(三衙門)이 공동으로 사용하였다. 관리는 감관 1원, 서리 1인, 고지기 1명, 감고 1명이 배정되었다.

책응고는 조심태가 수원부 유수로 있을 때 창설하여 장용외영의 경비를 마련하려 했지만, 초기에는 세입이 적어서 운영이 쉽지 않았던 것으로 보인다.[46] 그러나 18세기 이후에는 책응고 재원을 충당하는 방법이 다양하게 마련되었다. 호방소(戶房所)에 돈을 빌려주고 거기서 나오는 이자로 필요한 물자를 충당하거나[47] 부의 남쪽 가사면(佳士面)의 삼도둔(三島屯) 곡물을 수납하였다.[48] 이외에도 본래 총융청 소관이던 수미군(需米軍) 2,000명과 평신진의 둔아병 350명의 신전(身錢)을 거두어 보관하였다.[49] 〈표 16〉은 『화영사례』에서 확인되는 책응고의 수입과 지출 현황을 정리한 것이다.

책응고의 수입은 19세기 중반부터 향보군의 신역이나 평신진둔 외에도 보향고·광혜고 및 곡작전으로 거두어들이는 돈이 증가하였다. 지출의 경우 책응고 관리 비용 및 방료소·향수고·영고·보향고·노수고·지고 등 다른 창고로의 이획, 중영·상영·이아 등의 물품 마련 비용이 대부분을 차지하였다.

책응고에는 다른 기구와 달리 장예고(獎藝庫)·노수고(路需庫)·별보고(別補庫) 등이 부속기구로 속해 있었다. 장예고는 시사(試射)와 상격(賞格)을 관리하던 기구로 1795년 신설되었다. 수입은 군졸의 요미(料米) 대신 내는 돈과 신집복고와 광혜고에서 이획된 돈이 많았으며, 지출은 삭시사(朔試射)의 상격 및 상영(上營)과 이아의 현방세(懸房稅) 비율이 높았다. 여기서 현방이란 성균관 노비들이 경영하는 쇠고기 판매점으로 소와 관련된 각종 생산품을 판매하여 이익을 내고 있었다. 대표적 생산품은 소가죽[牛皮], 소기름[牛肪], 소뿔[牛角] 등이 있었는데 초기 독점권을 이용해 많은 이익을 얻게 되자 운영이 점차 지방으로 확대되었다.[50]

〈표 16〉 책응고(策應庫)의 수입과 지출 현황

구분		세액·수량	수입처·지출처	비고
수입	米	666섬 10말	–	餉保軍 2,000명의 身役
		133심 5말	–	減斗額給代條
		40섬	–	전례에 따름
	錢	2,400냥	보향고	–
		708냥	평신진둔	牙兵 354명(1인당 2냥씩)
		702냥	광혜고	–
		300냥	전라도	減耗給代區劃
		72냥	紙庫	紙庫에 속한 料 혁파하고 받음
		424냥 8전 3푼	–	곡작전
지출	米	375섬 2말	방료소	이송
		219섬	향수고	이송
		100섬	영고	이송
		15섬 3말	보향고	이송
		11섬 9말	이창	이송
		19섬 1말 5되	–	중군 이외 관리 세찬 지출
		24섬	–	봄·가을 석전제[釋菜] 비용
		36섬	–	蹠奇債
		29섬 9말	–	邸吏 및 감관 이하 관리 급료
		12섬 5말 5되	–	비정기적 지출
	錢	750냥	노수고	이송
		500냥	영고	이송
		100냥	이아와 수리소	이송
		650냥	지소	이송
		499냥 8전	–	관리의 급료 및 일반비용 (종이값, 땔나무와 기름값 등)
		768냥	–	관리들의 봄·가을 옷값
		112냥 5전	中營·上營·貳衙	鋪陳債와 沙器盤 값
		88냥	–	生辰의 禮緞 비용
		40냥	상영·중영·이아	관리의 天翼 비용
		15냥	중영·상영·이아	방석 비용
		48냥 4푼	중영·비장·검률	묵과 붓 비용

장예고 개설 초기 창고의 주요 재정은 현방세전이었는데 1797년에는 상영과 이아의 현방에 집과 솥을 사주고 상영 현방에서는 매일 6전, 이아 현방에서는 매일 5전씩 수입을 얻고 있었다.[51] 이후 상영 현방은 매일 5전씩, 이아 현방은 매일 4전씩으로 감액시켜 주었지만 1883년(고종 20) 혁파되었다.[52]

노수고는 흉년에 진휼할 양식을 내려줄 때 그에 필요한 비용을 담당하는 기구로 1795년에 설치되었다. 노수고 역시 책응고의 부속기관으로 신설되었지만 1869년(고종 6) 영고(營庫)로 옮겨져 관리되었다.[53] 책응고·광혜고·상춘소에서 들어오는 돈과 곡작전이 주요 수입이었으며, 이아와 중영으로 나가는 지출 외에 상경하는 하인, 서간의 기수(旗手), 가마꾼[轎軍], 장세군[狀啓軍] 등에게 지급되는 비용이 대부분이었다.

별보고는 국왕 행차 시 사역(使役)을 담당하는 기구로 1805년(순조 5) 신설되었다. 정조는 1793년(정조 17) 원행에서 200명을 차출하여 사환군으로 삼았는데[54] 이들의 신전(身錢)으로 1명당 1냥씩 거두어들였던 것이 19세기 중반까지 계속되었던 것으로 보인다. 별보고의 수입 중 일부는 1871년(고종 8) 훼철된 매곡서원(梅谷書院)에서 수취하였다.

(2) 대동고

대동고 역시 지방 관아의 운영에 필요한 비용을 조달하기 위한 기구이다. 조선후기 지방 관청에서는 백성의 잡역과 관아의 경비를 마련하기 위한 기구로 보민고(補民庫)·대동고·칙수고(勅需庫)·차수고(差需庫) 등을 설립하였다. 이러한 기구들은 백성들이 부담하는 민역(民役)을 수행한다고 하여 보통 민고(民庫)로 통칭되었지만, 지역에 따라 재정 규모와 용도 면에서 차이를 보였다. 예를 들어 삼남(三南)에서는 민역을 담당하는 보민고, 양서(兩西)에서는 민역과 칙수(勅需)를 담당하는 대동고와 칙

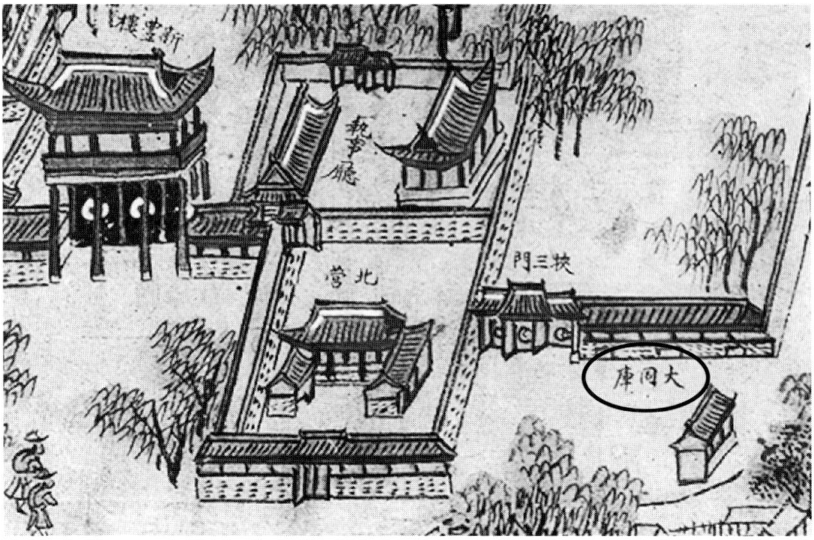

〈그림 80〉 대동고(〈그림 74〉의 ⑥), 〈화성전도〉, 국립중앙박물관

수고, 관북(關北)에서는 민역과 차수(差需)를 담당하는 대동고와 차수고가 중요하였는데 대동법이 시행되지 않은 평안도와 함경도에서는 대동고가 운영되었다.[55]

유수부였던 강화와 개성에서는 각 지역에서 나오는 전세와 대동세를 모두 보관하도록 하고 상납하지 않았다.[56] 화성유수부 역시 이러한 관례에 따라 유수와 판관의 녹봉을 마련하기 위한 명목으로 대동세를 보관하였다. 1798년 설치된 대동고는 〈화성전도〉를 통해 행궁의 북군영에 딸린 협삼문의 익랑에 자리 잡고 있던 것이 확인된다.

4) 외정리소(外整理所)와 행궁수리소(行宮修理所)

(1) 외정리소

행궁의 살림살이를 맡고 있던 기구는 외정리소[57]와 행궁수리소이다. 외정리소는 1796년 유여택 정면 건너편에 별도의 건물이 지어지면서 새

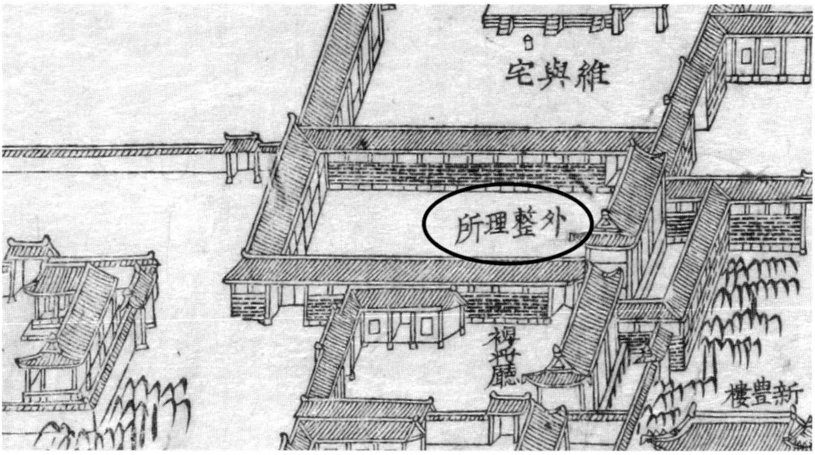

〈그림 81〉 외정리소, 〈행궁전도〉, 『화성성역의궤』, 규장각-〈그림 74〉의 ⑦과 동일한 건물

롭게 창건되었다. 수원부에는 외정리소 창건에 앞서 현륭원 원행길에 따른 제빈 업무를 담당할 임시기구인 정리소가 설치되었다. 정조는 을묘원행 당시 각 읍이나 관서에서 인원을 차출하여 업무를 분장시키는 과정 중에 발생하는 폐단을 줄이기 위해 정리소를 관리하는 낭청을 직접 배정하였다.[58] 정조는 이러한 조치가 자궁의 성덕을 베풀고, 예(禮)를 간단히 하면서 의(義)를 바르게 하는 것과 동시에 비용을 최소화한다는 점을 강조하였다. 가능하면 원행에 소요되는 경비 일체를 정리소에서 일원화하여 읍민들에게 폐를 끼치지 않도록 하였다.

정리소의 운영은 을묘원행을 통해 구체적으로 살펴볼 수 있다. 을묘원행 이전부터 시작된 정리소의 재원 마련은 조정의 중요한 쟁점으로 부각되었는데, 신료들의 여러 방안 중 장용영 향색제조(餉色提調) 정민시의 의견이 채택되었다.[59] 호남의 영모미(營耗米)와 영저역가(營邸役價)의 곡식을 운영하는 과정에서 발생한 30,000냥, 관서 지방의 환곡 중 이용 가능한 45,000냥, 진휼청에서 화성에 빌려준 돈에서 나오는 4년간 이자 26,000냥을 합하여 약 101,000냥이 정리소의 재원으로 충당되었다. 같은 해 8월에는 진휼청에 속해있던 관서 지방의 철산(鐵山)·태천

(泰川)·순천(順川)에서 아전들이 개인적으로 사용한 돈[吏逋錢]을 환수하여 장용영의 군물(軍物)을 마련하도록 하였는데 이 역시 정민시의 건의에 따라 시행되었다.[60] 11월에는 우의정 이병모의 제안에 따라 관서지방에 회부(會付)된 절미(折米) 1만 석을 화성부로 옮겨 화성 성역과 원행의 비용으로 충당하였다.[61]

원행에 필요한 재원을 정리소에서 직접 마련하지 않고 장용영 제조 정민시의 제안에 따라 별도로 마련하였다는 것은 장용영이 화성부의 재정 기구 역할을 하고 있었던 것이라고 할 수 있다.[62] 실제로 장용영에서는 정리소의 요구에 따라 1794년 12월부터 이듬해 윤2월까지 총 7만 냥을 지원해 주었다. 내관(來關)에서 확인되는 12월 25일의 10,000냥, 이문(移文)에서 확인되는 12월 16일·1월 24일·2월 17일·2월 30일은 각각 10,000냥과 윤2월 7일의 20,000냥으로 총 6차례 지급되었다.[64] 을묘원행이 끝난 후에는 빌린 돈을 갚기 위해 진휼청으로 수송되었으며[65] 모든 비용을 정산한 후에는 총 121,613냥 6전 중 103,061냥 8전을 사용한 나머지 18,551냥 8전이 장용영으로 이송되었다.[66] 이렇게 다양한 방법으로 을묘원행을 위한 재정이 확보되자 그해 12월 원행을 전담할 기구인 정리소가 설치되었던 것이다.

정리소의 재원은 단순하게 정조의 원행과 관련한 자금으로만 사용된 것은 아니다. 원행을 준비하던 1795년(정조 19) 2월 14일에는 제주도에서 흉년으로 진휼곡을 청하는 상소가 올라왔다.[67] 1794년(정조 18)에는 흉년이 심해서 전국 8도와 3도의 묵은 환자곡[舊還穀]을 받지 않을 정도였다.[68] 당시 제주도는 흉년이 유독 심하여 전라도에서 진휼곡을 보냈음에도 불구하고 기근이 해결되지 않고 있었다. 이에 정조는 정리소 재정 중 1만 냥을 제주도에 추가 지급하여 진휼할 것을 명하였다. 을묘원행이 단순히 왕실만의 행사에서 벗어나 백성들과 소통하고 있다는 것을 보여주기 위한 일종의 과시용이었다고 할 수 있다.

정리소에서는 을묘원행에서 쓰고 남은 돈 4만 냥 가운데 1만 냥은 화성 북문밖에 둔전 조성에 사용하고, 1만 냥은 제주의 진휼곡으로 내려보냈으며 나머지 2만 냥을 8도(道)와 3도(都)에 나누어 보내어 을묘정리곡(乙卯整理穀)을 준비하였다.[69] 이렇게 마련된 을묘정리곡에서 매년 모조(耗條)를 거두어 행궁의 운영비용으로 사용할 계획이었다. 정조는 을묘정리곡을 모두 화성에만 속하도록 하고 모곡을 면제해 주려고 하였다. 정리곡으로 생기는 이자를 7년마다 획급하여 행궁의 운영비용으로 사용하려 했지만[70] 대신들이 이에 동의하지 않아 전국적인 진휼 사업에 이용한 것이다.

이렇게 되자 비변사에서는 행궁을 수리하거나 성을 수리하는 비용을 별도로 준비하기 위해 비변사에서 관리하는 곡물을 8도에 나누어 경영하는 '화성행궁정리수성곡'을 마련하였다.[71] 비변사는 영남에 대미(大米) 3,000섬·조(租) 5,000섬·모(牟) 1,500섬, 호남에 대미 3,000섬·조 2,000섬·모 4,000섬, 호서에 대미 250섬·모 3,000섬, 관서에 대미 100섬·소미(小米) 2,000섬·모 700섬, 해서에 대미 100섬·소미 1,000섬·조 1,000섬, 경기에 대미 100섬·모 1,800섬, 관동에 대미 100섬·소미 150섬·모 500섬, 북관에 소미 200섬·속(粟) 500섬을 분배하였다. 이것을 환곡으로 운영해서 모곡(耗穀)을 취하는 방법과 발매(發賣)해서 수용하는 방도는 정리사가 절목을 만들어 따르도록 하였다.

절목에 의하면 팔도에서 거둔 모곡은 돈으로 바꾸어 화성부에 올려보내 별도의 창고에 보관하도록 하였다.[72] 운영비용은 절약하여 사용할 것을 기본으로 하고 쓸 만한 곳에만 사용한 후 남은 것은 저축할 것을 권장하였다. 매년 연말에는 쓰고 남은 것을 낱낱이 기록하여 성책(成冊)한 후 비변사와 내영에 보고하며, 특히 행궁에서 국왕이 사용하는 기용(器

用), 집물(什物), 도배(塗褙) 및 자리를 펴거나 장막을 치는 일은 호조에서 거행하던 기존의 모든 것들을 정지하고 화성부에서 전담하도록 규정하였다.

그러나 장용영에서 운영하는 '정리곡'과 비변사에서 관리하는 '수성곡'이 별개임에도 불구하고 '수성곡' 명칭에 '정리곡'이 포함되어 두 개의 정책이 혼선을 가져오게 된다. 이에 정조는 '수성곡'에 '정리곡'이라는 명칭을 사용하지 못하게 하고[73] 을묘정리곡을 모두 화성부에 속하게 하여 차별성을 갖도록 하였다. 또한 정리곡이 운영되는 과정에서 폐단이 계속 발생하자 1798년(정조 22)에는 모든 정리곡을 화성에 속하게 하라는 전교를 내림으로써 정조 본래의 의도를 관철시켰다. 이는 지속적인 재정 확보를 통해 장기적인 화성 경영의 토대를 마련하고자 했던 것으로 이해된다.[74]

그 결과 원행에 필요한 각종 물품을 새로 마련하거나 다시 장만하는 연한은 정례(定例)에 따라 시행하고, 그 기준을 규정한 『원행정례』를 마련하였던 것으로 보인다.[75] 이러한 흐름 속에서 1796년(정조 20) 여름 화성행궁 내에 독자 기구인 외정리소가 창건되었고, 내용고(內用庫)를 비롯한 창고가 설치되어 특별히 관리되었다.[76]

공식기구로 출범하게 된 외정리소는 이전 경기감영에서 관할하던 일을 옮겨와 운영하기 시작하였다. 그 결과 원행에서 수행하는 관원 이하의 반전(盤纏)과 장용영 내외영 군병의 양식을 마련하였으며[77] 원행길에 이용되는 사복시 말에게 먹일 꼴과 콩, 군마에게 필요한 시초(柴草)도 준비하였다.[78] 또한 현륭원에서 친제(親祭)를 행하고 원관(園官) 이하에게 내리는 시상을 준비하였으며[79] 원행 때 이용하는 전좌촉(殿坐燭)과 행로촉(行路燭) 등을 마련하는 비용도 충당하였다.[80] 화성 성역 이후에는 성역소에서 쓰고 남은 재목은 외정리소로 이관되어 보관하였는데[81]

필요에 따라 장용영 및 각 관사의 노자를 외정리소의 돈으로 분급하거나 장용영 내영에서 가져와 채우기도 하였다.[82] 외정리소는 행궁의 관리를 넘어서 원행길에 필요한 경비는 물론 현륭원과 장용영 운영에도 탄력적으로 이용됨으로써 다른 창고처럼 상호 유기적인 경영이 이루어지고 있었다.

(2) 행궁수리소

외정리소를 통하여 재원을 확보하고 운영하는 과정에서 행궁 안팎의 수리를 담당하는 별도의 기구로 행궁수리소가 설치되었다. 행궁수리소는 1795년 득중정의 동쪽 행각에 설치되었다.[83] 행궁수리소의 재정은 수원 인근 지역인 오다면의 오타둔, 용인현 시내변의 용인둔, 안산군 성두리의 안산둔에서 마련되었고 둔전의 관리는 차출된 장교로 둔감 1원(員)과 차사(差使) 1명이 담당하였다. 이 둔전들은 본래 장용영 소속이었지만 1802년(순조 2) 장용영이 폐지되면서 안산둔과 용인둔은 행궁수리소로 이속되었다.[84] 이후 19세기 말에 이르면 오타둔과 안산둔은 선희

〈그림 82〉 행궁수리소(〈그림 74〉의 ⑧), 〈화성전도〉, 국립중앙박물관

궁(宣禧宮), 용인둔은 경부(京府)로 이속되었다.[85] 〈표 17〉은 『화영사례』에서 확인되는 행궁수리소의 수입과 지출 현황을 정리한 것이다.

〈표 17〉 행궁수리소(行宮修理所)의 수입과 지출 현황

구분		세액·수량	수입처·지출처	비고
수입	租	80섬 5말 9되	오타면	둔세
		58섬 5되	용인	둔세
		33섬 2말 6되	안산	둔세
	錢	222냥 6전 4푼	–	벼를 돈으로 바꾸어 수입
		142냥 1전 9푼	–	輦路의 눈을 치우는 田夫의 복호
		1,100냥	–	穀作錢
지출	錢	100냥	이아	수리 비용
		68냥	–	관리의 급료
		14냥	수직방	등유와 봄·가을 자리 비용
		8냥	–	종이·붓·먹 값
		1,274냥 8전 3푼	–	행궁 수리, 눈 청소, 도로와 교량 수리, 성 안팎의 식목에 드는 비용

행궁수리소 지출의 대부분은 행궁 관리에 필요한 잡다한 비용이었다. 가장 많은 지출은 도로와 교량의 수리, 성 안팎의 식목 관리, 겨울에 눈을 치우는 농부[田夫]에게 지급되는 비용을 포함하고 있었다. 『화성중기』에 의하면 겨울에 외풍을 막기 위하여 방 안에 장지를 들여 조그맣게 막은 아랫방인 가방(假房)을 만들기 위한 주목(柱木), 반자(盤子)와 반자틀 등을 만들기 위한 재료, 수리 도구인 가래[加乃]·곡괭이[串光耳]·곡삽(曲鍤)·도끼[斧子] 등을 보관하고 있었다.[86] 이를 통해 행궁의 유지를 위한 보수와 수리를 담당하고 있던 행궁수리소의 기능을 확인할 수 있었다.

2. 행궁 외(外) 창고와 부속시설

1) 창(倉)[87]

화성부의 창은 위치에 따라 성내의 내창(內倉)과 성밖을 포함하는 부내 전역의 외창(外倉)으로 구분할 수 있다. 화성부에는 일창부터 구창까지 총 9개 창과 별도의 광주창·용인창이 있었지만, 유수부로 승격되기 이전에는 6개의 창이 운영되었던 것으로 보인다. 18세기 중반을 전후로 간행된 수원부의 지리지에 의하면 화성부에는 사창(社倉)·직산창(稷山倉)·설창(設倉)·양성창(陽城倉)·해창(海倉)·쌍부창(雙阜倉)이 설치되었다.[88] 이 창들은 부의 남서부 일대에서 확인된다는 점에서 외창들이라고 할 수 있다.

외창은 정조년간에 원활하게 운영되었던 것으로 보인다. 1795년(정조 19) 화성부 전역에서는 혜경궁의 회갑연을 기념하는 진휼행사가 베풀어졌다.[89] 정조는 화성행궁의 신풍루, 가승지 이유경(李儒敬)은 사창(社倉), 조진관(趙鎭寬, 1739~1808)은 산창(山倉), 홍인호(洪仁浩, 1753~1799)는 해창(海倉)으로 이동하여 기민들에게 쌀과 죽을 나누어주는 행사를 거행하였다. 이때 진휼행사가 진행되었던 곳은 창고가 위치한 지역으로 곡물의 조달이 용이한 곳이 선택된 것으로 보인다. 을묘원행 이후 을묘정리곡을 전국에 분배하는 과정에서도 화성부의 경우 산창 144섬, 사창 145섬, 설창 118섬, 해창 41섬, 쌍창 101섬, 사창(司倉) 220섬 3말 5되를 모두 조(租)로 바꾸어 각 창에서 보관하였다.[90] 이러한 사례는 유수부 내의 창이 제 기능을 하고 있던 것을 보여준다고 할 수 있다.

그러나 지리지가 방안도법에 의하여 사실적으로 그려지기 시작한 정조 즉위 초부터는 위의 6개창 가운데 해창과 설창만이 확인된다.[91]

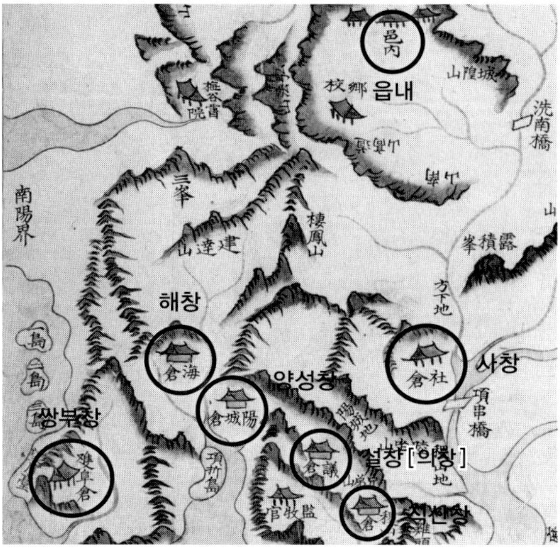

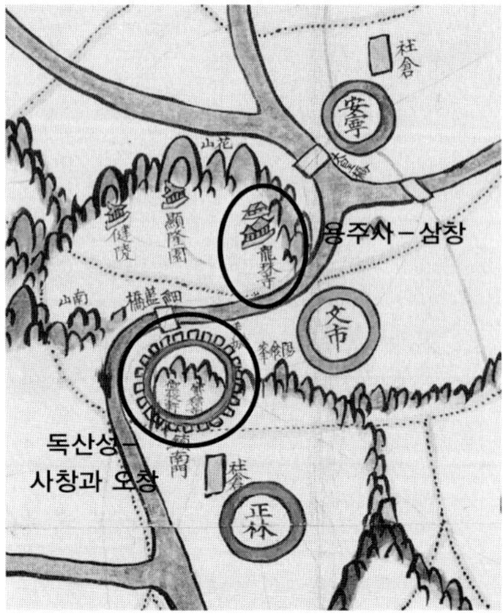

〈그림 83〉 수원부 읍내와 창, 《광여도》, 규장각 (좌)
〈그림 84〉 삼창[용주사]·사창·오창[독산성], 〈수원부지도〉, 《1872년 지방지도》, 규장각 (우)

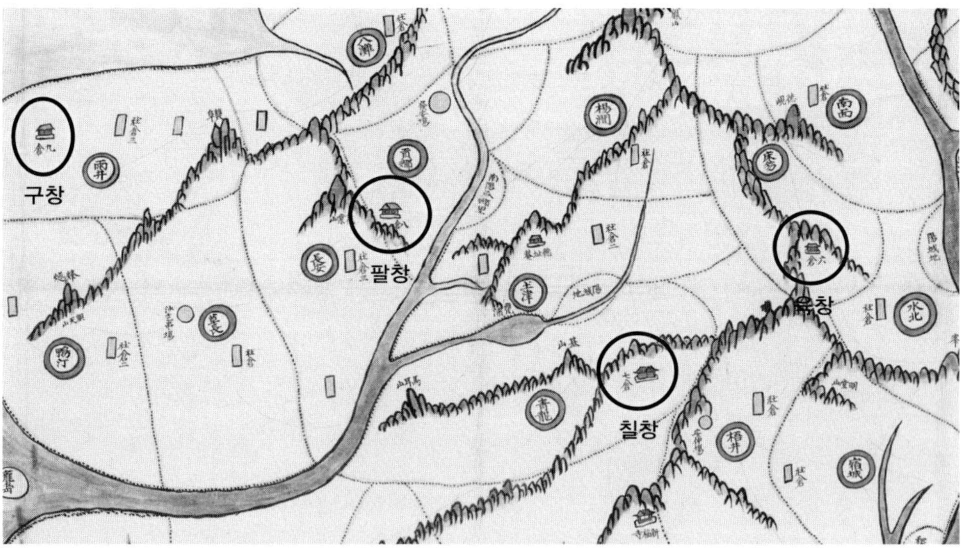

〈그림 85〉 육창·칠창·팔창·구창, 〈수원부지도〉, 《1872년 지방지도》, 규장각

1834년(헌종 즉위년) 간행된 《청구도》에는 해창·설창·사창이 확인되며, 창의 지도표식(地圖標式)인 '■'이나 '倉'이라는 한자가 기록되기 시작한다. 이후 《1872년 지방지도》의 〈수원부지도〉에는 6개 창 대신 '사창(社倉)' 24개, '사창 2[社倉二]'와 '사창 3[社倉三]'이 확인된다. 특히 기존 사창·설창·해창·쌍창이 있던 곳이 육창·칠창·팔창·구창으로 확인되는 것으로 보아 수원부의 창에도 변화가 있던 것을 알 수 있다.

지리지와 함께 살펴볼 자료는 수원부의 읍지이다. 수원 이읍 이전에 작성된 것으로 추정되는 『수원부읍지』에는 18세기 지리지에서 확인되던 6개 창 가운데 양성창과 직산창이 사라지고, 부내(府內)의 사창(司倉)과 독산성의 산창(山倉)을 포함하는 6개의 창이 확인된다. 신읍 조성 이후의 창고는 부내의 사창 47칸, 독산성의 산창 26칸, 사창(社倉) 90칸, 설창 23칸, 해창 40칸, 쌍창 27칸의 규모를 갖추게 되었다.[92] 이후 1831년에 간행된 『화성지』에는 『수원부읍지』에 기록된 6개창 대신 일창·오창·육창·칠창·팔창·구창이 기록되어 있다는 점에서 19세기 초반에 이르러 창의 명칭이 변화되었다는 것을 확인할 수 있다.[93]

또한 『대동지지』에는 화성 성내에 4개의 창(倉)과 23개의 고(庫)가 기록되어 있는데[94] 여기서 4개의 '창(倉)'은 읍치 내의 일창·이창·광주창·용인창, 용주사의 삼창, 산성[독산성]의 사창과 오창, 쟁홀면의 육창, 청룡면의 칠창, 공향면의 팔창, 우정면의 구창으로 보인다. 『기전영지』에도 9개의 창과 광주창·용인창을 포함하는 총 11개의 창이 확인된다. 이러한 결과는 18세기 이후 지리지에서 확인되는 창의 변화가 읍지에도 적용된 것으로 19세기 초반부터는 지역의 이름으로 불리던 창의 지명이 숫자로 재편되어 운영되었다는 것을 확인시켜 주는 것이라고 할 수 있다. 위의 자료를 참고하여 수원부 창(倉) 현황을 정리하면 〈표 18〉과 같다.

〈표 18〉 수원부 창(倉) 현황

<table>
<tr><th rowspan="2">창</th><th rowspan="2">설립
시기</th><th colspan="3">위치 및 관할 지역</th></tr>
<tr><th>『수원부읍지』
(수원 이읍 이전으로 추정)</th><th>『화성지』(1831년)</th><th>『기전영지』
(1895년)</th></tr>
<tr><td>一倉</td><td>1793년
이전</td><td>司倉 – 안녕면 · 남곡면 · 정송면 · 모지면 · 삼봉면 · 용복면 · 호매절 어량천면 · 고등촌면 · 공석면 · 광교면 · 장족면</td><td>남부면 · 북부면 · 안녕면 · 남곡면(정송면 포함) · 삼봉면(모지면 포함) · 용복면 · 형석면 · 매곡면 · 태촌면 · 문시면 · 갈담면 · 장주면(옛 장족면) · 일용면과 송동면(1789년 이속)</td><td>부 내</td></tr>
<tr><td>二倉</td><td>1789년</td><td>–</td><td>–</td><td>부 내</td></tr>
<tr><td>三倉</td><td>1791년</td><td>–</td><td>–</td><td>용주사</td></tr>
<tr><td>四倉</td><td rowspan="2">1793년
이전</td><td rowspan="2">山倉 – 산성면 · 초평면 · 청호면 · 삼며곡면 · 정림면 · 어탄면 · 동북면 · 태촌면</td><td>–</td><td>독산성</td></tr>
<tr><td>五倉</td><td>산성면 · 초평면 · 청호면 · 정림면 · 어탄면 · 동북면</td><td>독산성</td></tr>
<tr><td>六倉</td><td>–</td><td>社倉 – 쟁홀면 · 동면 · 양간면 · 금물촌면 · 종덕면 · 오타면 · 토법면 · 북방면</td><td>상홀면(쟁홀) · 양간면 · 종덕면 · 오타면(금물촌면 포함) · 남면 · 토진면 · 수북면</td><td>상홀면</td></tr>
<tr><td>七倉</td><td>–</td><td>設倉 – 청룡면 · 숙성면 · 오정면 · 감암면 · 광덕면 · 포내면 · 가사곶면</td><td>청룡면 · 숙성면 · 오정면 · 광덕면 · 포내면 · 가사면 · 현암면</td><td>청룡면</td></tr>
<tr><td>八倉</td><td>–</td><td>海倉 – 공이향면 · 서북면 · 모전면 · 팔탄면 · 갓등면</td><td>공향면 · 팔탄면(모전면 포함) · 장안면(구창의 마정면 포함)</td><td>공향면</td></tr>
<tr><td>九倉</td><td>–</td><td>雙倉 – 화방면 · 수류면 · 마정면 · 초장면 · 사정면 · 팔라곶면 · 압장면</td><td>우정면(화방면과 팔라곶면 포함) · 초장면 · 압정면</td><td>우정면</td></tr>
<tr><td>廣州倉</td><td>1791년</td><td>–</td><td>–</td><td>화서문내</td></tr>
<tr><td>龍仁倉</td><td>1791년</td><td>–</td><td>–</td><td>창룡문내</td></tr>
</table>

(1) 9개 창

① 일창(一倉)

일창은 영으로 승격되기 이전 성내에 만들어졌는데[95] 안녕면을 비롯한 14개 면을 관할하였다.[96] 일창은 봉상청(捧上廳) 전퇴 7칸 반, 동고(東庫) 10칸, 남고(南庫) 16칸, 서고(西庫) 10칸의 규모를 갖추고 있었다.[97] 일창을 비롯한 오창·육창·칠창·팔창·구창에는 본부에서 차출된 감관 1원(員)이 배속되어 창고의 업무를 담당하였다.[98]

일창에는 권복소(權復所)와 방료소(放料所)가 소속되었다. 권복소는 결복전(結復錢)을 관리하던 기구로 1799년(정조 23)에 설치되었고, 방료소는 매달 원역(員役)에게 급료를 나누어주던 일[放料]을 담당하던 기구로 1791년에 신설되었다.

② 이창(二倉)

이창은 1789년 읍치 내에 군량미를 비축해 두던 군향고(軍餉庫)로 신설되었다. 당시 『수원하지초록』의 '군향고 대청 5.5칸', 『수원신읍영건공해간수성책』의 '군향고 봉상청 6칸'이라는 기록에 의해 초기 규모를 추정할 수 있다. 이후 부속 창고건물은 몇 차례의 변화를 거치게 된다. 1885년(고종 22) 동고(東庫) 12칸이 새로 건축되었지만, 곧 무너졌고 1889년(고종 19)에 서고(西庫) 18칸이 새롭게 건립되었으나 부속기관인 진제고(賑濟庫) 12칸이 다시 무너진 상태로 방치되었다.[99] 이후 1894년에 대청 6칸, 곳간 40칸, 대문 2칸의 규모로 재정비되어 감관 1인, 서리 2인, 고지기 1명, 감고 4명이 관리하고 있었다.

이창에는 1829년(순조 29) 유수 박주수(朴周壽)의 장계에 따라 진곡(賑穀)을 관리하던 기관인 진제고가 추가로 설치되어 함께 운영되었다.[100] 이창은 다른 창과 달리 『화영사례』에서 개별적으로 수입과 지출을 기록하고 있었다. 감모급대조(減耗給代條)와 책응고(策應庫)에서 쌀을 거두어 이창 관리들의 급료와 봄·가을 옷값 등으로 지출되었다. 이창의 위치는 『화성성역의궤』의 〈화성전도〉와 12폭 병풍인 〈화성전도〉에 나타나듯이 화서문 안쪽에 광주창과 나란히 별도의 건물이 마련되어 있었다.

③ 삼창(三倉)

삼창은 1790년 용주사가 건립되고 그 이듬해 사찰 내에 설치되었다. 건립 초기 창고의 크기는 확인되지 않지만 『수원군읍지』를 통해 8칸의 창고 건물[倉舍]이 마련되었던 것으로 보인다.

삼창은 모곡(耗穀)을 이용하여 승도들의 요미(料米)를 보관하던 승창(僧倉)이었다.[101] 승창의 운영이 순조롭게 이루어졌던 것은 아니었던 것으로 파악된다. 흉년에는 납부 기한을 미루어 줌에 따라 수년간 전체 총수가 줄어드는 폐단이 발생하여 용주사와 창고 관리들의 급료마저 부족하게 되었다. 이에 따라 승창의 환자[還上]는 흉년일 때라도 납부 기한을 미루는 것을 금지하고, 총량에서 부족한 수량은 본부에서 보관하고 있는 대동미로 보충하도록 하였다.

1879년(고종 16) 총융청에 의해 광주·강화와 함께 유수영의 승창이 모두 무위소(武衛所)에 이속되었다.[102] 이때 용주사 승창도 군기·집물(什物) 및 전곡(錢穀)과 둔토(屯土), 내외산기지(內外山基趾) 등이 무위소에 속하게 되어 삼창의 역할도 그 기능을 상실하였던 것으로 보인다.

④ 사창(四倉)과 오창(五倉)

사창과 오창은 독산성 내에 자리 잡고 있던 창고이다. 독산성은 삼국시대 이래 한강 이남의 거점지역으로 호서와 호남으로 가는 길목에 위치한 군사적 요충지였다. 그러나 조선전기의 지방 군사 체제 내에서 중진(重鎭)으로서 기능을 발휘하지 못하다가 임진왜란 당시 독산성전투를 통해 군사적 요새로 주목받게 되었다.[103] 그 결과 임진왜란으로 인해 허물어진 산성을 경기관찰사 유근(柳根, 1549~1627)의 주도 아래 수축한 후 백성들을 모집하면서 곡식을 저장하기 위한 창고가 설치되었다.[104]

사창은 화영으로 승격하기 전 산성 내 관청의 서쪽에 대청 3칸과 창고 60칸이 설치되었다. 창고의 관리는 색리 1인과 고지기 1인으로 독산성의 교리(校吏)와 노(奴) 가운데 차출하였다.[105] 사창은 독산성의 군향(軍餉)을 저장하는 곳으로 이용되었다.[106] 오창은 사창의 동북쪽에 위치하였는데 본부에서 차출한 감관이 파견되어 관리하고 있었다.[107] 오창은 본부의 환자[還上]를 쌓아두는 곳으로[108] 봉상청 전퇴 4.5칸과 천자고(天字庫) 8칸, 지자고(地字庫) 7칸, 현자고(玄字庫) 6칸을 갖추고 있었다. 사창과 오창은 수원부의 산창(山倉)을 재정비하여 운영되었던 것으로 보인다.

⑤ 육창(六倉)·칠창(七倉)·팔창(八倉)·구창(九倉)

육창은 부의 남쪽 50리에 자리 잡고 있는 상홀면 일대에 있었다. 창의 규모는 봉상청 전퇴 6칸, 동고 8칸, 서고 8칸이지만 서고는 1881년(고종 18) 훼철되었다. 육창은 사창이 있던 지역으로 현재 화성시 양감면 일대를 관할하였다.

칠창은 부의 남쪽 70리에 자리 잡고 있는 청룡면 일대에 있었다. 창의 규모는 봉상청 3칸, 남고 3칸, 서고 15칸이었다. 칠창은 설창 지역으로 현재 평택 안중읍 용성리 일대에 있었다.

팔창은 부의 남쪽 60리에 자리 잡고 있는 공향면 일대에 있었다. 창의 규모는 봉상청 전퇴 8.5칸, 동고 10칸, 대문 1칸이었다. 팔창은 옛 해창으로 현재 화성시 팔탄면 해창리에 있었다.

구창은 부의 남쪽 70리에 자리 잡고 있는 우정면 일대에 있었다. 창의 규모는 봉상청 전퇴 4칸, 남일고(南一庫) 5.5칸, 남이고(南二庫) 5칸, 동고 4칸, 서고 5칸이었다. 구창은 옛 쌍창[쌍부창]으로 수원부 서쪽 해안가로 현재는 화성시 우정면 내에 있었다.

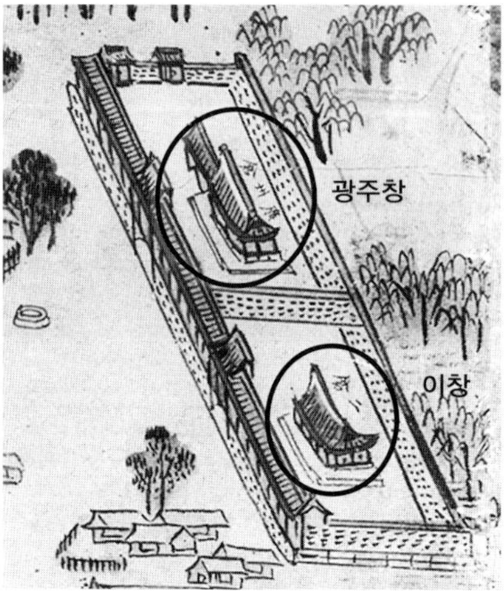

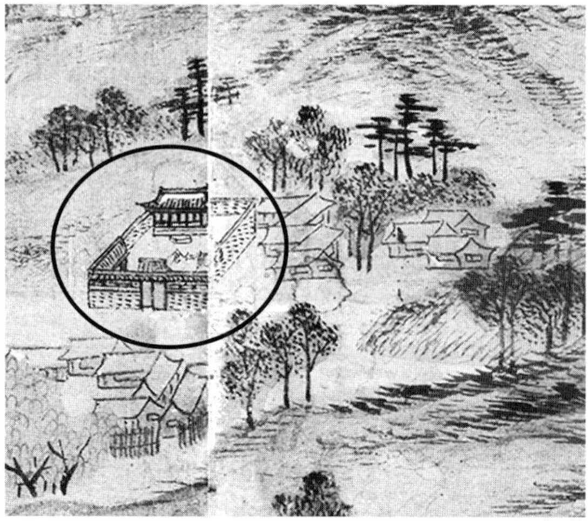

〈그림 86〉 광주창(〈그림 74〉의 ⑨)과 이창(〈그림 74〉의 ⑩), 〈화성전도〉, 국립중앙박물관 (좌)
〈그림 87〉 용인창(〈그림 74〉의 ⑪), 〈화성전도〉, 국립중앙박물관 (우)

(2) 광주창(廣州倉)과 용인창(龍仁倉)

성내에는 광주창과 용인창도 있었다. 1789년 신읍 조성 당시 광주의 일용면(日用面)과 송동면(松洞面)이 수원부로 이속된 이후 채제공의 요청에 따라 광주창과 용인창이 수원부로 이전되었다. 이는 수원부 경계에 인접하여 살아가는 두 고을 백성들의 생활에 도움이 되는 것은 물론 과천과 수원으로 통하는 도로를 편리하게 이용하게 하기 위한 것이었다.[109] 또한 수원부의 증가한 이속들에게 지급할 녹봉이 부족함에 따라 두 창의 곡물에서 매년 모조로 약 100포(包)를 떼어 급료를 마련하기 위한 방안이기도 하였다.

그 결과 광주창은 화서문 내 이창에 잇대어 건립되었고 용인창은 동장대 남쪽으로 이전하여 별도의 건물로 건립되었다. 이후 광주창 운영의 한 예로 화성유수부 교리(校吏)의 급료가 광주창 모곡에서 지출된 것이 확인된다.[110] 교리의 급료는 당시 안성을 포함한 7개 읍 소재 균역청의 군작미에서 매년 200석 정도의 모조를 취해 사용하고 있었다. 그러나 각 읍마다 분산되어 있던 군작미의 운반비용을 마련하지 못해 화성부로 이송하지 못하고 있었다. 이에 화성 광주창의 모곡을 대신 이용한 것이다.

화성 성역을 마친 후 완성된 용인창과 광주창의 모습은 〈화성전도〉를 통해 알 수 있다. 수원과 과천의 경계에 위치하는 두 면의 민호와 전결이 모두 수원부에 속하게 됨에 따라 수원부의 재정이 확충되는 계기가 되었을 것이다.

2) 군영 창고

화성유수부 재정 운영의 핵심적 기구는 장용외영이라고 할 수 있다. 장용외영 운영은 곧 유수부 경영을 의미하는 것이며 동시에 장용외영을 포함하는 군영 창고의 운영은 유수부 재원을 확보하고 사용하는 그 일련의 과정을 보여주는 것이라고 할 수 있다.

앞에서 언급한 것처럼 장용영의 재정 확보 방안은 장용영 향색제조 정민시의 구상 아래 진행되었다. 장용영의 운영은 국가 경비를 축내거나 백성과 마을에 해를 끼치지 않아야 하며 다른 기구의 재정을 마구 끌어들이지 않고, 필요에 따라 중앙 및 지방 기구에서 재정을 덜어 사용한다는 것이었지만 현실적이지 못하다는 비판을 받고 있었다.[111] 이에 정조는 장용영 운영비용을 왕실의 내탕(內帑)에서 옮겨 사용한다는 점에서 호조와 선혜청의 비용과는 무관하다고 천명하였다.[112]

장용외영의 재원은 내탕, 다른 기관으로부터의 이속, 환곡 및 둔전의 운영 등 다양한 방법을 통해 마련되었다. 1793년(정조 17)부터 1799년(정조 23)까지 장용영으로 이속된 물품을 돈으로 환산하면 약 20만 냥이었으며, 특히 1793년에는 17만 냥에 달하였다.[113] 이속 대상 기구도 평안감영 및 훈련도감과 같은 군영은 물론 재정 기구인 호조·선혜청·균역청을 포함하여 전국적으로 분포하고 있었다. 장용외영이 설치되기 이전임에도 불구하고 비변사에서는 강화유수부의 미곡을 수원부에 이속시켰으며[114] 수원부사 조심태의 건의에 따라 관서소미(關西小米) 약 1,000석, 호조 소관의 관서 및 영남 곡물 중 모곡을 바꾼 돈 5,000냥, 균역청·진휼청의 보환곡(補還穀) 중 1,000냥이 매년 수원부로 이속되었다.[115] 장용외영이 설치된 이후에는 화성 성내에 위치한 광주창의 환곡을 운영하여 얻은 모곡을 유수부 교리의 급료로 이용하였다.[116]

이외에도 진휼청과 양향청 등의 중앙 재정아문과 경기 감영에서 관할하던 재정, 독산성이 운영하던 환곡에서 얻은 모곡, 선혜청에 납부해야 할 대동미, 부내의 궁방전답이 유수부로 이속되어 함께 관리되었다.[117] 장용외영 설치 이전에는 수원부로 이관되었던 재원이 수원부가 유수부로 승격되고 외영이 설치되자 장용외영 중심으로 재정 기반이 더욱 강화된 것이다. 전국에서 운영되었던 환곡과 거기서 취하는 모곡은 장용영의 내외영 체제가 확립되기 이전부터 중요한 재원으로 이용되고 있던 것이다.

장용외영 재원의 또 다른 주요 수입원은 둔전이었다. 장용외영에서는 재정 기반을 구축하기 위해 민전(民田)의 매득(買得), 진황지(陳荒地)의 개간, 궁방이나 아문의 둔전을 수원부로 이속받으면서 둔전을 확보하였다. 장용외영의 둔전은 외영이 설치되면서 전국에서 운영되었다. 수원에서는 화성 건설이 한창이던 1794년 여름 혹서(酷暑)로 인하여 성역이 잠시 중단된 후 정조의 명에 의해 북성인 장안문 밖의 넓은 토지가 개간되었다. 이렇게 조성된 대유둔 설치에 필요한 비용은 내하전(內下錢)으로 충당되었다.

경기에서는 광주·용인·안산·시흥·과천에 향군이 가설되고 각 지역마다 땅을 사서 둔전을 설치하여 군량을 확보하도록 하였다.[118] 장용외영 설립 이후 수원부 인근의 협수군 체제가 완성됨에 따라 각 지역의 둔전 운영에 박차를 가하기 시작했던 것으로 보인다. 이때 둔전 설치비용은 내영에서 5개 읍마다 각각 4,000민(緡)을 지급해 주고, 이후 해마다 세금을 거두어 관리 비용을 마련하도록 하였다. 장용영 둔전을 포함하는 화성유수부의 둔전은 1793년 이후부터 1813년까지 약 20여 년 동안 꾸준하게 설치되어 30개가 운영되었다.[119]

이렇게 다양한 방법으로 확보된 장용외영의 재원은 여러 창고에 나누어 보관되면서 이용되었을 것으로 보인다. 그러나 장용외영 소속 창고를 명확히 구분하기는 쉽지 않다.[120] 이에 본서에서는 유수부 산하 창고를 포함하는 재정 기구 중에서 군영 운영과 관계되는 창고에 대해서 간단하게 살펴보기로 한다.

(1) 군기고(軍器庫)

군기고는 군기 보관창고로 1789년 낙남헌 북쪽의 강무당과 나란히 건립되었다. 관리는 감관 1원, 서리 1인, 고지기 1명으로 향수고(餉需庫)의 업무를 겸하고 있었다. 수원 이읍 당시 대청 6칸 반으로 건립된 군기고는 1794년 가을에 아래는 헛간, 위는 다락으로 구성된 2층 건물로 증개

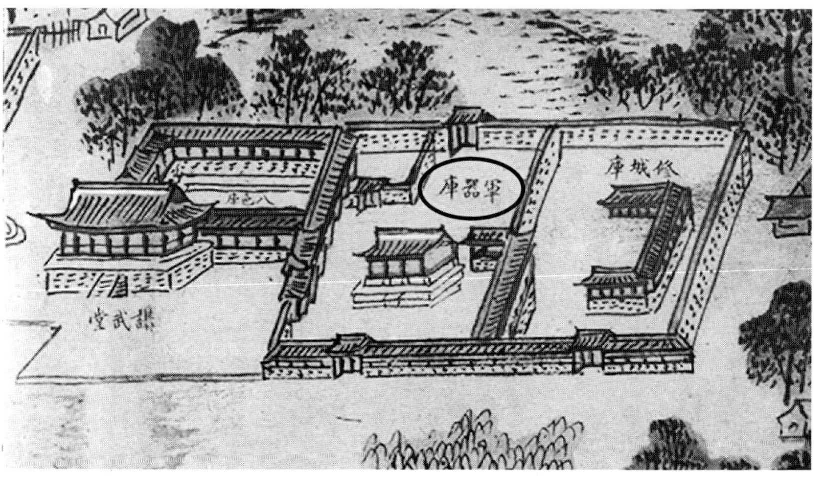

〈그림 88〉 군기고(〈그림 74〉의 ⑫), 〈화성전도〉, 국립중앙박물관

〈그림 89〉 장용내영의 누상고, 『本營圖形』, 장서각

축되었다.[121] 이후 큰 변화 없이 유지되다가 19세기 말에 대청 6간, 남행랑 12칸 반, 북행랑 15칸, 누상고 14칸의 규모를 갖추게 되었다.

화성부의 군기고는 장용내영을 그려놓은 『본영도형(本營圖形)』을 통해 그 모습을 짐작할 수 있다.[122] 특히 군기물을 보관하였던 2층 건물의 누상고는 장용내영과 비슷한 구조였을 것으로 짐작된다. 장용내영의 누상고 1층 정면은 화강암과 벽돌로 만들고 옆면은 모두 벽돌로 되어 있으며 2층은 나무와 회벽으로 지었다.[123] 문서와 서적, 군대의 각종 깃발[旗幟], 옷처럼 습기에 약하거나 무겁지 않은 것은 2층에 보관하고, 곡물이나 총기와 검 등의 무기류는 1층에 두었을 것이다.

군기고가 설치되자 정조는 화성부의 군사 물자를 확보하기 위한 방안을 제시하였다.[124] 강화에서 보관하고 있던 물자를 포쇄(曝曬)한 후 그중 일부를 화성으로 수송하도록 명하였다. 이에 따라 강화부에서 갑옷 100부, 조총 300부, 환도 200부, 각색의 활 1,000장, 긴 화살 2,000부, 작은 화살 1,000부, 통아(筒兒) 1,000개, 대나무 화살대 600부, 통개 200부가 화성으로 이송되었다.

군기고의 재원은 황해도에 위치한 둔전으로 1793년 설치된 백령진의 백령대소청둔, 1796년 설치된 은율군 광암방의 은율광암둔, 1797년 설치된 신천군의 신천마정둔, 1800년 설치된 신천군 가곶방의 신천가곶방둔이 있었다.[125] 이 가운데 은율광암둔은 해당 읍에서 수납하고 나머지는 군기고에서 곡물을 수납하였다. 둔전의 관리는 군기고 외감(外監) 1원(員)이 둔감(屯監)을 겸하고 있었는데 19세기 말에 와서 기타 둔전 8개소와 함께 경부(京府)로 이속되었다.[126] 또한 수리소·책응고와 마찬가지로 호방소의 돈에서 나오는 이자를 이용하여 군기고의 물자를 구입하기도 하였다.[127] 〈표 19〉는 『화영사례』에서 확인되는 군기고의 수입과 지출 현황을 정리한 것이다.

〈표 19〉 군기고(軍器庫)의 수입과 지출 현황

구분		세액·수량	수입처·지출처	비고
수입	租	91섬 7말 5되	–	동전으로 구입
		190섬	각 읍	別備米
		100섬	–	減耗給代條
	錢	112냥 5전	–	埋鹽條
		200냥	–	별비미의 耗作錢
		30냥	大靑屯	정철 30근 값
		50냥	은율 광암	둔세
		45냥	신천둔 가곶방	둔세
		60냥	신천 마정	둔세
		228냥	–	벼 190섬 값
지출	租	146섬 7말 5되	–	관리들의 歲饌
		38섬	–	관리들의 봄·가을 옷값
		4섬	–	종이·붓·먹 값
	錢	19냥 5전 6푼	남양	벼 1섬당 1냥 2전을 대신 지급
		18냥	화약고	땔나무와 기름 값
		183냥	–	매입한 벼 값
		29냥	–	비장과 감색 비용
		52냥	–	신천둔 왕래 여비
		423냥 9전 4푼	–	비정기적 지출

19세기 말에도 군기고의 수입은 크게 변화되지 않았으며, 지출은 관리들의 급료, 봄·가을의 옷값, 창고 운영에 필요한 경비가 대부분이었다. 또한 수원부 군기고의 물품은 지방 곳곳에서 상납되고 있있다.[128] 전라좌수영은 가시목기(加時木旗) 간목(桿木)·창 자루[槍柄木]·총가목(銃家木)·불화살[火箭]·나무 절굿공이[杵木]를 올려보냈다. 낙폭지(落幅紙)는 식년(式年)[129]에 따라 삼남의 시소(試所)에서 가져다 쓰고, 장전(長箭)·편전(片箭)·노시(弩矢)는 매년 정해진 규례에 따라 마련하였으며 깃발[旗幟]과 기계도 새롭게 갖추었다. 군기고의 다양한 소장 물품은 『화성중기』를 통해 확인되는데 19세기 중반 이후 총 4번에 걸쳐 새로운 물품이 추가되기도 하였다.[130]

(2) 팔색고(八色庫)

팔색고는 1794년 신설되어 군물(軍物)을 저장하고 관리하였다.[131] 강무당 부속 건물로 군기고와 담장을 맞대고 있었는데 방 3칸, 부엌 1칸, 대문

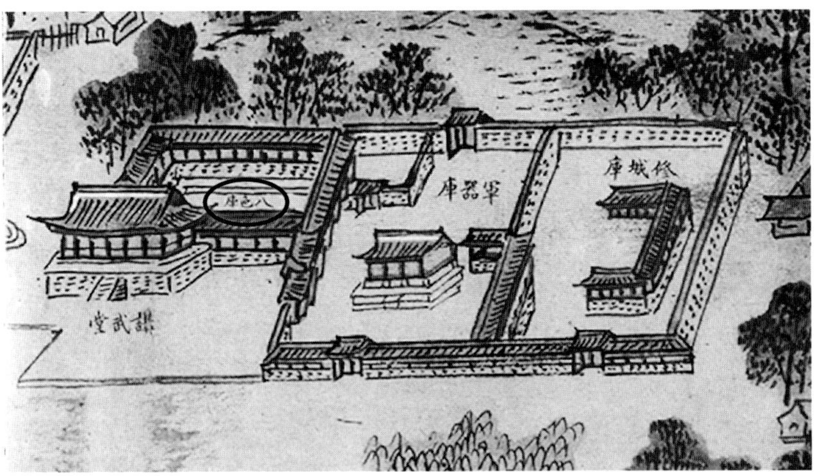

〈그림 90〉 팔색고(〈그림 74〉의 ⑬), 〈화성전도〉, 국립중앙박물관

1칸, 마루 1칸, 곳간 19칸으로 구성되었다.[132] 팔색고는 옛날의 순뢰고(巡牢庫)로 감관 1원, 서리 1인, 고지기 1명의 관리가 담당하였다.

팔색고의 주요 수입원은 1813년(순조 13)에 설치된 충청도 결성현 은하면의 결성둔과[133] 어염선세전(魚鹽船稅錢)이었다.[134] 이외에 충익위(忠翊衛) 300명에게 거두는 군총(軍摠)도 팔색고에서 수납하였다.[135] 그러나 결성둔은 19세기 말에 이르러 군기고와 마찬가지로 경부로 이속되었다. 〈표 20〉은 『화영사례』를 통해 수입과 지출 현황을 정리한 것이다.

팔색고는 순령수(巡令手)·뇌자(牢子)·취타수(吹打手)·세악수(細樂手)·기수(旗手) 등 관리들의 봄·가을 옷값을 비롯한 각종 물품과 품삯을

〈표 20〉 팔색고(八色庫)의 수입과 지출 현황

구분		세액·수량	수입처·지출처	비고
수입	米	390섬	–	대동미와 배·말 값
	租	300섬	남한산성	군량벼의 耗條
	錢	350냥	저치고	春·秋等 魚鹽船稅條에서 給代
		344냥	광혜고	–
		250냥	팔색고	쌀 50섬 作錢
		360냥	팔색고	벼 300섬 作錢
		250냥	삼도둔	둔세
		40냥	충익위	番錢
		40냥	결성둔	둔세
지출	米	340섬	향수고	이송
		50섬	–	동전으로 바꿔서 지출
	租	300섬	–	동전으로 바꿔서 지출
	錢	846냥	–	관리들의 봄·가을 옷값
		3냥	–	종이·붓·먹 값
		785냥	–	각 색의 군복 개조 물력

지급하는 일을 관장하고 있었다. 팔색고에서는 1870년(고종 7), 1889년(고종 26), 1890년(고종 27), 1891년(고종 28)에 마포군복과 무명군복을 계속해서 구비하였다.[136] 이는 1870년(고종 7) 4월 총 25칸 중 17칸이 화재로 소실되면서[137] 물품들을 새롭게 마련하는 과정이었던 것으로 보인다.

(3) 수성고(修城庫)

수성고는 화성의 성첩 수리를 담당하는 기구로 성을 수리하는 각종 기계, 돈과 양식을 보관하는 창고의 역할도 담당하였다. 수성고는 1796년 7월 성역이 마무리될 무렵 군기고 북쪽에 설치되었다.[138] 당시 4칸의 대청에 북쪽으로 3칸을 이어 짓고, 대문 좌우 1층에는 헛간, 2층에는 다락을 설치하여 보관 공간을 마련하였다. 독립건물이었던 수성고는 19세기 말까지 대청 6칸, 곳간[庫舍] 18칸의 규모를 유지한 채 감관 1원, 서리 1인, 고지기 1명, 군사 1명이 관리하고 있었다.

수성고의 수입은 수원부 일용면에 조성된 대유둔이었다.[139] 대유둔은 화성 성역이 시작된 1794년 여름 더위로 인해 공사를 잠시 멈추고 성의 북문인 장안문에서 고등촌에 이르는 황무지를 개간한 것이다.[140] 당

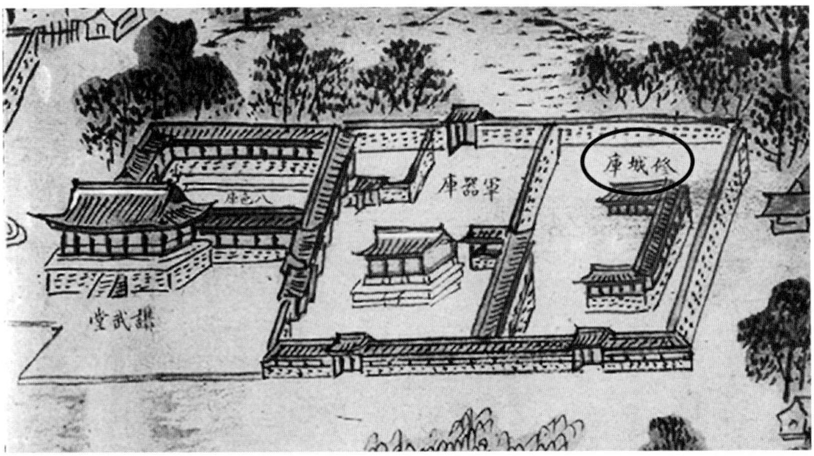

〈그림 91〉 수성고(〈그림 74〉의 ⑭), 〈화성전도〉, 국립중앙박물관

시 둔전의 조성 비용은 내하전 20,000냥으로 이 가운데 12,660냥은 논을 사거나 개간하였고, 5,700냥은 저수지를 쌓고 도랑을 파서 만석거(萬石渠)라 하고, 260냥은 보를 파서 광교천(光敎川)에 다리를 놓았다. 개간한 대유둔은 성의 백성들에게 나누어 주어 농사를 짓게 하고 경작해서 얻은 곡물의 절반은 수성고로 이획하도록 규정하였다. 이외에도 중앙에서는 곡물을 각 도에 나누어 주고 매년 거기서 나오는 이자 2,000냥씩을 수성고에서 수취하도록 하였다.[141]

대유둔의 관리는 감원 1원, 둔색 1인, 고직 1명, 군 7명이 배속되었는데 둔색은 수성고 색리가 겸하였다. 『화성지』에서 확인되는 대유둔의 수

〈표 21〉 수성고(修城庫)의 수입과 지출 현황

구분		세액·수량	수입처·지출처	비고
수입	租	764섬 6말 5되	대유둔	賭地
	錢	2,000냥	전라도	減耗給代 중 區劃條
지출	租	87섬 1말 7되	둔답	세, 大同, 結錢條
		172섬 5말	–	관리들의 급료와 봄·가을 옷값
		4섬 4말	–	땔나무와 기름 값
		6섬 2말 5되	–	관리들의 歲饌
		4섬	–	종이와 붓 값
		333섬 8말 1되	둔소	이송
		29섬 4말 3되	–	옛 진전으로 탈하
		131섬 10말 9되	–	둔답이 묵고 폐기되어 세가 감면
	錢	1,000냥	봉부동	이송
		48냥	4성문	수직방의 땔나무와 기름 값
		7냥 2전	안산봉대	수직방의 등유 값
		6냥 4전	4성문 수직방	수직방의 자리[茵席]와 창호지 값
		4냥 2전 7푼	안산 서봉산 봉대	수직방 창호와 지붕 이엉[蓋草] 값
		934냥 1전 3푼	–	성첩의 망루 수리 비용

입 규모는 도조(賭租) 764섬[石] 6말[斗] 5되[升]로 이는 『화영사례』의 수성고 수입과 동일하게 확인된다는 점에서 19세기 말까지 변함없이 유지되었던 것으로 보인다. 〈표 21〉은 『화영사례』에서 확인되는 수입과 지출 현황을 정리한 것이다.

수성고의 수입은 둔전 외에 전라도의 감모급대(減耗給代) 중 구획조(區劃條)로 돈이 들어왔으며, 지출은 성첩 수리 비용과 관리들에게 지급되는 비용 외에 둔소나 봉부동으로 이송되기도 하였다. 또한 순조대에는 수원부의 성조(城操)와 장조(場操)를 설행할 때 시상 비용 200냥과 무명 3동(同)을 수성고에서 가져다 쓰거나[142] 고종대에는 돈 3,000냥을 특별히 이획하여 재해를 입은 백성을 구휼하기도 하였다.[143]

(4) 화약고(火藥庫)

화약고는 화약을 저장하던 창고로 수성고 뒤편의 팔달산 기슭에 위치하고 있던 것으로 추정된다. 화약고 건물의 벽은 벽돌로 쌓고 바닥은 온돌을 깔았다. 화약고 뒤쪽 수십 보 떨어진 서쪽의 산기슭에 흙 담장을 두른 11칸 규모의 기와집인 화약도침소(火藥搗砧所)도 함께 들어섰다.[144] 화약고는 수원부 신읍 조성 이전에는 독산성 소관으로 산성의 서고(西庫)에 자리 잡고 있다가 1793년 유수부로 이속되면서 이전한 것으로 보인다.

정조대 화약고 소속 군인은 별무사(別武士) 203명이 소속되었다.[145] 이 인원은 19세기 중반까지 유지되어 별무사 1명당 5말씩 쌀을 거두어 화약고의 재원으로 충당하였다.[146] 관리는 감관 1원과 고지기 1명이 담당하고 있었다.[147] 〈표 22〉는 『화영사례』에서 확인되는 수입과 지출 현황을 정리한 것이다.

19세기 말까지 화약고의 수입과 지출은 큰 변화 없이 유지되었으며

〈표 22〉 화약고(火藥庫)의 수입과 지출 현황

구분		세액·수량	수입처·지출처	비고
수입	米	57섬 5말	–	番을 면제받은 군관의 身役
		11섬 9말	兒別武士	減額給代條
		11섬 7말	兒別武士	減斗給代條
지출	米	46섬 5말	–	관리들의 餼價 및 加料 등의 歲餼
		2섬	–	감관의 봄·가을 옷값
		5섬	–	화약 점화용 나무값
		8말	–	종이·붓·먹 값
		27섬 3말	향수고	이송

『화성중기』에 의해 화약 12,908근 6냥 4진 8푼, 화약을 보관하는 궤짝 33좌(坐)와 죽통(竹桶) 16,007개(箇)의 물품이 보관되었던 것이 확인된다.

3) 기타 부속시설

(1) 분봉상시(分奉常寺)

분봉상시는 조선시대 왕릉의 제물(祭物)을 조달하기 위해 설치한 봉상시의 분사(分司)로 왕릉이 소재한 지역에 설치되었다. 정조는 수원에도 분봉상시를 설치하고자 했지만 실제는 행차 때 어주(御廚)를 마련하던 외별고(外別庫)가 이를 대신하였다.[148] 외별고에서는 쌀과 각종 기물을 보관하던 외탕고와 어공(御供)·연상(宴床)에 필요한 기명을 보관하던 별주(別廚)의 관리를 넘겨받았다.

수원부는 원소 관리에 필요한 경비를 개성과 강화의 분봉상시와 마찬가지로 내탕금을 받아 현륭원 주변의 토지를 매입하고 거기서 나오는 토

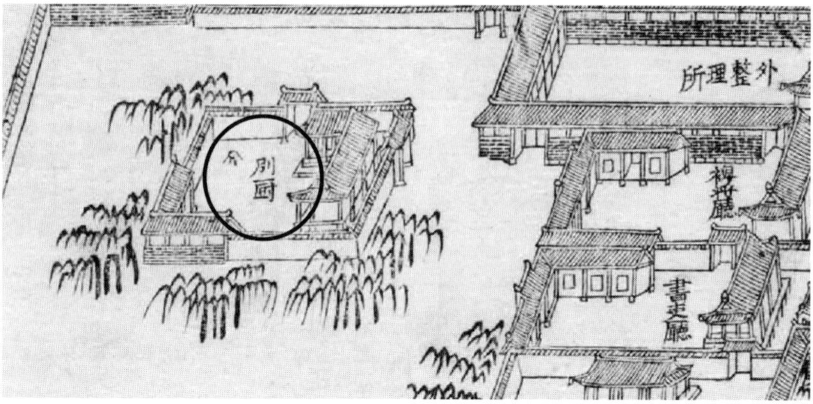

〈그림 92〉 별주, 〈행궁전도〉, 『화성성역의궤』, 규장각

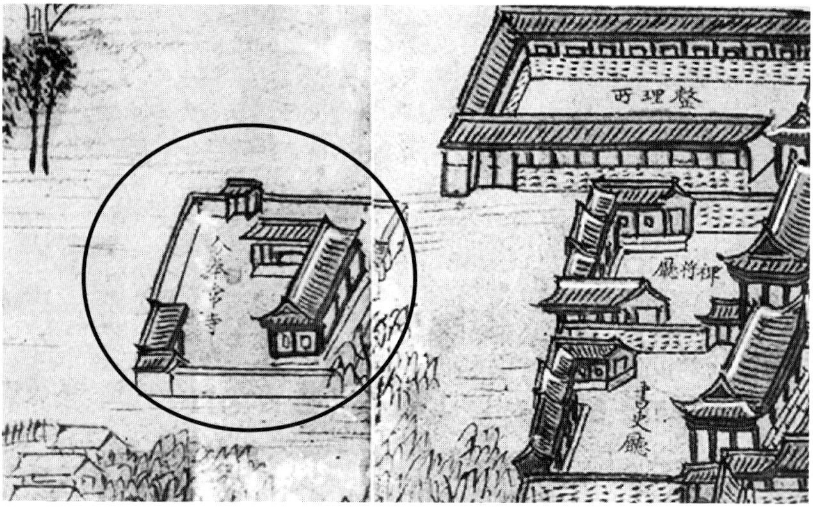

〈그림 93〉 분봉상시(〈그림 74〉의 ⑮), 〈화성전도〉, 국립중앙박물관

지의 소출을 창고에 보관하였다가 이용하였다.[149] 이후 1801년(순조 1) 당시 유수였던 이만수(李晩秀, 1752~1820)가 분봉상시 설치 의견을 제시하여[150] 이듬해에 외별고가 분봉상시로 개정되어 실제 역할을 담당하였던 것으로 보인다.[151]

분봉상시는 행궁의 남쪽에 별도의 건물인 별주(別廚)가 대체되어 운

영되었다. 화성부의 별주는 단순하게 음식을 만드는 '부엌'이나 물품을 저장하는 '창고'의 의미가 아니라 현릉원 참배에 필요한 제물을 마련하는 곳이었다. 이러한 별주 건물에 분봉상시가 설치된 것은 『화성성역의궤』 〈행궁전도〉와 19세기 말에 그려진 〈화성전도〉를 통해 확인된다.

별주는 방 5칸, 부엌 1칸 반, 마루 4칸, 대문 1칸, 창고와 헛간을 포함해서 총 19칸 반이 건립되었으며[152] 분봉상시로 개정한 이후의 관리는 감관 1인, 숙수(熟手) 10명, 감고 3명으로 구성되었다. 〈표 23〉은 『화영사례』에서 확인되는 수입과 지출 현황을 정리한 것이다.

〈표 23〉 분봉상시(分奉常寺)의 수입과 지출 현황

구분		세액·수량	수입처·지출처	비고
수입	米	239섬 3말	–	돈으로 구매
	錢	500냥	신천	둔세
		130냥	평산	둔세
		100냥	유천	둔세
		2,440냥	–	곡작전
지출	米	223섬 3말	–	관리들의 급료
		7섬 10말 6되	–	縮條로 전례에 따라 지출
	錢	13냥 2전	–	봉심할 때 황초 및 잡물 비용
		911냥	–	관리들의 朔錢
		276냥	–	殿內 땔나무, 기름 값
		47냥 6전 2푼	–	기타 비용(돗자리·창호·草兜)
		172냥	–	관리들의 봄·가을 옷값
		1,194냥 5전 3푼	–	쌀 238섬 13말 6되 구입
		103냥 4전 9푼	화령전	제향의 잡물 값
		45냥 6전 7푼	능소와 원소	제향의 잡물 값
		413냥 4전 4푼	–	부정기적 지출

분봉상시 수입원인 둔전은 수원부 남부면 상류천의 유천둔, 황해도 신천군 가곶방의 신천둔과 평산부 방동면의 평산둔으로 19세기 말까지 그대로 유지되었다.[153] 유천둔은 본래 장용영 소속이었다가 1796년에 분봉상시로 이속되었는데 유천둔의 관리는 분봉상시 서원(書員)이 차출되어 담당하였고, 신천둔과 평산둔은 분봉상시 외감과 색리가 돌아가며 차출되었다. 19세기 말에 이르면 유천둔은 선희궁, 평산둔은 경부(京府)로 이속되었다.[154] 그러나 가장 많은 전답을 소유하고 있던 황해도 신천둔의 이속 현황은 확인되지 않는다.

(2) 고마고(雇馬庫)

17세기 중반 이후부터 등장하기 시작한 고마고는 쇄마고립(刷馬雇立)을 전담하는 기구이다.[155] 수원의 고마고 역시 민간인의 말을 빌리고 삯을 주는 일[雇馬], 창고에서 필요한 인원이나 마소 따위를 책임지고 차출하던 일[責立], 저치미를 내려주는 일[上下]을 담당하였다.[156]

고마고는 1790년 우화관 바깥문인 동삼문의 북쪽에[157] 대청 3칸과 곳간 7칸을 갖춘 규모로 건립되어 감관 2원, 서리 1인, 고지기 1명, 감고 2명이 관리하였다. 고마고의 재원은 장용영으로 승격되기 전에 이미 설치되었던 포내면의 포내둔이었다.[158] 포내둔은 고마고의 외감이 둔감을 겸직하였는데, 전답 2결 35부 6속에서 매년 8섬 7말 2되의 세금이 걷히고 있었다.

1831년 간행된 『화성지』에 의하면 화성부 각 장(場)에서 나오는 장세(場稅)가 고마고의 수입원이었다.[159] 당시 장세는 남문외장 309냥 6전, 세람장 33냥, 오매장 309냥 6전, 팔탄장 111냥 9전 6푼, 석현장 157냥 8전, 안중장 53냥 4전, 사사곶장 55냥 8전으로 총 1,031냥 1전 6푼이 확인된다. 〈표 24〉는 『화영사례』에서 확인되는 수입과 지출 현황을 정리

〈표 24〉 고마고(雇馬庫)의 수입과 지출 현황

구분		세액·수량	수입처·지출처	비고
수입	米	90섬	7창 소속 7개 면	作米
수입	米	50섬	–	別劃米
수입	米	6섬 5말	–	배·말 값
수입	米	63섬 5말	–	저치미
수입	米	500섬	–	배·말 값
수입	錢	765냥 9전 8푼	화성부 場	1년간 場稅
수입	錢	300냥	광혜고	–
수입	錢	270냥	–	馬夫의 權復 150결 값
수입	錢	30냥	화성부 각 場	8월~12월 場市의 商貰
수입	錢	300냥	–	쌀 60섬 값
수입	錢	300냥	–	저치미 60섬 값
수입	租	6섬 1말	남부면	타조에서 작전-비정기적
수입	租	1섬 1말	포내면	堰沓稅
지출	米	80섬	보영고	작전 287냥 5전-민어와 조기 값
지출	米	60섬	–	작전하여 동전으로 바꿈
지출	米	5섬 1말 5되	–	젓갈을 싣고 가는 말의 대여 값
지출	米	10섬	–	京主人의 역가
지출	米	37섬 9말	–	관리들의 급료와 세찬
지출	米	18섬 4말 5되	–	작전-비정기적 지출
지출	錢	1,200냥	–	募馬 20필 값
지출	錢	116냥	–	관리들의 급료와 봄·가을 옷값
지출	錢	15냥	고온포	포세와 대동미 호송감색 비용
지출	錢	30냥	–	이아로 수송할 새우젓 값
지출	錢	25냥	–	노인의 세찬으로 소 1마리 값
지출	錢	3냥 3전	–	덕흥대원군방과 신풍부원군방의 祭需 비용-준치[眞魚] 33마리 값
지출	錢	576냥 6전 8푼	–	비정기적 지출

한 것이다.

19세기 말까지 고마고의 수입은 여전히 수원부 소속의 장세가 크게 차지하고 있었으며 광혜고와 저치미로 들어오는 부분도 상당하였다. 그러나 이즈음 세람장과 석현장의 장세가 기록되어 있지 않은 것으로 보아[160) 두 장의 운영은 원활하지 않았던 것으로 보인다. 이외에도 정기적으로 석전(釋奠)을 비롯한 각종 제수 비용과 비정기적으로 화성부 각 기관에서 사용하는 말을 관리하는 비용도 지출되었다.

(3) 기타

화성부에는 이외에도 다수의 창고가 설치되었다. 여기서는 구체적인 위치가 확인되지 않는 창고에 대하여 간단하게 알아보고자 한다.[161)

향수고(餉需庫)는 예전에 군수고(軍需庫)라 칭하던 기관으로 1790년(정조 14) 이름을 바꾸고 장수와 병졸[將士]들의 급료를 지급하는 일을 담당하였다. 향수고는 신읍 조성 당시 6칸의 창고가 건립되어 19세기 말까지 그대로 유지되었는데 감관 1원, 서리 1인, 고지기 1명이 업무를 담당하였고 이들은 군기고의 관리를 겸하고 있었다.[162) 향수고 수입 대부분은 별무사의 신역미와 팔색고·책응고·보향고에서 이획된 쌀이었으며 지출은 별무사·기패관·별효사를 포함하는 관리와 군사들의 급료였다.

보향고(保餉庫) 역시 군영을 운영하기 위한 기구였다. 1793년 창고로 쓰일 곳간 3칸이 마련되어 감관 1원, 서리 1인, 고지기 1명이 관리하였다.[163) 보향고의 재정은 각 군에서 거두어들이는 쌀[保米]이 대부분이었는데[164) 19세기 말에는 양보군(良保軍)의 신역과 감두액급대미(減斗額給代米)로 돈이 들어오거나 광혜고에서 콩이 이송되기도 하였다. 지출에서는 별효사 좌우별장의 급료, 파총소나 초관청 관리들의 급료, 입직 관리들의 업무 비용이 주요 내역이지만 책응고·광혜고·향수고 등의 기관으로 큰 금액이 이획되기도 하였다.

이외에도 1798년에 설치되어 결전(結錢)을 비롯한 기타 세금을 징수하여 관리하던 광혜고(廣惠庫), 조강조(糟糠租)를 포함하는 세미(稅米)를 거두어 각종 물품을 사서 공급하였던 보영고(補營庫), 신집복결(新執復結)에서 거둔 쌀과 돈, 상영·이아·중영에서 이획된 돈으로 아병(牙兵)들의 시상과 급료를 지급하는 일을 맡았던 신집복고(新執復庫) 등이 있었다.

『기전영지』에 의하면 영(營)에 소속된 창고는 별도로 기재하고 있다는 점에서 일반 창고와 구별하여 운영되었던 것으로 보인다. 영에 딸린 창고는 각 관청의 운영과 그 비용을 남낭하였던 영고(營庫)와 예고(禮庫), 땔나무·꼴[柴草]·횃불·숯[炬炭]을 관리하던 영선(營繕), 각종 종이[紙地]를 관리하는 기구인 지고(紙庫) 등이 있었다.

제 5 장

화성행궁 소장 기물(器物)

1. 봉수당(奉壽堂) 기물
2. 낙남헌(洛南軒)과 노래당(老來堂) 기물
3. 유여택(維與宅) 기물
4. 외정리소(外整理所) 기물
5. 수라간(水刺間) 기물
6. 기타 기물

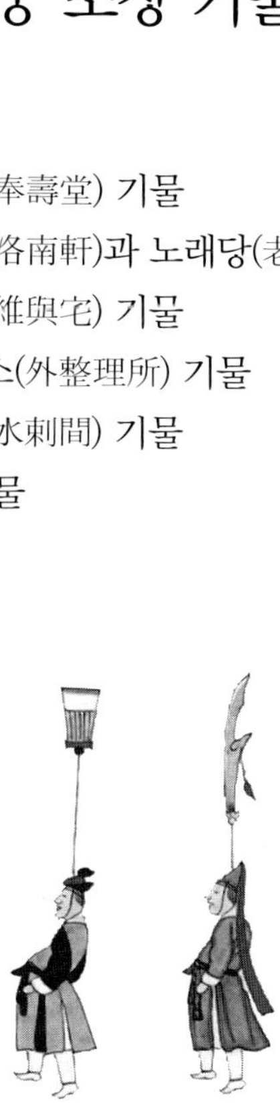

화성행궁은 본래 상왕거처 행궁을 목적으로 계획되었지만, 때때로 능행행궁으로 이용되었다. 1789년(정조 13) 현륭원 조성 이후 국왕의 행차 때마다 사용한 기물은 행궁에 보관하고 관리하기 위해 『원행정례』를 마련하였다. 1795년(정조 19) 을묘원행에서 사용했던 일부 기물은 향후 정조가 상왕으로 머물면서 이용하기 위해 유수부 창고에서 보관하면서 재사용하였다. 본장에서는 정조대에 화성행궁에 준비해 놓은 각종 기물을 행궁 주요 건물의 기능에 따라 종류별로 구분해 보고, 19세기 말까지 관리하였던 각종 기물의 개비 현황과 보관 상황을 정리해 보고자 한다.

1. 봉수당(奉壽堂) 기물

1795년(정조 19) 윤2월 13일 화성행궁의 정전인 봉수당에서는 혜경궁의 회갑연이 성대하게 치러졌다. 당시 진찬(進饌)[1]에서 사용되었던 기물과 비품들은 국왕의 하사품이거나 화성부 소장 물품 외에 전국 각처에서 새로 만들어져 상납된 것으로 당대를 대표하는 최고급 물품들이었다.

정조는 갑자년 구상과 함께 장차 화성행궁에서 어머니의 칠순 축하 잔치를 베풀 계획을 세우고 있었다. 이에 따라 을묘원행 진찬에서 사용하였던 소반이나 식탁[盤卓], 각종 술잔[尊爵] 등의 기물들은 화성부에 보관하도록 명하였다.[2] 이후 화성부에는 장용영 내영에 내별고(內別庫)를 설치하였던 것을 모방하여 외영에도 외별고(外別庫)를 설치하고 원행에서 사용하였던 다양한 물품들을 보관하였다.[3]

당시 외별고에는 은병(銀甁) 2좌(坐)·은첨(銀籤) 3개(箇)·서배(犀杯) 1좌·두석병(豆錫甁) 2좌·두석오정배대구(豆錫五呈杯臺具) 2좌·두석대촉대(豆錫大燭臺) 1쌍(雙)·용촉판구(龍燭板具) 1쌍·화촉판구(華燭板具) 1쌍·용촉대기(龍燭臺機) 1쌍을 보관하였다.[4] 외별고에서는 원행 때마다 수라(水剌)·반과(盤果)는 물론 사궤(賜饋)·호향(犒餉) 등의 업무, 그리고 외탕고의 일 가운데 별주(別廚)와 관계되는 일을 이관받아 거행하였다.[5] 외정리소에서 올린 〈화성외영고절목(華城外營庫節目)〉에 의하면 외탕고의 감관(監官)과 색리(色吏)가 외별고의 일을 겸하였다. 이러한 점에서 두 기관의 업무가 크게 구분되지 않았던 것으로 보인다. 『화성중기』에 의하면 '외탕고'는 소장 물품을 별도로 기록하는 독립적 기관으로 취급하고 있지만 '외별고'는 확인되지 않는다.[6]

혜경궁의 회갑 잔치가 펼쳐졌던 봉수당에 배설되었던 기물과 비품은 『원행을묘정리의궤』와 『원행정례』를 통해 확인된다. 『원행을묘정리의궤』의 「배설」을 참고하여 봉수당 실내와 실외에 배설되었던 기물과 비품을 정리하면 〈표 25〉와 같다.[7]

〈표 25〉를 분석해 보면 당시 궁중 잔치 무대의 복원이 가능하다. 우선 봉수당 실내 바닥에는 말발굽 무늬의 돗자리[馬蹄紋地衣]가 배설되고, 그 위에 꽃무늬의 대형 돗자리[下排菜花地衣]와 용 문양을 수놓은 외겹 돗자리[上排龍紋單席]가 이중으로 얹혀 있었다.[8] 이렇게 대형 돗자리 위에 소형의 단석을 2중으로 깔아 사용한 예는 〈그림 94〉와 같이 잔치 모습을 그려놓은 진찬도병(進饌圖屛)을 통해 확인된다.[9]

〈그림 94〉《진찬병풍회(進饌屛風繪)》, 국립중앙박물관

봉수당 실내 바닥은 다양한 지의를 깐 후 그 위에 등반이와 방석을 정연하게 놓고, 그 뒤로 만수무강을 기원하는 의미를 담고 있는 십장생병풍이 온돌방을 감싸고 있었다. 동시에 협방과 대청의 바닥에도 마제문지의를 먼저 깔고 채색된 그림이 그려진 병풍과 표범가죽으로 만든 방석들로 채워졌다.

진찬에서 혜경궁의 자리는 봉수당의 북쪽 벽에서 남쪽을 향해 마련되었다.[10] 그리고 혜경궁이 앉는 자리 동쪽에는 인안(印案), 그 앞 기둥 좌우에는 2개의 향로와 향합을 올린 향안(香案)과 수주정(壽酒亭)이 마련되었다. 당시 봉수당의 실내 모습은 진찬 행사를 그려놓은《화성능행도병풍》이 남아 있어 의궤의 기록을 보완해준다.《화성능행도병풍》〈봉수당진찬도〉의 경우 봉수당 전면에 붉은색의 대형 발[珠簾]만 그려져 있어 실내에 있는 혜경궁과 내외명부(內外命婦)의 모습은 확인되지 않지만,

〈표 25〉 을묘원행 시 봉수당(奉壽堂) 진찬연 기물

<table>
<tr><th>구분</th><th>종류</th><th colspan="2">기물명</th><th colspan="2">수량</th></tr>
<tr><td rowspan="13">봉수당
실내
–
온돌
(溫突)</td><td rowspan="6">돗자리
[地衣]</td><td colspan="2">마제문지의(馬蹄紋地衣)</td><td colspan="2">1浮</td></tr>
<tr><td colspan="2">하배채화지의(下排菜花地衣)</td><td colspan="2">1浮</td></tr>
<tr><td colspan="2">채화등메(菜花登每)</td><td colspan="2">1坐</td></tr>
<tr><td colspan="2">상배용문단석(上排龍紋單席)</td><td colspan="2">1件</td></tr>
<tr><td colspan="2">협방 마제문지의(挾房 馬蹄紋地衣)</td><td colspan="2">1浮</td></tr>
<tr><td colspan="2">대청 마제문지의(大廳 馬蹄紋地衣)</td><td colspan="2">1浮</td></tr>
<tr><td rowspan="2">등받이
[案息]</td><td colspan="2">만화안식(萬花案息)</td><td colspan="2">1坐</td></tr>
<tr><td colspan="2">남광직안식(籃廣織案息)</td><td colspan="2">1坐</td></tr>
<tr><td rowspan="2">방석</td><td colspan="2">연화방석(蓮花方席)</td><td colspan="2">1坐</td></tr>
<tr><td colspan="2">표피방석(豹皮方席)</td><td colspan="2">31坐</td></tr>
<tr><td>상</td><td colspan="2">연평상(蓮平床)</td><td colspan="2">1坐</td></tr>
<tr><td rowspan="2">병풍</td><td colspan="2">십장생병풍(十長生屛風)</td><td colspan="2">1坐</td></tr>
<tr><td colspan="2">진채병풍(眞彩屛風)</td><td colspan="2">2坐</td></tr>
<tr><td rowspan="21">봉수당
실외
–
전퇴
(前退)</td><td rowspan="3">돗자리</td><td colspan="2">마제문지의(馬蹄紋地衣)</td><td colspan="2">1浮</td></tr>
<tr><td colspan="2">하배채화지의(下排菜花地衣)</td><td colspan="2">1浮</td></tr>
<tr><td colspan="2">상배용문단석(上排龍紋單席)</td><td colspan="2">1件</td></tr>
<tr><td rowspan="2">등받이</td><td colspan="2">용문안식(龍紋案息)</td><td colspan="2">1坐</td></tr>
<tr><td colspan="2">홍광직안식(紅廣織案息)</td><td colspan="2">1坐</td></tr>
<tr><td rowspan="2">방석</td><td colspan="2">연화방석(蓮花方席)</td><td colspan="2">1坐</td></tr>
<tr><td colspan="2">표피방석(豹皮方席)</td><td colspan="2">1坐</td></tr>
<tr><td rowspan="3">상</td><td colspan="2">연평상(蓮平床)</td><td colspan="2">1坐</td></tr>
<tr><td rowspan="2">노연상(爐烟床)</td><td>향로(香爐)·향합(香盒)</td><td rowspan="2">1雙</td><td>2坐</td></tr>
<tr><td>홍주복(紅紬袱)·상보[床巾]</td><td>2件</td></tr>
<tr><td>병풍</td><td colspan="2">십장생병풍(十長生屛風)</td><td colspan="2">1坐</td></tr>
<tr><td rowspan="2">주렴과 휘장</td><td colspan="2">대주렴(大朱簾)</td><td colspan="2">6浮</td></tr>
<tr><td colspan="2">청사장(靑紗帳) 3幅 付</td><td colspan="2">2件</td></tr>
<tr><td rowspan="4">보계(補階)</td><td colspan="2">동서(東西)·남북(南北)</td><td rowspan="4">64間</td><td>8間</td></tr>
<tr><td colspan="2">백문지의(白紋地衣)</td><td>25張 4浮</td></tr>
<tr><td colspan="2">화문방석(花紋方席)</td><td>20立</td></tr>
<tr><td colspan="2">마제문방석(馬蹄紋方席)</td><td>40立</td></tr>
<tr><td>보계(補階)</td><td colspan="2">백문방석(白紋方席)</td><td>64間</td><td>130立</td></tr>
<tr><td rowspan="3">초 관련 비품</td><td rowspan="3">화룡촉(畵龍燭)</td><td>유촉대(鍮燭臺)</td><td rowspan="3">1雙</td><td>1雙</td></tr>
<tr><td>화촉(畵燭)</td><td>1雙</td></tr>
<tr><td>목기(木機)</td><td>1雙</td></tr>
</table>

<table>
<tr><th>구분</th><th>종류</th><th colspan="2">기물명</th><th colspan="2">수량</th></tr>
<tr><td rowspan="13">봉수당
실외
–
전퇴
(前退)</td><td rowspan="2">준화(樽花)</td><td colspan="2">홍도(紅桃)·복숭아나무[碧桃]</td><td rowspan="2">1雙</td><td>각 1本</td></tr>
<tr><td colspan="2">용준[龍樽]</td><td>1雙</td></tr>
<tr><td rowspan="11">수주정과
탁자류</td><td colspan="2">수주정(壽酒亭)</td><td colspan="2">1坐</td></tr>
<tr><td rowspan="3">진작탁(進爵卓)</td><td>서배(犀盃)</td><td rowspan="3">1坐</td><td>1坐</td></tr>
<tr><td>은일월병(銀日月甁)</td><td>2坐</td></tr>
<tr><td>은잔(銀盞)</td><td>2坐</td></tr>
<tr><td>진화탁(進花卓)</td><td>사권화(絲圈化)</td><td>1坐</td><td>2本</td></tr>
<tr><td colspan="2">진휘건탁(進揮巾卓)</td><td colspan="2">1坐</td></tr>
<tr><td colspan="2">명부주탁(命婦酒卓)</td><td colspan="2">1坐</td></tr>
<tr><td colspan="2">내빈주탁(內賓酒卓)</td><td colspan="2">1坐</td></tr>
<tr><td colspan="2">외빈주탁(外賓酒卓)</td><td colspan="2">1坐</td></tr>
<tr><td colspan="2">제신주탁(諸臣酒卓)</td><td colspan="2">1坐</td></tr>
<tr><td colspan="2">산화탁(散花卓)</td><td colspan="2">1坐</td></tr>
</table>

혜경궁의 자리는 병풍이 그려진 봉수당 건물의 우측으로 추정된다.

봉수당 실외의 기물과 비품은 〈봉수당진찬도〉를 통해 좀 더 구체적으로 확인할 수 있다. 봉수당 실외의 전면 바닥은 실내와 마찬가지로 마제문지의가 깔리고 그 위에 다시 대형의 꽃무늬 돗자리와 소형의 용문양 단석이 이중으로 깔려 있었다. 특히 실외에는 방석과 안식(案息) 이외에 정조의 자리가 마련된 만큼 용문양이 그려진 안식이 추가로 준비되었다. 그리고 봉수당 정면에는 초록화주와 청면사를 3겹의 굵은 실로 엮은 대주렴 6부를 걸어 실내와 구분하였다. 대주렴은 귀갑문 모양의 발로 『경모궁의궤(景慕宮儀軌)』의 외주렴을 통해 그 모습을 유추할 수 있다.

한편 봉수당 실외에는 가설 마루인 보계(補階)를 설치하여 잔치를 축하하는 공연무대를 마련하였다. 보계는 동서로 8칸씩 총 64칸의 마루판을 깔고 그 위에 무늬가 없는 돗자리[白紋地衣] 25장을 붙인 대형의 돗자리 4부, 꽃무늬 방석 20립, 말발굽 무늬 방석 40립, 흰색 방석 130립이

〈그림 95〉 〈봉수당진찬도〉의 기물 배설, 《화성능행도병풍》, 국립고궁박물관

배설되었다.

진찬 당시 정조가 앉았던 자리는 봉수당 건물 왼쪽에 마련되었는데 표범가죽으로 만든 방석이 놓여 있었고 주위는 병풍이 감싸고 있었다. 봉수당 앞에는 향로와 향합을 올린 노연상(爐烟床) 1쌍, 서배 1좌·은일월병 2좌·은잔 2좌로 구성된 진잔탁 1좌, 유촉대·화촉·목기로 구성된 화룡촉 1쌍이 준비되었다.[11] 진찬에 배설된 촛대는 2미터가 넘는 초대형의 왕실 의식용으로 간주(竿柱)의 중간 부분을 분해하여 필요에 따라 크기 조절이 가능하였다.[12]

또한 〈봉수당진찬도〉를 통해 진찬에서 사용되었던 향로와 향합이 확인된다. 하지만 지나치게 간단하게 묘사되어 있어 정조대에 편찬된 『경모궁의궤』와 순조대에 간행된 『순조기축진찬의궤(純祖己丑進饌儀軌)』를 통해 그 모습을 살펴볼 수 있다. 18세기 이후에 등장하는 향로는 뚜껑에 용머리 조각을 한꺼번에 주조하여 용의 머리와 몸체가 자연스럽게 연결된 모습을 갖추고 있었다.[13] 이외에 흰쌀을 넣은 용준(龍罇)에는 홍도나무[紅桃]와 복숭아나무[櫻桃]를 각각 하나씩 꽂아 준비하고, 비단으로 만든 채화(菜花)인 사권화와 꽃잎을 담은 그릇을 올려놓았던 산화탁도 마련되었다. 또한 휘건을 준비한 탁자, 명부와 내외빈 및 제신들에게 나누

어줄 주탁도 격식에 맞게 배설하였다. 〈그림 96〉은 지금까지 살펴본 기물과 비품의 원형을 살펴보기 위해 『원행을묘정리의궤』를 비롯한 의궤의 도설에서 발췌하여 제시한 것이다.

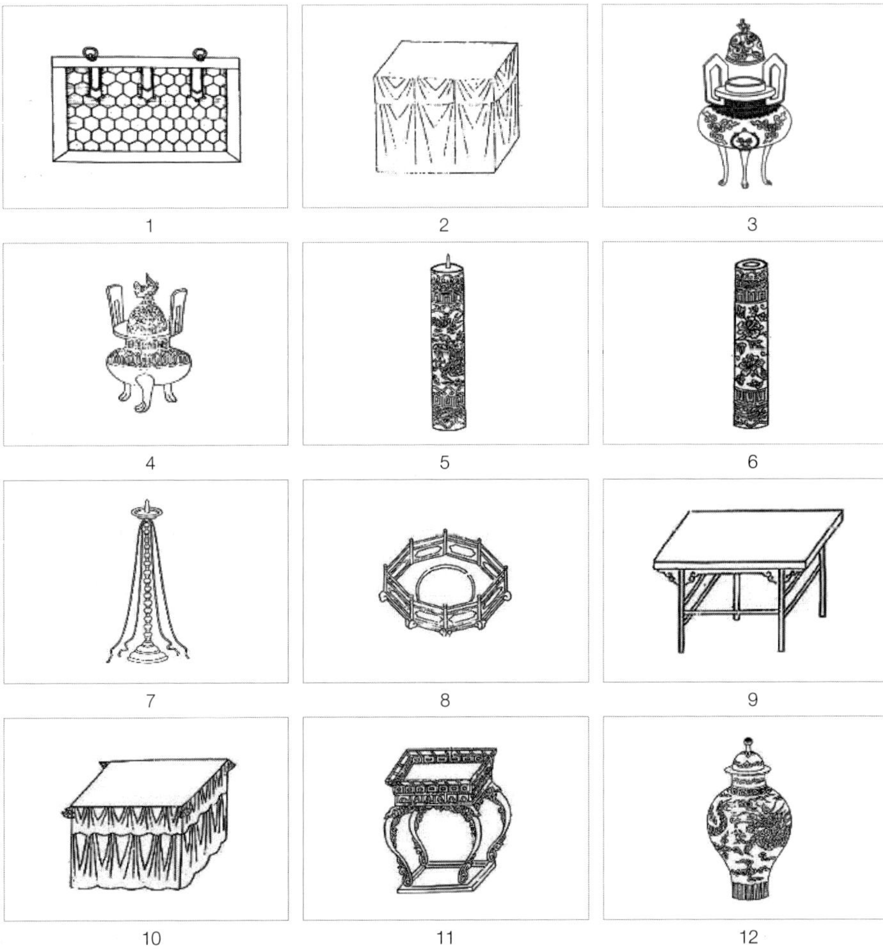

1 외주렴 – 『경모궁의궤』
2 노연상 – 『순조기축진찬의궤』
3 향로 – 『경모궁의궤』
4 향로 – 『순조기축진찬의궤』
5 용촉 – 『원행을묘정리의궤』
6 화촉 – 『원행을묘정리의궤』
7 촉대 – 『원행을묘정리의궤』
8 촉대부 – 『원행을묘정리의궤』
9 진작탁 – 『원행을묘정리의궤』
10 산화탁 – 『원행을묘정리의궤』
11 준화상 – 『원행을묘정리의궤』
12 화준 – 『원행을묘정리의궤』

〈그림 96〉 을묘원행 시 봉수당 진찬연 기물 도설(추정)

을묘원행 진찬에 사용되었던 기물들은 궁궐의 다른 잔치에서 사용한 기물들에 비해 다소 격을 낮추어 간소화하였다. 이는 혜경궁이 국왕의 어머니이기는 하지만 그 지위가 '세자빈'이라는 한계를 보여주는 것이었다. 그럼에도 불구하고 을묘원행 진찬에 배설되었던 물품들은 당대 최고의 왕실 기물과 비품들이었다.[14] 일반적으로 궁궐 진찬의 경우 수주정(壽酒亭)은 대주정(大酒亭)을 사용하지만 을묘원행 진찬에서는 난간이 없는 소주정(小酒亭)을 사용하였고, 술잔도 작(爵)을 사용하지 않고 무소의 뿔로 만든 서배(犀盃)를 사용하였다.[15]

술병도 당시 처음이자 마지막으로 사용했던 은일월병(銀日月甁)은 토끼가 방아를 찧고 있는 문양이 그려진 옥호춘병(玉壺春甁)이라 불리는 기형으로 뚜껑을 갖추고 있었다. 그러나 1827년(순조 27) 자경전(慈慶殿) 진작(進爵)부터는 주구와 손잡이가 별도로 달린 기형의 술병을 사용하기 시작하였다. 〈그림 97〉은 을묘원행에서 사용되었던 기물과 19세기 이후 자궁(慈宮) 및 왕비의 진찬에 사용되었던 기물을 비교하기 위해 각종 의궤의 도설에서 발췌한 것이다.[16]

『원행을묘정리의궤』에는 진찬 당시 사용된 기물들의 조달 방법도 기술되어 있다. 봉수당 실내에 마련된 기물들은 화성부에서 소장하고 있던 물품 외에 전국의 각 기관으로부터 조달되었다. 돗자리 3장은 호조, 표피방석 300개는 각사(各司), 화룡촉 일체는 정리소, 대주렴은 상의원(尙衣院)의 것을 빌려와 사용하였다. 그러나 어머니에게 직접 축원을 올릴 때 사용하였던 술과 잔은 정조가 직접 하사하였는데 술잔인 서배는 내시부(內侍府)에서 소장하고 있던 것을 내려주었다.[17] 정조는 『시경』의 "저 술잔을 들어 만수무강 하소서[稱彼兕觥萬壽無疆]"라는 구절을 인용하며 서배가 시굉(兕觥)에 비해 작은 술잔이지만 특별히 궁에서 사용하던 잔에 술을 올림으로써 어머니의 만수무강을 축원하였다.

	수주정	작	병
「원행을묘정리의궤」			
「기사진표리진찬이궤」			
「순조기축진찬의궤」	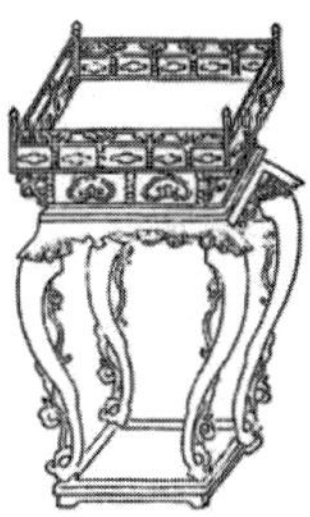	–	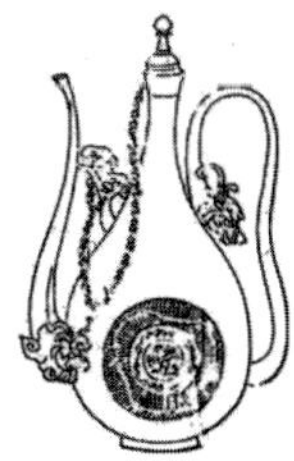
「헌종무신진찬의궤」			–

〈그림 97〉 을묘원행 시 진찬 기물과 19세기 진찬 기물 비교

『원행을묘정리의궤』에서 확인되는 기물과 마찬가지로 현륭원 원행과 관련한 제반 사항을 기록한 『원행정례』에 수록된 기물 역시 왕실의 행사용 물품들이었다고 할 수 있다. 〈표 26〉은 『원행정례』의 「대청급방배설(大廳及房排設)」 목록에서 확인되는 기물들을 분류하여 정리한 것으로 화성행궁은 물론 과천행궁과 시흥행궁의 기물도 포함하고 있다.[18)]

『원행정례』의 「대청급방배설」에 기록된 비품과 기물은 왕실에서 사용하던 당대 최고의 기물이라고 할 수 있다. 국왕의 권위와 절대 권력을 상징하는 일월오봉도가 그려진 오봉산병풍은 궁궐의 정전에 안치된 어좌(御座) 뒤나 왕실의 각종 행사에서 국왕의 뒷자리 배경으로 배설되었다. 현재 국립고궁박물관에서 소장하고 있는 〈일월오봉도〉를 통해 당시 사용하던 오봉산병풍의 원형을 추정할 수 있다.[19)]

또한 용상 및 용문양이 그려진 안식과 방석 역시 국왕만이 사용할 수 있던 기물들이었다. 교의(交倚)는 답장(踏掌)과 함께 자줏빛의 명주 보자기와 목홍색의 무명 보자기로 감싸 보관하였으며, 옥새를 찍을 때 사용하는 안보상(安寶床)은 최고급 명주인 홑단의 자줏빛 정주(鼎紬) 보자기로 싸서 보관하였다.

문방사우는 두 가지로 나누어 기록되어 있다. 용상과 함께 구비된 연석·연적·서진·답판은 최고의 품질이었던 참먹[眞墨]과 족제비 꼬리털로 만든 황모필(黃毛筆)을 포함한 하나의 세트로 마련되었다. 다른 하나는 연석과 연적은 물론 연갑·서안·교통, 문방사우를 올려놓는 연평상(蓮平床)까지 갖추고 있었다. 여기에 잔글씨를 쓰는 가느다란 초필(抄筆)은 크기별로 준비되어 있었다.

『원행정례』는 원행길에 국왕이 유숙하였던 과천행궁과 시흥행궁의 소장 비품도 함께 기록하고 있다. 국왕이 하룻밤을 머물렀던 행궁에서 소장하고 있던 비품은 개비기한만 차이가 확인된다. 병풍의 경우 화성행

〈표 26〉 원행 시 봉수당(奉壽堂) 기물

<table>
<tr><th rowspan="2">번호</th><th rowspan="2">종류</th><th rowspan="2">기물명</th><th rowspan="2">수량</th><th colspan="2">개비기한</th><th rowspan="2">비고</th></tr>
<tr><th>화성행궁</th><th>과천행궁·시흥행궁</th></tr>
<tr><td rowspan="2">1</td><td rowspan="2">병풍</td><td>오봉산병풍(五峯山屛風)</td><td>1坐</td><td>10년</td><td>과천은 시흥으로 이송, 시흥-20년</td><td>-</td></tr>
<tr><td>대병풍·중병풍
(大屛風·中屛風)</td><td>각1坐</td><td>15년</td><td>20년</td><td>-</td></tr>
<tr><td rowspan="2">2</td><td rowspan="2">등받이</td><td>용문양 안식[龍紋案息]</td><td>-</td><td rowspan="2">5년</td><td rowspan="2">5년</td><td rowspan="2">-</td></tr>
<tr><td>병풍명주안식(屛風綿紬案息)</td><td>-</td></tr>
<tr><td rowspan="4">3</td><td rowspan="4">문방사우 1</td><td>용상(龍床)</td><td>1坐</td><td rowspan="2">30년
(보자기는 파손 시)</td><td rowspan="2">30년
(보자기는 파손 시)</td><td rowspan="2">목홍색무명 보자기 포함</td></tr>
<tr><td>연석·연적·서진·답판
(硯石·硯滴·書鎭·踏板)</td><td>-</td></tr>
<tr><td>황필(黃筆)</td><td>2柄</td><td rowspan="2">매번 준비</td><td rowspan="2">매번 준비</td><td rowspan="2">-</td></tr>
<tr><td>진묵(眞墨)</td><td>1丁</td></tr>
<tr><td>4</td><td>의자</td><td>교의(交倚)
-답장·양좌자·양의자
(踏掌·凉座子·凉倚子)</td><td>1坐</td><td>30년
(보자기는 파손 시)</td><td>30년
(보자기는 파손 시)</td><td>다홍명주 보자기와 목홍보자기 포함</td></tr>
<tr><td rowspan="2">5</td><td rowspan="2">향</td><td>향좌아(香佐兒)
향꽂이(香串之)</td><td>1雙</td><td>30년
(향꽂이와 보자기는 파손 시)</td><td>30년
(향꽂이와 보자기는 파손 시)</td><td>목홍보자기 포함</td></tr>
<tr><td>심지와 향[炷香]</td><td>-</td><td>설과(設科) 때</td><td>설과(設科) 때</td><td>-</td></tr>
<tr><td rowspan="5">6</td><td rowspan="5">돗자리</td><td>채화하배석(彩花下排席)</td><td>2張 付 1件</td><td rowspan="5">4년</td><td rowspan="5">7년</td><td rowspan="5">-</td></tr>
<tr><td>용문상배석(龍紋上排席)</td><td>2件</td></tr>
<tr><td>연화방석(蓮花方席)</td><td>2立</td></tr>
<tr><td>채화등메(彩花登每)</td><td>1坐</td></tr>
<tr><td>만화안식(滿花案息)</td><td>2坐</td></tr>
<tr><td rowspan="4">7</td><td rowspan="4">문방사우 2</td><td>연평상(蓮平床)</td><td>2坐</td><td>10년 내 파손 시</td><td>10년 내 파손 시</td><td rowspan="4">-</td></tr>
<tr><td>서안·연갑(書案·硯匣)
연석·연적·서진·교통
(硯石·硯滴·書鎭·膠桶)</td><td>각 1坐</td><td>30년 내 파손 시</td><td>30년 내 파손 시</td></tr>
<tr><td>대·중 초필(抄筆)</td><td>각 1柄</td><td rowspan="2">매번 준비</td><td rowspan="2">매번 준비</td></tr>
<tr><td>진묵(眞墨)</td><td>1丁</td></tr>
</table>

번호	종류	기물명	수량	개비기한		비고
				화성행궁	과천행궁·시흥행궁	
8	상	보상(寶床)	1坐	30년 (보자기는 파손 시)	30년 (보자기는 파손 시)	–
		자줏빛 정주[紫的鼎紬] 홑단 보자기	4幅			
		안보상(安寶床)	1坐	30년	30년	–
9	기타	방장(房帳)	1浮	10년	15년	–
		홍전(紅氊)	1浮	파손 시	파손 시	–
		백면지(白綿紙)	10卷	필요할 때	필요할 때	–
		유지(油紙)	3卷			

궁의 오봉산병풍은 10년, 대병풍과 중병풍은 15년 만에 개비하도록 하였다. 이에 비해 국왕의 체류 일수가 적은 과천행궁과 시흥행궁에서 소장하고 있는 병풍의 개비기한은 20년이었다.

그리고 눈에 띄는 것은 과천행궁의 오봉산병풍이 시흥행궁으로 이송되었다는 것이다. 이는 1795년 을묘원행부터 화성을 다녀오는 길에 과천행궁을 거치지 않고 시흥행궁에서 유숙하게 되면서 과천행궁에서 소장하고 있던 오봉산병풍을 시흥행궁으로 옮겼던 것으로 판단된다.[20] 이외에 용문양 안식의 개비기한만 5년으로 동일하고 나머지 대부분의 기물들은 개비기한을 30년으로 길게 설정하여 비교적 오랫동안 사용하도록 하였다. 이에 비해 사용 빈도가 높았던 방석이나 안식은 4년으로 개비기한이 짧았고, 붓과 먹은 사용 여부에 따라 개비기한을 조정하였다.

〈그림 98〉은 『원행정례』에서 확인되는 왕실 기물의 형태를 확인하기 위해 현재 국립고궁박물관에서 소장하고 있는 〈일월오봉도〉와 1829년(순조 29)에 편찬된 『순조기축진찬의궤』의 도설을 제시한 것이다.

일월오봉도-국립고궁박물관

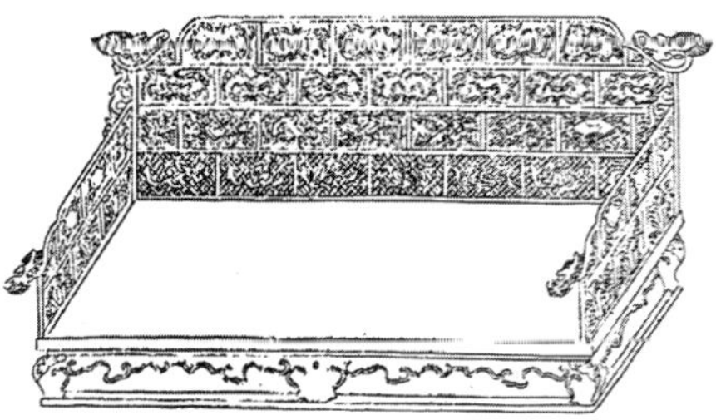

1

2

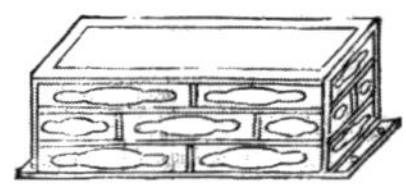

3

4

5

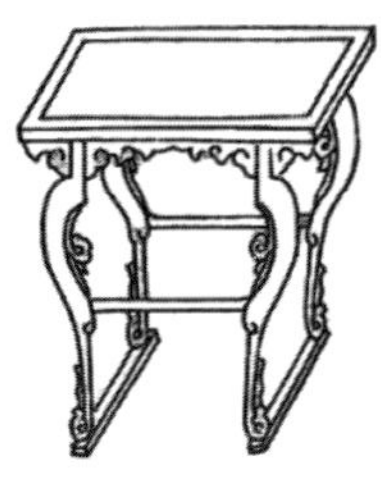

6

1 용평상-『순조기축진찬의궤』

2 교의-『순조기축진찬의궤』

3 답장-『순조기축진찬의궤』

4 향좌아-『순조기축진찬의궤』

5 향꽂이-『순조기축진찬의궤』

6 보상-『순조기축진찬의궤』

〈그림 98〉 원행 시 봉수당 기물 도설(추정)

2. 낙남헌(洛南軒)과 노래당(老來堂) 기물

1) 낙남헌 기물

화성행궁의 낙남헌은 정조대 문화의 개방적이고 역동적인 성격을 엿볼 수 있는 대표적인 행사공간이다. 낙남헌 앞마당에는 지배층과 피지배층이 함께 어울린다는 '상하동락(上下同樂)'의 이념에 따라 이동식 담장이 설치되어 많은 행사들이 치러졌다. 이곳에서는 을묘원행 당시 혜경궁의 회갑을 기념하여 베풀었던 양로연, 문무과 별시, 활쏘기와 매화포(梅花砲) 시연이 진행되었으며 화성이 완공된 후에는 성대한 낙성연(落成宴)이 거행되기도 하였다.

낙남헌에 배설되었던 기물과 비품은 『원행을묘정리의궤』, 《화성능행도병풍》, 『화성중기』 등의 자료를 통해 살펴 볼 수 있다. 을묘원행 당시 양로연이나 문무과 별시의 방방(放榜) 의식을 거행할 때 배설했던 기물은 봉수당 진찬 기물과 거의 유사하다. 다만 양로연에는 수주정 외에 잔치에 참석한 노인들에게 술을 돌릴 주탁이 마련되었고,[21] 방방 의식 때는 문무과 합격자 명단을 올려놓을 방안(榜案)과 합격증을 놓을 홍패안(紅牌案), 향안, 보안(寶案)을 국왕 자리의 지척에 두도록 하였다.[22]

낙남헌에서는 을묘원행 이후 1796년 10월 16일에 화성 완공을 기념하

〈그림 99〉 〈낙남헌양로연도〉와 〈낙남헌방방도〉 세부도, 《화성능행도병풍》, 국립고궁박물관

는 낙성연이 치러졌다. 이때 화성부에서 소장하고 있던 보계의 판자 및 차일·병풍·장막·유기·목기 등이 재사용되었다. 수라간의 가건물을 세울 부재와 솥이나 담통 등의 기물은 성역소에서 옮겨 쓰도록 하였다.[23)] 당시 낙성연에는 정조가 직접 참석하지는 않았지만 『명니의궤』에 그려진 〈낙성연도〉를 통해 성대한 잔치의 실상을 짐작해 볼 수 있다. 특히 이 그림에서는 보계(補階)의 구조가 명확히 드러난다. 보계는 대규모 행사가 있을 때 공간을 효율적으로 사용하기 위해 임시로 만든 무대장치이다. 나무판 아래에 여러 나무막대기를 서로 잇대어 세우고 묶어 연결하여 지지대로 삼고 그 위에 판을 얹어 마루를 만든 것으로 사방에 3개의 계단을 설치하여 오르내리도록 하였다.

『원행을묘정리의궤』와 《화성능행도병풍》에서 확인되는 기물과 비품들이 을묘원행을 비롯한 정조시대 왕실 행사에 배설되었던 물품이라면, 고종대에 간행된 『화성중기』에 기록된 기물과 비품은 간헐적으로 이루어진 국왕의 능행에서 사용하거나 평소 화성유수부에서 사용하던 물품이라고 할 수 있다. 『화성중기』에서 확인되는 각종 비품과 기물은 화성유수부의 창고였던 영고(營庫)를 비롯해 외탕고와 행궁각처에 나누어 보관하고 있었다.

영고(營庫)에는 놋쇠등잔대를 갖추고 있는 은등잔[銀盞], 용정(龍亭), 화성이 그려

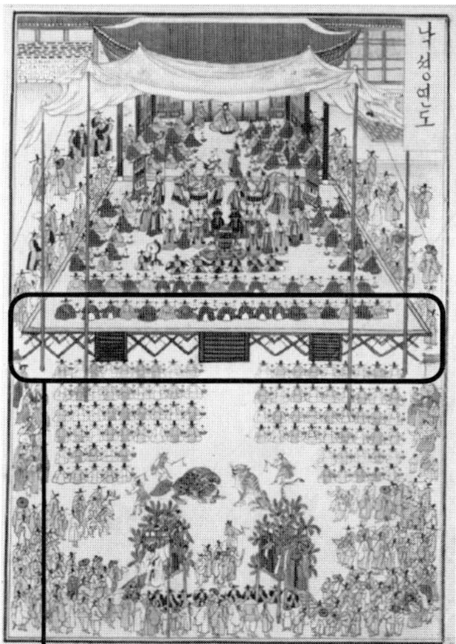

〈그림 100〉 보계 구조, 〈낙성연도〉, 『명니의궤』, 프랑스국립도서관

진 성도대병풍(城圖大屛風) 등을 비롯하여 놋쇠로 만든 대야·쟁반·화로·보시기·타구·요강, 문방사우 일체, 가마, 측우기까지 다양한 기물을 보관하고 있었다. 외탕고는 영고보다 더 많은 종류의 기물과 비품을 보관하였는데 각종 서적을 비롯하여 수라간 기명들 외에 현판과 병풍도 포함하고 있었다.[24] 특히 영고나 외탕고에는 각 창고의 소장 물품을 화성부 소속 이아(貳衙)나 객사(客舍) 등의 부속기관에 대여해주고 낡고 오래된 비품은 개비하면서 고종대까지 운영되었다.

『화성중기』「행궁각처배설」에 실린 목록은 1891년(고종 28) 당시 행궁 각 건물에 배설되었던 기물과 비품이었을 것으로 추정된다. 〈표 27〉은 「행궁각처배설」에서 확인되는 기물과 비품 목록을 분류한 것이다.[25]

〈그림 101〉〈화성전도〉(12폭), 국립중앙박물관
* ① 화성행궁 및 부속시설 일체 ② 화령전 및 군영 창고 ③ 광주창과 이창 ④ 용인창

화성행궁에는 다양한 크기의 병풍이 종류별로 구비되어 있었다. 병풍은 4·5·8·10첩의 크기로 그림이 그려진 화본(畵本)과 글이 쓰인 서본(書本)으로 분류하고, 동시에 병풍의 재질인 백면지(白面紙)·모면지(毛面紙)·장지(壯紙) 등으로 나누어 구분하였다. 이렇게 마련된 총 23좌의 병풍은 대·중·소 크기에 따라 화성의 다양한 행사에 맞추어 사용되었다.

조선시대는 국가의 공식행사가 끝나면 이를 기념하는 그림을 그려 만든 계병(契屛)이 제작되었다. 특히 18세기 이후 만들어진 계병은 그림 제작을 주도한 관아와 소속 관료들에게 나누어 주거나 궁으로 상납하는 것이 관행이었다.[27] 을묘원행이 끝난 후 정리소에서는 대병과 중병의 '진찬도병'을 각 3좌씩 제작하여 궁으로 상납하고 대병 13좌를 추가 제작하

〈표 27〉 행궁각처 및 낙남헌(洛南軒) 기물

번호	종 류	기물명	수량	비고
1	병풍	8첩성도대병(八貼城圖大屛)	2坐	–
		4첩서본백면지대병(四貼書本白面紙大屛)	2坐	–
		8첩화본백면지대병(八貼畵本毛面紙大屛)	5坐	桃花, 翎毛, 翎毛·花竹·蓮花·水鳥, 榴菊
		8첩서본장지대병(八貼書本壯紙大屛)	1坐	七月章
		10첩저본팔분대병(十貼苧本八分大屛)	1坐	月沙筆
		5첩화본모면지대병(五貼畵本毛面紙大屛)	1坐	竹
		10첩화본모면지대병(十貼畵本毛面紙大屛)	1坐	山水
		10첩화본모면지중병(十貼畵本毛面紙中屛)	1坐	山水
		8첩서본장지중병(八貼書本壯紙中屛)	1坐	天保章
		8첩서본장지중병(八貼書本壯紙中屛)	1坐	斯干章
		8첩화본모면지중병(八貼畵本毛面紙中屛)	2坐	山水, 黃鷄
		8첩화본모면지소병(八貼畵本毛面紙小屛)	3坐	山水
		8첩서본초면지소병(八貼書本綃面紙小屛)	1坐	靖節詩
		8첩화본장지소병(八貼畵本壯紙小屛)	1坐	山水
2	화로 관련 비품	두석 화로(豆錫火爐)[26]	3坐	1坐는 뚜껑 포함 동헌에 있음
		두석 불집게[豆錫火執擧]	6介	1좌는 동헌에 있음
		놋쇠 불 젓가락[鍮火箸]	4浮	–
		놋쇠 불 숟가락[鍮火匙]	2介	
3	향 관련 비품	향로(香爐)·향합(香盒)	각 1雙	뚜껑을 갖춤
		두석 향꽂이[豆錫香串之]	1雙	–
		향좌아(香坐兒)	1雙	
4	초 관련 비품	대 황촉[大黃燭]	6柄	–
		소 황촉[小黃燭]	6柄	
		놋쇠 소 촛대[鍮小燭臺]	4雙	
		놋쇠 죽엽 중 촛대[鍮竹葉中燭臺]	1坐	火遮燭古之 3介
		놋쇠 소 촛대[鍮小燭臺]	6坐	1좌는 동헌에 있음
		놋쇠 대 촛대[豆錫大燭臺]	2雙	–

번호	종 류	기물명	수량	비고
4	초 관련 비품	홍칠 대 목촛대(紅漆大木燭臺)	5雙	–
		홍칠 소 목촛대(紅漆小木燭臺)	2雙	–
		놋쇠 초꽂이[鍮燭古之]	4介	–
		후기판(後機板)	2坐	–
5	문방 사우	놋쇠 연적[鍮硯滴]	5介	–
		놋쇠 서진[鍮書鎭]	2雙	–
		놋쇠 철 연판[鍮鐵硯板]	1坐	–
		홍칠연갑(紅柒硯匣)	1坐	–
		연석(硯石)	2面	–
		두석교통(豆錫膠桶)	4坐	1좌는 동헌에 있음
		연상(硯床)	2坐	–
		홍목답장(紅木踏掌)	3坐	–
6	궤짝	대궤(大樻)	1坐	자물쇠[具鎖金] 포함
		홍목궤(紅木櫃)	1坐	–
7	상	홍칠서안(紅柒書案)	1坐	–
		홍칠대고족상(紅柒大高足床)	3坐	–
7	상	홍칠전평상(紅柒箭平床)	1坐	–
		홍칠판평상(紅柒板平床)	1坐	–
8	등받이 ·방석	석자안식(席子案息)	3件	–
		소등메[素登每]	1件	–
		초방석(草方席)	80立	–
		청목안식통(靑木安息桶)	3件	–
9	기타	흑칠의걸이[黑漆衣巨里]	3坐	–
		치미추(雉尾箒)	1柄	–
		옻칠 재떨이[柒灰板]	2坐	–
		놋쇠 소 요강[鍮小溺江]	1坐	뚜껑 포함
		어탑두석곡지(御榻豆錫曲支)	1坐	두석채정[豆錫釵釘] 포함
		정철채정(正鐵釵釘)	28介	끈과 홍목보자기 포함

여 총리대신을 비롯한 당상과 낭청들에게 나누어주었으며 감관 2명에게는 중병을 배포하였다.[28)]

1796년(정조 20) 화성 공역이 끝난 후에도 화성전도가 그려진 대병풍 3좌를 마련하여 궁으로 상납하고, 화성의 춘추팔경이 그려진 중병풍 2좌는 행궁에 배설하였다.[29)] 이와 함께 화성전도가 그려진 대병풍 8좌를 추가로 만들어 총리대신 이하 관리들에게 나누어주었으며 하급 관리 30명에게도 화성전도가 그려진 중족자(中簇子)를 배포하였다. 『화성중기』에서 확인되는 8첩의 성도대병은 화성전도가 그려진 병풍이었을 것으로 보인다. 현재 국립중앙박물관은 19세기에 제작된 것으로 전해지는 12폭의 〈화성전도〉 병풍을 소장하고 있다.[30)] 병풍의 제작연도는 정확히 알 수 없지만 화성의 모습을 고스란히 담고 있다는 점에서 성도대병도 이러한 모습이었을 것으로 추정된다.

『화성중기』에 기록된 5종의 서본 병풍에는 『시경』의 「빈풍칠월편(豳風七月篇)과 「소아천보편(小雅天保篇)」, 「소아사간편(小雅斯干篇)」이 쓰여 있었다.[31)] 조선후기에는 8폭의 빈풍칠월도 병풍이 다수 제작되어 성행하였다.[32)] 이는 유교에서 가장 중요한 경전 중 하나인 『시경』에 전거(典據)를 두면서도 한편으로는 조선의 세시풍속과 생활 모습을 동시에 포괄할 수 있는 양면적 효과 때문에 규장각 녹취재(綠取才)의 속화(俗畵) 화제로도 자주 출제되었다.[33)] 이러한 흐름에 따라 화성유수부에서도 빈풍칠월장을 비롯한 소아의 천보장과 사간장의 시가 쓰여 있는 병풍들이 소장되어 있던 것으로 보인다. 또한 월사 이정구(月沙 李廷龜, 1564~1635)의 글씨를 저본으로 만든 10첩의 대병풍과 도연명(陶淵明, 365~427)의 시(詩), 이른바 '정절시(靖節詩)'가 쓰여진 8첩의 병풍도 갖추고 있었다.

이외에 놋쇠와 나무로 만들어진 33좌의 촛대를 비롯해 대·소의 황촉, 촛불을 켤 때 바람막이로 사용하는 후기판도 마련되어 있었다. 부집게와

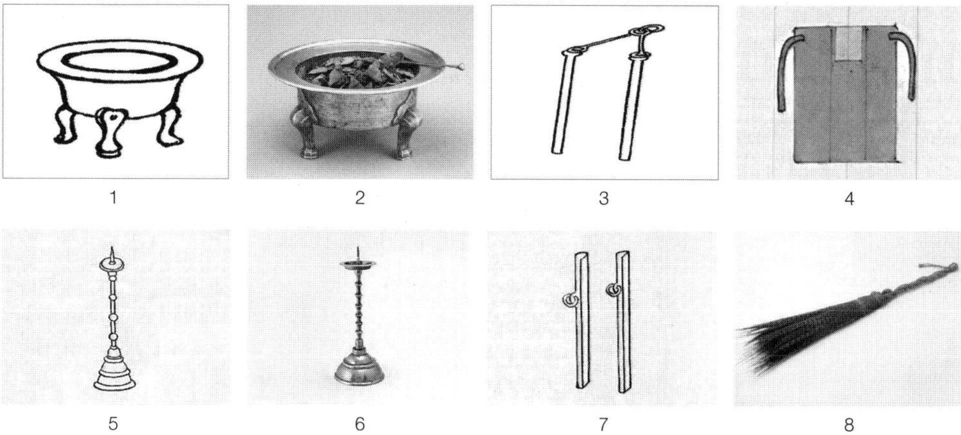

1 화로–『정조국장도감의궤』
2 화로–국립민속박물관
3 장화저(長火箸)–『효의왕후국장도감의궤』
4 겹휘건–『영조정순왕후가례도감의궤』
5 소촉대–『효의왕후국장도감의궤』
6 촛대–국립고궁박물관
7 서진–『효현왕후국장도감의궤』
8 치미추–국립민속박물관

〈그림 102〉 행궁 각처 및 낙남헌 기물 도설(추정)

부젓가락을 갖춘 화로, 향자아와 향꽂이를 포함하는 향로와 향합, 문방사우 일체, 안식과 등메를 포함하는 방석류, 안식을 보관한 것으로 보이는 안식통도 갖추어져 있었다. 국왕이 앉던 상탑(牀榻)을 수리할 때 필요한 도구인 놋쇠로 만든 비녀못[釵釘]과 끈[纓子]을 갖춘 철못, 뚜껑이 갖추어진 요강, 재떨이, 빗자루 등의 생활용품까지 구비하고 있었다.

이러한 기물의 형태는 정조대 전후 편찬된 『정조국장도감의궤(正祖國葬都監儀軌)』를 비롯한 관련 자료와 국립고궁박물관을 비롯한 박물관에서 소장하고 있는 유물을 통해 〈그림 102〉와 같이 확인된다.

이외에 『화성중기』 「지의질」 기록을 통해 낙남헌의 대청과 북퇴, 남변에 총 107장의 지의가 깔려 있었음이 확인된다.[34)] 여기서 지의는 앞에서 살펴보았던 행사용 돗자리와 달리 행궁 모든 건물의 방이나 마루에 깔려 있던 것으로 건축물 공간 구성의 기본 물품으로 마련되었던 것으로

〈표 28〉 행궁 주요 건물의 지의(地衣) 현황

번호	건물명	장(張)	건(件)	비고
1	유여택	104	14	拱宸樓를 포함한 附舍와 툇마루 포함
2	봉수당	110	11	대청, 협방, 툇마루 포함
3	장락당	74	10	툇마루, 중방(中房) 포함
4	복내당	90	11	대청, 측간(廁間) 포함
5	낙남헌	107	3	대청 75장, 북퇴 20장, 남변 12장
6	득중정	61	6	마루 포함
7	경룡관	50.5	7	누각 대청, 계단 포함
8	미로한정	14.5	2	–
9	어천문	16	2	–
10	신풍루	40	1	누각 포함
11	정리소	6	1	–
12	유억문	10.5	1	–
13	노래당	30.5	4	대청과 계단 포함

보인다. 〈표 28〉은 『화성중기』에서 확인되는 지의 목록이다.

2) 노래당 기물

노래당은 행궁의 대표적인 휴식공간으로 낙남헌과 득중정의 부속시설이었다. 『화성중기』 「행궁각처배설」의 '노래당소존질(老來堂所存秩)' 항목에서 확인되는 노래당 기물은 〈표 29〉와 같다.

노래당에 보관되었던 기물과 비품들은 노래당 서쪽에 붙어 있는 낙남헌과 득중정의 기능을 보여준다. 노래당은 낙남헌과 득중정에서 행사를 치르다가 잠시 휴식을 취하는 공간으로 이용되었다. 노래당에는 평소 홍목(紅木)보자기로 싼 용상과 용교의, 자줏빛의 사슴 가죽끈을 포함한 답

〈표 29〉 노래당(老來堂) 기물

<table>
<tr><th>번호</th><th>기물명</th><th>수량</th><th>비고</th></tr>
<tr><td>1</td><td>용상(龍床)</td><td>1坐</td><td>홍목보자기 포함</td></tr>
<tr><td>2</td><td>용교의(龍交椅)</td><td>1坐</td><td>홍목보자기 포함</td></tr>
<tr><td>3</td><td>답장(踏掌)</td><td>4坐</td><td>1좌는 양석자(凉席子)와
자줏빛사슴가죽끈[紫芝鹿皮纓子] 포함</td></tr>
<tr><td>4</td><td>자지욕석(紫芝褥席)</td><td>1件</td><td>–</td></tr>
<tr><td>5</td><td>연상(硯床)</td><td>1坐</td><td>–</td></tr>
<tr><td>6</td><td>원패(圓牌)</td><td>4箇</td><td rowspan="3">홍목으로 만든 보관함,
안감은 황목
[紅木甲家具內拱黃木]</td></tr>
<tr><td>7</td><td>주목(柱木)</td><td>4箇</td></tr>
<tr><td>8</td><td>전(箭)</td><td>1箇</td></tr>
<tr><td>9</td><td>자물쇠[鎖金]</td><td>6部</td><td>–</td></tr>
</table>

장을 보관하고 있었다. 여기에 자줏빛의 욕석(褥席)까지 왕실의 행사용 기물과 비품이라는 것에 이심할 여지가 없다.

노래당 소장 기물 중 흥미로운 것은 원패(圓牌)를 비롯하여 주목(柱木)과 활쏘기에 필요한 기물들을 구비하고 있었다는 점이다. 원패는 둥근 과녁판을 가리키며, 주목은 구조물을 세우는 나무기둥으로 여기서는 과녁판을 세우는 받침대였다고 추정된다. 원패와 주목은 화살과 함께 황목으로 포장하여 홍목으로 만든 함에 보관하였다. 득중정에서 활쏘기를 할 경우 필요한 기물을 편리하게 사용하기 위하여 노래당에서 활쏘기 관련 기물을 보관하고 있던 것으로 판단된다. 〈그림 103〉은 『대사례의궤(大射禮儀軌)』와 『영정모사도감의궤(影幀摹寫都監儀軌)』의 도설에서 발췌한 것으로 위 기물과 정확하게 일치하지는 않지만 그 형태를 미루어 짐작할 수 있다.

1

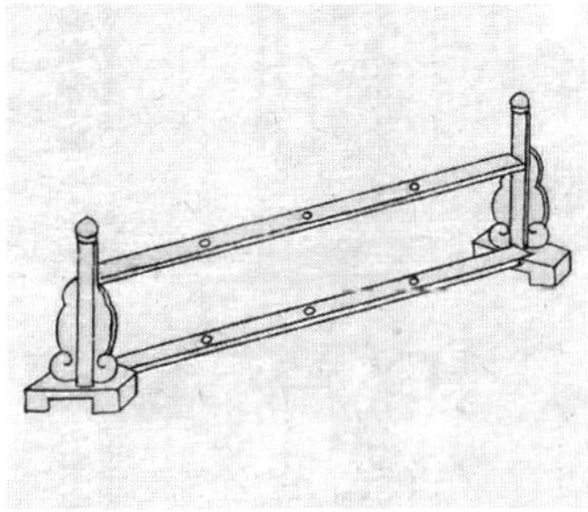

2

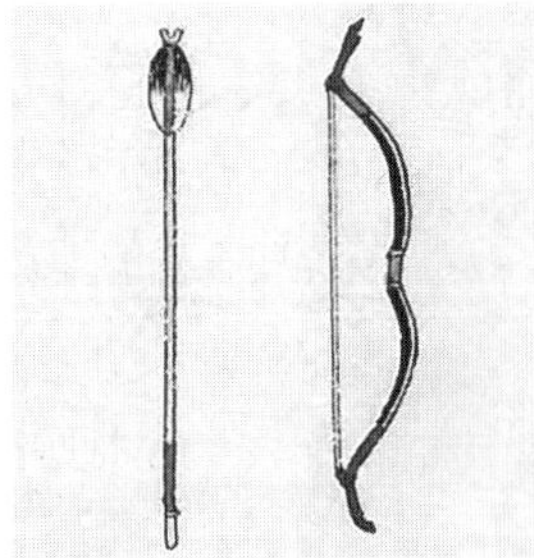

3

1　웅후(雄侯)－『대사례의궤』
2　삽기주목(揷機柱木)－『태조숙종영조정조순조문조헌종영정모사도감의궤』
3　활과 화살[御弓矢]－『대사례의궤』

〈그림 103〉 노래당 기물 도설(추정)

3. 유여택(維與宅) 기물

행궁의 주요 건물에는 공간별 특성에 맞는 다양한 기물과 비품들이 배설되어 있었다. 하지만 아쉽게도 개별 공간을 채웠던 물품에 관한 자료가 부족하여 각 건물을 채우고 있던 기물과 비품을 정확하게 파악하기 어려운 형편이다. 다만 『원행정례』에 소략하나마 기술되어 있는 유여택 관련 기물을 통하여 당시 건물의 기능을 읽어낼 수 있다.

유여택은 평소 유수가 거처하다가 국왕이 행차하면 머물던 곳으로 원행 기간 동안에는 국왕이 신료 및 화성유수와 암행어사 등의 관리들을 접견하는 편전의 역할을 담당하던 공간이다.[35] 〈표 30〉은 『원행정례』에 기록된 유여택의 배설 목록을 정리한 것이다.

유여택에는 국왕이 머무는 동안 실외에 거대한 차일을 치는데 필요한 나무기둥과 새끼줄 등을 구비하고 있었다. 동시에 유여택 실내인 방에는 국왕만이 사용하였던 용문양이 수놓인 안식을 비롯한 다양한 방석들이 마련되었다. 유여택 정면의 오른쪽에는 조선시대 상류 주택에서 보이는

〈표 30〉 유여택(維與宅) 기물

<table>
<tr><th>번호</th><th>공간</th><th>기물명</th><th>수량</th><th>개비기한</th></tr>
<tr><td rowspan="4">1</td><td rowspan="4">실외장막
[補簷]</td><td>백목(白木)</td><td>15幅</td><td rowspan="3">5년</td></tr>
<tr><td>차일(遮日)</td><td>1浮 각 길이 35尺</td></tr>
<tr><td>작은 줄[小束乽]</td><td>14艮衣</td></tr>
<tr><td>나무기둥[木柱]</td><td>4介</td><td>7년</td></tr>
<tr><td rowspan="6">2</td><td rowspan="6">방(房)</td><td>벽 휘장[壁帳]
–겉감은 흑삼승, 안감은 남화화주
[外拱黑三升 內拱籃禾花紬]</td><td>3浮</td><td>10년</td></tr>
<tr><td>용문안식(龍紋案息)</td><td>1坐</td><td rowspan="5">4년</td></tr>
<tr><td>홍화화주안식(紅禾花紬案息)</td><td>1坐</td></tr>
<tr><td>채화등메[菜花登每]</td><td>4坐</td></tr>
<tr><td>만화방석(滿花方席)</td><td>1立</td></tr>
<tr><td>채화방석(菜花方席)</td><td>1立</td></tr>
<tr><td rowspan="2">3</td><td rowspan="2">북루
[北樓]</td><td>백목(白木)</td><td rowspan="2">8幅 1浮
각 길이 30尺</td><td rowspan="2">5년</td></tr>
<tr><td>백포(白布)</td></tr>
</table>

형태의 툇마루인 공신루(拱宸樓)라는 누각이 있다. 『원행정례』에 북루(北樓)라고 기록된 공간은 공신루를 가리키는 것으로 추정되는데, 이곳에 준비된 흰색의 무명과 베[布]는 공신루 앞 너른 마당에 걸쳐 놓았던 휘장으로 이용되었다고 생각된다.

4. 외정리소(外整理所) 기물

앞에서 살펴본 바와 같이 외정리소는 현륭원 조성 이후 매년 국왕의 원행이 이루어지면서 그에 따른 제반 업무를 담당하기 위해 설치된 기구였다. 이에 따라 외정리소에서는 정조대 원행 때마다 행궁의 주요 건물에서 사용할 각종 기물들을 사용 연한에 관한 식례에 맞추어 보관하고 있던 것으로 파악된다. 〈표 31〉은 『일성록』과 『원행정례』를 바탕으로 외정리소에서 관리하고 있던 기물을 정리한 것이다.[36]

〈표 31〉 외정리소(外整理所) 기물

번호	개비기한	기물명	수량	비용(貢價/市價)
1	1년	도기 소라[陶所羅]	2坐	무/9전
2		도기 동이[陶東海]	5部	무/5전
3	2년	지의(地衣)계백문석(契白紋席)	186張	148냥8전/93냥
4		행담(行擔)	2部	9전/8전
5		버들고리 상자[柳箕]	1部	7전5푼/5전
6		청목(青木)	7疋 17尺	20냥9전6푼/ 18냥7전2푼
7		가는 새끼줄[細繩]	12兩 5錢	7전8푼/6전2푼
8	훼손 때 개비– 낙남헌·봉수당· 장락당·유여택· 복내당	백면지(白綿紙)	97卷 2張	271냥8전8푼/ 194냥2전
9		닥나무 종이[楮注紙]	22卷 5張	29냥5전9푼/ 26냥7전
10		연창지(烟窓紙)	9卷 14張	46냥6전8푼/ 19냥4전5푼
11		초주지(草注紙)	18卷 7張	97냥9전9푼/ 73냥 4전
12		청색 능화지[青菱花]	1卷 14張	24냥2전1푼/ 10냥2전
13		각장유둔(各張油芚)	140張	69냥6전/116냥
14		남색 능화지[藍菱花]	5卷	41냥2전/25냥
15		후백지(厚白紙)	8卷 2張	8냥1전/6냥4전8푼
16		육유둔(六油芚)[37]	4番 3張	27냥/13냥5전
17		기름종이[油紙]	8卷	19냥2전/11냥2전
18		왜능화(倭菱花)	11卷 17張	무/1냥9전
19		황염저주지(黃染楮注紙)	5卷 9張	9냥4푼/8냥7전2푼

번호	개비기한	기물명	수량	비용(貢價/市價)
20	훼손 때 개비－낙남헌·봉수당·장락당·유여택·복내당	옻나무[漆黃]	5合	1전5푼/무
21		옥색선자지(玉色扇子紙)	8卷 17張	14냥1전6푼/ 8냥8전5푼
22		아교(阿膠)	15斤	7냥9전5푼/4냥5전
23		들기름[法油]	1斗 2升	6냥/3냥6전
24		황단(黃丹)	3兩 6錢	4전5푼/2전3푼
25		백반(白礬)	3兩 6錢	7전6푼/2전3푼
26		진분(眞粉)	5兩	6전2푼/5전
27		송연(松烟)	5斤	5냥3전/3냥
28	훼손 때 개비－득중정	백면지(白綿紙)	11卷 5張	31냥5전7푼/ 22냥5전5푼
29		저주지(楮注紙)	6卷 5張	8냥3전1푼/7냥5전
30		연창지(烟窓紙)	1卷	4냥8전/2냥
31		후백지(厚白紙)	6卷	6냥/4냥8전
32		초주지(草注紙)	2卷 6張	12냥2전8푼/9냥2전
33		황염저주지(黃染楮注紙)	18張	1냥3전9푼/ 1냥4전4푼
34		각장유두(各張油芚)	18張	10냥8전/18냥
35		청색능화지[靑菱花]	4張	3냥2전/1냥3전5푼
36		육유둔(六油芚)	2番 1張	13냥/6냥5전
37		기름종이[油紙]	1卷 4張	2냥8전8푼/ 1냥6전6푼
38		송연(松烟)	1斤	1냥6푼/6푼
39		아교(阿膠)	2斤	1냥6푼/6전
40		들기름[法油]	2升 5合	1냥2전5푼/7전5푼
41		황단(黃丹)	7錢 5分	9푼/4푼
42		백반(白礬)	7錢 5分	1전5푼/4푼
43		진분(眞粉)	1兩 5分	1전3푼/1전5푼
44	3년	나무화로[木火爐]	1坐	무/1냥5전
45		이선(耳鐥)	1坐	무/2전
46		물 항아리[水瓮]	6坐	무/4냥8전
47		수호항(水壺缸)	2坐	무/1냥
48		담통(擔桶)	2部	1냥4전/3냥

번호	개비기한	기물명	수량	비용(貢價/市價)
49	3년-행각 이하 기타 공간 [行閣以下諸處]	후백지(厚白紙)	50卷 6張	50냥3전/ 40냥2전4푼
50		저주지(楮注紙)	25卷 1/2張	33냥2전8푼/ 30냥3푼
51		백휴지(白休紙)	49卷 14張	12냥9전2푼/ 7냥4전5푼
52		육유둔(六油芚)	24番 5張	149냥/74냥5전
53		각장유둔(各張油芚)	8張	4냥8전/8냥
54		기름종이[油紙]	1卷 8張半	7냥5전7푼/2냥
55		청람화(靑藍花)	1/4張	1전8푼/7푼
56		초주지(草注紙)	1卷 19張	10냥4전1푼/ 11냥7전
57		면주(綿紬)	14尺	3냥2전/2냥4전
58		백포(白布)	1疋 11尺	3냥1전4푼/ 2냥6전3푼
59		교말(膠末)	14斗	5냥6전/5냥6전
60	4년	별문석(別紋席)	232張 4紋	372냥/186냥
61		남목(藍木)	8疋 13尺	23냥4전4푼/ 20냥9전3푼
62		백문석(白紋席)	205張 及 1/4張	164냥2전/ 123냥1전5푼
63		청목(靑木)	7疋 9尺 3寸	19냥6전/16냥2전
64		가는 새끼줄[細繩]	7斤 14兩 4錢 1分	7냥9전/6냥3전2푼
65		채화석(彩花席)	2張 半	17냥5전/4냥5전
66		용문석(龍紋席)	2張	40냥/20냥
67		연화방석(蓮花方席)	2立	13냥3전2푼/11냥
68		만화방석(滿花方席)	1立	2냥5전/2냥5전
69		자적정주(紫的鼎紬)	12尺 6寸	5냥2전5푼/3냥6전
70		자적토주(紫的吐紬)	39尺 5寸	23냥7전/ 13냥8전2푼
71		홍정주(紅鼎紬)	8尺	2냥6푼/2냥3전6푼
72		홍마사(紅麻絲)	4錢 3分	4푼/3푼
73		저주지(楮注紙)	8張	6전4푼/4전8푼
74		노루가죽[獐皮]	1張	1냥3전3푼/1냥
75		숙마(熟麻)	1兩	3푼/3푼

번호	개비기한	기물명	수량	비용(貢價/市價)
76	4년	생모시[生苧]	4錢	2푼/2푼
77		별문방석(別紋方席)	30立	48냥/24냥
78		채화면석(彩花面席)	1坐	7냥/2냥5전
79		만화안식(滿花案息)	2坐	무/6냥
80		상보자기[床巾]	2件	12냥/12냥
81		채화등메[彩花登每]	6坐	무/30냥
82	5년	백포(白布) 1동(同)	44疋 15尺	196냥4전1푼/ 188냥8전6푼
83		유둔지(油芚紙)	20張	18냥6전/10냥
84		생 소가죽[生牛皮]	1/2張	2냥5전5푼/1냥
85		세겹바[三甲所]	39艮衣 1/2	41냥4전7푼/ 15냥8전
86		생모시[生苧]	6兩	3전2푼/2전6푼
87		마사(麻絲)	3斤 3兩 8錢 7分	4냥2전7푼/ 2냥6전7푼
88		들기름[法油]	1升	5전/3전
89		자적주두건(紫的紬頭巾) 면주(綿紬) 5件	6尺	2냥5전/1냥7전
90		백목(白木)	40疋 26尺	85냥5전6푼/좌동
91		꿀[黃蜜]	2兩	2전2푼/1전5푼
92		자적주의(紫的紬衣) 면주(綿紬) 5件	4疋 20尺	67냥4푼/ 45냥7전1푼
93		청목(靑木)	3疋 31尺	10냥8전8푼/ 9냥7전1푼
94		장목(長木)	7箇	무/10냥5전
95		아청목(鴉靑木)	13疋 16尺 1寸	62냥1전8푼/ 47냥1전1푼
96		소속줄(小束乼)	68艮衣	408냥/136냥
97	7년	목촉대(木燭臺)	3雙	무/3냥
		목주(木柱)	14箇	무/75냥 8전
98	10년	흑삼승(黑三升)	311尺	46냥6전5푼/좌동
99		아청저사(鴉靑苧絲)	1兩	1전7푼/1전1푼
100		남화화주(藍禾花紬)	152尺 9寸 5分	무/68냥8전2푼
101		푸른 명주실[藍眞絲]	1兩	무/1냥
102		교룡기 세우는 통 [蛟龍旗竪立桶]	1介	무/3냥

번호	개비기한	기물명	수량	비용(貢價/市價)
103	10년	둑기 세우는 통[纛竪立桶]	1介	무/3냥
		이층공상(二層拱床)	1坐	무/3냥
104		일산이 딸린 평상[日傘平床]	1坐	무/420냥
		초요기(招搖旗)를 세우는 틀	1雙	무/16냥
105		고족상(高足床)	5坐	무/12냥5전
		오봉산병풍(五峯山屛風)	1坐	무/170냥
106	15년	대병풍(大屛風)	1坐	무/25냥
		중병풍(中屛風)	1坐	무/20냥
107	30년	용상(龍床)	1坐	49냥5전/무
108	30년	보상(寶床)	1坐	무/20냥
109		안보상(安寶床)	1坐	무/3냥
110		노연상(爐烟床)	1雙	20냥/15냥
111		향좌아(香佐兒)	1雙	12냥3전5푼/10냥
112		교의(交倚)	1坐	72냥/무
113		서안(書案)	1坐	무/5전
114	오래되어 파손되면 즉시개비 [年久破傷則改備]	중우판(中隅板)	1部	무/1냥5전
115		목접시[木楪匙]	5竹	무/5냥
116		뚜껑있는 대 밥솥[大食鼎]	2坐	무/10냥
117		뚜껑있는 중 밥솥[中食鼎]	2坐	무/8냥
118		탕정(湯鼎)–뚜껑 갖춤[盖具]	1坐	무/3냥
119		화정(火鼎)	1坐	무/3냥
120		도마(刀ケ)	2坐	무/1냥4전
121		놋쇠 수저[鍮匙]	15介	무/10냥5전
122		놋쇠 탕기[鑄湯器]	15立	무/10냥5전
123		놋쇠 보시기[鑄甫兒]	15立	무/9냥
124		노구솥[爐口]–뚜껑 갖춤[盖具]	1坐	무/2냥
125		철 종지[鑄鍾子]	15立	무/6냥
126		동마대야(銅ケ大也)	1坐	무/13냥
127		석쇠[鐥金]	2部	무/8냥
128		적쇠[炙金]	2部	무/2냥4전
129		놋쇠 합[鍮盒]	1坐	무/12냥
130		놋쇠 양푼이[鍮凉盆]	1坐	무/8냥
131		놋쇠 동이[鍮東海]	2坐	무/26냥
132		놋쇠 주걱[鍮周乬]	1柄	무/1냥8전

번호	개비기한	기물명	수량	비용(貢價/市價)
133	오래되어 파손되면 즉시개비 [年久破傷則改備]	놋 번철[鍮煮]	2柄	무/1냥4전
134		뚜껑이 있는 새옹[鑄沙用]	2坐	무/14냥
135		철 주발[鑄周鉢]	15立	무/12냥
136		철환석(鐵環石)	6塊	무/30냥
137		향로(香爐)	2坐	30냥/20냥
138		대원환배구(大圓環排具)	8箇	무/6냥4전
139		놋쇠 소 촉대[鑄小燭臺]	2雙	32냥/16냥
140		향꽂이(香串之)	1雙	무/1냥6전
141		향합(香盒)	2坐	3냥6전/3냥
142		등롱(燈籠)	3雙	54냥/36냥
143		놋쇠 대 촉대(鑄大燭臺)	2雙	70냥/56냥
144	훼손 때 개비 [隨毁改備]	표주박[木瓢子]	2箇	6전/5전
145		연 바가지[軟瓢子]	3箇	9전/2전4푼
146		조리[釣乃]	1箇	1전/2푼
147		솔[草省]	2箇	2전/6푼
148		마미체[馬尾篩]	1部	4전/3전5푼
149		대나무 체[竹篩]	1部	3전2푼/2전
150		칼[刀子]	3柄	무/6전
151		숫돌[强礪石]	1塊	무/2전
152		홍전(紅氈)	1浮	무/4냥4전
153		조소(條所)	9艮衣	9냥4전5푼/2냥7전
154		달피소(㺚皮所)	20艮衣	1냥6전/8전
155		우산(雨傘)	1柄	무/1냥
156		자적정주(紫的鼎紬)	31尺 5寸	13냥1전4푼/9냥
157		홍색 무명[紅木]	1疋 11尺 2寸	4냥4전2푼/3냥3전
158		병풍(屛風)	2坐	무/20냥
159		홍문 운단(紅雲紋緞)	75尺	210냥/187냥5전
160		흑칠 중반(黑漆中盤)	10立	무/30냥
161		북[鼓]	5部	무/45냥
162		징[錚]	5坐	무/18냥
163	거동 때 대령 [擧動時待令]	황필(黃筆)	2柄	무/8전
164		대필(大筆)	1柄	무/1냥6전
165		중필(中筆)	1柄	무/1냥2전
166		초필(抄筆)	1柄	무/4전

번호	개비기한	기물명	수량	비용(貢價/市價)
167	거동 때 대령 [擧動時待令]	등유(燈油)	1升	무/3전
168		용지(龍脂)	5柄	무/2냥
169		사냥촉(四兩燭)	18雙	16냥2전/10냥8전
170		삼냥촉(三兩燭)	8雙	5냥4전4푼/3냥6전
171		유지(油紙)	3卷	2냥4전/4냥2전
172		백면지(白綿紙)	10卷	28냥/20냥
173	3년 개조(改造)	홍령기(紅令旗)	10雙	무/204냥2전
174	4년 개조(改造)	대단대기치(大緞大旗幟)	38面	무/774냥5전9푼

〈표 31〉에서 확인되는 외정리소의 기물은 개비기한에 따라 총 174개가 확인된다. 사용 연한은 1·2·3·4·5·7·10·15·30년으로 구분하여 개비하되 수라간을 비롯한 기타의 공간에서 필요한 기물은 오래되었거나 파손되었을 경우 즉시 개비하도록 규정하였다. 행궁 주요 건물의 도배를 다시 할 때 필요한 구체적인 기물을 별도로 마련하였고, 국왕의 원행 시에만 사용되는 왕실용 붓과 초, 고급의 백면지(白綿紙) 등은 종류별로 준비하였다.

외정리소 기물은 다른 기물과 달리 물품의 가격이 상세하게 기록되어 있다. 기물의 가격은 공가(貢價)와 시가(市價)로 구분하여 기록하였는데 이는 국왕의 잦은 원행에 따라 준비해야 하는 물품 구입에 따른 폐단을 제거하기 위한 것이었다.

여기서 주목되는 것은 당시에도 낙남헌·봉수당·장락당·유여택·복내당과 득중정을 행궁의 주요 건물로 인식하고 있었다는 것이다. 낙남헌을 비롯한 5개 건물의 실내 도배지와 이를 수리하기 위한 물품은 망가지는 대로 바로 보수하도록 하고, 득중정은 별도의 기준에 따라 기물을 마련하여 훼손 즉시 개비하도록 하였다. 그러나 위의 주요 건물 이외의 행각 이하 기타 공간의 도배지는 3년을 기준으로 개비하도록 규정하였다.

특히 주요 건물의 기물 중 각장유둔(各張油芚) 140장 중 24장은 장락당의 온돌방 도배용으로 대내(大內)에서 내려줄 것을 추가로 기록하고 있다. 혜경궁이 머물던 장락당의 도배는 국왕이 직접 내려준 것을 사용하였다는 점에서 건물의 특별함을 보여준다고 할 수 있다. 국왕의 원행 시 행궁에서 유숙할 경우는 사냥촉(四兩燭) 가운데 전좌촉(殿座燭)과 등롱촉(燈籠燭) 각각 8쌍, 삼냥촉(三兩燭) 가운데 행로촉(行路燭)을 추가로 준비하였다. 홍색의 영기[紅令旗] 10쌍은 3년마다, 대형의 비단으로 만든 대기치[大緞大旗幟] 38면(面)은 4년마다 개조하기로 결정되었다. 기타의 외정리소 기물은 대부분 앞에서 살펴 본 기물이나 수라간 기물과 일치한다.

5. 수라간(水刺間)[38] 기물

왕실 잔치에 차려지는 각종 음식상은 공적인 행사의 주요 구성요인이 된다. 화성행궁에서 행해진 여러 행사의 음식을 준비하던 수라간 기물의 분석은 행사의 실상은 물론 당시 생활상을 복원하는데 중요한 의미를 갖는다. 정조는 을묘원행 기간 동안 각 참(站)에서 수라를 올리는 것부터 진찬의 음식상 차림에 이르기까지 모든 과정을 직접 살폈다.[39] 원행길 이동하는 동안 어머니 혜경궁께 올릴 음식은 미리 준비하여 수레로 운반하

〈그림 104〉 수라가자(水剌架子)와 정리낭청(整理郎廳), 〈반차도〉, 《화성원행의궤도》, 국립중앙박물관

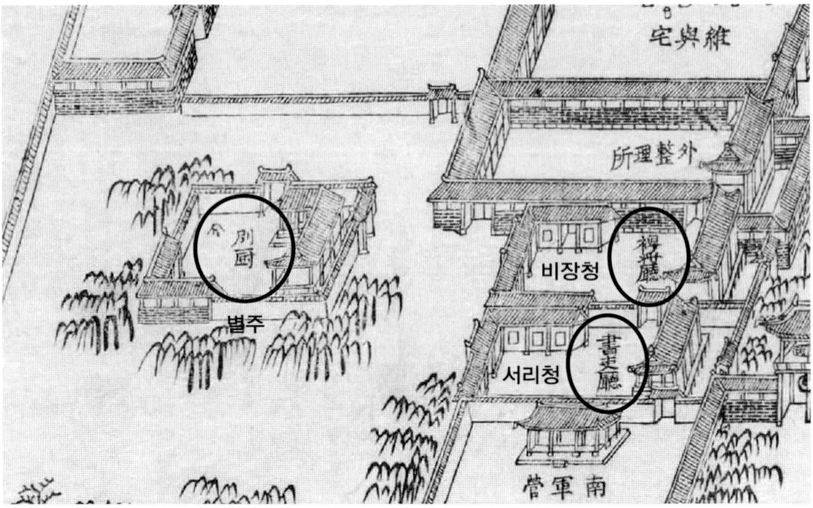

〈그림 105〉 별주와 서리청·비장청 일대, 〈행궁전도〉, 『화성성역의궤』, 규장각

였다. 이때 수라간 가마는 혜경궁 홍씨의 조카인 정리낭청(整理郎廳) 홍수영(洪守榮, ?~1798)의 감독 아래 이동하였는데 이 모습은 반차도를 통해 확인된다. 그렇지만 원행의 주요 행사에 필요한 음식은 화성행궁 현지의 수라간에서 준비되었다.

화성행궁에는 별주(別廚)라는 독립된 주방(廚房) 공간이 설치되었고, 별주에는 행사의 음식을 준비하기 위한 다양한 기물과 기명들이 보관되어 있었다. 그러나 을묘원행 진찬과 같은 대규모 행사를 치를 때에는 많은 양의 음식을 일시에 마련하기 위해 임시 주방이 운영되었다. 화성행궁의 비장청(裨將廳)과 서리청(書吏廳) 건물을 포함하여 행궁 남쪽의 별주 일대에 총 142칸의 가건물[假家]이 세워져 이용되었다.[40)]

임시로 만들어진 가건물은 수라간과 숙설소(熟設所)로 나뉘어 반과상과 찬안상은 물론 내빈과 신하들에게 제공되는 연회상과 궁인 및 군병들에게 나누어 줄 음식을 만드는 공간으로 구분되었다. 가건물 모습은 〈선묘조제재경수연도(宣廟朝諸宰慶壽宴圖)〉[41)]와 〈담락연도(湛樂宴圖)〉[42)]

〈그림 106〉 주방 가건물 구성, 〈선묘조제재경수연도〉, 고려대학교박물관 (상)
〈그림 107〉 임시 주방, 〈담라연도〉, 개인소장 (하)

를 통해 추정해볼 수 있다.

가건물은 〈그림 106〉과 〈그림 107〉에서 보는 것처럼 띠 부들 같은 풀을 엮어 만든 초둔(草芚)과 나무를 얽어 세우거나 주위에 휘장을 둘러쳐 독립된 부엌 공간을 마련하였다. 이렇게 조성된 임시 주방에는 음식을 만드는 조리대가 세워지고, 솥을 걸어 놓은 임시 아궁이가 만들어졌으며 한쪽에서는 잔치에 내놓을 상들이 준비되었다. 을묘원행 당시 수라간 가건물을 세우는데 사용되었던 초둔은 선혜청에서 80립(立)을 준비하였다.[43] 이렇게 마련된 초둔은 휘장과 함께 실외 공간의 비·바람을 피하거나 햇빛을 가리는데 사용되었다.

한편 당시 화성참[을묘원행 진찬]의 음식을 담당하였던 숙수(熟手)는 모두 35명으로[44] 행사가 끝난 후 숙수의 변수(邊首)인 이춘귀(李春貴)는 품계를 올려주었고, 고도천(高道天) 외 34명에게는 각각 무명 1필과 베 1필이 상으로 지급되었다.[45]

수라간 기물과 비품은 봉수당 진찬에 배설되었던 기물과 마찬가지로 화성부에 보관하고 있던 것을 이용하거나 전국 각지에서 만들어 올라왔는데 도청(都廳)에서 준비하였다가 때가 되면 내려보내준 비품들이 가장 많았다. 각종 음식상과 술잔, 주전자를 포함하는 그릇 일체, 칼을 비롯한 석쇠와 같은 다양한 기물부터 수건과 보자기 종류의 각종 휘장과 방석까지 그 종류가 매우 다양하였다.

기물을 조달하는 과정에서 흥미로운 점은 수라간 기명의 견본품을 중앙에서 만들어 생산지에 내려보내면 그에 맞는 완제품을 만들어 올려보낸 것이다. 대표적인 조리기구인 칼[刀子]은 통영에서 종류별로 만들어졌다.[46] 중앙에서 9개의 견본 나무칼과 필요한 개수를 적어 보내면 통영에서는 조건에 맞게 주조한 칼 110자루와 석항도(錫項刀) 50자루를 올려보냈다.[47] 을묘원행길 군주(郡主)와 내빈들의 음식상으로 사용되었던 유반상(鍮盤床)은 전라감영에서 10부(部)가 제조되어 올라왔다.[48] 유반상 역시 견본품을 만들어 내려보내면 그에 맞추어 제작되었다. 유반상은 유란반상(鍮卵盤床)과 유첩벽구반상(鍮貼璧口盤床)이 각각 5부로 주발(周鉢) 5좌(坐), 대접(大楪) 5좌, 탕기(湯器) 5좌, 조치기(助致器) 5좌, 보아(甫兒) 5좌, 접시(楪匙) 25입(立), 종지(鍾子) 10입, 쟁반(錚盤) 5좌로 동일하게 제작되었다.

수라간 기물은 『원행을묘정리의궤』「기용(器用)」 항목을 통하여 좀 더 자세히 살펴볼 수 있는데[49] 을묘원행 진찬에서 사용된 기명들이 각 참[站－노량·시흥·사근참·화성참]별로 나누어 기록되어 있다. 〈표 32〉는

「기용」 항목 〈화성참, 숙설소급각양소용(熟設所及各樣所用)〉의 임시주방인 숙설소에 준비되었던 각종 기명을 재질에 따라 분류하고 다시 용도별로 구분하여 정리한 것이다.

〈표 32〉 수라간(水刺間) 기물 – 「기용(器用)」, 『원행을묘정리의궤』

번호	재료	종류	기물명	수량	비고
1	놋쇠[鍮]	그릇류	놋쇠 식기[鍮食器]	2竹	–
			놋쇠 탕기[鍮湯器]	2竹	–
			놋쇠 합[鍮盒]	10坐	大·中 각 5
			놋쇠 잔[鍮盞]	15坐	–
			놋쇠 양푼[鍮凉盆]	10坐	–
			놋쇠 반병입리[鍮半甁入里]	10坐	–
			놋쇠 대야[鍮大也]	5坐	中 3, 小 2
			놋쇠 쟁반[鍮錚盤]	5坐	–
		기타	놋쇠 국자[鍮煮]	30箇	大·中 각 10, 小 20
			놋쇠 주걱[鍮周특]	2箇	–
2	철(鐵)	아궁이 주방기구	자금[炙金]	25部	–
			석쇠[䥝金]	10箇	–
			석자[䥝者]	5箇	–
			화저[火箸]	15部	–
			철공이(鐵工伊)	5箇	–
			소집게[小執介]	15部	–
			약연[研]	6坐	밀대 포함
			모루[毛老]	5坐	공이 포함
		칼	칼[刀子]	65箇	餠刀 5, 大刀 10, 中刀 20, 小刀 30
		솥류	유개야(油蓋也)	28箇	–
			식정(食鼎)	20坐	大·中 각 5, 小 10
			노구(爐口)	13坐	–

번호	재료	종류	기물명	수량	비고
2	철(鐵)	솥류	번철(燔鐵)	10坐	–
			새옹, 작은 솥[砂用]	15坐	–
3	자기 [砂]	그릇류	큰 사발[大砂鉢]	90竹	–
			자기 완[砂磁椀]	10竹	–
			자기 접시[砂楪匙]	700竹	–
			자기 종지[砂鍾子]	60竹	–
			자기 병[砂瓶]	200箇	–
			자기 항아리[砂缸]	100坐	–
		기타	강판(薑板)	5箇	–
4	도기 [陶]	그릇류	도기 시루[陶甑]	19坐	大·中 각 7, 小 5 –뚜껑·보자기·띠 포함
			도기 소라[陶所羅]	200坐	–
			도기 동이[陶東海]	400坐	–
			도기 항아리[陶缸]	200坐	–
			오지 항아리[烏脂缸]	150坐	–
			방문리(方文里)	300箇	–
5	나무 [木]	상	고족상(高足牀)	10坐	–
			탁자(卓子)	20坐	–
			운족반(雲足盤)	40竹	–
		판류	우판(隅板)	5竹[50]	大 30立, 中·小 10立
			다식판(茶食板)	5箇	–
			안반(案板)	10坐	–
			도마(刀亇)	50坐	–
		절구	나무 절구[木臼]	5坐	절구공이[杵] 포함
		바가지류	나무 합[木盒]	50箇	–
			함지박(函之朴)	50坐	–
			이남박[齒瓢]	10箇	–
			소쿠리[束古里]	30箇	–
			표주박[木瓢子]	30箇	–
			두승(斗升)	각 2箇	–

번호	재료	종류	기물명	수량	비고
5	나무[木]	촛대	나무 촉롱[木燭籠]	40坐	–
			나무 촉대[木燭臺]	50坐	–
			용지(龍脂)	200柄	–
		기타	유기(油機)	4坐	판(板) 포함
			사교(篩橋)	30箇	–
			나무 화로[木火爐]	20坐	–
			큰 궤짝[大樻]	5部	–
			음식 나르는 들것[架子]	50部	줄(乼) 포함
6	대나무·버들·싸리	체	명주실로 엮은 체[絹篩]	10部	–
			말총 체[馬尾篩]	60部	–
			대나무 체[竹篩]	30部	–
			소반[杻盤]	20竹	–
			사성(篩省)	20箇	–
			초성(草省)	30箇	–
		바구니 및 상자	버들고리 바구니[柳筽]	100部	–
			버들고리 키[柳箕]	10箇	–
			버들 상자[柳笥]	12部	–
			싸리나무 상자[杻籠]	40部	–
			행담(行擔)	200部	–
			담통(擔桶)	30部	–
		기타	나무 주걱[木周亐]	30箇	–
			젓가락[杻箸]	300雙	–
			조리[釣乃]	20箇	–
7	각종 직물과 종이 및 기타	보자기	홍색 무명 보자기[紅木袱]	11件	–
			아청색의 베 보자기[鴉靑布袱]	16件	–
		수건류	행자포(行子布)	2疋 17尺 5寸	–
			수건포(手巾布)	2疋	–
			걸레용 포[擧乃布]	2疋 10尺	–
			부디기 포[浮豆只布]	10尺	–
			휘건포(揮巾布)	4疋 17尺 5寸	–

번호	재료	종류	기물명	수량	비고
7	각종 직물과 종이 및 기타	종이류	장지(壯紙)	37卷	–
			백지(白紙)	333卷	–
			유장지(油壯紙)	65卷	–
			유후지(油厚紙)	34卷	–
			유백지(油白紙)	96卷	–
			오색지(五色紙)	5卷 10張	–
		먹과 붓	진묵(眞墨)	7丁	–
			황필(黃筆)	30柄	–
		줄 [새끼]	홍색의 소삭[紅小索]	1,000把	–
			홍색의 가는 새끼줄[紅細繩]	2,000把	–
			가는 새끼줄[細繩]	3,000把	–
			중승(中繩)	2,000把	–
		대나무	해장죽(海長竹)	200箇	–
			중죽(中竹)	10箇	–
		실과 바늘	모시 실[苧絲]	5兩	–
			큰 바늘[大針]	20箇	–
		휘장	백목휘장(白木揮帳)	12浮	–
			백포휘장(白布揮帳)	12浮	–
			백목앙장(白木仰帳)	7浮	–
		깔개 [자리]	세인석(細茵席)	100立	–
			상인석(常茵席)	300立	–

수라간의 비품과 기물은 만들어진 재료에 따라 놋쇠[鍮], 철[鐵], 자기[砂], 도기[陶], 나무[木], 버들[柳]이나 싸리[杻], 기타 등 총 7가지로 구분하였다. 놋쇠로 만들어진 기명은 음식상의 밥과 국그릇, 각종 양푼, 주전자와 잔은 물론 이것들을 담아내는 쟁반까지 함께 갖추고 있었다.

철로 만들어진 기명은 솥류와 각종 석쇠, 대·중·소 크기별로 준비된

칼이 있었다. 석쇠와 솥은 요리 방법에 따라 사용할 수 있도록 다양한 종류가 구비되었다. 특히 모루도 준비되었는데 이는 각종 철제 조리기구를 수리해서 사용해야 할 때 이용되었을 것이다. 또한 약연은 일반적으로 약재료를 가는 기구이지만, 수라간 기명이라는 점에서 일종의 분쇄기로 사용되었을 것으로 추정된다.

수라간 기물 가운데 가장 수량이 많았던 것은 자기로 만든 그릇 종류였다. 접시 700죽을 비롯하여 밥을 담는 사발, 차를 담아내는 자완, 장을 담는 종지 등 주로 음식을 담아내는 그릇들이 대부분이었다. 도기로 만들어진 기명은 음식을 만들 재료와 완성된 음식을 담아 두거나 물을 길어 보관하는 용도의 그릇들로 이용되었다. 시루는 대·중·소 크기별로 뚜껑과 함께 갖추어졌으며 자기 기명 다음으로 많은 수량을 확보하고 있었다.

나무는 다양한 기명을 만들 수 있는 재질이었다. 떡을 만드는데 필요한 기명은 떡칼과 다식판, 절구공이를 갖춘 절구와 떡을 메치는 받침대인 안반까지 다양하였다. 특히 기름을 짜는 틀도 준비되어 음식을 만들 때 그 자리에서 바로 기름을 짜서 사용했을 것으로 추정된다. 바가지도 용도별로 준비되었으며 솜이나 헝겊을 나무에 감아 기름을 묻혀 초 대신 불을 켜는 용지, 촛대·촉롱과 함께 구비되었다.

버들고리와 싸리로 만들어진 기명은 재질의 특성에 맞게 주로 체와 상자[바구니]가 많았다. 먼 거리를 이동할 때 둘러메고 다녔던 행담과 담통은 200부 넘게 준비되었다. 눈에 띄는 것은 수라간에서 사용하였을 각종 직물과 종이 및 휘장을 구비하고 있었다는 사실이다. 음식물을 보관하거나 이동하는데 사용하였을 보자기, 휘건을 비롯해 행주와 걸레로 사용되었을 각종 천이 마련되었다. 휘장을 치는데 필요한 새끼줄, 휘장이나 각종 천들이 뜯어졌을 때 꿰맬 실과 바늘도 구비되었다. 또한 해장죽과 중죽은 대나 버들로 만든 기물을 사용하다가 급하게 수리가 필요할 경우 사용하였을 것으로 추정되며 수라간 바닥에 깔아 놓았던 깔개도 400립이나 마련하였다. 〈표 33〉은 『원행정례』 「수라간배설(水刺間排設)」에서 확인되는 수라간 기물을 개비기한에 따라 분류한 것이다.

〈표 33〉 수라간(水刺間) 기물 – 「수라간배설(水刺間排設)」, 『원행정례』

번호	기물명	수량	개비기한		비고
			화성행궁	과천·시흥행궁	
1	작은 줄[小束乼]	4艮衣	5년	7년	–
2	백포(白布)	8幅 帳 1浮	5년	10년	–
	각 길이[長] 30尺 20張을 붙인 기름먹인 차일	1浮			
	소목주(小木柱)	7介			
3	달피소(撻皮所)	20艮衣	훼손 때 개비	훼손 때 개비	–
4	대 밥솥[大食鼎]	2坐	사용기한이 오래되면 개비	사용기한이 오래되면 개비	대식정, 중식정, 탕정, 새옹은 뚜껑 포함
	중 밥솥[中食鼎]	1坐			
	국 끓이는 솥[湯鼎]	1坐			
	화정(火鼎)	1坐			
	작은 솥[爐口]	1坐			
	구리 대야[銅亇大也]	1坐			
	석쇠[鑾金]	2部			
	적쇠[炙金]	2部			
	놋쇠 합[鍮盒]	1坐			
	놋쇠 양푼이[鍮凉盆]	1坐			
	놋쇠 동이[鍮東海]	2坐			
	놋쇠 주걱[鍮周특]	1柄			
	놋쇠 젓가락[鍮煮]	2柄			
	새옹[鑄沙用]	2坐			
	철 주발[鑄周鉢]	15立			

번호	기물명	수량	개비기한		비고
			화성행궁	과천·시흥행궁	
4	놋쇠 수저[鍮匙]	15介	사용기한이 오래되면 개비	사용기한이 오래되면 개비	대식정, 중식정, 탕정, 새옹은 뚜껑 포함
	철 국 그릇[鑄湯器]	15立			
	철 보시기[鑄甫兒]	15立			
	철 종지[鑄鍾子]	15立			
	도마(刀ケ)	2坐			
	중우판(中隅板)	1部			
	나무 접시[木貼匙]	5竹			
5	나무 바가지[木瓢子]	2介	2년	2년	–
	연 바가지[軟瓢子]	3介			
	조리[釣乃]	1介			
	초싱(草省)	2介			
	말총 체[馬尾篩]	1部			
	대나무 체[竹篩]	1部			
	칼[刀子]	3柄			
	숫돌[强礪石]	1塊			
6	병풍(屛風)	1坐	훼손 때 개비	훼손 때 개비	–
	우산(雨傘)	1柄			
	흑칠 중 접시[黑漆中盤]	10立			
7	도기 접시[陶所羅]	3坐	1년	2년	–
	도기 동해[陶東海]	2坐			
8	행담(行擔)	2部	2년	3년	–
	버들고리 상자[柳箕]	1部			
9	물동이[水瓮]	2坐	3년	5년	–
	목화로(木火爐)	1坐			
10	담통(擔桶)	1部	3년	5년	띠는 1년
11	나무 촛대[木燭臺]	3雙	7년	10년	–
12	고족상(高足床)	3坐	10년	10년	–
13	탄(炭)	2石	항시 준비	항시 준비	–

번호	기물명	수량	개비기한		비고
			화성행궁	과천·시흥행궁	
13	땔나무[燒木]	4駄	항시 준비	항시 준비	–
	싸리나무[杻木]	1駄			
14	얼음[氷丁]	5駄	3월~9월	3월~9월	–
15	작은 횃불[小炬]	10柄	–	–	–
16	지배대공석(地排代空石)	10立	–	–	–

국왕의 원행에서 사용된 기물을 정리한 『원행정례』의 수라간 기물은 을묘원행 진찬에 쓰였던 것에 비하면 그 수량과 종류가 적을 수밖에 없다. 하지만 조리기구는 앞에서 살펴본 기명들과 마찬가지로 다양하게 갖추어져 있었다. 『원행정례』의 수라간 기물 중에 눈에 띄는 것은 임시로 설치할 수라간의 가건물을 올리는데 필요한 비품들이다. 차일을 세울 나무 기둥, 차일과 나무 기둥을 고정 시킬 새끼줄, 음식 만드는 공간을 분리하기 위해 둘러칠 발 등을 구비하였다는 점에서 이동식 주방의 구성을 짐작케 해준다.

『원행정례』에서 확인되는 화성행궁의 수라간 기물 목록은 과천행궁과 시흥행궁에 마련되었던 기물 목록과 일치하며 개비기한에서만 차이를 보인다. 기물의 개비기한이 짧게는 1년에서 길게는 3년 정도 차이를 보이는 것은 과천행궁과 시흥행궁에서 국왕 일행 체류시간이 화성행궁보다 짧았기 때문일 것이다.

또한 음식을 조리하는데 필요한 연료인 땔나무와 탄(炭)은 항시 준비해 놓도록 하였다. 3월부터 9월까지는 얼음도 마련하였으며 임시 주방의 바닥에 까는 빈가마니도 구비하였다. 이외에 각종 그릇류는 기한이 오래되면 개비해서 사용하도록 하였다.

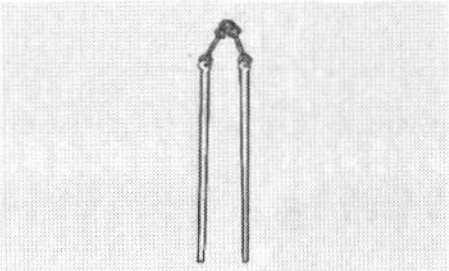

1

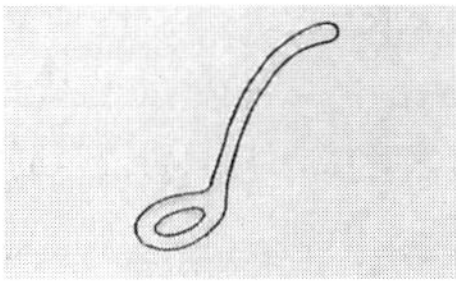

2

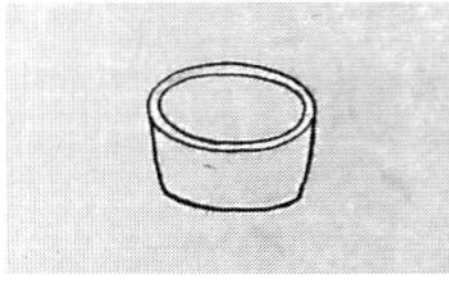

3

4

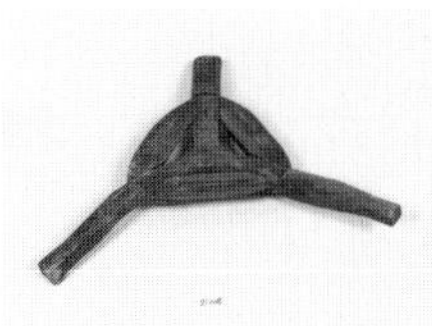

5

6

7

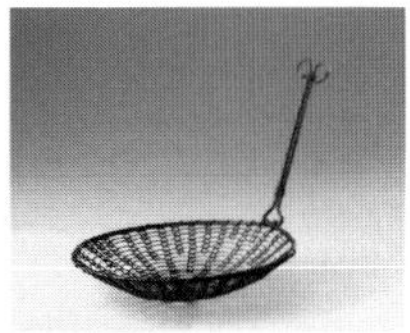

8

1 자금-『효현왕후국장도감의궤』
2 자(煮)-『효현왕후국장도감의궤』
3 두(斗)-『효현왕후국장도감의궤』
4 승(升)-『효현왕후국장도감의궤』
5 사교[쳇다리]- 국립민속박물관
6 약연[硏]-국립민속박물관
7 안반-국립민속박물관
8 석자-국립민속박물관

〈그림 108〉 수라간 기물 도설(추정)

『원행정례』에서 확인되는 것 중 흥미로운 것은 원행 기간 동안 사환군(使喚軍) 10명을 대동했던 점이다. 이들은 원행길에 수라간의 가종 기물을 담당하는 역할을 맡아 기물의 이동과 배설에 관한 일을 담당하였을 것으로 추정된다. 〈그림 108〉은 1843년(헌종 9)에 작성된 『효현왕후국장도감의궤』의 자료와 국립민속박물관 소장 유물로 수라간 기명들의 모양을 추정해 볼 수 있도록 정리한 것이다.

6. 기타 기물

1) 금루(禁漏) 기물

왕실의 행사와 의식에서 시간에 맞추어 일정을 진행하는 것은 매우 중요한 일이었다. 그런 만큼 행사에 있어 시각을 알리는 금루의 역할은 중요했다. 원행길 국왕의 숙소였던 화성행궁에는 시간을 알리기 위한 관련 기물을 비치해 두고 있던 사실이 『원행정례』를 통해 확인된다.

궁궐에서는 금루각에 설치된 자격루가 하루의 시간을 알려 주었지만 궁을 벗어난 원행길에서는 휴대용 해시계를 이용하였다. 그러나 날이 흐린 경우 시간을 확인하는 것이 여의치 않자 이를 대체할 기구로 운반용 물시계인 행루(行漏)가 만들어지게 되었다. 행루의 사용 방법은 『세종실록』을 통해 가늠해 볼 수 있다. 물시계는 물을 흘려보내는 항아리인 파수호(播水壺)와 물방울을 받는 항아리인 수수호(受水壺)를 각각 하나씩 갖추고 바뀌는 물길에 따라 자(子)·오(午)·묘(卯)·유(酉)의 시각을 확인하였던 것으로 추정된다.[51] 행루는 이동에 편리하도록 작은 크기에 사용법을 간단하게 함으로써 실제로 활용되었던 것으로 보인다. 이렇게 해서 만들어진 운반용 물시계인 행루(行漏)는 국경을 지키는 양계(兩界)에 일부를 보내고 남은 것은 서운관(書雲觀)에 보관하도록 하였다.

영조대 이후 국왕의 궁궐 밖 행차가 잦아지면서 휴대용 물시계의 활용도는 높아졌을 것으로 보인다. 정조의 경우 남단(南壇)의 행사(行祀)[52]와 선농제(先農祭)를 지내기 위해 행루를 준비시켜 시각에 맞추어 의식을 거행하도록 하였다.[53] 이러한 경험이 3일 이상의 유숙을 동반하는 현륭원 원행 및 을묘원행 진찬에서의 행루 이용을 더욱 촉진시켰을 것으로 판단된다.

〈표 34〉는 『원행정례』 「금루」 목록에 기록되어 있는 화성행궁 및 과천·시흥행궁에 비치되어 있던 금루 기물을 정리한 것이다.

앞서 살펴본 것처럼 운반용 물시계에 대한 사용 방법은 구체적으로 확인되지 않는다. 다만 파수호와 수수호의 역할을 하였을 것으로 보이는 2개의 수호항이 2층 높이의 상에 배설되고, 귀때가 달린 그릇인 이선은

〈표 34〉 금루(禁漏) 기물

번호	기물명	수량	개비기한	
			화성행궁	과천·시흥행궁
1	도기 동이[陶東海]	2坐	1년	2년
2	담통(擔桶)	1部	3년(띠는 1년)	5년(띠는 1년)
3	물 항아리[水瓮]	1坐	3년	5년
	수호항(水壺缸)	2坐		
	이선(耳鐥)	1坐		
4	일영고족상(日影高足床)	1坐	10년	10년
	2층 공상(二層 拱床)	1坐		
5	등유(燈油)	1升	항시 준비	항시 준비
	용지(龍脂)	5柄		
6	북[鼓]	5部	훼손 때마다 개비	훼손 때마다 개비
	징[錚]	5坐		

항아리에 보관하는 물을 옮기는 용도로 사용되었을 것이다. 궂은 날씨가 아니라면 물시계보다는 해시계의 이용도가 훨씬 높았을 것이다. 일반적으로 해시계는 아름다운 조각이 새겨져 있는 높은 대에 올려놓고 사용하지만 휴대용이라는 점에서 다리가 높은 고족상에 올려놓고 사용했을 것이다.

국왕의 행차 시 준비되었던 금루 기물에 비해 평소 유수부 관아였던 화성행궁에는 측우기가 설치되어 있었다. 『화성중기』에 의하면 영고(營庫) 소속

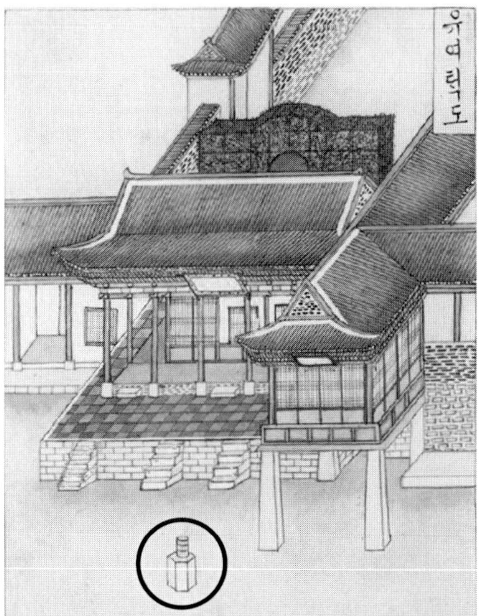

〈그림 109〉 유여택도의 측우기, 『뎡니의궤』, 프랑스국립도서관

〈그림 110〉 현재 유여택 앞 해시계

의 측우기 1좌를 수리소에서 보관하고 있었다. 유수부의 측우기는 『뎡니의궤』를 통해 유여택 앞에 설치되었던 것으로 확인되지만 현재는 측우기 대신 해시계가 설치되어 있다. 향후 올바른 복원이 이루어져야 할 것이다.

화성행궁을 비롯한 과천행궁과 시흥행궁에 구비되었던 금루 기물은 모두 일치하지만 개비기한에서만 차이를 보이고 있다. 화성행궁에서 3년마다 개비하기로 한 수옹·이선·담통을 과천행궁과 시흥행궁에서는 5년마다 새롭게 준비하고, 화성행궁에서 매년 마련하였던 도기 동이는 과천행궁과 시흥행궁에서는 2년마다 개비하였다. 등유와 용지는 항시 마련되어 있었으며 북과 징은 훼손 즉시 준비하였다.

특히 『원행정례』 「금루」 목록에 의하면 원행길에는 총 8명의 금루관이 대동하여 시각을 알리는 고유 업무를 담당하였다.[54] 물의 보급을 담당하였던 사환군 3명과 평소 징이나 북을 쳐서 시각을 알리는 일을 담당하는 군사인 전루군(傳漏軍) 5명이 동행하였으며 기물을 옮길 때에는 말을 이용하였다. 시간을 확인한 전루군은 2시간 단위인 경(更)은 북으로 알리고, 그 이하의 단위인 분을 5등분한 점(點)은 징을 이용하여 시각을 알렸을 것이다. 이외에 등유 및 용지는 야간에 불을 밝히기 위해 사용되었을 것으로 추정된다.

평소 원행길에 대동하였던 금루관은 을묘원행 행차에도 동행하여 원행 기간 동안 엄고(嚴鼓) 치는 일을 맡아 거행하였다.[55] 엄고란 국왕이 정전(正殿)에 나오거나 거둥할 때 백관과 시위군사(侍衛軍士)가 제자리에 대기하도록 큰 북을 치는 것을 말한다.[56] 거둥할 때 첫 번째 치는 초엄(初嚴)은 대가(大駕)를 따르는 군병(軍兵)이 지정된 장소에 모여서 대기하고, 두 번째 치는 이엄(二嚴)은 진형(陣形)을 조성하고, 세 번째 치는 삼엄(三嚴)은 행진을 하도록 하였다.

당시 동행한 금루관은 교수(敎授)와 마부(馬夫)를 겸하는 관리로 국왕의 어가를 수행하는 수행원들이 패용하는 표신(標信)의 일종인 장표(掌標)를 소지하였다.[57] 당시 금루관은 박세윤(朴世潤), 이성필(李聖弼), 박대희(朴大喜), 김정서(金鼎瑞) 4명이었는데 이들에게는 특별히 밥 짓는 군졸[炊飯軍] 1명을 대동시켜 시각을 알리는 일에 전념할 수 있도록 했다.[58] 〈그림 111〉은 금루와 관련된 기물 모습을 확인하기 위해 의궤에서 발췌한 도설이다.

담통–『화성성역의궤』

이선–『효현왕후국장도감의궤』

〈그림 111〉 금루 기물 도설(추정)

2) 약방(藥房) 기물

약방은 조선후기 각사(各司)에 설치된 의료기관으로 16세기 이후부터는 대민의료기구인 혜민서(惠民署)를 대신하여 운영이 확대되었다.[59] 국왕의 행차 시에도 약방 관료들이 늘 동행하며 만일의 사태에 대비하였던 것은 물론 화성행궁에도 약방 관련 시설과 기물을 준비해 두었다.

『원행정례』에 의하면 1789년 이후 매년 이루어진 원행 때마다 화성행궁을 비롯한 과천행궁과 시흥행궁에는 약방이 운영되고 있었다. 〈표 35〉는 『원행정례』「약방」 목록을 토대로 화성행궁을 비롯한 과천행궁과 시흥행궁에 구비되어 있던 약방의 기물 목록을 정리한 것이다.

〈표 35〉 약방(藥房) 기물

번호	기물명	수량	개비기한	
			화성행궁	과천·시흥행궁
1	도기 동이[陶東海]	1坐	1년	2년
2	물 항아리[水瓮]	3坐	3년	5년
3	식정(食鼎)	1坐	오래되면 개비	오래되면 개비
4	장작[柴]	20束	항시 준비	항시 준비
	탄(炭)	1駄		

화성행궁을 비롯한 과천행궁과 시흥행궁에는 솥[食鼎]과 물 항아리 3좌, 동이 1좌가 약방의 기물로 준비되었다. 또한 연료로 사용하였던 장작과 시탄은 항상 마련되어 있었으며 사환군 2명이 배속되었다.[60] 화성행궁에 소장되어 있던 약방 기물 목록은 수라간 기물과 마찬가지로 개비기한이 1년에서 2년 정도의 차이를 보이고 있는 것 외에 과천행궁과 시흥행궁 소장 목록과 일치한다.

을묘원행에도 약방의 관리가 대동하였다. 정조는 연로한 어머니의 건강을 위하여 늘 곁에서 만일의 사태에 대비하여 구급 의관인 약물대령의관(藥物待令醫官)이 함께하도록 하였다.[61] 당시 약방의 제조는 심환지(沈煥之, 1730~1802), 부제조는 이만수(李晩秀, 1752~1820)로 현륭원 참배 길에는 어머니의 몸이 편치 않자 심환지로 하여금 자궁께 드릴 삼령다(蔘苓茶)를 한 첩 달여 올리기도 하였다.[62] 당시 대동한 관리인 약방(藥房)과 침의(鍼醫) 각 1명에게는 말 1필씩과 말 먹이로 콩 1말 4되가 지급되었다.[63] 또한 임시직으로 동행하였던 정중주(鄭重周)는 원행이 끝난 후 시상에 따라 의약동참(議藥同參)에 등용되었다.[64]

〈그림 112〉 약물대령의관, 〈반차도〉, 《화성원행의궤도》, 국립중앙박물관

하지만 을묘원행 진찬 기간에 준비되었던 약방 기물이나 비품은 주정소(晝停所)로 이용되었던 사근평참에서만 확인된다. 당시 사근평참에는 경기감영에서 준비한 대옹(大甕) 1좌, 도기 동이[陶東海] 1좌, 도기 소래기[陶所羅] 1좌, 시탄(柴炭)이 마련되어 있었다.[65] 을묘원행 기간 중 약방 기물이 사근평참에서 확인되는 이유는 『원행정례』의 기록으로 추정 가능하다. 위에서 살펴본 것처럼 『원행정례』에는 수라간·금루와 마찬가지로 화성행궁과 과천·시흥행궁에 약방 기물이 갖추어져 있었다. 평소 약방의 기물을 구비하고 있던 행궁은 을묘원행길에도 『원행정례』의 규정에 따라 마련되었던 약방이 제 역할을 담당하고 있었다고 생각된다. 이로 인해 을묘원행에 대비하여 평상시 약방 기물을 준비하고 있지 않던 사근평참에만 추가로 약방 물품이 구비되었던 것으로 보인다.

제 6 장

화성행궁의 현판(懸板)과 시액(詩額)

1. 화성행궁 현판 현황
2. 현존 현판과 시액

1. 화성행궁 현판 현황

현판은 각 건물 고유의 기능과 특성을 표현하는 함축적 내용을 좋은 글씨로 써서 건물 내외에 걸었던 서예작품이다. 화성행궁의 주요 건물에는 정조의 어필 현판과 함께 당대 명필들의 멋진 글씨로 쓰인 현판과 시액들이 상당수 걸렸다. 그러나 화성행궁에 걸려 있던 현판 가운데 현재 남아 있는 것은 국립고궁박물관에서 소장하고 있는 편액 6개와 시액 5개로 총 11개가 전부이다. 본장에서는 현존하는 화성행궁의 현판과 시액을 대상으로 화성행궁 각 건물의 이름이 가지는 고유한 의미와 조성 과정을 찾아보고자 한다.

화성행궁 주요 건물이나 행궁 곳곳에 세워진 문들의 이름은 저마다 고유한 의미를 내포하고 있다. 갑자년 구상의 꿈을 실현하기 위한 정조의 바람은 행궁 각 건물의 이름에 담겨 현판이 그 뜻을 전해준다.

1790년(정조 14) 2월 9일 행궁의 모습이 조금씩 갖추어지면서 건물마다 현판이 내걸렸다. 수원부의 동헌은 장남헌(壯南軒), 내사(內舍)는 복내당(福內堂), 사정(射亭)은 득중정(得中亭)으로 이름을 짓고 모두 정조의 글씨로 된 현판이 걸린 것이다.[1] 창건 당시 행궁의 정문인 신풍루(新豊樓)에도 옛 이름 그대로 진남루(鎭南樓) 현판이 수원부사 조심태

(趙心泰)의 글씨로 내걸렸다.[2)]

이듬해인 1791년(정조 15) 작성된 수원부 관아 건물의 건축 대장인 『수원신읍영건공해간수성책(水原新邑營建公廨間數成冊)』에는 행궁의 건물 현황은 기록되어 있지만 현판과 관련된 내용은 확인되지 않는다. 1790년 창건 당시 신축된 복내당은 내아(內衙)로 기록되어 있고, 유여택(維與宅)의 옛 이름인 은약헌(隱若軒)이 확인될 뿐이다. 이후 1793년(정조 17) 수원부가 유수부로 승격되면서 화성으로 개칭되고 장남헌에는 정조 어필의 '화성행궁(華城行宮)' 현판이 걸리게 된다.[3)] 비록 수원부의 동헌으로서 장남헌의 성격은 크게 변화하지 않았지만, 유수부로 승격된 후 장남헌이 '행궁'의 중심 건물이라는 의미가 더해짐으로써 그 위상이 한층 격상되었음을 보여주는 것이라 할 수 있다.

앞에서 살펴보았듯이 행궁의 외형적 모습이 가장 큰 변화를 맞게 된 것은 혜경궁의 회갑연을 치르기 위한 준비가 한창이던 1794년(정조 18) 가을이었다. 기존 건물이 증축되거나 새로운 건물이 신축되어 행궁의 확장 공사가 마무리되자 정조는 각 건물의 현판도 고쳐 달도록 명하였다. 정조 어필의 화성행궁 현판이 걸렸던 장남헌은 어머니의 만수무강을 기원하며 '장수하심을 봉축한다.'는 뜻의 봉수당(奉壽堂)이라는 새로운 이름을 갖게 되었다.[4)] 봉수당 현판은 당대 최고의 서예가인 송하(松下) 조윤형(曺允亨)의 글씨로 쓰여졌다. 이동식 담장이 설치되었던 행사공간인 낙남헌 현판 역시 조윤형의 힘찬 글씨로 쓰여져 걸렸다. 을묘원행 기간 동안 혜경궁의 처소로 이용되었던 장락당에는 정조 어필의 현판이 새롭게 내걸렸다.

이외에도 봉수당 앞마당에서 장락당으로 들어가는 지락문(至樂門)이 설치되었던 경룡관에는 전 판서 조종현(趙宗鉉, 1731~1800)이 쓴 편액, 은약헌에서 이름을 바꾼 유여택에는 전 참의 유사모(柳師模, 1750~?)가 쓴 편액, 낙남헌과 득중정에서 치러진 행사 도중 휴식을 취하기 위한 공간으로 조성된 노래당에는 번암(樊巖) 채제공(蔡濟恭)이 쓴 편액, 행궁의 정문인 신풍루에는 조윤형이 쓴 편액이 새롭게 걸렸다.

이렇게 마련된 화성행궁의 현판은 19세기 말까지 큰 변화가 없었던 것으로 보인다. 화성행궁 현판과 관련하여 광범위하게 소개하고 있는 자료는 1801년(순조 1) 간행된 『화성성역의궤』와 1899년(광무 3)에 간행된 『수원군읍지』가 있다. 『수원군읍지』「행궁」과 「화성지속편(華城志續編)」에는 현존하는 현판 가운데 낙남헌을 제외한 나머지 건물들의 현판 소장상황은 물론 상량문 현판까지 기록되어 있어 당대의 행궁 현판 상황을 가늠할 수 있다. 이외에 행궁의 현판 기록이 확인되는 또 다른 사료로 홍양호(洪良浩, 1724~1802)의 손자인 홍경모(洪敬謨, 1774~1851)의 시문집 『관암전서(冠巖全書)』가 있다.[5] 『관암전서』는 1806년에서 1809년 사이에 작성되었는데 화성에 관한 기록이 수록된 「화성기(華城記)」의 내용은 『화성성역의궤』를 저본으로 하고 있다.[6] 〈표 36〉은 위 사료들을 정리하여 19세기 말 행궁의 현판 현황을 정리한 것이다.

〈표 36〉 화성행궁 현판(懸板) 현황

구획공간	건물명	서자(書者)	현판	비고
봉수당과 생활공간	奉壽堂	正祖	장남헌 1좌	국립고궁박물관 소장
		正祖	화성행궁 1좌	국립고궁박물관 소장
		曺允亨	봉수당 1좌	국립고궁박물관 소장
		李秉模	상량문 1좌	–
	長樂堂	正祖	장락당 1좌	국립고궁박물관 소장
		鄭民始	상량문 1좌	–
	景龍官	趙宗鉉	경룡관 1좌	–
		黃昇源	상량문 1좌	–

구획공간	건물명	서자(書者)	현판	비고
봉수당과 생활공간	福內堂	正祖	복내당 1좌	–
		閔鍾顯	상량문 1좌	–
	維與宅	柳師模	유여택 1좌	–
	門	鄭東浚	左翊門 1좌	–
		–	中陽門 1좌	
		–	維福門·慶善門·向春門·延暉門·拱宸門·慶華門·維與門·嘉魚門 8좌	–
낙남헌과 행사·휴식공간	洛南軒	曺允亨	낙남헌 1좌	국립고궁박물관 소장
		正祖	어제시 1좌	국립고궁박물관 소장
		–	諭 水原新邑 儒武 등 1좌	–
		沈煥之	상량문 1좌	–
	得中亭	正祖	득중정 1좌	국립고궁박물관 소장
		–	御射柳葉箭等數 2좌	–
		洪良浩	상량문 1좌	–
	老來堂	蔡濟恭	노래당 1좌	–
		–	어제시 1좌	국립고궁박물관 소장
		丁範祖	상량문 1좌	–
	未老閒亭	–	미로한정 1좌	–
		–	어제시 1좌	–
		–	諸臣賡進詩 2좌	–
	門	–	建章門·得閑門 각 1좌	
신풍루와 군사·행정공간	新豊樓	曺允亨	新豊樓 1좌	–
		趙心泰	鎭南樓 1좌	–
		–	어제시 1좌	–
		尹蓍東	상량문 1좌	–
	外整理所	–	外整理衙門 1좌	
	于華觀	–	현판 1좌	
		徐有防	重鑰門 1좌	
화령전과 제사공간	華寧殿	李晩秀	상량문 1좌	–

행궁 현판에 대한 또 다른 기록은 1891년(고종 28년)에 작성된 『화성중기』를 통해 확인된다. 『화성중기』에는 예방색에서 보관하고 있던 1권의 「어제현판책」과 외탕고에서 보관하고 있던 현판 13좌(坐)가 기록되어 있다.[7] 하지만 현재 『화성중기』에 기록된 「어제현판책」의 행방은 알 수 없으며 13개 현판도 확인되지 않는다. 1910년대 프랑스의 서지학자인 모리스 쿠랑이 출간한 『한국서지』에 의하면 『어제득중정현판탑본(御製得中亭懸板榻本)』과 『어제장남헌현판탑본(御製壯南軒懸板榻本)』이 각 1책씩 확인된다.[8] 1910년대에 만들어진 탁본이라는 점에서 가장 가까운 시기의 자료라고 할 수 있지만 탁본첩 역시 현재 소장처 확인이 어려운 형편이다. 이외에 한국학중앙연구원에서 화성행궁의 현판 4점을 모아놓은 절첩장(折帖裝)[9]을 소장하고 있다. 이 절첩장은 득중정·봉수당·낙남헌·장남헌의 현판을 탁본한 것으로 각각의 글씨를 1장으로 해서 총 12장이 묶여 1첩(帖)으로 되어 있다.[10] 1910년대 만들어진 화성행궁 현판의 유일한 탁본첩이라는 점에서 현재 현판의 훼손 상태를 조사하는 데 중요한 자료가 될 것이다.

행궁의 주요 건물에는 현판 외에도 시액들이 걸려 있었다. 특히 낙남헌·노래당·신풍루·미로한정 등의 건물에는 어제시가 걸려 있었는데 이 가운데 '낙남헌양로연(洛南軒養老宴)'과 '노래당구점(老來堂口占)' 시액만 현재 고궁박물관에서 소장하고 있다. 신풍루에 걸려 있던 어제시는 고종이 지은 시를 새겨 넣은 시액으로 추정된다. 고종은 1892년(고종 29) 수원에 행차하였다가 행궁을 출발하기 전에 신풍루 아래에서 대신들의 문안을 받았다. 이때 고종이 유호인(兪好仁, 1445~1494)의 조령시(鳥嶺詩)로 응하니 대신들이 그 뜻을 시로써 답하였고, 다시 화성을 떠나는 마음을 담아 화답하는 시를 남겼다.[11] 그러나 실제 시액은 확인되지 않는다.

미로한정에는 국왕과 신료들의 시를 새긴 시액이 3개 있었다. 고종의 시를 기록한 어제 현판 1좌, 판중추부사 박회수(朴晦壽, 1786~1861) 외 14명의 시를 새긴 현판 1좌, 제학 김병기(金炳冀, 1818~1875) 외 15명의 시를 기록한 제신갱진시(諸臣賡進詩) 현판 1좌가 있었다. 이 중에서 어떤 것인지는 확인되지 않지만, 제신들의 시를 각판한 시액은 고종대까지 제자리에 남아 있었던 것으로 보인다.[12] 하지만 이후 미로한정의 현판 및 시액의 구체적인 상황 역시 확인되지 않는다.

시액 외에도 낙남헌에는 '유수원신읍유무(諭水原新邑儒武)' 현판 1좌가 걸려 있던 것으로 확인된다.[13] 1790년(정조 14) 3월 12일 신읍으로 이전한 후 시취한 것을 기록하여 남겼던 것으로 보인다. 득중정에도 어사유엽전등수(御射柳葉箭等數)를 기록한 현판 2좌도 있었는데 하나는 1792년(정조 16) 10월 22일 무사를 시취하고 정조의 활쏘기를 기록한 것이고, 다른 하나는 같은 해 10월 30일의 활쏘기를 기록한 것이다.

행궁의 주요 건물을 연결해주는 문에도 편액이 걸려 있었다. 그러나 19세기 말 확인되는 문의 편액은 봉수당 주변 건물 일대에 좌익문(左翊門)·중양문(中陽門)·유복문(維福門)·경선문(慶善門) 4개, 낙남헌을 중심으로 하는 행사와 휴식공간에 건장문(建章門)과 득한문(得閑門) 2개, 유여택 주변 건물에 향춘문(向春門)·연휘문(延暉門)·가어문(嘉魚門)·공신문(拱宸門)·경화문(慶華門)·유여문(維與門) 6개가 전부이다.

당시까지 남아 있던 문의 편액 역시 대부분 확인되지 않고 있지만, 현재 수원역사박물관에서 소장하고 있는 득한문·중영문(重英門)·삼수문(三壽門)·구여문(九如門)의 목판 탁본을 통해 당대 편액의 글씨를 확인할 수 있다. 득한문은 득중정 남쪽에 있는 문으로 봉수당이나 노래당에서 행궁의 후원인 미로한정을 다녀오는 출입구에 달린 문이었는데 득중정의 '득'과 미로한정의 '한'을 따와 붙여진 이름으로 보인다. 중영문은 봉수당과 장락당의 뒤뜰에 세워져 뒷마당을 두 공간으로 분리하는 문이

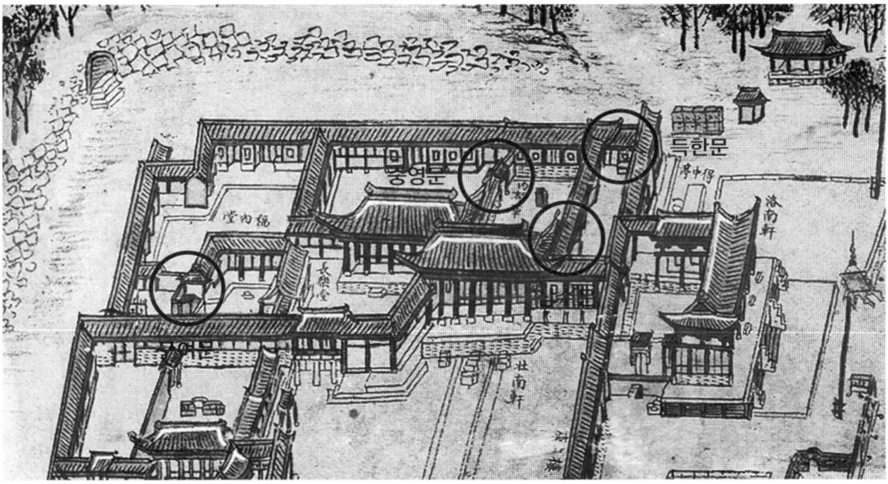

〈그림 113〉 구여문·중영문·삼수문·득한문 위치, 〈화성전도〉, 국립중앙박물관.

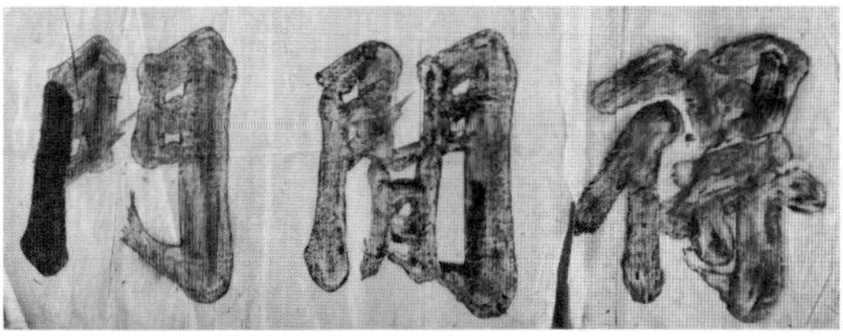

〈그림 114〉 득한문 현판 탁본, 수원역사박물관

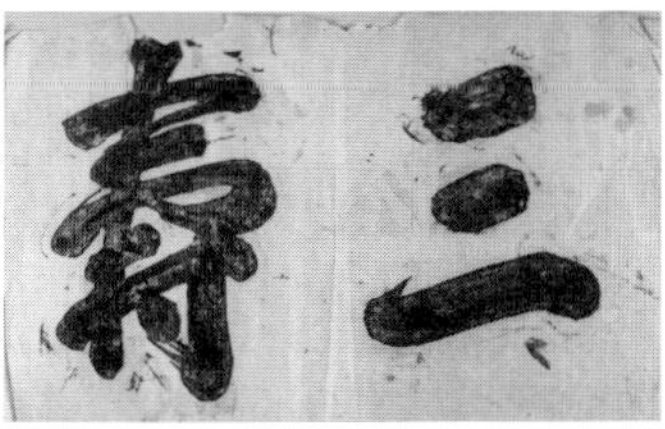

〈그림 115〉 삼수문 현판 탁본, 수원역사박물관

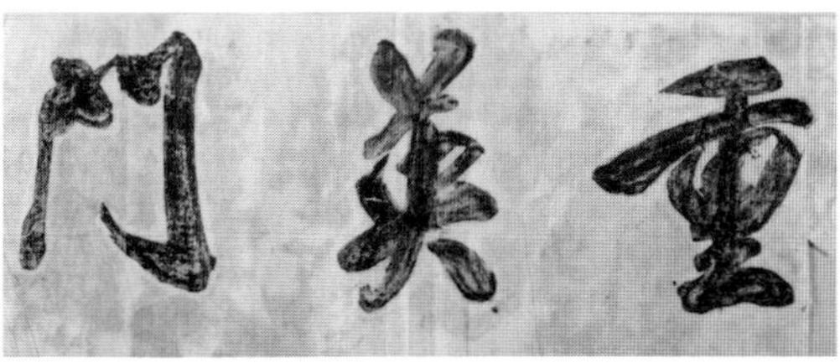

〈그림 116〉 중영문 현판 탁본, 수원역사박물관

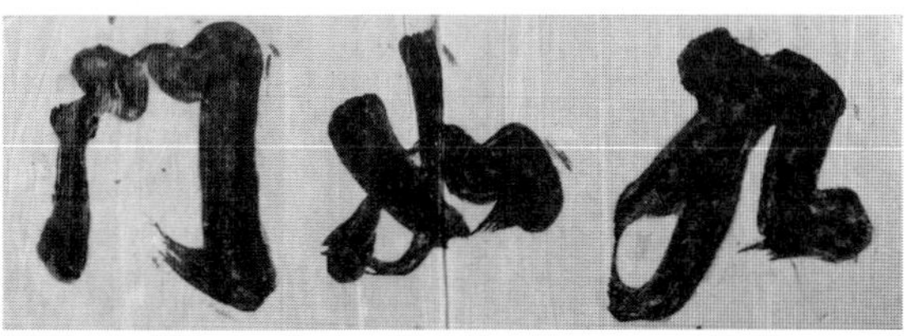

〈그림 117〉 구여문 현판 탁본, 수원역사박물관

었지만 현재 중영문은 물론 문을 연결하던 담장도 복원되어 있지 않다. 삼수문은 봉수당 서쪽 행각, 구여문은 복내당의 남쪽에 건립된 문이다.

결국 화성행궁에 걸려 있던 현판들은 행궁이 조성되었던 1790년부터 1796년까지 건물이 신축되거나 기존 건물이 증축되면서 새롭게 쓰인 것이었다. 어제시나 화답시를 새긴 시액은 시간이 지나면서 추가로 만들어져 걸리기도 하였다. 일제강점기를 지나면서 화성행궁이 훼철되기 시작하는 1900년대 초까지만 해도 행궁 주요 건물의 현판, 상량문 현판, 시액 등은 원래 위치에 그대로 걸려 있었을 것이다. 그러나 1908년(융희 2) 화령전에 봉안되어 있던 정조 어진이 덕수궁 선원전으로 옮겨지고 1910년(융희 4) 관립자혜의원(官立慈惠醫院)이 들어서면서 행궁이 훼철되자[14] 화성행궁 곳곳에 걸려 있던 현판과 시액들 역시 제자리를 잃게 된 것으로 판단된다. 이후 중앙으로 이전되었던 현판들 중 편액 6점과 시액 5점만이 현재 국립고궁박물관에 남아 있게 된 것이다.[15]

2. 현존 현판과 시액

1) 봉수당(奉壽堂) 현판과 시액

(1) 장남헌(壯南軒) 현판

화성행궁의 정당인 봉수당에는 건물의 신축과 증축 시기에 따라 '장남헌', '화성행궁', '봉수당' 현판이 걸렸다. '장남헌'은 봉수당의 초기 명칭으로 옛 수원부 읍치를 이전하면서 건립된 관아의 중심 건물이었다. 평소에는 부사나 유수가 집무를 보는 동헌으로 이용되다 임금이 행차하면 정당으로 사용되었다. 장남헌은 1789년 가을에 완공되었고 이듬해인

〈그림 118〉 장남헌 현판, 국립고궁박물관

1790년 2월 원행에서 정조 어필의 편액이 내 걸렸다.

'장남헌' 편액은 화성행궁의 현판 중 '복내당', '득중정'과 함께 가장 먼저 쓰인 정조 어필이다. 정조는 조선화된 왕희지체(王羲之體)인 동국진체(東國眞體)의 단정한 해서 위에 양송체(兩宋體)를 가미하고 안진경체(顔眞卿體)를 더하여 웅건(雄建)하고 장중(莊重)한 서체를 즐겨 썼다.[16] 대자(大字)의 '장남헌' 편액은 정조가 염원하던 수원에서 힘찬 출발을 예고하듯 자신감이 그대로 느껴진다.

'장남헌' 편액은 각 글자의 주변을 파내고 양각의 효과를 낸 후 바닥에 금칠을 하여 힘 있는 글씨를 표현하고 있다. 크기는 세로 65.5cm, 가로 194.6cm이다.[17] 현재 현판의 상태가 양호하지 못하여 우측 상단에 흐릿한 흔적이 보이지만 한국학중앙연구원 소장 탁본첩에서는 '어필(御筆)'이라는 인장이 명확하게 확인된다.

(2) 화성행궁(華城行宮) 현판

정조는 1793년 정월 원행 기간 중 팔달산에 올라 수원의 이름을 '화성(華城)'이라 명명하고 유수부로 승격시켰다. 그리고 이듬해에 행궁의 중심 건물인 장남헌에 정조 어필의 화성행궁 편액을 추가로 걸게 하

〈그림 119〉 화성행궁 현판, 국립고궁박물관

였다.[18] 이는 화성유수부 관아에 행궁의 기능이 더해졌다는 것을 천하에 알리는 의미였다고 할 수 있다.

이로써 장남헌에는 정조 어필의 '장남헌' 편액과 '화성행궁' 편액이 함께 걸리게 된 것이다. 정조의 외조부인 홍봉한(洪鳳漢, 1713~1778)의 동생인 홍용한(洪龍漢, 1734~1809) 시문집 『장주집(長洲集)』「화성행행일기(華城行幸日記)」에 의하면 을묘원행 당시 장남헌 현판과 화성행궁 현판이 함께 걸려 있던 것으로 추정된다.[19]

화성행궁 어필 현판이 걸린 1793년은 수원이 '화성'으로 개칭되고 유수부로 승격되었으며 장용외영이 주둔하면서 서울 남쪽의 중요 거점으로 발돋움한 시기이다. 화성행궁 현판의 각 글자는 매우 큰 글씨로 정조 어필의 특징인 안진경체의 힘찬 느낌이 엿보인다. 정조의 기상과 군주로서의 위엄이 어필에서도 느껴진다.

화성행궁 편액은 양각으로 새겨져 있으며 흑색 바탕에 금칠이 칠해져 있다. 글씨는 횡서(橫書)로 전체 크기는 세로 106cm 가로 321cm이다.[20] 현판의 우측 상단에는 전서체의 '어필(御筆)' 두인(頭印)과 정조의 호(號)인 '홍재(弘齋)'가 세로의 타원형으로 낙관을 감싸고 있다. 편액 좌측에는 '여천위십유팔년계축맹춘(予踐位十有八年癸丑孟春)'이라는 글자가 전서체로 양각되어 있어 정조 즉위 18년째인 계축년(1794년) 정월에 글씨를

〈그림 120〉 신풍루 옆에 놓아둔 화성행궁 현판

썼다는 것을 밝히고 있다. 그 아래에는 '규장지보(奎章之寶)'란 어보가 정사각형으로 새겨져 있다.

현재 화성행궁 현판은 행궁 정문인 신풍루 옆에 놓여 있는데, 하루빨리 제자리를 찾아 걸어 놓아야 할 것이다.

(3) 봉수당 현판

화성행궁에서는 1795년(정조 19) 윤2월 혜경궁의 회갑연이 성대하게 치러졌다. 회갑연 기간 중 다섯 번째 날에는 행궁의 정당인 봉수당에서 회갑연 진찬이 펼쳐졌는데 정조는 어머니의 장수를 기원하며 '만년(萬年)의 수(壽)를 받들어 빈다.'는 뜻의 봉수당이라는 새로운 이름을 추가로 지었다. 그리고 봉수당 현판은 당대 최고 명필인 조윤형의 글씨로 쓰

〈그림 121〉 봉수당 현판, 국립고궁박물관

여져 내걸렸다.[21]

조윤형은 영·정조대에 활동한 대서예가로 동국진체의 서맥(書脈)을 이어 받았다.[22] 특히 정조는 자신의 서예관이 조윤형과 일치한다고 확인한 이후에는 왕실의 금석문이나 현판을 도맡아 쓰게 하였다. 그는 일찍이 서사관(書寫官)을 역임하며 사도세자의 무덤인 현륭원의 표석(表石) 음기(陰記)를 서사하고[23] 1797년(정조 21)에는 주자소(鑄字所)에서 『춘추(春秋)』를 새로 인쇄할 때 경문(經文)을 선사(繕寫)하기도 하였다.[24]

또한 정조의 명에 따라 장남헌[봉수당]의 방 벽에 '미로득한방시한(未老得閒方是閒)'이라는 초서체의 큰 글씨를 남겼다. 이유원(李裕元, 1814~1888)은 이 글씨가 방을 수리할 때 고치지 않았는데도 여전히 묵광(墨光)이 넘쳐흐르고 도깨비들이 근접하지 못할 정도라고 극찬하며 조물주의 솜씨를 능가한다고 감탄하였다.[25] 이유원의 『임하필기』를 1871년(고종 8) 탈고했다는 기록에 근거하면 적어도 고종대까지는 장남헌 방 벽면에 조윤형의 필체가 그대로 남아 있던 것으로 보인다.

조윤형의 글씨는 봉수당 현판 이외에 행궁의 정문인 신풍루와 낙남헌, 화성의 팔달문(八達門), 장안문(長安門), 방화수류정(訪花隨柳亭) 등

화성의 주요 건물 현판으로 남겨졌다. 아쉽게도 봉수당·낙남헌·팔달문 현판만 전해지는 것에 비해 창덕궁을 비롯한 전국 유명 정자나 사찰에는 그가 쓴 현판이 상당수 남아 있다.[26)]

'봉수당' 편액은 양각으로 새겨졌으며 흑색 바탕에 횡서 글씨로 크기는 세로 90cm, 가로 218.3cm이다.[27)] 편액은 모두 6개의 판으로 구성되어 있으며 글씨는 굵은 획의 품격이 우람하면서도 세련미를 잃지 않고 있다는 점에서 조윤형의 대표작이라 할만하다.

결국 봉수당에는 1795년부터 정조 어필의 장남헌 현판과 화성행궁 현판을 포함한 3개의 현판이 함께 걸렸던 것을 알 수 있었다. 한 건물에 2개 이상의 현판이 걸려 있는 경우는 궁궐이나 서원 건축물에서 다수 확인된다. 창덕궁 주합루 내 서향각(西香閣)에는 건물 외부에 '서향각' 현판이 걸려 있고 내부에는 '친잠권민(親蠶勸民)' 현판이 걸려 있다. 창경궁 숭문당(崇文堂)에도 외부에는 '숭문당' 현판이 걸려 있고 내부에는 '일감재자(日監在玆)' 현판이 걸려 있으며, 창경궁의 함인정(涵仁亭)에도 내부의 천장 쪽 사방 벽 위에 사시(四時)를 한 구절씩 새긴 현판이 걸려 있다. 서원의 경우 퇴계(退溪) 이황(李滉, 1501~1570)을 모시는 도산서원(陶山書院)과 회재(晦齋) 이언적(李彦迪, 1491~1553)을 모시는 옥산서원(玉山書院)에서도 한 건물에 2개 이상의 현판들이 걸려 있는 모습을 찾아 볼 수 있다.

이러한 예에서 보는 것처럼 행궁의 정당인 봉수당에도 장남헌과 화성행궁을 포함하는 3개의 현판이 한 건물에 함께 걸려 있었을 것으로 추정된다. 행궁 전체를 아우르는 어필의 '화성행궁' 현판과 어머니의 만수무강을 축원하는 의미를 담은 '봉수당' 현판은 건물 정면에 걸리고, 장남헌 편액은 봉수당 실내 정면에 걸려 있었을 것이다. 또는 3개의 현판이 나란히 봉수당 정면에 걸렸을 것으로 추정할 수 있다.

〈그림 122〉 유여택 실내에 걸린 장남헌 현판

그러나 현재 봉수당[당시 장남헌]에는 '봉수당' 현판만 걸려 있고 '장남헌' 현판은 유여택 실내에 걸려 있으며 '화성행궁' 현판은 행궁의 정문인 신풍루 왼편 바닥에 놓여 있다.[28)]

(4) 자궁행화성행궁진찬일악장(慈宮幸華城行宮進饌日樂章) 시액

이 시액은 1795년(정조 19) 정조가 어머니 혜경궁의 회갑을 축하하기 위해 봉수당에서 진찬을 베풀면서 직접 지은 시를 새겨놓은 것이다. 내용은 화창한 봄날의 화성 풍경과 혜경궁을 모시고 즐거움을 나누는 감회를 표현한 것으로 그날의 기쁜 마음을 그대로 살리기 위해 봉수당에 걸어놓았을 것이다.

이와 같은 형식의 악장은 이외에도 여러 개가 확인된다. 현재 규장각

〈그림 123〉 자궁행화성행궁진찬일악장 시액, 국립고궁박물관

은 '자궁임화성행궁진찬악장(慈宮臨華城行宮進饌樂章)' 여러 본(本)을 소장하고 있다.[29] 악장은 『원행을묘정리의궤』, 『수원군읍지』, 『화성봉수당갱재축』[30]에서도 원문이 확인되는데, 봉수당 진찬 때 선창하는 악장[御製華城奉壽堂進讚先唱樂章]과 후창하는 악장[御製華城奉壽堂進讚後唱樂章]으로 구성된다.[31]

이 시액은 총리대신 채제공 글씨로 새겨졌다. 검은 바탕에 글자를 양각으로 새기고 그 위에 다시 금칠을 하여 다른 편액과 차별된다. 측면에 못 구멍들이 남아 있으며 크기는 세로 54.8cm, 가로 184.7cm이다.[32]

(5) 화성행궁경차정묘판상운(華城行宮敬次正廟板上韻) 시액

고종은 1870년(고종 7) 3월 수원부 원행길에 올랐다. 그리고 화성행궁에서 대신들과 함께 소대(召對)한 자리에서 정조가 지은 현판의 어제시를 내리고 대신들에게 화답시를 지어 올릴 것을 명하였다.[33] 이때 그 자리에 있던 27명의 대소신료들이 화답한 시를 모아 새겨놓은 것이 바로 이 시액이다.

'경차정묘판상운'이란 '삼가 정조 임금께서 지은 시에 차운하다.'라는 뜻으로 시액의 내용은 『수원군읍지』에서 확인된다.[34] 화답시는 을묘원

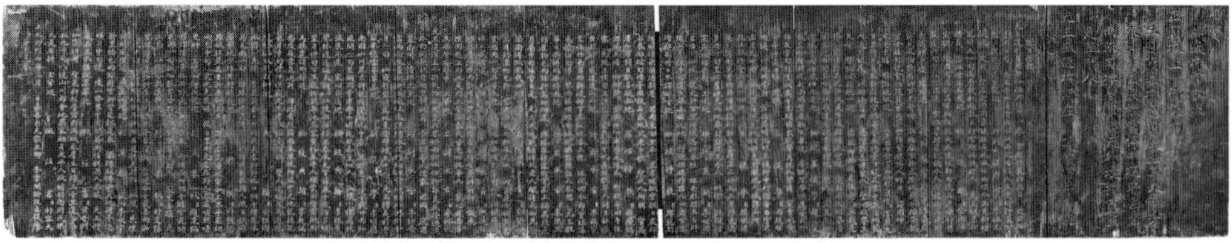

〈그림 124〉 화성행궁 경차정묘판상운 시액, 국립고궁박물관

행에서 정조의 효심과 진찬을 송축하는 내용으로 가로 265.3cm의 대형 편액은 봉수당과 장락당을 이어주는 긴 복도에 걸렸을 것으로 추정해 볼 수 있다. 당시 판중추부사 이유원 외 26명이 지어 올린 화답시를 가선대부종정경 규장각검교직제학(嘉善大夫宗正卿奎章閣檢校直提學) 이재만(李載晩, 1828~?)의 글씨로 새겨 놓았다.

이 시액은 흑색 바탕에 종서(縱書)의 글씨로 음각되어 있다. 편액은 10개의 판으로 이루어져 있는데 뒷면은 좌우를 사면으로 처리한 가로막대 2개로 판을 고정시켰다. 윗변에는 고리가 부착되어 있으며 크기는 세로 52.2cm, 가로 265.3cm이다.[35)]

2) 장락당(長樂堂) 현판과 시액

(1) 장락당 현판

장락당은 을묘원행에서 혜경궁의 처소로 이용하기 위하여 1794년 8월에 신축되었다. 장락당은 전한의 도읍인 장안성의 장락궁(長樂宮)에서 유래한 것으로 제후가 군신들과 조회를 하던 곳이었으나 뒤에 태후가 거처하면서 대비전을 일컫는 말로 사용되었다.[36)] 정조 역시 어머님의 만수무강을 기원하며 행궁의 내전을 장락당이라 명하고 어필 현판을 내걸었다.

〈그림 125〉 장락당 현판, 국립고궁박물관

장락당은 봉수당 남쪽 벽에 잇대어 지붕이 겹쳐져 있는 구조로 진찬이 열렸던 봉수당과 통행이 용이하도록 설계되었다. 장락당은 비록 좁은 공간에 증축된 건물이지만 회갑연에서 어머니께 축수(祝壽)의 잔을 올렸던 의미 있는 공간이었다. 정조는 이에 걸맞도록 현판 글씨의 굵은 획을 약간 비스듬하게 써서 여유로움을 보여주고 있다.

이 편액도 정조 어필이며 양각으로 새겨져 있다. 흑색 바탕에 횡서의 글씨로 크기는 세로 68cm, 가로 167.6cm이다.[37] 현판의 좌측 하단에 「규장지보(奎章之寶)」란 어보가 각인되어 있다.

(2) 화성진찬일구점시여연제신(華城進饌日口占示與宴諸臣) 시액

정조는 1795년(정조 19) 윤2월 13일 봉수당 진찬에서 어머니 혜경궁의 장수를 축원하는 마음을 담아 칠언율시(七言律詩)를 지었다. 이 시액은 정조가 진찬례에서 직접 지은 시를 본인의 글씨로 남겨 놓은 것이다.

이 악장은 『수원군읍지』 「행궁」의 봉수당에 기록되어 있다는 점에서 봉수당 실내에 걸어 놓았을 것으로 추정할 수 있다. 그러나 장락당이 봉수당과 처마를 잇대어 지은 건물로 실내는 봉수당과 하나로 연결된다는 점을 주목한다면 다른 경우를 생각해 볼 수 있을 것이다. 앞서 봉수당 진

〈그림 126〉 화성진찬일구점시여연제신 시액, 국립고궁박물관

찬례의 풍경을 적어놓은 〈자궁행화성행궁진찬일악장〉 시액이 봉수당에 걸려 있었다면 이 시액은 회갑연 진찬례에서 어머니에게 술잔을 올렸던 장락당에 걸려 있었다고 추측할 수 있다. 어머니의 만수무강을 기원하는 정조의 마음을 담은 시를 편액으로 만들어 혜경궁이 거처하였던 장락당에 걸어둠으로써 효심을 드러내고자 했을 것이다.

이 악장은 을묘원행에서 지어진 많은 시 가운데 가장 대표적인 작품으로 『원행을묘정리의궤』, 『화성성역의궤』, 『홍재전서』, 『내각일력』, 『열성어제』, 『수원군읍지』 등의 사료들에 실려 있다.[38)]

이 시액은 다른 편액과 달리 금칠의 흔적이 남아 있다. 반듯한 직사각형의 나무 위에 까만 흑칠을 하고 그 위에 종서로 글씨를 양각으로 새겼다. 편액의 우측 상단에는 전서체의 '어제(御製)'가 횡서로 작게 새겨져 있어 정조가 지었다는 사실을 확인시켜 준다. 크기는 세로 34.5cm, 가로 74cm로 본서에서 다루고 있는 다른 시액에 비해 작지만 까만 흑칠 위에 다시 금칠을 함으로써 그 어느 편액보다 고급스러움을 보여준다.[39)]

〈그림 127〉 낙남헌 현판, 국립고궁박물관

3) 낙남헌(洛南軒) 현판과 시액

(1) 낙남헌 현판

낙남헌은 1794년 옛 득중정 자리를 노래당 서쪽으로 옮기고 그 터를 넓게 확장하면서 행사를 치르기 위한 건물로 증축되었다.[40] 대청마루의 3면에 분합을 설치하여 행사가 있을 때에는 분합을 모두 올려 마루의 공간을 넓게 활용하였으며, 동북쪽으로 트여 있는 넓은 앞마당에는 홍살판으로 만든 담장을 설치하여 형편에 따라 개폐가 가능하도록 하였다. 낙남헌에서는 1795년 혜경궁의 회갑연을 기념하는 양로연과 문·무과 별시가 치러졌고 1796년에는 화성 낙성연이 진행되었다.

낙남헌의 편액도 조윤형의 글씨로 질박함을 바탕으로 당당한 위엄이 살아 있으며 글자의 결구가 인공적인 미감을 배제하고 단정하게 처리되었다. 행궁의 다른 편액들과 달리 글자에 비해 편액의 크기를 넉넉하게 제작하여 품격을 더욱 높였다.

낙남헌 편액도 양각으로 새겨져 있으며 크기는 세로 100cm, 가로

199cm이다.[41] 흰색 바탕에 좌우 3판으로 구성되어 있으나 가운데 판은 2개로 갈라진 상태이다. 위에서 언급한 것처럼 현재 한국학중앙연구원에서 소장하고 있는 낙남헌 탁본에도 가운데 판의 갈라짐이 명확하게 보이는 것으로 보아 1910년 이전에 손상된 상태였던 것으로 파악된다. 판의 하부에 원형 고리 2개가 부착되어 있다. 뒷면은 좌우를 경사면으로 처리한 가로막 2개로 판을 고정시켰고 아래쪽에 고리를 달았던 것으로 보인다.

(2) 낙남헌양로연(洛南軒行養老宴) 시액

정조는 을묘원행 기간 동안 어머니 혜경궁의 회갑을 기념하는 양로연을 베풀었다. 당시 양로연에는 화성에 거주하는 61세 이상의 노인들과 70세 이상의 문관, 음직(蔭職), 무관 및 화성 본부 경내에 살고 있는 대신들이 초대되었다. 그리고 행궁의 행사공간인 낙남헌 앞마당에서 양로연에 초대된 노인들은 물론 구경나온 백성들과 시위군병까지 모두 어우러져 성대한 잔치를 진행하였다.

이 시액은 정조가 어머니의 회갑을 축하하는 마음을 담아 직접 지은 시를 홍낙성(洪樂性, 1718~1798)의 글씨로 새긴 것이다. '화성진찬일구

〈그림 128〉 낙남헌양로연 시액, 국립고궁박물관

점시여연제신'과 함께 정조대 여러 사료[42]에서 모두 언급되고 있는 대표적인 시이다. 이 악장은 양로연에 참가한 노인들의 모습을 생생하게 표현하면서 동시에 어머니는 물론 양로연에 참석한 노인들의 만수무강을 축원하는 내용을 담고 있다. 양로연을 성대하게 베풀었던 낙남헌의 실내에 걸어 놓고 어머니와 노인들의 만수무강을 기원했을 것이다.[43]

이 시액은 흑색 바탕의 직사각형 나무판에 19행의 종서로 새겨져 있다. 글씨는 전체적으로 바닥을 파내 양각하였으며 그 위에 검은색을 칠하였다. 시액의 우측 상단에 전서체의 '어제(御製)' 두인이 새겨져 있으며 크기는 세로 43.2cm, 가로 109.5cm로 측면 사변에 못구멍들이 남아 있다.[44]

4) 득중정(得中亭) 현판과 노래당구점(老來堂口占) 시액

(1) 득중정 현판

득중정은 사정(射亭)으로 1790년 정조가 화성에 행차하였을 때 활쏘기를 하고 연달아 4발을 쏘아 모두 명중한 후 이를 기념하여 지은 이름이다. 원래는 낙남헌 자리에 있었으나 1794년에 노래당 뒤쪽으로 자리를 옮겨 새로 건축하였다. 득중정은 『예기』「사의(射儀)」에 "활을 쏘아 맞으면 제후가 될 수 있고, 맞지 않으면 제후가 될 수 없다.[射中 則得爲諸侯 射不中 則不得爲諸侯]"라는 구절에서 '득'자와 '중'자를 따와 붙인 것이다.[45] 득중정 편액의 글씨는 정조 어필의 장남헌 글씨와 흡사한 분위기로 각 글자의 가로보다 세로를 늘여 놓아 진중한 느낌이 강하다.

득중정 편액은 양각에 금칠을 한 후 글씨를 새겼다. 우측 상단의 '어필(御筆)' 두인은 분칠(粉漆) 위에 붉은색으로 음각하였는데 크기는 세로 62cm, 가로 142cm이다.[46] 편액은 흑색 바탕에 상하 두 판으로 연결하였

〈그림 129〉 득중정 현판, 국립고궁박물관

는데 뒷면은 상하를 경사지게 처리한 막대 2개를 끼워서 연결시켰으나 현재는 막대가 하나만 남아 있다. 끼움막대에 원형 고리가 부착되어 있으며 측변 사면으로 못구멍 흔적이 확인된다. 득중정 편액은 장남헌 편액과 함께 1790년에 제작된 것으로 나무의 재질이나 양각에 금칠을 하였던 제작 기법에서 유사성이 보인다.

(2) 노래당구점 시액

노래당은 1793년 가을 행궁의 증축 공사에서 낙남헌과 득중정 사이에 새롭게 지어진 건물이다. 노래당 편액은 채제공이 썼다고[47] 하지만 현재 전해지지 않고, 정조가 지은 '노래당구점(老來堂口占)' 시액만 국립고궁박물관에서 소장하고 있다. 늙는 것은 운명에 맡기고 편안히 거처하면 그곳이 바로 고향이라는 고사에서 의미를 가져온 편액은 정조가 장차 상왕으로 거처하려던 마음을 드러내는 것이라고 할 수 있다. 여기에 70이 넘어서도 어버이의 마음을 위로하기 위해 때때옷을 입고 부모님 곁에서 재롱을 부렸다는 노래자(老萊子)의 고사를 더해 1797년 8월 원행에서 '노래당구점'을 지은 것이다. 이러한 내용을 담아 새겨진 시액은 노래당

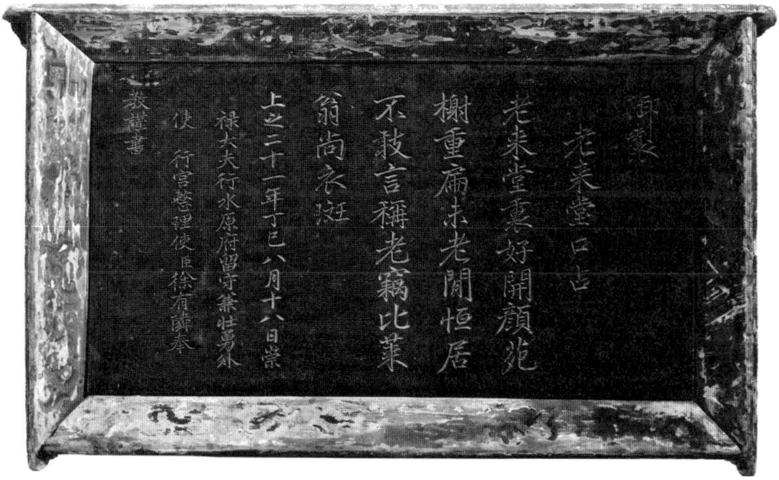

〈그림 130〉 노래당구점 시액, 국립고궁박물관

실내에 걸려 있었을 것으로 추정된다.[48)]

노래당은 득중정과 낙남헌에서 다양한 행사 도중 쉬기 위한 공간으로 동쪽과 연결된 툇마루에는 하엽(荷葉)의 평난간을 두르고 단청을 칠하여 아늑하게 만들어졌다. 시액 또한 이에 걸맞게 현판의 가장자리를 난간이 둘러싼 형태로 다른 현판과는 차별적으로 아름답게 만들었다.

이 시액은 1795년 을묘원행에서 정조가 직접 지은 시를 1797년 화성부 유수인 서유린(徐有隣)의 글씨로 새긴 것이다. 편액은 검은색 바탕으로 오른편에 '어제(御製)'라고 새기고 다음 줄부터 세로로 음각되어 있다. 크기는 세로 45.5cm, 가로 73cm이다.[49)] 현판의 사변을 장식하였던 나무에는 청색 칠 바탕에 칠보문(七寶文)을 새겨 왕실 현판의 품격을 보여주고 있다.

결 론

본 연구에서는 조선시대 최대 규모의 지방 궁궐인 화성행궁의 전체상을 재조명함으로써 역사적 위상은 물론 이곳에서 구현된 정조시대 문화예술의 실상까지 파악하였다. 이를 위해 관련 자료를 총망라하여 화성행궁의 건립과 운영을 담당하였던 인물 및 각종 물자를 보관하던 창고와 부속시설의 현황, 행궁 주요 건물의 실제적 기능과 각 건물에 배설되었던 기물과 비품, 현판과 시액 등을 살펴보았다. 이는 장차 화성행궁의 복원이 제대로 이루어지고 각종 시설과 기물이 제 자리를 찾을 수 있는 근거를 마련하기 위한 것이었다.

조선시대에는 전국에서 행궁이 운영되었다. 대체로 행궁은 평소 지방관아로 이용되다가 국왕의 행행 시에는 국왕의 임시거처가 되는 이중의 기능을 가지고 있었다. 본 연구는 행궁의 이용 목적에 따라 선왕의 능을 참배할 때 사용하였던 능행 행궁, 온천을 다녀올 때 머물렀던 온행 행궁, 한양을 방어하거나 난을 피하기 위한 전란대비 행궁, 상왕으로 물러나 머무르기 위한 상왕거처 행궁으로 분류하였다. 화성행궁은 이 네 가지 목적을 모두 충족하도록 설계된 조선시대 최대 규모의 행궁으로서 정조시대 문화적 역량이 결집된 문화유산이었다.

원래 화성행궁은 사도세자의 무덤인 현륭원이 조성된 이래 원행길에 유숙하기 위한 공간에서 출발하여 정조의 '갑자년[1804년] 구상'에 따라 장차 정조가 상왕으로 거처하기 위한 공간으로 건설되었다. 하지만 1800년(정조 24) 갑작스런 정조의 서거로 인해 1802년에는 정조의 어진을 모신 화령전(華寧殿)이 건립됨으로써 정조를 추모하는 공간으로 다시 태어났으며, 순조대부터 고종대에 이르기까지는 국왕이 융릉·건릉 성묘 시에 들러 유숙하는 능행 행궁으로 이용되었다. 화성행궁은 이와 더불어 전란에 대비하기 위한 기능도 갖추고 있었는데, 이런 다양한 기능은 조선시대 행궁 중에서 화성행궁만이 갖는 특별함이라고 할 수 있다.

화성행궁은 1789년(정조 13) 수원부의 신읍을 조성하는 과정에서 관아 건물을 신축하였고, 1793년(정조 17) 유수부로 승격된 이후 화성 성역의 일환으로 집중적인 증개축이 이루어졌다. 1789년 7월 시작된 신읍의 관아 공사는 9월 말에 이르면서 행궁의 중심 건물인 장남헌(壯南軒)과 내당인 복내당(福內堂), 객사(客舍)를 포함하는 건물들이 모습을 드러내었다. 1790년(정조 14) 2월에는 득중정(得中亭)과 유여택(維與宅)을 비롯한 공해 건물 및 강무당·장용영·무기고 등의 군영 건물까지 준공됨으로써 수원부 신읍의 관아와 행궁의 주요시설이 대부분 갖추어졌다.

행궁의 외형적 모습은 1795년(정조 19) 혜경궁의 회갑연을 준비하기 위해 화성행궁의 기존 건물을 증개축하거나 신축 건물이 들어서면서 큰 변화를 맞이하게 된다. 행사 공간이 될 낙남헌의 넓은 앞마당을 확보하는 것부터 건물의 복도(複道) 설치와 공간 구성까지 정조의 의견이 폭넓게 반영되었으며, 이 과정에서 화성행궁은 건립 초기 계획보다 다소 축소되어 576칸으로 완성되었다.

화성행궁 건설에서 가장 중요한 역할을 한 것은 건설과정을 기획하고 관리감독한 신료들과 공역에 직접 참여했던 장인 등의 기술인력들이었다. 신도시 건설 과정에서 운영을 총괄하였던 유수와 부사, 이하 공사에 직접 참여하였던 별간역(別看役)·패장(牌將)·비장(裨將) 등의 인물들이 화성행궁 건설의 주역이었다. 초대 유수로 임명된 채제공(蔡濟恭)은 신읍의 도시 기반을 마련하는 과정에서 다양한 의견을 제시하였다. 그의 화성부 유수 재임기간[1793년 1월~1793년 5월]은 4개월로 짧았지만, 정조는 신도시를 정비하는 초기 단계에 채제공과 같은 원로에게 도움을 청하였다. 이에 따라 채제공은 수원에 거주하면서 지역의 정보를 얻고 유수부 운영에 필요한 크고 작은 일들을 두루 살피면서 도시 건설에 필요한 정책적 기반을 마련하였다.

2대 유수 이명식(李命植)을 거쳐 화성행궁과 화성 신도시 건설사업을 마무리짓고 유수부의 운영 방안을 마련한 것은 3대 유수 조심태(趙心泰)였다. 그는 유수 임명에 앞서 1789년 수원부사로 임명되어 현륭원과 수원 신읍 조성 사업을 총괄하였다. 조심태는 이듬해 12월까지 수원부사로 재임하면서 신읍의 행궁 및 객사의 건설을 주도한 것은 물론 신도시에 거주할 백성들이 편리한 생활을 할 수 있는 다양한 정책을 마련하여 시행하였다. 이후 1794년 2월에는 화성부의 3대 유수로 임명되어 1796년 10월 화성 성역 낙성 이후 1797년(정조 21) 7월까지 약 2년 5개월 동안 화성 신도시 건설을 주도하였다.

이외에도 행궁 건설 현장에는 많은 인물들이 참여하였다. 1789년 가을 행궁 건설 초기 단계에서는 순영동칙(巡營董飭)이었던 조윤식(曺允植)을 비롯한 22명의 감동과 패장, 1790년(정조 14) 5월 행궁 완공 당시에는 영건도청비장(營建都廳裨將) 민광승(閔光升)을 비롯한 41명의 감동비장과 간역장교들이 참여하였다. 특히 화성행궁 건설에는 별간역 김계중(金啓重)을 포함한 석수·목수·미장이·기와장이 등의 편수 14명이 참가하였다. 편수 1인이 약 30여 명의 장인을 거느린다고 보았을 때 화성행궁 건설 2년여 동안 약 420여 명 이상의 장인이 동원되었다.

이렇게 완공된 화성행궁의 여러 건물들은 당시 이곳에서 치러진 각종 행사에서 어떻게 활용되었는지를 재구성함으로써 각각의 실제적 기능을 알아낼 수 있었다.

첫째, 봉수당에 인접한 건물들은 갑자년 이후 상왕과 그의 가족들이 머물 생활공간으로 설계되어 이용되었다. 행궁의 정전인 봉수당(奉壽堂)은 수원부 동헌인 장남헌 건물이었다. 을묘원행에 앞서 봉수당이란 새 이름을 얻고 혜경궁의 회갑연이 성대하게 치러짐에 따라 화성행궁의 중심 건물로 인식되었다. 을묘원행에 맞추어 새롭게 지어진 장락당(長樂堂)은 혜경궁의 침전으로 사용되었는데 회갑연에서 혜경궁의 이동이 편리하도록 봉수당과 지붕이 연결된 구조로 지어졌다. 장락당 정면에는 2층 누각의 경룡관(景龍館)을 지어 대문 구실을 하도록 하였으며, 행궁의 안쪽 깊숙한 곳에는 내당인 복내당(福內堂)이 배치되어 원행 시 국왕의 처소로 이용되었다. 유여택은 국왕의 원행 기간 중 유수 및 대신들과의 접견 장소로 이용되면서 임시 편전의 기능을 담당하였다.

둘째, 낙남헌(洛南軒)과 그 부속 건물인 노래당(老來堂)·득중정(得中亭), 행궁 후원에 위치하고 있던 미로한정(未老閒亭)은 행사와 휴식을 위한 공간이었다. 이동식 담장이 설치된 열린 구조의 낙남헌에서는 을묘원행 기간 동안 양로연·문무과 별시 등이 성대하게 진행되었고 화성이 완공되자 낙성연(落成宴)이 펼쳐졌다. 낙남헌의 넓은 앞마당은 지배층과 피지배층이 하나가 되는 화합과 소통의 공간으로 이용되면서 '상하동락(上下同樂)'의 정치적 이상이 실천된 역사적 공간으로서 큰 상징성을 가지게 되었다. 낙남헌과 앞마당을 함께 사용하는 득중정은 활쏘기뿐만 아니라 을묘원행 기간 중에는 불꽃놀이의 무대가 되었다. 노래당은 낙남헌과 득중정에서 치러진 여러 가지 행사 도중 휴식을 취하기 위하여 두 건물과 연결된 구조로 지어졌으며, 행궁의 후원에는 미로한정이라는 정자가 세워졌다. 노래당과 미로한정은 이름이 말해주듯이 화성을 노후의 안식처로 삼고자 했던 정조의 뜻에 따라 건설되었다.

셋째, 행궁의 정문인 신풍루(新豊樓) 일대에는 군사 및 행정기구들이 별도의 공간을 이루고 있었다. 신풍루에서는 혜경궁의 회갑을 기념하여 화성부 및 인근지역의 사민(四民)과 기민(饑民)들에게 진휼 행사를 베풀었는데 후대 국왕들 역시 이 전통을 이어감에 따라 봄마다 향음주례(鄉飮酒禮)가 펼쳐지게 되었다. 신풍루 좌우에 설치된 남북군영은 행궁의 대문을 수호하는 기능을 담당하였다. 외정리소(外整理所)는 현륭원 조성 이후 매년 이루어진 국왕의 원행에 필요한 제반 사항을 준비하는 정리소의 업무공간이었으며 이외에도 비장청(裨將廳)·서리청(書吏廳)·집사청(執事廳)이 자리 잡아 각각의 기능을 담당하고 있었다.

넷째, 정조 사후에는 정조의 어진을 모신 화령전(華寧殿)이 건립되어 제사공간이 추가되었다. 화령전은 정조 사망 이후 현륭원 어진봉안각에 모시고 있던 정조의 어진을 옮겨 모시기 위해 양반가의 사당처럼 행궁의 서북쪽에 신축된 영전(影殿)이었다. 화령전에서는 창건 이후부터 화성행궁이 훼철되는 20세기 초까지 정조를 기리는 제사가 이어져 정조 사후 정조를 추모하는 공간으로 성격이 바뀐 화성행궁의 중심시설이 되었다.

이러한 행궁 주요 건물의 성격과 기능은 여러 기록에 산재해 있는 국왕 행차 시 건물의 이용 상황과 국왕의 동선, 1795년 혜경궁 회갑연 등의 행사를 분석하여 파악할 수 있었다. 여기에 평소 유수부 관아의 공간별 기능도 함께 파악함으로써 화성행궁의 전체상을 구조적으로 이해할 수 있게 되었다.

화성행궁은 평소 유수부의 중심 행정기구로 행궁의 내외에는 곡물과 기물을 보관하던 유수부 소속의 창고와 부속시설들이 자리 잡고 있었다. 18세기 후반 지방 관아 소속의 창고들은 독자적인 재정기구로서 고유의 업무를 수행하는 동시에 융통성 있게 상호 협조적으로 운영되었는데 행궁 안팎에 위치한 화성유수부의 창고 역시 마찬가지였다.

우선 행궁 내에는 국왕의 개인 재산인 내탕금을 보관하던 내탕고(內帑庫)와 외탕고(外帑庫)가 설치되었다. 내탕고는 상왕으로 수원에 머물고자 했던 정조의 갑자년 구상에 따라 설치되었던 것으로 파악되며, 정조대 수원부에만 설치되었던 외탕고는 정조의 원행을 마친 후 각종 시상을 비롯해 유생과 무사의 포상에 필요한 물자를 관리하고 있었다. 현륭원 조성 이후 원소의 진배와 관련된 일을 담당하였던 관천고(筦千庫)와 저치고(貯置庫)는 정조 사후부터 정조의 능침인 건릉의 관리도 담당하였다. 이밖에도 지방 관아를 운영하기 위해 물품을 보관하던 책응고(策應庫)와 대동고(大同庫), 행궁의 살림살이를 뒷받침한 외정리소(外整理所)와 행궁수리소(行宮修理所)도 설치 운영되었다.

화성 내에는 군영 창고인 군기고(軍器庫)·팔색고(八色庫)·수성고(修城庫)·화약고(火藥庫)가 마련되어 장용외영의 군물을 관리하였다. 또한 별주(別廚) 자리에는 현륭원과 건릉의 제물을 조달하기 위한 분봉상시(分奉常寺)가 설치되었고, 쇄마고립(刷馬雇立)을 전담하는 기구였던 고마고(雇馬庫) 등도 운영되었다. 특히 유수부 전역에는 쌀과 잡곡을 관리하던 11개의 창(倉)이 운영되고 있었다. 성내에는 일창·이창·광주창·용인창, 성 밖에는 용주사의 삼창, 독산성의 사창과 오창, 상홀면 일대의 육창, 청룡면 일대의 칠창, 공향면 일대의 팔창, 우정면 일대의 구창이 설치되었다. 이외에도 위치가 확인되지 않는 유수부 소속 향수고(餉需庫), 보향고(保餉庫), 광혜고(廣惠庫), 보영고(補營庫), 신집복고(新執復庫) 등의 창고도 운영되었다. 행궁 내외에 설치된 다양한 창고와 부속시설을 통해 행궁 운영의 실상을 파악할 수 있었다.

19세기 말까지 운영되었던 유수부 창고에는 행궁 주요 건물의 공간 특성에 따라 다양한 기물들이 준비되어 있었다. 현륭원 조성 이후 매년 이어진 원행과 화성행궁에서 노후를 보내려던 정조의 갑자년 구상에 따라 왕실 생활에 필요한 최고의 비품과 기물들이 마련되었다. 아울러 평소 유수부에서 사용하는 관공서의 행정 물품도 다수 확보하고 있던 것을 확인할 수 있었다.

자료에 의하면 을묘년 진찬이 펼쳐졌던 봉수당과 각종 행사가 치러진 낙남헌 배설 기물은 국왕의 하사품이거나 화성부 소장 물품, 전국 각처에서 새로 만들어져 상납된 것까지 다양하였다. 잔치에 사용되었던 기물은 행사가 끝나고 유수부 관할 창고에 보관하였다가 이후 화성행궁에서 펼쳐지는 여러 행사에서 재사용되었다. 국왕 행행 시 편전으로 이용한 유여택에는 외부 공간과 연결해주는 대형의 휘장이 비치되었고, 노래당에는 득중정에서 활쏘기할 때 필요한 기물인 원패(圓牌)와 주목(柱木) 등의 기구가 함께 구비되어 있었다.

원행과 관련한 일을 담당하였던 외정리소와 진찬에 차려진 음식을 만들었던 수라간의 기물과 비품도 살펴보았다. 외정리소는 사용 연한에 따라 총 174종류의 기물을 구비하고 있었으며 기물이 파손될 경우 바로 보수하거나 개비하도록 규정하고 있었다. 행궁에서 대규모의 행사가 치러질 경우는 기존 부엌 공간인 별주 외에 임시 주방이 설치되었는데, 임시 주방인 수라간은 별주를 포함한 비장청·서리청 일대에 가건물을 세워 운영하였다. 초둔과 나무를 엮어 세운 가건물에는 휘장을 둘러쳐 음식 준비를 위한 넓은 공간을 마련하였다. 수라간 기명들은 재질에 따라 놋쇠·철·자기·도기·나무 등으로 다양하게 준비되었다. 이외에도 국왕의 원행 시에는 해시계와 이동식 물시계인 행루(行漏)가 준비되었으며, 금루(禁漏)와 약방(藥房)의 일을 맡아보는 관리가 대동하여 만일의 사태에 대비하였다. 이를 통해 행궁 각 건물 기능 수행에 필요한 다양한 기물들을 보관하고 있던 것을 알 수 있었다.

또한 화성행궁의 주요 건물에는 당대 명필들의 멋진 글씨로 쓰인 현판(懸板)과 시액(詩額)이 걸려 있었고, 주요 건물을 연결하는 문(門)에도 편액이 걸려 있었음을 확인하였다. 행궁의 현판과 시액의 내용을 파악함에 따라 현판의 원래 위치도 추측해 볼 수 있었다. 현판들은 일제강점기에 화성행궁이 훼철되면서 제자리를 잃은 것으로 보인다. 행궁의 현판과 시액은 화령전의 정조 어진이 덕수궁으로 이관되었던 1908년을 전후하여 중앙으로 이전되었다가 1992년 국립고궁박물관으로 옮겨져 현재에 이르고 있다. 이에 현존하는 현판은 국립고궁박물관에서 소장하고 있는 6개 현판과 5개의 시액뿐이라는 것도 확인하였다.

행궁의 정당인 봉수당에는 3개의 현판이 차례로 걸렸다. 봉수당에는 수원 신읍 조성 당시 '장남헌(張南軒)' 현판이 내걸렸다가 1793년 수원부가 화성유수부로 격상되면서 정조 어필의 '화성행궁(華城行宮)' 현판이 걸렸다. 그리고 을묘원행에 앞서 어머니의 장수를 기원하는 뜻을 담은 조윤형 글씨의 '봉수당(奉壽堂)' 현판이 하나 더 걸렸다. 또한 화성에서 혜경궁의 회갑을 치르는 기쁨을 표현한 '자궁행화성행궁진찬일악장(慈宮幸華城行宮進饌日樂章)' 시액과 1870년 3월 원행에서는 정조가 지은 어제시에 화답하는 대신들의 시를 모아놓은 '화성행궁경차정묘판상운(華城行宮敬次正廟板上韻)' 시액도 봉수당 실내에 함께 걸려 을묘년 당시 정조의 효성을 선양하고자 하였다.

정조 어필 현판이 내걸렸던 장락당(長樂堂)은 을묘년 회갑연에서 어머니께 축수(祝壽)의 잔을 올렸던 의미 있는 공간으로서 혜경궁 홍씨의 장수를 축원하는 마음을 담은 '화성진찬일구점시여연제신(華城進饌日口占示與宴諸臣)' 시액이 함께 걸려 있던 것으로 판단하였다. 행사공간의 대표 건물인 낙남헌(洛南軒)에도 정조가 가장 아꼈던 명필 조윤형의 글씨로 쓴 현판과 혜경궁 회갑연 당시 양로연에 참가했던 노인들의 모습을 생생하게 표현한 '낙남헌양로연(洛南軒行養老宴)' 시액이 함께 걸렸을 것으로 추정하였다. 사정(射亭)인 득중정(得中亭)에는 정조 어필의 현판, 노래당(老來堂)에는 정조가 지은 '노래당구점(老來堂口占)' 시액이 걸려 있던 것으로 판단된다. 그러나 현재 화성행궁에는 복원된 현판만 걸려 있을 뿐 시액은 전혀 걸려 있지 않다. 심지어 화성행궁 전체를 대표하는 정조 어필의 '화성행궁(華城行宮)' 현판은 행궁의 정문인 '신풍루(新豐樓)' 정면 오른쪽 바닥에 놓여있다. 화성행궁 주요 건물의 현판은 물론 시액들도 제자리를 찾아 행궁 본래의 모습을 찾아야 할 것이다.

정조시대 이래 화성행궁 주요 건물의 실제 기능을 고찰해 볼 때 화성행궁은 단순히 수많은 건물들의 집합체 이상의 역사적 의미를 지니고 있다고 할 수 있다. 각 건물들은 정조의 갑자년 구상에 따라 독자적 기능을 가진 것으로 설계 배치되었고, 정조대 이후 국왕의 행행 및 평소 화성 유수부의 관아로서 다양한 기능도 함께 갖추고 있었다.

그러나 정조대 문화적 역량의 결집으로 건립된 화성행궁은 애석하게도 그 가치가 제대로 평가받지 못하고 있다. 일제강점기에 무자비하게 파괴되었던 화성행궁은 1990년대부터 시작된 발굴과 복원을 통해 옛 모습을 찾아가고 있다. 그 결과 화성행궁은 세계문화유산 화성과 함께 수원의 대표적인 문화유산으로 자리 잡아 해마다 많은 사람들의 발길이 끊이지 않는 명소가 되었다. 하지만 화성행궁의 주요 건물을 비롯한 각 공간의 실제 기능에 관한 기초 연구가 부족했기 때문에 현재는 텅빈 건물만 세워져 있는 형편이다. 고무적인 것은 최근 들어 화성행궁을 배경으로 다양한 문화행사가 진행됨에 따라 시민들의 관심이 계속해서 이어지고 있다는 점이다. 이제는 건물의 복원 이후 각 건물의 실제 기능을 고려한 생활과 행사의 복원까지 포함하여 한 단계 높은 차원에서의 관리와 보존에 대하여 청사진을 마련해야 할 때라고 생각한다.

지난 2006년 화성 및 화성행궁을 포함하여 시설물 전반을 재평가하는 등 올바른 화성 복원을 위한 연구가 진행되었다. 이 과정에서 화성행궁 전체를 대상으로 기복원 시설의 문제점과 미복원 시설의 복원 방향이 제시되었다.

이에 덧붙여 필자는 그동안의 연구 과정에서 새롭게 밝혀진 내용을 근거로 화성행궁의 미진한 복원을 바로잡기 위해 몇 가지를 제언하고자 한다.

첫째, 화성행궁을 대표하는 '화성행궁' 현판은 정당인 봉수당으로 제자리를 찾아가야 할 것이다. 복원된 봉수당 건물의 문제점 때문에 현판을 원래 자리로 옮기는 것이 여의치 않다면 '화성행궁' 현판 옆에 안내판을 설치하여 그간의 내용을 설명해 주는 것도 하나의 대안이라고 생각한다.

둘째, 유여택에서 확인되는 복원의 오류를 바로잡아야 한다. 행궁의 정당인 봉수당의 옛 이름 '장남헌' 현판은 봉수당으로 자리를 옮겨야 할 것이다. 더불어 유여택 앞마당에 설치된 앙부일구(仰釜日晷)는 『명니의궤』를 통해 확인되는 측우기로 대체되어야 할 것이다.

셋째, 정조 사후 화성행궁은 정조를 추모하는 공간으로 다시 태어났다. 그 핵심 시설로 건립된 제사공간이 화령전임에도 불구하고 현재 화령전은 화성행궁 영역에 포함되어 있지 않다. 화령전을 포함하는 행궁 안내판 설치는 물론 화성행궁 전체의 공간 구성과 각 건물의 기능에 대한 설명이 시급히 필요하다고 판단된다.

문화유산의 복원은 역사의 원형을 바로잡는 매우 중요한 현안이다. 복원 과정을 거친 문화유산 중 일부는 미비한 연구와 자료의 한계 등으로 인해 오류를 내보이는 경우가 있다. 화성행궁의 경우도 복원 당시 『화성성역의궤』에 기록된 1796년(정조 20)을 기준으로 하였기 때문에 이후 화성행궁의 변화는 복원에서 제외되었다. 최근에는 기존 계획에서 제외되었던 우화관과 별주를 발굴하여 복원사업을 추진하는 등 향후 화성행궁 재정비를 위한 노력이 진행되고 있으며 화성행궁에 대한 연구 자료 역시 계속 확충되고 있다. 미발굴 행궁 영역을 발굴하고 복원하는 것도 중요하지만 그에 앞서 잘못된 복원에 대한 진솔한 반성이 있어야 할 것이다.

아울러 본 연구의 성과를 토대로 화성행궁 주요 건물의 본래 기능을 고려한 새로운 활용방안을 모색하는 것이 필요하다. 화성행궁의 미진한 복원과 그 문제점을 찾아내 수정함으로써 행궁의 실제 모습과 그에 깃든 생활문화를 복원하는 것은 물론, 각 건물에서 진행되었던 다양한 행사의 재현을 통해 정조시대의 문화예술을 복원해 나가야 할 것이다. 본 연구가 화성행궁의 지난 역사를 보다 풍성한 내용으로 되살려내는 계기가 되기를 바란다. 또한 전국에서 운영되었던 지방 행궁의 복원과 향후 서울 5대 궁궐의 올바른 복원에도 도움이 될 것을 기대한다.

주
참고문헌
찾아보기

| 주 |

서론

1) 유봉학, 1996 『꿈의 문화유산, 화성』, 신구문화사, 26쪽. '갑자년 구상'이란 왕세자가 15세가 되고 어머니 혜경궁이 칠순이 되는 1804년[갑자년]이 되면, 정조가 왕위를 물려주고 어머니를 모시고 수원으로 내려가 노후를 보내려고 했던 계획을 말한다.
2) 유봉학, 1996 『꿈의 문화유산, 화성』, 신구문화사.
유봉학, 2001 『정조대왕의 꿈』, 신구문화사.
유봉학 외, 2001 『정조시대 화성 신도시 건설』, 백산서당.
이달호, 2008 『18세기 상품화폐경제의 발달과 화성건설』, 혜안.
최홍규, 2002 『정조의 화성건설』, 일지사.
김동욱, 2002 『실학정신으로 세운 조선의 신도시 수원 화성』, 돌베개.
3) 朴彦坤, 1984 「水原 華城行宮의 復元을 위한 基礎的 硏究」 『弘大論叢』 15.
水原華城行宮復元推進委員會, 1989 「學術發表會誌」 제1회.
水原市, 1993 『華城行宮 復元事業을 爲한 說明會』, 수원시.
4) 한양대학교, 1996 『華城行宮址 – 第1次 發掘調査報告書』, 한양대학교박물관총서 23집.
한양대학교, 1997 『華城行宮址 – 第2次 發掘調査報告書』, 한양대학교박물관총서 25집.
한양대학교, 1999 『華城行宮址 – 第3次 發掘調査報告書』, 한양대학교박물관총서 31집.
한양대학교, 2000 『華城行宮址 – 第4次 發掘調査報告書』, 한양대학교박물관총서 43집.
한양대학교, 2001 『華城行宮址 – 第5次 發掘調査報告書』, 수원시·漢陽大學校.
수원시에서는 1995년 화성 200주년 건설을 기념하고 문화유산의 보호와 정조 효행문화를 알리기 위한 일환으로 행궁 터의 발굴조사를 시행하였다. 그 결과 1996년부터 2001년까지 복원 사업이 진행되어 2003년 10월 화성행궁이 개관하였다.
5) 다움문화예술기획연구회, 2001 「화성행궁 활용방안 연구」 『수원시 문화정책 보고서』.
정조사상연구회, 2003 「華城行宮의 再照明」 『제40회 수원 '화성문화제' 화성행궁 복원기념 학술대회』.

수원시, 2003『수원 화성 행궁』, 수원시.

최홍규, 2004「국내 세계문화유산의 현황과 복원·보존 방향-특히 화성의 복원·보존 문제와 관련하여」『水原文化史硏究』6.

김준혁, 2004「수원문화의 중심 화성행궁」『水原文化史硏究』6.

한영우, 2006『화성복원을 위한 시설물 고증 및 방향성 연구용역 결과 보고서』.

심승구, 2006「수원 화성행궁 앞 공간의 문화 복원과 전망」『인문콘텐츠』제8호.

심승구, 2011「수원 화성행궁의 문화공간 활용과 미래가치」『수원학연구』8.

6) 수원시화성사업소, 2005『수원 화성행궁과 화령전 궁중유물 복원·전시 고증연구』, 한국궁중문화연구원.

7) 鄭盤石, 2003「水原地域의 傳統建築과 風水地理와의 關係에 관한 硏究-華城行宮을 中心으로」, 한양대학교 석사학위논문.

김영모 외 3, 2004「화성행궁의 식생경관 복원을 위한 고증과 복원방향 설정에 관한 연구」『한국전통조경학회지』22.

김영모, 2005「화성행궁 조경시설물의 고증 및 복원에 관한 연구」『한국전통조경학회지』23.

박정해, 2013「화성행궁 입지의 풍수환경」『국학연구』22.

8) 최홍규, 2004「관광자원으로서의 화성과 화성행궁의 역사적 의의」『화성학연구』1.

한숙영, 2005「유산관광지에서의 현장체험 속성에 관한 연구-수원 화성행궁 체험프로그램을 중심으로」『觀光硏究』20.

홍종규·이민욱·오수영, 2005「체험활동을 통한 화성 행궁의 태도변화에 관한 연구-균형이론(Blance theory)을 배경으로」『한국관광학회 학술대회 발표논문집』.

강민애·최시준, 2006「화성행궁 방문자의 관심요소에 관한 연구」『화성학연구』2.

김지효 외 2, 2014「유사실험설계에 의한 수원 화성행궁의 관광해설 수단별 효과 분석」『여가관연구』22.

심승구, 2009「1795년 정조의 8일간 화성행차의 문화적 가치와 관광자원화 방안」『수원학연구』4.

9) 황희정, 2011「역사공간의 지역브랜딩 활용 양상 연구-수원화성행궁 일대를 중심으로」『한국문화기술』12.

최정 외 7, 2015「역사 체험 프로그램에서 위치기반기술 및 게임화 적용 사례연구: 수원 화성 행궁의 게임 콘텐츠 개발을 중심으로」『한국컴퓨터게임학회논문지』28.

노혜진, 2015「지역 공간 연결 스토리텔링 제안-수원 "화성, 화성행궁, 팔달문 전통시장" 일대 콘텐츠와 현장을 중심으로」『한국문화기술』19.

10) 최홍규, 1997「正祖代의 華城經營과 壯勇外營 문제: 특히 邑民對策과 관련하여」『경기사학』1.

康文煥, 2000「正祖代 水原의 大都會 發展과 經濟變化」『靑藍史學』3.

정해득, 2009『정조시대 현륭원 조성과 수원』, 신구문화사.

임학성, 2011「18세기 말 수원 읍치(邑治)지역의 가옥 양태와 가격」『古文書硏究』39.

11) 강문식, 1996「정조대 화성의 방어체제」『한국학보』82.

장필기, 1998「정조대 화성건설과 수도방위체제의 재편」『조선후기 수도방위체제』, 서울학연구소.

배우성, 2004「正祖의 留守府경영과 華城 인식」『韓國史硏究』127.

김선희, 2009「화성유수(華城留守) 조심태(趙心泰) 연구」『朝鮮時代史學報』50.

조낙영, 2015「조선후기 유수부 재정연구－강화, 광주, 화성유수부를 중심으로」, 서울대학교 박사학위논문.

12) 염정섭, 1996「정조 후반 수리시설 축조와 둔전 경영」『한국학보』82.

송찬섭, 1999「正祖代 壯勇營穀의 設置와 運營」『韓國文化』24.

송찬섭, 2001「정조대 장용영 둔전의 설치와 운영」『한국방송대 논문집』32.

김준혁, 2007「朝鮮 正祖代 壯勇營 硏究」, 중앙대학교 박사학위논문.

이방섭, 2010「正祖의 壯勇營 운영과 정치적 구상」『朝鮮時代史學報』53.

김준혁, 2015「정조시대 壯勇營外營의 兵農一致 군제개혁 구상과 屯田經營」『韓國史硏究』168.

방범석, 2016「壯勇營의 편제와 재정운영」『韓國史論』62.

13) 김동욱 외 2, 2005「화령전의 세례의식과 건축특성에 관한 연구」『건축역사연구』14.

장민 외 1, 2008「수원(水原) 화성(華成) 화령전(華寧殿) 일원(一圓)의 입지(立地)와 공간구성(空間構成) 특성(特性)에 관한 연구(硏究)」『한국전통조경학회지』26.

정해득, 2011「화녕전(華寧殿)의 건립과 제향」『朝鮮時代史學報』59.

김동욱 외, 2020『합리적인 의례 공간 수원 화령전』, 수원시화성사업소.

14) 한동민, 2004「근대 수원지역의 공립의료기관: 官立水原慈惠醫院에서 道立水原慈惠醫院까지」『京畿史學』8.

장필구·전봉희, 2012「풍경궁과 화성행궁의 자혜의원 전용에 관한 연구」『大韓建築學會論文集』第12號.

15) 한영우, 1998『정조의 화성행차, 그 8일』, 효형출판.

한영우, 2007『〈반차도〉로 따라가는 정조의 화성행차』, 효형출판.

이왕무, 2008「조선후기 국왕의 능행 연구」, 한국학중앙연구원 박사학위논문.

정해득, 2013「정조의 수원 園幸路와 그 성격」『서울학연구』51.

정해득·이현진, 2014『왕의 행차』, 화성시.

정해득, 2016「1795년 을묘년 원행의 성격 고찰」『朝鮮時代史學報』79.

최성환, 2016 「정조의 수원 화성 행차시 활동과 그 의미」 『朝鮮時代史學報』 76.

16) 鄭崇敎, 1996 「正祖代 乙卯園幸의 재정 운영과 정리곡 마련」 『韓國學報』 22.

최여진, 2002 「華城陵幸圖에 대한 繪畵性 硏究」, 홍익대학교 석사학위논문.

허용호, 2003 「화성행궁과 전통연회」 『고대민족문화연구원』 39.

강민영, 2004 「奉壽堂 進饌과 洛南軒 養老宴의 音樂的 考察: 園幸乙卯整理儀軌를 중심으로」, 이화여자대학교 석사학위논문.

김문식, 2005 『조선 왕실 기록문화의 꽃, 의궤』, 돌베개.

송혜진, 2009 「봉수당진찬(奉壽堂進饌)의 무대와 공연 요소 분석」 『공연문화연구』 18.

김문식 외, 2013 『조선 궁중의 잔치, 연향』, 글항아리.

정희정, 2015 「조선후기 의궤도설과 기록화를 통해서 본 연향 연구 – 음식상 배설을 중심으로」, 이화여자대학교 박사학위논문.

17) 본서에서 참고한 『宮闕志』는 숙종 때 편찬되어 헌종 때 수정·증보되었다

18) 읍지자료는 규장각 소장 자료를 참고하였다. 『水原府邑誌』(奎10743), 『華城志』(古915.12 –H991j), 『畿甸營事例』(奎12220), 『畿甸營誌』(奎12187), 『水原郡邑誌』(古915.12 – Su93g), 『수원부읍지』(奎10702), 『重訂南漢志』(奎 4068 – v.1 – 3), 『江華府志』(奎 10703), 『시흥군읍지』(奎 10711).

19) 정해득, 1999 「正祖代 水原移邑과 以後의 변화 양상 – 수원지역 '邑誌'를 중심으로」 『京畿史學』 3, 92~93쪽.

20) 지도는 규장각 소장 자료를 참고하였다. 《광여도》(古4790 – 58), 《해동지도》(古大4709 – 41), 《1872년 지방지도》, 《여지도》(古4709 – 68), 《비변사인방안지도》(奎12155), 《청구요람》(古4709 – 21A), 《팔도군현지도》(古4709 – 111), 《청구도》(古4709 – 21), 《동여도》(奎 10340), 《대동여지도》(奎 10333).

21) 〈華城全圖〉, 19세기, 종이에 채색, 폭 165.3×443.3cm, 국립중앙박물관.

22) 화성박물관에서는 2016년 현재 국내외 기관에서 소장하고 있는 《화성행행도》 병풍 4좌와 족자 2점을 종합 분석한 『정조대왕의 수원행차도』를 발간하였다.(수원화성박물관, 2016 『정조대왕의 수원행차도』, 수원화성박물관.) 본서에서는 국립고궁박물관에서 소장하고 있는 《화성능행도병풍》을 대상으로 서술하였다.

1장

1) 行宮은 이용 용도에 따라 晝停所, 駐蹕所, 行在所, 時坐所, 時御所 등 다양하게 불리지만 본서에서는 국왕 일행이 쉬어가기 위해 지방에 조성된 시설들을 모두 行宮의 범주에

포함시켜 서술하였다.

2) 『일성록』 정조 13년 7월 26일(경술). "…人君行幸宿所, 多在郡邑公廨, 稱以行宮者, 自是例也.…"

3) 홍순민, 1999 『우리 궁궐 이야기』, 청년사, 45~48쪽.

4) 『증보문헌비고』 권38, 여지고 26, 궁실 2, 조선조궁실, 별궁.

5) 심승구, 2009 「1795년 정조의 8일간 화성행차의 문화적 가치와 관광자원화 방안」 『수원학연구』 4, 75~80쪽.

6) 이왕무, 2007 「조선후기 국왕의 도성내 행행의 추세와 변화」 『朝鮮時代史學報』 43.

7) 본서에서 칭하는 陵幸은 영조 이후 昭寧園·顯隆園·徽慶園 등을 다녀오는 園行도 포함하였다.

8) 『승정원일기』 130책, 고종 9년 1월 7일(임진). "兵曹, 齊陵·厚陵幸行時軍令, 三月初一日出宮, 黔巖碑閣所少駐, 高陽郡行宮晝停, 自闕門四十六里, 西汾水院小駐, 坡州牧行宮宿所, 自高陽郡四十里。初二日臨津館少駐, 長湍府晝停, 自坡州牧四十里, 板門坪少駐, 開城府行宮宿所, 自長湍府四十里."

9) 김선희, 2018 「국왕의 능행과 금암참」 『의주로 가는 길, 은평의 역과 참』, 은평역사한옥박물관, 83~88쪽. 이하 검암에 관한 서술은 이 글을 참고하였다.

10) 『일성록』 정조 2년 8월 13일(경오).

11) 『일성록』 정조 11년 8월 15일(경술); 8월 16일(신해).

12) 『영조실록』 권57, 영조 19년 윤4월 7일(경신).

13) 정요근, 2007 「高麗·朝鮮初의 驛路網과 驛制 硏究」, 서울대학교 박사학위논문, 269~272쪽.

14) 『영조실록』 권30, 영조 7년 8월 17일(정미). 分水院은 사료마다 한자 표기가 조금씩 달라 汾水院 또는 焚脩院이라고 표기하고 있다.

15) 『大東地志』 卷28, 程里考, 撥站.

16) 『陽村集』 卷13, 記類, 廣灘院記.

17) 『성종실록』 권47, 성종 5년 9월 25일(정축). 波吾達은 몽골어 바고달[ba'udal]이라는 단어에서 차용된 것으로 바고달이란 '머무름, 정류장, 역, 숙소, 여관'을 뜻한다. 몽골은 역참제도가 발달하였는데 역참에 마련된 여관을 '바고달'이라 하였다. 고려시대 이후 '바고달'이 음차의 변화를 거쳐 조선시대에 이르러 '파오달'로 사용된 것이다.(여병무·강선화 편저, 2004 『한국어-몽골어 사전』, 울란바토르대학교.)

18) 『중종실록』 권80, 중종 30년 9월 19일(정축).

19) 『일성록』 정조 1년 11월 20일(임오).

20) 『문종실록』 권5, 문종 1년 1월 18일(무오).

21) 『고려사』 권56, 지리지, 왕경개성부, 정주.

22) 『續東文選』 卷21, 錄, 遊松都錄.

23) 『연산군일기』 권62, 연산 12년 5월 10일(기축).

24) 『신증동국여지승람』 권13, 경기, 풍덕군.

25) 『고려사』 권6, 세가, 정종 6년 4월 23일(정미).

26) 『고려사』 권10, 세가, 선종 2년 4월 27일(경인).

27) 『고려사』 권11, 세가, 숙종 6년 4월 15일(을사). 龍王道場이란 祈雨道場 중 하나로 혹은 雲雨道場이라고도 한다. 『大運輪請雨經』과 『龍王雲雨經』을 외우면서 가뭄 때 비가 내리기를 기원하는 의식으로 왕은 正殿을 피하고 음식을 줄였으며 죄수를 풀어주기도 하였다. 1151년(의종 5)에도 개성의 船上에서 7일 동안 용왕도량을 개최하기도 하였다.(홍윤식, 1994 「불교행사의 성행」 『한국사』 16, 한길사, 183쪽.)

28) 『신증동국여지승람』 권13, 경기, 풍덕군.

29) 『고려사』 권32, 세가, 충렬왕 28년 6월 4일(음).

30) 『숙종실록』 권25, 숙종 19년 8월 30일(신축).

31) 『증보문헌비고』 권39, 여지고 27, 외방궁실, 경기도, 개성부.

32) 『숙종실록』 권5, 숙종 2년 4월 25일(정축).

33) 『林下筆記』 卷13, 文獻指掌編. 4,337파는 약 7km 전후이고 5,997보는 약 7.5km이다.

34) 『大東地志』 卷2, 開城府, 城池.

35) 『승정원일기』 140책, 고종 38년 3월 15일(신사). "仍敎曰, 三絶軒, 在於行宮之東乎? 熙一曰, 東有一小屋, 而屋名之爲三絶軒, 臣未之詳問也. 超然亭, 在於行宮之後苑矣."

36) 『승정원일기』 48책, 영조 15년 3월 1일(정미). "上曰, 滿月臺三絶軒, 爲舊時下馬處乎? 拓基曰 爲舊時下馬處, 卽滿月臺與三絶軒, 相距幾五里, 老病者難於步進, 三絶軒創建, 纔三十餘年云矣."

37) 『일성록』 정조 9년 4월 7일(병술).

38) 『증보문헌비고』 권24, 여지고 20, 道里.

39) 『일성록』 정조 13년 7월 13일(정유).

40) 『증보문헌비고』 권39, 여지고 27, 외방궁실, 경기도, 이천.

41) 『정조실록』 권8, 정조 3년 8월 6일(정사).

42) 『중종실록』 권63, 중종 23년 10월 16일(갑인).

43) 『일성록』 정조 13년 7월 13일(정유).

44) 『증보문헌비고』 권39, 여지고 27, 외방궁실, 경기도, 여주.

45) 전호수, 2005 「2편 6장 1절 누정」 『여주군사』 3, 여주시사편찬위원회. 288~289쪽.

46) 『증보문헌비고』 권186, 선거고 3, 과거제도 3, 조선, 경국대전.

47) 『정조실록』 권8, 정조 3년 8월 5일(병진).

48) 『성종실록』 권12, 성종 2년 10월 10일(무인).

49) 『정조실록』 권8, 정조 3년 8월 6일(정사).

50) 『일성록』 정조 22년 1월 7일(임신).

51) 『증보문헌비고』 권224, 직관고 11, 제사 3, 주교사, 조선.

52) 『고종실록』 권4, 고종 4년 9월 9일(기미).

53) 『林下筆記』 卷32, 旬一編, 望海亭.

54) 『일성록』 정조 17년 7월 11일(임인).

55) 『일성록』 정조 17년 7월 14일(을사).

56) 『정조실록』 권46, 정조 21년 2월 1일(임신).

57) 『중종실록』 권65, 중종 24년 5월 20일(갑인).

58) 『현종실록』 권13, 현종 9년 4월 12일(무진).

59) 『현종실록』 권13, 현종 6년 4월 17일(계유); 권15, 현종 9년 8월 16일(임오).

60) 정일동, 1998 「果川 行宮址에 대하여」 『경기사학』 2, 187~190쪽. 구 과천관아지는 현재 과천 온온사 인근지역의 과천초등학교, 과천시 건강가정지원센터를 포함하는 일대로 과천행궁터도 이 지역 내에 포함되어 있을 것으로 보고 있다.

61) 『일성록』 정조 13년 9월 21일(갑진).

62) 『정조실록』 권29, 정조 14년 2월 11일(임술).

63) 정해득, 2013 「정조의 수원 園行路와 그 성격」 『서울학연구』 5, 132~134쪽.

64) 윤진영·이상해, 2005 「정조의 현륭원 원행 의의와 역사문화환경으로의 보존방안 – 시흥길에 분포된 시설물을 중심으로」 『대한건축학회논문집』 Vol.21 No.10, 198쪽.

65) 『승정원일기』 128책, 고종 4년 9월 10일(경신).

66) 강병수 외, 2009 『서울지명사전』, 서울특별시사편찬위원회, 54쪽.

67) 『정조실록』 권39, 정조 18년 4월 2일(무오).

68) 『정조실록』 권42, 정조 19년 윤4월 2일(계미).

69) 서울역사박물관, 2009 『시흥행궁』, 서울역사박물관, 48쪽.

70) 『京畿道始興郡邑誌』 公廨.

71) 『원행을묘정리의궤』 권4, 찬품.

72) 『일성록』 정조 19년 윤2월 9일(신묘).

73) 『순조실록』 권1, 순조 즉위년 11월 7일(을유).

74) 『철종실록』 권10, 철종 9년 1월 13일(경인).

75) 『승정원일기』 128책, 고종 5년 3월 16일(갑자). "始興縣衙各處公廨, 不得不重修, 錢二千兩當內下矣, 趁卽修改, 而安養里行宮撤毁移用事, 分付畿營."

76) 김지석, 2008 「3편 2장 4절 기타 유형문화유산」 『안양시사』 1, 안양시사편찬위원회, 446쪽. 지역의 원로들에 의하면 현재 안양1동 674－29번지 일원을 안양행궁터라고 하여 이곳을 대궐터로 불렀다고 한다. 또한 이곳에는 얼마 전까지 守禦莊이라는 여관이 있었는데 건물주가 계약할 당시 꿈에 왕이 나타나 행궁터였음을 알려주어 수어장이라 명명했다는 일화가 전해진다.

77) 『신증동국여지승람』 권10, 경기, 금천현. 원래 왕의 행차로에 개설되는 다리는 나무로 만든 임시다리로 행차 뒤에는 바로 철거하였다가 행차가 있을 때 다시 가설하였다. 만안교 역시 1794년에는 임시로 나무다리를 놓아 사용하였지만 다리를 놓았다 헐었다 하는 번거로움과 평소 백성들이 다리를 이용할 수 있도록 하기 위해 홍예석교를 만든 것이다.(정해득·이현진, 2014 『왕의 행차』, 화성시, 92쪽.)

78) 『정조실록』 부록, 권1, 정조대왕 행장.

79) 『원행정례』 안양주필소.

80) 이명규, 2007 「2편 2장 4절 정조의 능행차와 사근행궁」 『의왕시사』 1, 의왕시사편찬위원회, 437~439쪽. 1795년 정조의 현륭원 행차 시 경기감영에서 사근행궁 일대의 지명을 일부 개명하였다. 당시 경기감영은 素沙峴은 萬安峴, 沙斤川은 肆覲坪, 一用峴은 日用峴, 沙斤峴은 彌勒峴으로 고침에 따라 沙斤站行宮도 肆覲站行宮으로 바뀌었다.

81) 『일성록』 정조 13년 10월 6일(무오).

82) 『일성록』 정조 19년 윤2월 10일(임진).

83) 『홍재전서』 권7, 詩3. "凝鑾軒望南漢: 萬馬雄都百雉墉 山樓層翠望重重 辛勤寄語南城尹 萬折毋忘立馬峯 － 南漢將臺 扁以毋忘 故結句及之."

84) 『중정남한지』 권2, 上篇, 宮室.

85) 『정조실록』 권47, 정조 21년 8월 15일(신해).

86) 유봉학, 2001 『정조대왕의 꿈, 개혁과 갈등의 시대』, 신구문화사, 77~78쪽.

87) 『일성록』 정조 20년 9월 9일(신해).

88) 『인조실록』 권15, 인조 5년 1월 27일(을미).

89) 『인조실록』 권15, 인조 5년 4월 11일(정미).

90) 『일성록』 정조 20년 9월 9일(신해).

91) 『정조실록』 권47, 정조 21년 8월 17일(계축).

92) 김문식, 2014 「18세기 국왕의 소통 방식」 『한국실학연구』 28, 173~174쪽.

93) 『정조실록』 권47, 정조 21년 8월 16일(임자).

94) 이경성 지음·배성수 엮음, 2012 『인천고적조사보고서』, 인천문화재단, 160~162쪽.

95) 『인천부읍지』 正宗大王御製詩, "風旅攙攙海門廻 秀色蘇來眼忽開 君子峯高入指點 儻非中有陰淪才."

96) 배기동, 2001 「2편 3장 1절 성곽유적」 『안산시사』 4, 안산시사편찬위원회, 316~317쪽.

97) 『세조실록』 권19, 세조 6년 2월 5(임자).

98) 『선조실록』 권182, 선조 37년 12월 5일(경술).

99) 심승구, 2007 「조선시대 사냥의 추이와 특성」 『역사민속학』 24, 173쪽.

100) 『태종실록』 권13, 태종 7년 2월 13일(무술).

101) 『세조실록』 권36, 세조 11년 8월 17일(임진); 권37, 세조 11년 9월 12일(병진); 권45, 세조 14년 1월 27일(무자); 권46, 세조 14년 4월 18일(정미).

102) 『세종실록』 권70, 세종 17년 10월 10일(무신).

103) 『단종실록』 권13, 단종 3년 3월 29일(갑술).

104) 『세조실록』 권23, 세조 7년 2월 23일(갑오).

105) 『성종실록』 권12, 성종 2년 10월 8일(병자); 권12, 성종 2년 10월 12일(경진); 권59, 성종 6년 9월 26일(임신); 권85, 성종 8년 10월 3일(정유).

106) 『중종실록』 권65, 중종 24년 5월 20일(갑인).

107) 『芝峰類說』 卷2, 地理部, 水.

108) 이왕무, 2005 「조선전기 국왕의 溫行 연구」 『京畿史學』 9, 51~52쪽.

109) 『慵齋叢話』 卷9. 이하 온천 관련 서술은 이 자료를 참고하였다.

110) 『증보문헌비고』 여지고 27, 외방궁실, 충청도, 온양.

111) 『신증동국여지승람』 권19, 충청도, 온양군.

112) 『세조실록』 권32, 세조 10년 3월 8일(신유). 鹿角城이란 적군의 침입을 막기 위하여 짧은 나무토막을 비스듬히 박거나 十字 모양으로 울타리처럼 만들어 놓은 방어물을 가리킨다. 鹿角城은 행궁 주위에 설치하거나 평안도와 함길도에서는 장성을 축조할 때 물이 나서 성을 쌓을 수 없는 곳에 설치하였다.

113) 『세조실록』 권32, 세조 10년 3월 14일(정묘)·15일(무진).

114) 『국조보감』 권40, 현종조 2, 6년(을사, 1665).

115) 이왕무, 2016 『조선후기 국왕의 능행 연구』, 민속원, 251쪽.

116) 『숙종실록』 권59, 숙종 43년 3월 3일(무오)·4일(기미)·5일(경신)·6일(신유)·7일(임술)·8일(계해). 숙종의 온행 여정은 위의 날짜를 토대로 서술하였다.

117) 『현종실록』 권10, 현종 6년 4월 17일(계유).

118) 『수원부읍지』 공해, 어목헌. 당시 수원부 읍치는 신읍을 조성하기 이전으로 현재 융건릉 일대이다.

119) 『영조실록』 권96, 영조 36년 7월 18일(경신).

120) 『정조실록』 권42, 정조 19년 4월 18일(무술).

121) 『溫宮査實』 〈온천행궁도〉, 奎貴 178-v.1-3, 규장각.

122) 김일환, 2011 「조선시대 온양 행궁의 건립과 변천 과정」『순천향인문과학논총』 29, 128~132쪽.

123) 『일성록』 정조 16년 8월 17일(계미).

124) 『일성록』 정조 17년 9월 12일(을미).

125) 『숙종실록』 권59, 숙종 43년 3월 6일(신유).

126) 『현종개수실록』 권19, 현종 9년 9월 4일(경자).

127) 『位版造成都監儀軌』 권1, 路程記.

128) 『숙종실록』 권59, 숙종 43년 2월 22일(정미).

129) 『숙종실록』 권59, 숙종 43년 3월 7일(임술).

130) 安富는 현재 수안보로 조선시대 충청도 延豐縣의 북쪽 30리에 溫井이 있었다. 1453년(단종 1) 단종이 온천방문을 계획하던 중 延昌尉가 安富온천을 방문하였다는 기록 외에 국왕의 온행 기록이 확인되지 않아 본서에서는 서술하지 않는다.

131) 『세종실록』 권103, 세종 26년 1월 27일(정축).

132) 『芝峰類說』 卷2, 地理部, 水. 『本草』에는 "온천 밑에 硫黃이 있기 때문에 물이 무겁다."고 하였고, 『醫鑑』에는 "冷泉 밑에 白礬이 있어 물맛이 시고 떫고 차고 맵다."고 하였는데 바로 이 찬물인 '冷泉'이 초수였다고 한다. 초수는 이외에도 廣州·淸安 등이 유명하였다.

133) 『세종실록』 권119, 세종 30년 3월 28일(계축).

134) 『연려실기술』 별집, 권16, 지리전고, 온천.

135) 『증보문헌비고』 권23, 여지고 11, 산천 5, 강원도, 이천.

136) 『신증동국여지승람』 권47, 강원도, 이천.

137) 『단종실록』 권10, 단종 2년 3월 11일(임술).

138) 『세조실록』 권37, 세조 11년 9월 26일(경오).

139) 『세조실록』 권38, 세조 12년 3월 28일(기사).

140) 『연려실기술』 별집, 권16, 지리전고, 온천.

141) 平海는 경상북도 울진의 옛 지명이지만 조선시대는 강원도에 속하였던 곳으로 현재 백암온천을 가리킨다.

142) 『신증동국여지승람』 권43, 황해도, 배천.

143) 『세종실록』 권126, 세종 31년 12월 3일(기유).

144) 『고려사』 권56, 지권10, 지리 1, 양광도, 강화현.

145) 『고려사』 권23, 세가, 고종 21년 2월 14일.

146) 『고려사』 권24, 세가, 고종 46년 2월 20일.

147) 李亨求, 2001 『江華島 摩尼山 高麗 離宮址 地表調査報告書』, 선문대학교 고고연구

소, 23~24쪽.

148) 金魯鎭, 『江華府志』 下, 古蹟. 『江華府志』는 1783년(정조 7) 강화유수 김노진이 편찬한 경기도 강화부읍지이다.

149) 『고려사』 권24, 세가, 고종 46년 4월 24일.

150) 『고려사』 권26, 세가, 원종 5년 6월. 삼랑성은 6월 丙午일, 신니동은 辛亥일에 참석하였다.

151) 김병곤, 2008 「사적 제259호 강화 선원사(江華 禪源寺)와 신니동(神泥洞) 가궐(假闕)의 위치 비정」 『불교학보』 제48집, 292~294쪽.

152) 한림대학교박물관·강화군, 2003 『강화 조선궁지(외규장각지)』, 한림대학교박물관 연구총서 제25집, 163쪽.

153) 김선희, 2020 「강화행궁의 건립과 공간구성 – 『강화부궁전고』와 《강화부궁전도》를 중심으로」 『고궁문화』 13, 국립고궁박물관. 강화행궁에 관한 서술을 이 논문을 참고하였다.

154) 〈江華府宮殿圖〉, 筆寫影印本, 지도채색, 36.8×25.7cm, 국립중앙도서관. 〈江華府宮殿圖〉의 제작시기는 18세기 제작설과 1881년 제작설로 나뉜다. 본서에서는 1858년(철종 9)에 봉선전이 다시 건립된 이후부터 1866년(고종 3) 병인양요로 소실되기 이전까지 기간 중에 제작된 것으로 추정하는 의견에 따라 서술하였다. 당시 건립된 강화부궁은 1783년(정조 7)에 金魯鎭이 편찬한 『江華府志』 〈沁府內城圖〉의 건물과 비교해 보면 봉선전을 제외하고 우측부터 만녕전·장녕전·외규장각·행궁의 순서로 위치가 일치하고 있다. 이러한 점으로 보아 강화부행궁은 적어도 1711년(숙종 37) 중건 이후 모습은 큰 변화가 없었던 것으로 판단된다.(정은주, 2009 「《江華府宮殿圖》의 제작배경과 화풍」 『문화역사지리』 제21권 제1호.)

155) 토지박물관, 1999 『남한산성행궁 시발굴조사보고서』, 학술조사총서 6집, 30쪽.

156) 『증보문헌비고』 여지고 27, 외방궁실, 경기도, 광주부.

157) 『인조실록』 권9, 인조 3년 6월 23일(기해). 실록에 의하면 남한산성 행궁은 李曙의 계책에 따라 완공되었다고 하지만, 최근 연구에서는 광주목사 柳琳이 남한산성 성역을 지휘감독한 것으로 보고 있다. 인조는 당시 반정 세력이 쿠데타로 정권을 장악하였기 때문에 남한산성 공역에 동원된 수천 명의 승군들이 일으킬 수 있는 반란에 대비하여 충성심이 높았던 이서를 선택한 것으로 판단하고 있다.(柳承宙, 2003 「남한산성의 행궁·객관·사찰건립고」 『韓國史研究』 120.)

158) 『林下筆記』 卷13, 文獻指掌編, 廣州府.

159) 『중정남한지』 권2, 궁실.

160) 김문식, 2004 「1779년 정조의 능행과 남한산성」 『韓國實學研究』 8, 116~118쪽.

161) 김문식, 2012 「조선후기 국왕의 남한산성 행차」 『朝鮮時代史學報』 60, 111~112쪽.

162) 『숙종실록』 권50, 숙종 37년 7월 13일(경자).

163) 『숙종실록』 권51, 숙종 38년 6월 9일(신유).

164) 『만기요람』 군정편 3, 摠戎廳, 北漢山城.

165) 『영조실록』 권118, 영조 48 4월 10일(을해).

166) 『순조실록』 권32, 순조 32년 6월 24일(기해).

167) 『승정원일기』 132책, 고종 16년 8월 29일(경오).

168) 『고종실록』 권16, 고종 16년 11월 21일(경인).

169) 『승정원일기』 135책, 고종 22년 3월 2일(신축).

170) 『승정원일기』 136책, 고종 25년 3월 14일(을축).

171) 『승정원일기』 136책, 고종 26년 7월 21일(을축).

172) 『고종실록』 권30, 고종 30년 5월 18일(기해).

173) 『연려실기술』 권15, 宣祖朝故事本末. 龍灣館은 조선시대 중국 사행로인 의주에 설치된 객사이다.

174) 『증보문헌비고』 권39, 여지고 27, 외방궁실, 평안도, 의주.

175) 『증보문헌비고』 권39, 여지고 27, 외방궁실, 평안도, 영유.

176) 『정조실록』 권29, 정조 14년 3월 16일(병신).

177) 『승정원일기』 고종 30년 11월 27일(을사).

178) 『철종실록』 권15, 철종 14년 8월 27일(신축).

179) 『인조실록』 권40, 인조 18년 1월 30일(임오).

180) 『인조실록』 권42, 인조 19년 1월 28일(갑진).

181) 『효종실록』 권10, 효종 4년 6월 13일(정미). 격포진 아래쪽 성계산에 쌓은 聖啓山城이 있다.

182) 『효종실록』 권14, 효종 6년 5월 13일(병신).

183) 『영조실록』 권66, 영조 23년 10월 2일(기미).

184) 『영조실록』 권82, 영조 30년 7월 23일(경자).

185) 『정조실록』 권10, 정조 4년 8월 9일(을묘).

186) 『정조실록』 권33, 정조 15년 8월 10일(임자).

187) 『비변사등록』 180책, 정조 16년 6월 30일.

188) 『고종실록』 권10, 고종 10년 4월 15일(계해).

189) 『고종실록』 권10, 고종 10년 9월 29일(갑술).

190) 『高麗圖經』 卷36, 海島 3, 群山道. 당시 서긍 일행은 1123년(인종 원년) 5월 28일 송나라 명주[지금의 닝보]를 출발하여 고려로 향하였다. 서긍은 닝보에서 200여 명을 태운 8척의 선단을 이끌고 서해를 건너 6월 2일 협계산을 지났다. 서긍이 중국과 고려의 경

계로 인식한 협계산은 지금의 가거도[소흑산도]로 보인다. 소흑산도를 통과한 다음날인 3일 흑산도를 지나서 6일 군산도에 정박했다. 서긍 일행은 8일 태안군 마도, 9일 자연도[영종도]에 정박하였다가 12일 조류를 따라 예성항에 도착해 벽란정에서 육로를 통해 28일 만에 개경에 도착하였다.

191) 사료에서는 영종행궁과 월미행궁이 각각 별도로 기록되어 있는 경우가 있지만 두 행궁은 모두 월미행궁을 지칭하는 것으로 판단된다. 『비변사등록』에 '永宗行宮은 月尾島에 있었다.'고 기록하고 있고, 『비변사등록』의 〈永宗獨鎭節目〉에 '永宗은 行宮에 駐蹕할 때 御駕를 맞고 호위를 하는 곳이다.'라고 규정하고 있지만 이 역시 월미행궁으로 보아야 할 것이다.

192) 『증보문헌비고』 권35, 여지고 23, 관방 11, 해로 1.

193) 영종도는 조선시대 이전부터 자연도로 불렸는데 『고려도경』에 의하면 이 섬에 제비가 많아 紫燕島라는 이름을 붙였다고 한다. 이후 1653년(효종 4) 남양도호부의 영종진을 이 섬에 옮겨놓으면서 이름이 영종도로 바뀌게 된 것이다. 조선후기 편찬된 《조선지도》, 《대동여지도》, 《동여도》 등의 지리지는 자연도와 영종도가 별도의 섬으로 표기되어 있지만 '영종도'와 '자연도'가 매립으로 연결되면서 영종도가 대표 지명으로 남게 된 것으로 추정된다.

194) 『숙종실록』 권46, 숙종 34년 4월 21일(정묘).

195) 『輿地圖書』 「永宗防營圖誌」 形便條. "本鎭……東有濟物津, 緩急之際, 戒值冬節, 江都甲串津, 流澌蔽江, 船路難通, 則自仁川府渡本鎭, 以達江都."

196) 『비변사등록』 49책, 숙종 21년 3월 4일(을축).

197) 『輿地圖書』 「永宗防營圖誌」.

198) 『승정원일기』 266책, 숙종 4년 9월 28일(병인). "…積曰, 冬月則甲串, 氷澌滿江, 故孝宗朝, 嘗議以仁川路入紫燕島, 達于江都, 而此旣迂路, 且再乘船, 危矣. 甲串下有德浦, 築得小城於此, 事急則入保其城, 而使百官軍民, 一齊渡江, 則便近而無難濟之患矣… 上曰, 宮城觀勢爲之, 而先築德浦城可也."

199) 『숙종실록』 권28, 숙종 21년 3월 3일(갑자).

200) 『비변사등록』 91책, 영조 8년 윤5월 21일.

201) 『일성록』 정조 2년 윤 6월 12일(경오).

202) 김락기, 2014 「월미도에 행궁이 들어선 까닭은?」 『월미도, 그 섬 이야기』, 인천광역시립박물관, 18~19쪽.

203) 『증보문헌비고』 권39, 여지고 27, 외방궁실, 전라도, 전주.

204) 『증보문헌비고』 권27, 여지고 15, 관방 3, 전라도, 전주.

205) 『숙종실록』 권12, 숙종 7년 9월 3일(임자). 威鳳山城이 축조되기 전에는 赤裳山城이 그

역할을 대신하였는데 병자호란[1636년, 인조 14] 때는 인조의 영정을 적상산성으로 옮겨 모시기도 하였다.

206) 『고종실록』 권31, 고종 31년 5월 3일(기묘).

207) 황현 저·김종익 역, 1994 『번역 오하기문』, 역사비평사, 103쪽.

208) 『승정원일기』 138책, 고종 31년 5월 4일(경진).

209) 『完山志』 상, 關防.

210) 『宮闕志』에 의하면 貞陵洞行宮은 별도의 행궁으로 기록하지 않고 慶運宮과 함께 서술하고 있다. 貞陵洞行宮은 본서에서 구분한 국왕의 행차길에 이용되었던 行宮의 범주에는 포함되지 않지만, 실록에 貞陵洞行宮으로 기록하고 있으며 선조의 피난길에 이용되었다는 점에서 서술하였다.

211) 윤정, 2011 「선조 후반~광해군 초반 궁궐 경영과 '경운궁'의 수립」 『서울학연구』 42, 277~278쪽.

212) 『선조실록』 권152, 선조 35년 7월 13일(임신).

213) 『선조수정실록』 권42, 선조 41년 2월 1일(무오).

214) 『광해군일기』 권1, 광해 즉위년 2월 2일(기미).

215) 『광해군일기』 권46, 광해 3년 10월 11일(정축).

216) 『세조실록』 권22, 세조 6년 10월 17일(기미); 11월 22일(갑오).

217) 장필구·전봉희, 2002 「풍경궁과 화성행궁의 자혜의원 전용에 관한 연구」 『대한건축학회논문집』 Vol.28 No.12, 180쪽. 당시 풍경궁은 평양성의 중심지인 內城에 영건되지 않고 대동강과 보통강의 하류이자 평양성 내의 평지인 外城에 건립되었다. 세조대에 건립되어 선조의 피난처로 이용되었던 평양행궁과 고종대에 건립된 풍경궁은 다른 궁이지만 본서에서는 평양부에 건립되었다는 점에서 서술하였다.

218) 『고종실록』 권42, 고종 39년 5월 6일(양력).

219) 『고종실록』 권42, 고종 39년 6월 23일(양력).

220) 김윤정·서치상, 2009 「광무 6년의 평양 풍경궁 창건공사에 관한 연구」 『大韓建築學會論文集』 Vol.25 No.9, 182~183쪽.

221) 『영정모사도감의궤』에는 1902년 고종과 황태자의 초상화를 풍경궁[서경]에 봉안하기 위해 御眞輦[왕의 초상화를 옮기는 가마]과 睿眞輦[황태자의 초상화를 옮기는 가마]을 받들고 가는 행차를 그림으로 그려놓은 반차도가 확인된다.

222) 김윤정·서치상, 2006 「豊慶宮 建築에 관한 硏究」 『大韓建築學會論文集』 Vol.26 No.1, 493~495쪽.

223) 『승정원일기』 141책, 순종 2년 3월 2일(정해).

224) 김윤정·서치상, 2006 앞의 논문, 496쪽.

225) 平壤實業新報社, 『平壤要覽』, 實業新報社, 1909.

226) 『궁궐지』 2, 도성지, 함흥본궁. 咸興本宮은 현재 북한의 국보유적 107호로 지정되어 있다.

227) 『태조실록』 권2, 태조 1년 10월 28일(병자).

228) 『연려실기술』 별집 권1, 祀典典故, 原廟. 咸興本宮은 漢나라의 原廟제도를 모방한 것으로 태조 즉위 후에는 穆·翼·度·桓 4祖와 孝·貞·敬·懿 4妃의 위판을 봉안하였고, 태조가 승하한 뒤에는 태조와 神懿王后의 위판도 함께 봉안하였다. 함흥본궁은 위판을 봉안하는 原廟의 역할을 하였지만 조선 초기 태조가 상왕으로 머물렀다는 점에서 행궁에 포함시켜 서술하였다.

229) 『인조실록』 권32, 인조 14년 1월 21일(정묘).

230) 『숙종실록』 권59, 숙종 43년 5월 21일(갑술).

231) 『정조실록』 권42, 정조 19년 2월 30일(임오).

232) 윤정, 2007 「정조의 本宮 祭儀 정비와 '中興主' 의식의 강화」 『한국사연구』 136, 204~211쪽.

233) 『홍재전서』 권9, 序引 2, 咸興永興本宮儀式序.

234) 『정조실록』 권46, 정조 21년 5월 26일(을축).

235) 『순종실록부록』 권8, 순종 10년 5월 9일(양력).

236) 張熙興, 2006 「朝鮮時代 豐壤宮의 造成과 管理」 『경주사학』 24·25, 286~288쪽.

237) 『세종실록』 권6, 세종 1년 11월 23일(계해). 『宮闕志』에 의하면 풍양궁이 건축된 것은 1401년(태종 1)이라고 기록되어 있지만 풍양궁은 태종이 상왕으로서 기거하였다는 점에서 실록의 기록대로 세종 즉위 후에 건립된 것으로 판단된다.

238) 『東文選』 卷80, 記, 樂天亭記.

239) 『세종실록』 권12, 세종 3년 5월 18일(기묘); 『세종실록』 권14, 세조 4년 9월 26일(경술); 『예종실록』 권6, 예종 1년 7월 23일(갑진); 『성종실록』 권16, 성종 3년 3월 2일(무술); 『성종실록』 권76, 성종 8년 2월 18일(정해); 『성종실록』 권232, 성종 20년 9월 28일(계미).

240) 『세종실록』 권113, 세종 28년 7월 16일(임오); 『문종실록』 권2, 문종 즉위년 6월 6일(무인).

241) 『문종실록』 권4, 문종즉위년 10월 10일(경진).

242) 『임하필기』 권13, 文獻指掌編, 各司.

243) 『증보문헌비고』 권39, 여지고 27, 외방궁실, 경기도, 양주.

244) 『세종실록』 권6, 세종 1년 11월 24일(갑자).

245) 『세종실록』 권6, 세종 1년 12월 14일(갑신).

246) 『세종실록』 권6, 세종 1년 12월 23일(계사).

247) 『세종실록』 권6, 세종 2년 2월 25일(계해).

248) 『세조실록』 권15, 세조 5년 1월 8일(신묘).

249) 『세조실록』 권34, 세조 10년 10월 2일(임오).

250) 『연산군일기』 권55, 연산군 10년 8월 19일(병자).

251) 『중종실록』 권53, 중종 20년 3월 5일(갑자).

252) 『영조실록』 권83, 영조 31년 2월 18일(임술).

253) 『대동지지』 권3, 경기도, 양주.

254) 『세종실록』 권7, 세종 2년 1월 2일(신축).

255) 『세종실록』 권7, 세종 2년 2월 25일(계해).

256) 『세종실록』 권7, 세종 2년 3월 28일(병신).

257) 『세종실록』 권29, 세종 7년 8월 30일(병신). 『증보문헌비고』에 의하면 衍喜宮은 정종이 왕위를 태종에게 물려주고 거처하였던 곳이라고 기록되어 있다. 하지만 정종이 상왕으로 지낸 기간은 1400년부터 1419년까지이며 연희궁 초기 명칭인 西離宮이 건설된 것은 1420년이므로 시기적으로 일치하지 않는다.(『증보문헌비고』 권38, 여지고 26, 궁실 2, 조선조궁실, 별궁.) 현재 정확한 위치는 알 수 없지만 서울 서대문구 신촌에 있던 궁으로 뒤에 이후 延禧宮으로 바뀌었다.

258) 유봉학, 1996 『꿈의 문화유산, 화성』, 신구문화사, 127~140쪽. 이하 갑자년 구상에 대해서는 이 글을 참고하여 서술하였다.

259) 『임하필기』 권31, 旬一編, 華城築室.

260) 『警修堂全藁』 冊19, 「東陽申緯漢叟」 養硯山房四. '吾家承 命築室舊址 卽今 華寧殿也.'

261) 이창식·한동민, 2020 『수원야사』, 디자인 신원, 298~299쪽. 신풍초등학교는 이후 우화관 자리로 이전하였다.

262) 『승정원일기』 1908책, 순조 6년 2월 21일(기해).

263) 『정조실록』 권29, 정조 14년 2월 9일(경신).

264) 『수원하지초록』1, 경술 5월 7일.

2장

1) 『정조실록』 권27, 정조 13년 7월 11일(을미).

2) 『수원하지초록』 2 기유 7월 19월.

3) 최홍규, 2001 『정조의 화성건설』, 일지사, 82쪽.

4) 『일성록』 정조 13년 7월 13일(정유).

5) 『일성록』 정조 13년 7월 23일(정미).

6) 『일성록』 정조 13년 7월 27일(신해).

7) 『일성록』 정조 14년 2월 15일(병인).

8) 『수원하지초록』은 1789년(정조 13) 7월 12일부터 1791년(정조 15) 1월 14일까지 수원부에 내린 傳令에 의거하여 수원부에서 보고한 내용을 抄錄한 것으로 당시 현륭원을 조성하면서 封園하는 과정의 제반 사실이 기록되어 있다.

9) 『수원신읍영건공해간수성책』은 1791년(정조 15) 당시 수원부내의 廳舍 및 그에 딸린 부속 건물 그리고 官에서 건립한 각종 창고·樓亭 등 관아에 딸린 건물들의 건축대장이다.

10) 『비변사등록』 175책, 정조 13년 7월 25일.

11) 『수원하지초록』 2 기유 9월 26일.

12) 『일성록』 정조 13년 9월 28일(신해).

13) 『정조실록』 권28, 정조 13년 10월 6일(무오).

14) 『일성록』 정조 13년 11월 3일(을유)

15) 『정조실록』 권29, 정조 14년 2월 9일(경신).

16) 『화성성역의궤』 부편1, 행궁, 유여택.

17) 『수원하지초록』 1 경술 5월 7일.

18) 『일성록』 정조 14년 5월 8일(무자).

19) 『일성록』 정조 14년 5월 9일(기축).

20) 『일성록』 정조 15년 1월 10일(을유).

21) 조선시대 지방 관아는 일반적으로 '公廨'나 '官廨'로 나누어 기록한다. 수원 신읍 관아의 신축 건물이 확인되는 『수원하지초록』에도 1789년 9월 26일 '行宮及客舍'로 기록하고, 이듬해 5월에는 행궁을 포함하여 '公廨'로 묶어 모든 건물을 기록하고 있다. 이에 본서에서는 『화성성역의궤』에서 확인되는 '행궁'과 '공해'의 건물 구분에 따라 분류하여 서술하였다. 또한 1791년의 건물 규모는 『수원신읍영건공해간수성책』의 작성 시점이 1791년 전후로 추정됨에 따라 1789년부터 1790년까지의 신축 건물 규모를 종합한 것으로 판단하였다.

22) 『수원신읍영건공해간수성책』에 의하면 공해를 비롯한 모든 건물의 총 칸수를 '已上六百三十五間半'으로 기록하고 있다. 〈표 2〉에 기록된 612.5칸과 본서에서 제외한 향교 54칸을 더하면 총 666.5칸이다. 총 666.5칸에서 '공해' 건물에 딸린 곳곳의 '門' 31개[괄호로 처리]를 제외하면 전체 칸수가 정확하게 635.5칸이다. 당시 건물 규모를 헤아릴 때 건물에 딸린 문을 제외했던 것으로 추정된다.

23) 『일성록』 정조 13년 7월 13일(정유).

24) 『일성록』 정조 15년 7월 15일(무자).

25) 『일성록』 정조 13년 8월 5일(무오).

26) 『일성록』 정조 13년 11월 3일(을유).

27) 『화성성역의궤』 부편1, 행궁, 신풍루.

28) 이 시기 행궁의 증축 및 신축 상황은 1801년에 간행된 『화성성역의궤』를 참고하였다.

29) 『화성성역의궤』 권1, 연설, 갑인 정월 14일.

30) 『일성록』 정조 18년 6월 25일(경진).

31) 『일성록』 정조 18년 7월 29일(갑인).

32) 『화성성역의궤』 권수, 시일. 이하 1794년과 1795년 행궁 건물의 증축은 『화성성역의궤』의 時日을 참고하였다.

33) 『수원군읍지』 행궁, 득중정.

34) 『화성성역의궤』 부편3, 재용.

35) 『화성성역의궤』 권5, 재용 상, 구획.

36) 이권영, 2002 「조선후기 官營建築工事의 재원과 비용 절감 방안에 관한 연구」 『건축역사연구』 Vol.11 No.3, 55~56쪽.

37) 『화성성역의궤』 부2, 이문, 갑인 10월 21일.

38) 『화성성역의궤』 부1, 행궁, 유여택.

39) 『일성록』 정조 19년 2월 15일(정묘).

40) 『화성성역의궤』 〈행궁전도〉와 부편1의 〈행궁〉과 〈공해〉에서 확인되는 건물을 대상으로 정리하였다.

41) 김선희, 2010 「수원유수 조심태 연구－수원 이읍을 중심으로」 『朝鮮時代史學報』 50. 조심태 집안은 숙종대부터 수원의 비봉 인근에 선산을 가지고 있으면서 누대에 걸쳐 수원과 인연을 맺고 있었다. 그의 부친 趙儆(1677~1743), 오촌 당숙 趙儐(1674~1734), 육촌 趙濟泰(1707~1780)가 수원부사를 지냈다. 이하 조심태에 관한 서술은 이 논문을 참고하였다.

42) 『화성성역의궤』 권1, 연설, 갑인 정월 14일.

43) 『일성록』 정조 18년 6월 25일(경진); 7월 29일(갑인).

44) 유봉학, 1996 앞의 책, 149쪽.

45) 심경호, 2015 『참요, 시대의 징후를 노래하다』, 한얼미디어, 447~450쪽. 조심태는 화성 신도시 건설 과정에서 가장 큰 공을 세운 인물이다. 그러나 수원에 전해지는 '수원은 원수[水原寃讐] 화성은 성화[華城成火] 조심태는 태심[趙心泰太甚]'이라는 구전요는 짧은 기간에 완공된 화성 성역의 치열했던 당시 상황을 짐작케 해 준다.

46) 『일성록』 정조 15년 1월 16일(신묘).

47) 『비변사등록』 176책, 정조 14년 3월 11일.

48) 『일성록』 정조 15년 4월 16일(경신).

49) 『일성록』 정조 16년 1월 27일(정유).

50) 『일성록』 정조 16년 윤4월 11일(기묘).

51) 『일성록』 정조 16년 10월 3일(무진).

52) 『일성록』 정조 16년 7월 27일(갑자).

53) 『일성록』 정조 16년 12월 21일(을유).

54) 『일성록』 정조 17년 2월 20일(계미).

55) 『정조실록』 권27, 정조 13년 7월 13일(정유).

56) 『정조실록』 권29, 정조 14년 2월 19일(경오).

57) 『정조실록』 권32, 정조 15년 3월 11일(을유).

58) 『기전영지』 各倉.

59) 『화성성역의궤』 권3, 이문, 을묘 12월 초9일.

60) 김준혁, 2013 「번암 채제공의 화성 신도시 기반 조성과 화성 축성」 『중앙사론』 38, 105쪽.

61) 정해득, 2009 『정조시대 현륭원 조성과 수원』, 신구문화사, 285~286쪽.

62) 『일성록』 정조 17년 1월 26일(경신).

63) 『일성록』 정조 17년 3월 10일(계묘).

64) 『일성록』 정조 18년 5월 22일(무신).

65) 『일성록』 정조 18년 11월 1일(을유).

66) 『정조실록』 권37, 정조 17년 5월 25일(병진).

67) 『정조실록』 권37, 정조 17년 6월 20일(신사).

68) 방범석, 2016 「장용영의 편제와 재정운영」 『한국사론』 62, 262~263쪽. 방범석은 정조대 장용영 운영을 위한 재정적 기반 확보의 배경을 장용영과 평안도의 고위직에서 확인되는 밀접한 관계 속에서 찾고 있다. 장용영의 재정을 관리하는 최고 관직은 餉色提調와 華城留守로 이명식 외에도 채제공은 평안병사와 화성유수, 정민시는 평안감사와 장용영 향색제조를 역임하였다는 점이 주목된다.

69) 『정조실록』 권37, 정조 17년 1월 12일(병오).

70) 『일성록』 정조 17년 6월 28일(기축).

71) 『일성록』 정조 18년 1월 22일(경술).

72) 『화성성역의궤』 권수, 좌목, 책응도청.

73) 『일성록』 정조 13년 7월 16일(경자).

74) 『일성록』 정조 18년 2월 24일(임오).

75) 『일성록』 정조 16년 2월 28일(정묘).

76) 『冠巖全書』 冊13 記 華城幸行圖記.

77) 『일성록』 정조 19년 윤2월 17일(기해).

78) 『일성록』 정조 19년 4월 25일(을사).

79) 『일성록』 정조 19년 5월 22일(임신).

80) 『일성록』 정조 19년 12월 22일(기해).

81) 『승정원일기』 77책 정조즉위년 4월 20일(신유).

82) 『일성록』 정조 9년 9월 13일(기미).

83) 『일성록』 정조 9년 10월 11일(정해).

84) 유봉학, 1996 앞의 책, 184쪽.

85) 『일성록』 정조 20년 3월 24일(경오).

86) 『일성록』 정조 20년 9월 10일(임자).

87) 『순조실록』 권3, 순조 1년 7월 28일(임인).

88) 〈표 7〉은 『수원하지초록』의 1789년 9월 26일 기록을 기본으로 『일성록』의 1789년 9월 28일 기록을 추가하여 작성하였다. 행궁 외에 객사와 향교 공역에 참가한 사람도 함께 서술하였다.

89) 『일성록』 정조 13년 7월 11일(을미).

90) 『일성록』 정조 14년 2월 9일(경신).

91) 『일성록』 정조 14년 10월 6일(계축).

92) 『일성록』 정조 16년 1월 25일(을미).

93) 『일성록』 정조 14년 2월 10일(신유).

94) 『일성록』 정조 14년 10월 6일(계축).

95) 『일성록』 정조 17년 4월 3일(을축); 정조 17년 12월 1일(경신); 정조 18년 3월 18일(을사); 정조 19년 3월 6일(정사); 정조 20년 2월 16일(임진).

96) 『일성록』 정조 18년 11월 19일(계묘).

97) 『일성록』 정조 15년 3월 30일(갑진).

98) 『일성록』 정조 17년 9월 12일(임인).

99) 『일성록』 정조 14년 10월 6일(계축).

100) 『화성성역의궤』 권수, 좌목.

101) 『일성록』 정조 20년 9월 10일(임자).

102) 『일성록』 정조 18년 12월 19일(임신).

103) 『일성록』 정조 19년 1월 17일(경자).

104) 『일성록』 순조즉위년 7월 6일(병술).

105) 『일성록』 순조 1년 9월 24일(무술).

106) 『승정원일기』 94책, 정조 21년 2월 10일(신사).

107) 『승정원일기』 97책, 순조 1년 10월 15일(무오).

108) 김동욱, 2007 「정조·순조 연간 관영공사에서 별간역 정우태의 조영활동」 『건축역사연구』 Vol.16 No.3, 121~124쪽.

109) 김동욱, 2002 『실학정신으로 세운 조선의 신도시, 수원화성』, 돌베개, 86~88쪽.

110) 장인들의 이름은 의궤에 따라 한자가 다르게 기록되어 있다. 그러나 장인의 직종이 같을 경우 동일 인물로 판단하고 서술하였다.

111) 『일성록』 정조 22년 4월 29일(임술)

3장

1) 『화성성역의궤』 부편2, 연설, 병진 11월 19일.

2) 『일성록』 정조 14년 8월 9일(정사); 정조 18년 1월 13일(신축).

3) 『정조실록』 권34, 정조 16년 1월 27일(정유).

4) 『정조실록』 권37, 정조 17년 1월 12일(병오).

5) 『원행을묘정리의궤』 권1, 연설, 을묘 윤2월 13일.

6) 김동욱, 2002 앞의 책, 169쪽.

7) 《화성능행도병풍》 19세기 후반, 비단에 채색, 각 폭 149.8×64.6cm, 창덕 6409, 국립고궁박물관. 현존하는 《화성능행노병풍》은 소장처(삼성미술관·국립중앙박물관·국립고궁박물관·우학문화재단·동국대학교박물관·동국대학교박물관·삼성미술관·도쿄예술대학교·교토대학종합박물관)별로 총 8종이 남아 있다. 이 중 8폭의 병풍 형태는 삼성본(화성능행도 8곡병)·중박본(화성원행도병)·고궁본(화성능행도병풍)·우학본(화성능행도병)이고, 나머지는 낱폭의 족자로 남아 있는데 명칭 역시 약간의 차이를 보이고 있다.(유재빈, 2016 「《화성행행도》의 현황과 이본 비교」 『정조대왕의 수원행차도』, 수원화성박물관.) 본서에서는 국립고궁박물관의 《화성능행도병풍》을 참고함에 따라 이하 서술에서는 《화성능행도병풍》이라고 칭한다. 본서에서 참고하는 국립고궁박물관 소장본 가운데 〈봉수당진찬도〉는 실제 좌우가 바뀌어져 그려졌지만, 본서에서는 다른 본과 마찬가지로 좌우를 바꾸어 참고하였음을 밝혀두는 바이다.

8) 주남철, 2001 『한국의 문과 창호』, 대원사, 100쪽.

9) 國立中央博物館 외, 1995 『檀園 金弘道』, 三星文化財團, 259~260쪽. 이후 〈낙남헌양로연도〉, 〈낙남헌방방도〉는 이 책을 참조하였다.

10) 유봉학·정해득, 1999 『수원지명총람』, 수원시·수원문화원, 241쪽. 이하 행궁 주요 건물 현판의 의미는 이 책을 참고하였다.

11) 『순조실록』 권8, 순조 6년 2월 21일(기해). 이해 1월에는 우의정 金達淳이 삭탈되고 영의정 徐邁修와 좌의정 韓用龜가 사직한 후 李秉模가 영의정에 오른 후로 좌의정과 우의정이 빈자리로 있었다. 또한 같은 날 李義弼(1738~1808)을 사헌부 대사헌, 金義淳(1757~1821)을 한성부 판윤에 임명하였다.

12) 『화성성역의궤』 부1, 행궁, 장락당.

13) 『승정원일기』 93책, 정조 20년 11월 16일(정사).

14) 『원행을묘정리의궤』 권1, 연설, 을묘 윤2월 10일.

15) 주남철, 2001 앞의 책, 155~208쪽.

16) 『홍재전서』 권177, 日得錄 17 訓語 4.

17) 『원행을묘정리의궤』 권1, 연설, 을묘 윤2월 10일.

18) 『원행을묘정리의궤』 권1, 연설, 을묘 윤2월 14일.

19) 『일성록』 정조 22년 2월 1일(을미).

20) 『일성록』 정조 22년 2월 3일(무오).

21) 『일성록』 정조 22년 2월 1일(을미); 순조 7년, 8월 28일(정유); 순조 28년 2월 22일(임진).

22) 『승정원일기』 113책 순조 28년 2월 24일(갑오)

23) 『화성성역의궤』 권수, 시일.

24) 유봉학, 2001 『정조대왕의 꿈』, 신구문화사, 75~76쪽.

25) 『정조실록』 권42, 정조 19년 윤2월 14일(병신).

26) 『정조실록』 권42, 정조 19년 윤2월 11일(계사).

27) 『화성성역의궤』 부편2, 감결, 병진 10월 7일.

28) 『화성성역의궤』 권2, 호궤, 을묘 윤2월 13일; 병진 정월 21일, 8월 15일.

29) 『수원군읍지』 「행궁」.

30) 『정조실록』 권34, 정조 16년 1월 25일(을미); 『승정원일기』 91책, 정조 17년 1월 13일(정미).

31) 『수원군읍지』 「華城誌續編」. 득중정.

32) 『정조실록』 권42, 정조 19년 윤2월 14일(병신).

33) 『화성성역의궤』 부편1, 낙남헌.

34) 『일성록』 정조 23년 3월 26일(갑신).

35) 정우진·심우경, 2013 「조선 후기 회화 작품에 나타난 취병의 특성」 『한국전통조경학회지』 Vol.31 No4, 4~6쪽. 〈동궐도〉에 그려진 취병은 동궁으로 사용되었던 重熙堂 일대에 7개소, 후원인 규장각 일대에 2개소, 후원의 가장 깊숙한 곳인 옥류천 영역의 1개소가 확인된다. 취병이 설치된 곳은 왕세자가 엄격한 제왕의 수업을 받기 위한 독서공간이었다. 궁궐에서 동궁전을 비롯한 정조대 대표적인 학문 연구기관인 규장각, 옥류천 농산정 등은

국왕이 휴식하며 독서하던 곳이었다. 이외에도 왕과 왕세자가 사용함에 따라 궁궐의 건물 중에서도 위계가 높은 곳인 동시에 학문과 관련된 곳이라는 공통점이 확인된다. 자료의 부재로 불명확하지만 취병이 설치되었던 화성행궁의 장춘각 역시 書庫였을 것으로 추정된다.

36) 유봉학, 1996 앞의 책, 70쪽.

37) 『화성성역의궤』 부편2, 어제, 老來堂口占.

38) 『화성성역의궤』 부편1, 행궁, 노래당.

39) 『경세유표』 권3, 天官修制 郡縣分隷.

40) 『순조실록』 권4, 순조 2년 1월 20일(임진).

41) 『승정원일기』 129책, 고종 7년 3월 15일(신사). 현재 미로한정 시액으로 추정되는 편액의 탁본을 수원화성박물관에서 소장하고 있지만 진위 여부는 확인되지 않는다.

42) 『홍재전서』 권177, 日得錄17, 訓語4.

43) 『일성록』 정조 21년 1월 29일(경오).

44) 『원행을묘정리의궤』 권1, 전교, 을묘 윤2월 13일.

45) 《화성원행의궤도》 〈신풍루사미도〉.

46) 이왕무, 2016 앞의 책, 166~170쪽.

47) 『화성성역의궤』 부편1, 공해, 외정리소.

48) 주남철, 2001 앞의 책, 87~88쪽. 살창은 창울거미를 짜고 울거미의 아래위 가로대에 일정한 간격으로 살대를 꽂아 반든 창이다. 살대 사이로 빛을 받아들이긴 하지만 채광창보다는 환기창으로 만들어 창호지를 바르지 않는 것이 원칙이다. 보통 부엌의 부뚜막 위, 저장 공간인 곳간·광에 설치하여 부엌의 연기나 습기를 밖으로 배출시키고 공기를 환기시켜 적당한 습도를 유지하도록 하였다.

49) 『일성록』 정조 20년 2월 11일(정해).

50) 『일성록』 정조 19년 2월 15일(정묘).

51) 『화성성역의궤』 부1, 공해, 외정리소.

52) 『화성성역의궤』 부2, 계사, 병진 3월 25일. 외정리소의 운영에 관해서는 4장에서 서술하였다.

53) 『수원군읍지』 행궁.

54) 『화성성역의궤』 부편1, 공해.

55) 『화성성역의궤』 부편1, 공해.

56) 『수원군읍지』 행궁.

57) 『화성성역의궤』 〈행궁전도〉에 의하면 우화관 외에도 행궁 남쪽에 위치한 別廚를 〈행궁전도〉에 포함하고 있다. 별주는 이후 분봉상시로 대체 운영되었는데 분봉상시는 4장에서

서술하였다.

58) 『수원군읍지』 관해, 우화관.

59) 이연노·주남철, 2004 「조선초 객사 건축에 관한 연구－문헌연구를 중심으로」 『대한건축학회논문집』 Vol.20 No.12, 172쪽.

60) 『일성록』 정조 19년 윤2월 10일(임진).

61) 『원행을묘정리의궤』 권수, 택일.

62) 『화성성역의궤』 권2, 上樑奉安祭儀.

63) 정해득, 2011 「화녕전(華寧殿)의 건립과 제향」 『朝鮮時代史學報』 59. 화령전에 관한 서술은 이 논문을 참고하였다.

64) 김동욱, 2020 「화령전의 건축특징과 문화재적 가치」 『합리적인 의례 공간 수원 화령전』, 수원시화성사업소, 19~21쪽.

65) 『순조실록』 권2, 순조 1년 1월 29일(병오).

66) 김홍식·김왕직, 2012 『한국의 건축문화재－2경기편』, 기문당, 30~34쪽.

4장

1) 內帑은 크게 왕 개인의 사유재산을 지칭하거나 왕실 물자의 비축 공간으로 정의할 수 있다. 그동안 내탕은 임금의 개인 재산을 관리하는 창고라는 전자의 개념으로 이해하였다. 그러나 최근에는 그동안 연구 성과에 힘입어 내탕의 개념을 廣義로 확대하여 1司[內需司] 4宮[壽進宮·明禮宮 ·於義宮 ·龍洞宮]까지 확대시키고 있다.(조영준, 2008 「19世紀 王室財政의 運營實態와 變化樣相」, 서울대학교 박사학위논문, 21~23쪽.) 그러나 본서에서는 화성행궁에 마련되었던 유수부 산하의 여러 창고 중 하나로서 狹義의 內帑庫 개념으로 서술하였다.

2) 『江華府志』 卷上, 府廨. "戶南庫 在司倉東藏內帑諸用."

3) 『江都志』 卷上, 內帑.

4) 『정조실록』 권25, 정조 12년 4월 13일(을사).

5) 『정조실록』 권37, 정조 17년 1월 12일(병오); 『순조실록』 권1, 순조즉위년 12월 14일(임술).

6) 『순조실록』 권4, 순조 2년 1월 26일(무술).

7) 『기전영지』 각고, 외탕고. 이하 각 창고의 고유 업무와 설치시기는 이 사료에 근거하여 서술하였다.

8) 『화영사례』 외탕고. 이하 각 창고의 설립시기, 관리인의 구성, 지출과 수입현황은 이 사료에 근거하여 서술하였다.

9) 『일성록』 정조 20년 11월 11일(임자).

10) 『일성록』 정조 20년 2월 11일(정해).

11) 『정조실록』 권34, 정조 16년 윤4월 7일(을해).

12) 『일성록』 정조 17년 1월 26일(경신).

13) 『일성록』 정조 17년 4월 17일(기묘).

14) 『일성록』 정조 16년 5월 13일(경술); 정조 17년 2월 14일(정축); 정조 18년 1월 14일(임인); 정조 19년 3월 17일(무진)·6월 22일(신축)·9월 19일(정묘)·12월 11일(무자); 정조 20년 1월 22일(기사)·2월 20일(병신).

15) 『일성록』 정조 18년 1월 15일(계묘).

16) 『원행을묘정리의궤』 권1, 전교, 을묘 윤2월 11일.

17) 『일성록』 정조 19년 4월 17일(정유). 李奭祚는 수원부 출신으로 81세에 登科하여 83세에 宰臣의 반열에 오른 인물이다. 정조는 이를 가상히 여겨 그가 편히 살 수 있도록 기와집을 마련해 주고 수선 및 도배 등의 일까지 모두 살피도록 명하였다.

18) 『일성록』 정조 20년 1월 23(경오).

19) 『화성중기』 외탕고. 외탕고에는 『경국대전』, 『속대전』, 『대전통편』, 『외정리소절목』, 『원행정례』, 『신읍영건성책』, 『정리의궤』, 『성역의궤』, 『용주사기복게』 등 서적 총 109종류의 215冊을 보관하고 있었다.

20) 김선희, 2015 「화성행궁 소장 기물과 비품 연구」 『고궁문화』 8, 90쪽.

21) 『일성록』 정조 17년 2월 9일(임신).

22) 『일성록』 정조 17년 4월 3일(을축).

23) 『일성록』 정조 18년 3월 21일(무신).

24) 『일성록』 정조 22년 4월 28일(임술).

25) 『일성록』 정조 21년 8월 18일(갑인).

26) 『일성록』 정조 20년 3월 25일(신미).

27) 『일성록』 정조 20년 8월 21일(계사).

28) 『고종실록』 권1, 고종 1년 1월 21일(계해).

29) 『승정원일기』 128책, 고종 3년 1월 3일(계해).

30) 『고종실록』 권6, 고종 6년 12월 8일(을사).

31) 『고종실록』 권7, 고종 7년 5월 26일(신묘).

32) 『화영사례』 봉부동.

33) 『비변사등록』 217책, 순조 29년 12월 20일.

34) 『정조실록』 권44, 정조 20년 2월 11일(정해). 內用庫는 陵이나 園에 행행할 때마다 이용하기 위해 만든 5개의 창고를 가리킨다. ① 筦千庫는 園所의 일체 수용에 대비하고, ②

日用庫는 종이·부채·붓·먹을 보관하며, ③ 月椿廠는 서적과 무기를 저장하고, ④ 無盡藏은 축수하는 罍爵과 유행하는 貨寶를 간직하며, ⑤ 不盈帑은 布綿과 錦帛을 저장하는 곳이다.

35) 관천고는 실질적으로 원소의 화소 내 모든 전답을 관리하고 있었다는 점에서 현륭원에도 별도의 공간을 확보하고 있던 것으로 추정된다.(정해득, 2009 『정조시대 현륭원 조성과 수원』, 신구문화사, 83~90쪽.) 창고의 총괄 업무를 담당하던 공간은 성내에 설치되고, 현륭원 관리에 필요한 각종 현물을 보관하거나 관리자들의 실제 업무는 원소에 별도의 기관을 두어 운영되었을 것으로 판단된다.

36) 『정조실록』 권42, 정조 19년 4월 15일(을미).

37) 『승정원일기』 91책, 정조 18년 3월 18일(을사).

38) 『비변사등록』 225책, 헌종 3년 4월 11일.

39) 『승정원일기』 140책, 고종 39년 5월 21일(경진).

40) 『일성록』 정조 20년 2월 11일(정해).

41) 『화성지』 둔전, 연산둔.

42) 『수원군읍지』 둔전.

43) 『비변사등록』 193책, 순조 2년 7월 5일.

44) 『비변사등록』 217책, 순조 29년 12월 20일.

45) 『만기요람』 총례.

46) 『일성록』 정조 21년 8월 18일(갑인).

47) 『화성지』 권1, 재용.

48) 『화성지』 권2, 둔전.

49) 『화성지』 권1, 재용.

50) 송찬식, 1997 『조선후기 사회경제사의 연구』, 일조각, 517~518쪽.

51) 『화성지』 권1, 재용.

52) 『화영사례』 장예고.

53) 『화영사례』 노수고.

54) 『화성지』 권1, 군총.

55) 김덕진, 1999 『朝鮮後期 地方財政과 雜役稅』, 國學資料院, 151~152쪽

56) 『일성록』 정조 17년 1월 26일(경신).

57) 외정리소는 『화성중기』나 『화영사례』에서 倉庫로 분류하지 않았다. 그러나 외정리소가 행궁 운영에 중요한 역할을 하였다는 점에서 본서에서는 행궁수리소와 함께 창고로 분류하여 서술하였다.

58) 『원행을묘정리의궤』 권1, 연설, 갑인 12월 13일.

59) 『원행을묘정리의궤』 권1, 연설, 갑인 7월 20일.

60) 『일성록』 정조 18년 8월 4일(무오).

61) 『정조실록』 권41, 정조 18년 11월 24일(무신).

62) 鄭崇敎, 1996 「正祖代 乙卯園幸의 재정 운영과 정리곡 마련」 『韓國學報』 22, 149~151쪽.

63) 『원행을묘정리의궤』 권3, 내관, 갑인 12월 25일.

64) 『원행을묘정리의궤』 권3, 이문, 을묘 1월 24일·2월 17일·2월 30일·윤2월 5일·윤2월 7일.

65) 『원행을묘정리의궤』 권3, 내관, 을묘 4월 1일.

66) 『원행을묘정리의궤』 권3, 내관, 을묘 4월 28일.

67) 『정조실록』 권42, 정조 19년 2월 14일(병인).

68) 『정조실록』 권41, 정조 18년 9월 19일(계묘).

69) 『일성록』 정조 19년 윤2월 28일(경술).

70) 『원행을묘정리의궤』 권2, 절목, 삼도팔도을묘정리곡.

71) 『일성록』 정조 19년 4월 13일(계사).

72) 『화성성역의궤』 부2, 절목, 行宮整理修城穀糶糴需用節目.

73) 『정조실록』 권48, 정조 22년 5월 29일(임진).

74) 鄭崇敎, 1996 앞의 논문, 164~171쪽.

75) 『일성록』 정조 20년 2월 4일(경진). 『원행정례』에 의하면 외정리소에 보관하고 있던 각종 기물은 1년·2년·3년·4년·5년·7년·10년·15년·30년 및 수시로 개비하는 것으로 구분하고, 국왕의 거둥 시 대령하는 기물은 별도로 관리하고 있었다.

76) 『화성성역의궤』 부2, 계사, 병진 3월 25일.

77) 『일성록』 정조 20년 9월 6일(무신).

78) 『일성록』 정조 20년 9월 6일(무신).

79) 『일성록』 정조 21년 8월 17일(계축).

80) 『일성록』 정조 20년 2월 4일(경진).

81) 『일성록』 정조 21년 9월 24일(경인).

82) 『일성록』 정조 24년 1월 10일(계해).

83) 『기전영지』 각고, 수리소.

84) 『비변사등록』 193책, 순조 2년 9월 2일.

85) 『수원군읍지』 둔전.

86) 『화성중기』 수리소.

87) 유수부 산하의 11개 倉은 성내와 화성부 전역에 분포하고 있었다. 倉은 행궁에 설치된 기

구는 아니지만 일창·이창·광주창·용인창이 성내에 설치되었고, 유수부의 6개창에 을묘 정리곡을 나누어 보관하고 있었다는 사실을 통해 행궁 운영에 관여하고 있었다고 판단된다. 본서에서는 창과 관련하여 간단하게 서술하였지만 유수부 소속 倉 운영에 관해서는 향후의 연구가 필요하다고 생각된다.

88) 《여지대전도》(1700), 《해동여지도》(1735), 《해동지도》(1750), 《광여도》(1767~1776), 《경기도지도》(18세기 중엽), 《지승》(18세기 후반) 등의 지리지에는 모두 '議倉'으로 기록하고 있지만 『원행을묘정리의궤』나 『수원부읍지』의 경우 '設倉'으로 기록하고 있다. 본서에서는 의궤나 읍지에 기록되어 있는 '설창'으로 보고 서술하였다.

89) 『원행을묘정리의궤』 권1, 연설, 을묘 윤2월 14일.

90) 『원행을묘정리위궤』 권3, 장계, 을묘 3월 24일.

91) 《팔도군현지도》(1760), 《조선지도》(1767년 이후), 《팔도지도》(1776년).

92) 정해득, 1999 「正祖代 水原移邑과 以後의 변화 양상 – 수원지역 '邑誌'를 중심으로」 『京畿史學』 3, 104쪽.

93) 1831년(순조 31) 간행된 『화성지』는 수원부 읍지 가운데 가장 풍부한 내용을 가지고 있다. 하지만 전체 4권 중 1권과 2권만 전해지고, 3권과 4권이 전해지지 않는 관계로 본서에서 다루고 있는 '창고'는 확인할 수 없었다. 하지만 1권과 2권에 기록되어 있는 자료를 통해 이즈음부터 수원부 창고는 9개창과 광주창, 용인창으로 나누어 운영되고 있던 것으로 추정된다.

94) 『대동지지』 권2, 경기도, 수원부. 『대동지지』에 기록된 4개의 창은 『기전영지』의 '倉'기록을 참고하여 저자의 판단 아래 일창, 이창, 광주창, 용인창으로 서술하였다.

95) 『기전영지』 각창. 이하 각 창의 위치는 이 사료를 참고하여 서술하였다.

96) 『화성지』 권1, 방리. 이하 각 창의 관할 면은 이 사료를 참고하여 서술하였다.

97) 『화성중기』 환향각창. 이하 각 창의 규모는 이 사료를 참고하여 서술하였다.

98) 『화성지』 권1, 향관.

99) 『화성중기』 환향각창.

100) 『화성지』 권1, 재용.

101) 『일성록』 정조 19년 11월 17일(갑자).

102) 武衛所는 1874년(고종 11) 왕의 호위와 궁궐 숙위를 강화하기 위해 설립된 군영이다. 1881년(고종 18) 훈련도감과 함께 武衛營으로 재편되었으나, 이듬해인 1882년(고종 19) 임오군란 당시 대원군에 의해 폐지되었다.(『증보문헌비고』 권226, 직관고 13, 무직, 무위영.)

103) 심승구, 2012 「임진왜란 중 독산성 전투와 그 역사적 의의 – 전술적·전략적 가치를 중심으로」 『한국학논총』 37, 123~127쪽.

104) 『선조실록』 권55, 선조 27년 9월 19일(갑오).

105) 『수원군읍지』 산성.

106) 『화성지』 권2, 산성.

107) 『화성지』 권1, 향관.

108) 『화성지』 권2, 산성.

109) 『일성록』 정조 16년 5월 25일(임술).

110) 『비변사등록』 186책, 정조 21년 7월 12일.

111) 송찬섭, 1999 「정조대 장용영곡의 설치와 군영」 『韓國文化』 24, 247~248쪽.

112) 『정조실록』 권26, 정조 12년 8월 20일(기유).

113) 이방섭, 2010 「正祖의 壯勇營 운영과 정치적 구상」 『朝鮮時代史學報』 53, 66~67쪽.

114) 『비변사등록』 178책, 정조 15년 4월 13일.

115) 『비변사등록』 179책, 정조 15년 7월 15일.

116) 『비변사등록』 186책, 정조 21년 7월 12일.

117) 조낙영, 2016 「조선후기 留守府 연구－江華, 廣州, 華城 留守府를 중심으로」, 서울대학교 박사학위논문, 156~171쪽.

118) 『일성록』 정조 20년 1월 7일(갑인).

119) 최홍규, 2001 『조선후기 향촌사회연구』, 일조각, 164~166쪽. 여기서 말하는 둔전은 장용영을 비롯한 유수부 각 기관의 경비를 충당하기 위해 설치된 모든 둔전을 말한다. 지금까지 화성부 소속의 둔전에 대해서는 염정섭(염정섭, 2014 「조선후기 화성부의 둔전 설치와 운영」 『수원의 토지 소유구조와 농업경영』, 수원시사편찬위원회.)에 의해 일정 연구가 진행되었지만 장용영 소속의 둔전만을 집중하여 각 둔전이 설치되는 경위 및 조성 과정과 운영, 장용영 폐지 이후 이획 현황을 연결해주는 구체적인 연구는 이루어지지 않았다. 차후 장용영 소속 둔전에 대한 별도의 분석이 필요하다고 생각된다.

120) 본장에서는 위치가 확인되는 무기고·팔색고·수성고·화약고를 군영 창고로 구분하여 서술하였고, 위치가 확인되지 않는 향수고와 보향고는 기타 창고로 구분하였다. 장용외영 소속의 창고에 대한 분석은 향후 연구가 필요한 분야이다.

121) 『화성성역의궤』 부편1, 공해, 무고행각.

122) 『本營圖形』 1787년, 筆寫本, 크기 195.4×111.8cm, 청구기호 K2－4366, 장서각.

123) 이왕무, 2009 「『本營圖形』을 통한 조선후기 장용영의 모습」 『장서각』 21, 29쪽.

124) 『화성성역의궤』 부편2, 계사, 병진 3월 25일.

125) 『화성지』 권2, 둔전.

126) 『수원군읍지』 둔전.

127) 『화성지』 권1, 재용.

128) 『화영사례』 군기고.

129) 式年은 子, 午, 卯, 酉가 들어간 해로 호적을 조사 정리하고 과거를 실시하였다.

130) 『화성중기』 군기고. 군기고 물품의 보충은 1868년(고종 5), 1869년(고종 6), 1870년(고종 7), 1872년(고종 9), 1876년(고종 13)에 이루어졌다.

131) 八色이란 병조에서 8가지 사무를 나누어 맡아보았던 낭청으로 政色·結束色·武備司·一軍色·二軍色·都案廳·有廳色·馬色을 가리킨다.(『만기요람』 군정편 2, 병조, 총례.)

132) 『화성중기』 공해각처.

133) 『화성지』 권2, 둔전.

134) 『화성지』 권1, 재용.

135) 『화성지』 권1, 군총.

136) 『화성중기』 팔색고.

137) 『화성중기』 공해각처.

138) 『화성성역의궤』 부편1, 공해.

139) 『화성지』 권2, 둔전.

140) 『화성성역의궤』 부편2, 대유둔설치절목.

141) 『화성성역의궤』 권2, 수성고설치절목.

142) 『비변사등록』 198책, 순조 7년 10월 17일.

143) 『고종실록』 권2, 고종 2년 10월 19일(경술).

144) 『화성성역의궤』 부편1, 공해.

145) 『정조실록』 권49, 정조 22년 10월 19일(기유).

146) 『화성지』 권1, 군총.

147) 『화영사례』 화약고.

148) 『일성록』 정조 20년 2월 11일(정해).

149) 『일성록』 정조 21년 1월 30일(신미).

150) 『순조실록』 권2, 순조 1년 1월 6일(계미).

151) 『화성지』 권1, 재용, 돈, 지공조곡작전. 1895년에 편찬된 『기전영지』에 의하면 화성부의 분봉상시는 1793년 설치되어 현륭원에 올리는 제물을 封進하는 일을 담당하였다고 기록하고 있다. 이는 19세기 말 읍지 편찬 당시 외별고와 분봉상시의 역할에 차이가 없다는 점에서 같은 기관으로 인식하고 있었다고 생각된다.

152) 『화성중기』 공해각처.

153) 『화성지』 권2, 둔전.

154) 『수원군읍지』 둔전.

155) 김덕진, 2001 「조선후기 지방관청의 고마고 설립과 운영」 『한국사연구』 112, 104~106쪽. 刷馬雇立이란 일반 백성소유의 토지에서 비용을 징수해 민간인 말을 빌려 쓰는

일이다.

156) 『기전영지』 각고, 고마고.

157) 『화성성역의궤』 부편1, 행궁, 낙남헌.

158) 『화성지』 권2, 둔전.

159) 『화성지』 권1, 재용.

160) 『화영사례』 고마고.

161) 본서에서는 위치가 확인되는 창고만을 고찰 대상으로 삼았기 때문에 기타의 창고는 간략하게 소개하는 수준으로 서술하였다.

162) 『화영사례』 군기고.

163) 기타 지역의 경우 補餉庫로 기록되어 있지만 화성부에서는 保餉庫로 기록하고 있다.

164) 『화성지』 권1, 군총. 재가군관 147명와 감마사 204명은 1명당 쌀 5말씩, 감마보 471명·치중보 105명·도안군관 103명·둔아병 186명·별아병 103명은 1명당 쌀 3말씩을 거두었다.

5장

1) 김문식, 2013 『조선 궁중의 잔치, 연향』, 글항아리, 50쪽. 조선시대 왕실의 잔치는 음악과 무용인 呈才 공연이 포함되는 豊呈, 연회를 드리는 進宴, 음식을 드리는 進饌, 술을 드리는 進爵 등 연향의 내용에 따라 다양하게 불렀다. 본서에서는 을묘원행의 연향은 진찬으로 표기하였다.

2) 『원행을묘정리의궤』 권1, 연설, 을묘 윤2월 13일.

3) 『비변사등록』 183책, 정조 20년 1월 29일(병자). 외별고와 관련된 서술은 「華城外營庫節目」을 참고하였다.

4) 『원행을묘정리의궤』 권4, 기용.

5) 『일성록』 정조 20년 2월 4일(경진).

6) 『화성중기』에 의하면 외탕고는 화성유수부가 관할하던 창고 중 하나로 관리되었지만 외별고는 창고로 구분되지 않았던 것으로 보인다. 「吏房色」에 외별고 열쇠 3개와 외탕고 열쇠 13개를 기록하고 있다는 점에서 19세기 후반까지도 두 기관은 별도로 유지되고 있던 것으로 판단된다. 다만 외별고는 외탕고에 흡수되어 부속 기구 개념으로 운영되고 있던 것으로 추정된다.

7) 『원행을묘정리의궤』 권4, 배설.

8) 경기문화재단, 2007 『화성성역의궤 건축용어집』, 경기문화재단. 돗자리를 지칭하는 용어

는 地衣, 登每, 單席, 席 등으로 다양하게 확인된다. 여기서 지의는 여러 개의 돗자리를 이어 만든 대형 돗자리, 등메는 골풀의 일종인 龍鬚草로 짜서 만든 고급 화문석이나 백문석 아래에 細草席이나 茵席을 대고 가장자리를 헝겊으로 둘러 엮은 최고급 돗자리, 單席은 외겹의 돗자리, 席은 일반적인 돗자리를 말한다.

9) 《進饌屛風繪》 종이에 채색, 141.5×49.5cm, 소장품번호 본관 13243, 국립중앙박물관.

10) 『원행을묘정리의궤』 권2, 華城奉壽儀堂進饌于慈宮儀. 이하 봉수당의 온돌과 전퇴에 배설된 기물과 비품 목록은 『원행을묘정리의궤』를 참고하였다.

11) 『원행을묘정리의궤』 권4, 배설.

12) 김수정, 2005 「朝鮮時代 燈器에 관한 연구: 등촉대와 촉대를 중심으로」, 성신여자대학교 석사학위논문, 40쪽.

13) 司空英愛, 2014 「朝鮮 王室 古銅器形 香爐 硏究」 『미술사연구』 28, 272쪽.

14) 임혜련, 2015 『혜경궁과 그의 시대』, 화성시, 47~51쪽.

15) 정희정, 2015 「조선후기 의궤도설과 기록화를 통해서 본 연향 연구 - 음식상 배설을 중심으로」, 이화여자대학교 박사학위논문, 154~155쪽.

16) 『원행을묘정리의궤』는 1795년 혜경궁홍씨의 회갑연을 기록한 의궤, 『기사진표리진찬의궤』는 1905년 혜경궁홍씨의 관례 60주년을 축하하는 잔치를 기록한 의궤, 『순조기축진찬의궤』는 1829년 효명세자가 순조의 40세와 즉위 30년을 동시에 기념하기 위하여 열린 궁중 연회를 기록한 의궤, 『헌종무신진찬의궤』는 1848년 대왕대비순원왕후 김씨의 육순을 축하하기 위해 열린 진찬행사를 기록한 의궤이다. 18세기 말부터 19세기 중반까지 궁중잔치에 사용되었던 기물[수주정, 작, 병]의 모습을 확인할 수 있다.

17) 『원행을묘정리의궤』 권1, 연설, 을묘 2월 25일.

18) 『원행정례』 「大廳及房排設」에 기록되어 있는 각종 기물 목록은 화성행궁의 봉수당 기물로 분석하였다.

19) 〈일월오봉도〉 19~20세기, 비단에 채색, 6폭 병풍, 크기 362.2×196.5cm, 유물번호 창덕 6416, 국립고궁박물관.

20) 정조 이후 현륭원과 건릉을 다녀오는 능행차는 순조부터 고종까지 총 16회 이루어졌다. 이 중에서 철종의 1860년(철종 11) 3월 능행길과 고종의 1870년(고종 7) 3월 능행길은 과천행궁에서 유숙하고 나머지 14회는 시흥행궁에서 유숙하였다.

21) 『원행을묘정리의궤』 권2, 華城洛南軒親臨養老宴儀.

22) 『원행을묘정리의궤』 권2, 華城文武科親臨放榜儀.

23) 『화성성역의궤』 부편2, 감결, 병진 10월 7일.

24) 『화성중기』 외탕고.

25) 『화성중기』 「행궁각처배설」은 당대 화성행궁 곳곳에 배설되어 있던 기물과 비품 목록을

기록한 책이다. 「행궁각처배설」에서 확인되는 비품과 기물은 행궁의 대표적 행사공간인 낙남헌에서 가장 많이 이용되었을 것으로 보고 낙남헌 기물로 분석하였다.

26) 놋쇠는 한자로 鍮라 표기하지만 옛 기록에는 鍮石·鍮鐵·黃銅·鑄銅·眞鍮·豆錫·朱錫·響銅·靑銅 등으로 그 용어가 매우 다양하다. 본서에서 확인되는 鍮·鍮鐵·豆錫은 모두 놋쇠로 분류하였다.

27) 박정혜, 2000 『조선시대 궁중기록화 연구』, 일지사, 269쪽.

28) 『원행을묘정리의궤』 권5, 재용.

29) 『화성성역의궤』 권6, 실입3. 春八景은 〈花山瑞靄〉·〈柳川晴烟〉·〈午橋尋花〉·〈吉野觀桑〉·〈新豊社酒〉·〈大有農歌〉·〈華郵散駒〉·〈荷汀泛收〉이고, 秋八景은 〈虹渚素練〉·〈石渠黃雲〉·〈龍淵霽月〉·〈龜巖返照〉·〈西城羽獵〉·〈東臺畵鵠〉·〈閒亭品菊〉·〈陽樓賞雪〉이다. 이 중 檀園 金弘道(1745~?)가 그린 〈西城羽獵〉과 〈閒亭品菊〉 두 그림이 서울대학교박물관에 소장되어 있다.

30) 〈화성전도〉 조선, 종이에 채색, 소장품번호 본관 10969, 전체 196×37cm, 국립중앙박물관. 현재 국립중앙박물관에는 12폭의 〈화성전도〉와 6폭의 〈하성전도〉(조선, 섬유 - 견, 소장품번호 본관 8937, 전체 198×96cm)를 소장하고 있다. 그러나 본서에서는 화성행궁 및 화성 주요 건물의 이름이 기록된 12폭의 〈화성전도〉를 참고하였다.

31) 「豳風七月篇」은 농가월령가로서 勸農을 주제로 농가에서 1년 동안 할 일을 달의 순서에 따라 읊은 詩, 「小雅天保篇」은 신하들이 국왕의 장수를 축하하는 잔치에서 주로 부르던 詩, 「小雅斯干篇」은 결혼을 통해 새로운 가족이 만들어져 행복하게 살아가는 삶을 노래한 詩이다.

32) 김현지, 2013 「朝鮮 後半期 歲時風俗圖 硏究」 『역사민속학』 43, 150~154쪽.

33) 강관식, 2001 『조선후기 궁중화원 연구 – 규장각의 자비대령화원을 중심으로』, 돌베개, 127쪽.

34) 『화성중기』 「행궁각처배설」에는 낙남헌 이외에 주요 건물의 지의 현황도 확인된다.

35) 김선희, 2010 「화성행궁(華城行宮) 주요 건물의 배치와 기능」 『고궁문화』 3, 40쪽.

36) 『일성록』 정조 20년 2월 11일(정해). 『원행정례』와 『일성록』에서 차이를 보이는 경우 『일성록』에 근거하여 서술하였다.

37) 油芚은 비 올 때 쓰기 위하여 이어 붙인 두꺼운 기름종이[油紙]라는 점에서 六油芚도 같은 형식의 종이로 추정된다.

38) 1801년(순조 1) 행궁의 별주 자리에 분봉상시가 설치된 이후 수원부 관련 자료에서 별주 기록이 확인되지 않는다. 이에 본서에서는 『원행정례』에서 확인되는 水剌間을 대표 명칭으로 서술하였다.

39) 『원행을묘정리의궤』 권1, 전교, 을묘 윤2월 7일.

40) 『원행을묘정리의궤』 권4, 찬품, 화성참.

41) 〈宣廟朝諸宰慶壽宴圖〉 1605년, 종이에 채색, 각 폭 24.4×34.0㎝, 고려대학교박물관. 〈宣廟朝諸宰慶壽宴圖〉는 예조참의 李薳(1532~1608)가 모친의 100세를 기념하여 1605년(선조 38) 4월 70세 이상의 노모를 모시고 있는 宰臣 13명과 함께 봉로계를 결성하고 이들의 노모를 위해 삼청동 관아에서 개최한 慶壽宴 장면을 그린 것이다.

42) 서연호·정우봉, 1996 「『湛樂宴圖』-18세기의 화풍을 전해주는 귀중한 자료」 『문화예술』 204. 〈湛樂宴圖〉는 1724년(경종 4) 3월 그믐과 4월 초하루에 李龍河가 8명의 형제들과 함께 아버지의 만수무강을 축하하는 宴會를 기념하기 위해 만든 책자인 「湛樂宴帖」에 실린 그림이다. 연회가 끝난 뒤 후손들에게 이를 기념하고 보존하기 위해 화공을 시켜 그림을 그리게 하고, 유명 인사들의 글을 받아 책자로 만들려고 하였다. 그러나 20여 년 동안 이용하의 先親과 從父, 從兄弟 등이 잇따라 작고하는 등 집안의 우환이 계속 이어져 미루어지다가 1750년 편찬을 완료하였다. 〈湛樂宴圖〉는 총 4면으로 구성되어 있는데 임시 주방의 모습은 3면에서 확인된다. 3면은 內庭에 큰 차일을 치고 손님들에게 술과 음식을 대접하는 광경이 그려졌는데 그림의 왼편 상단에 차일로 공간을 마련한 임시 주방이 확인된다.

43) 『원행을묘정리의궤』 권3, 감결, 을묘 2월 30일.

44) 『원행을묘정리의궤』 권4, 장표. 당시 장표가 발부된 숙수는 노량참 6명, 시흥참 10명, 사근참 5명, 원소참 5명, 화성참 35명이었다. 그러나 각 참의 숙수가 동일 인물인지는 확인되지 않는다.

45) 『원행을묘정리의궤』 권5, 상전, 進饌時施賞.

46) 『원행을묘정리의궤』 권3, 이문, 갑인 12월 20일.

47) 『원행을묘정리의궤』 권3, 내관, 을묘 2월 7일.

48) 『원행을묘정리의궤』 권3, 이문, 갑인 12월 27일.

49) 『원행을묘정리의궤』 권4, 기용.

50) 立은 그릇 하나를 세는 단위이고 竹은 그릇 열 개를 세는 단위로 1竹은 10立, 즉 5竹은 50立으로 50개이다.

51) 『세종실록』 권77, 세종 19년 4월 15일(갑술). "雲陰之日難於知時作行漏體小制簡播水壺受水壺各一注以渴烏遞水用子午卯酉時." 여기서 '渴烏'란 목마른 까마귀가 물을 빨아올리듯이 아래에 있는 물을 위로 빨아올린다는 의미로 해석할 수 있다.

52) 『정조실록』 권35, 정조 16년 8월 8일(갑술).

53) 『일성록』 정조 20년 2월 2일(무인).

54) 『원행정례』 「금루」.

55) 『원행을묘정리의궤』 권1, 군령.

56) 『대전회통』 병전편.

57) 『원행을묘정리의궤』 권4, 장표.

58) 『원행을묘정리의궤』 권5, 배종.

59) 金聖洙, 2003 「16·17세기 中央醫療機構의 運營實態」 『서울학연구』 20, 70쪽.

60) 『원행정례』 「약방」.

61) 『원행을묘정리의궤』 권수, 반차도.

62) 『원행을묘정리의궤』 권1, 연설, 을묘 윤2월 12일.

63) 『원행을묘정리의궤』 권3, 계목, 을묘 2월 25일.

64) 『원행을묘정리의궤』 권5, 상전, 進饌時施賞.

65) 『원행을묘정리의궤』 권3, 이문, 을묘 윤2월 4일.

6장

1) 『정조실록』 권29, 정조 14년 2월 9일(경신)

2) 『화성성역의궤』 부편1, 행궁, 신풍루.

3) 『정조실록』 권37, 정조 17년 1월 9일(병오).

4) 『화성성역의궤』 부편1, 행궁. 이하 1794년 가을 현판 상황은 『화성성역의궤』를 참고하였다.

5) 『冠巖全書』 冠巖全書冊十七, 記, 華城記.

6) 김문식, 2011 『관암 홍경모와 19세기 학술사』, 경인문화사, 341쪽.

7) 『화성중기』 예방색; 외탕고.

8) 모리스 꾸랑 지음·이희재 옮김, 1994 『한국서지』, 일조각, 811쪽.

9) 折帖裝이란 책종이를 卷子本과 같이 이어 붙이고 좌우 똑같은 크기의 장방형으로 접어 마치 병풍처럼 중첩한 후 그 앞뒷면에 보호용 표지를 붙여 순환하며 閱讀할 수 있게 만든 장정이다.

10) 《御筆》 無界, 行字數不定, 無魚尾, 유물번호 6708, 한국학중앙연구원. 절첩장이 조윤형의 글씨로 쓰여진 봉수당과 낙남헌 현판을 포함하고 있음에도 《御筆》로 분류한 것은 한국학중앙연구원의 행정상 오류로 판단된다.

11) 『수원군읍지』 행궁, 신풍루. "新風樓下路逶迤 爲誦南來北望詩 長樂鐘聲知不遠 ○堪回首寢園辭."

12) 『승정원일기』 129책, 고종 7년 3월 15일(신사).

13) 『수원군읍지』 「화성지속편」, 낙남헌.

14) 한동민, 2004 「근대 수원지역의 공립의료기관: 官立水原慈惠醫院에서 道立水原慈惠醫

院까지」『京畿史學』 8, 511~513쪽.

15) 현재 국립고궁박물관에 소장하고 있는 화성행궁 관련 현판은 건물 편액 6개와 시액 5개로 모두 11점이다. 국립고궁박물관 유물 보존관리 담당자에 의하면 국립고궁박물관에서는 1992년 궁중유물전시관을 개관하면서 창덕궁에 소장하고 있던 유물 일체를 이관받았다고 한다. 이후 1994년 문화재청의 '유물관리규정'이 만들어지면서 소장 유물 대장이 정리되었는데 화성행궁 관련 현판 유물도 당시 이관되는 유물의 일부로 이전되었다고 한다. 국립고궁박물관으로 이전되기 전에는 창덕궁의 '구 선원전'에서 소장하고 있었지만 창덕궁으로 이전하게 된 경위는 확인이 불가능하다고 한다.

16) 이민식, 2000 「정조시대 어필비 소고 – 정조대왕 어필비를 중심으로」『한신대학교 개교 60주년 기념 제16회 탁본전람회 – 正祖大王 逝去 二百周年 追慕展』, 한신대학교박물관, 122~131쪽. 이하 정조 서체에 관한 서술은 이 논문을 참고하였다.

17) 〈壯南軒〉 正祖御筆, 음각, 65.5×194.6cm, 유물번호 319, 국립고궁박물관. 이하 편액과 시액의 크기 및 구조적 특징은 국립고궁박물관의 '유물 대장'을 참고하였다.

18) 『정조실록』 권37, 정조 17년 1월 12일(병오).

19) 『長洲集』 卷17, 記. "…壯南軒者 實行宮正殿 而上有御書額華城行宮四大字…"

20) 〈華城行宮〉 正祖御筆, 양각, 106×321cm, 유물번호 77, 국립고궁박물관.

21) 『화성성역의궤』 부편1, 행궁, 봉수당행각.

22) 이민식, 2004 「송하 조윤형 연구」『제20회 탁본전람회 도록 – 실학시대의 서예』, 한신대학교박물관, 123쪽. 이하 조윤형 및 그의 서체에 대한 서술은 이 논문을 참고하였다.

23) 『정조실록』 권28, 정조 13년 10월 17일(기사).

24) 『정조실록』 권47, 정조 21년 12월 20일(을묘).

25) 『林下筆記』 卷30, 春明逸史. "…壯南軒房壁. 有亂草大字. 卽曺松下書也. 其書曰. 未老得閒方是閒. 正廟命其壁而揮灑. 非另紙所書者也. 修理時. 比書不改. 尙令墨光淋漓. 鬼魅不近. 抑奪造化也歟."

26) 조윤형이 쓴 편액은 창덕궁 주합루의 서쪽에 자리한 〈書香閣〉, 밀양의 〈嶺南樓〉, 진주의 〈矗石樓〉, 영주 풍기의 〈錦仙亭〉, 공주 마곡사의 〈尋劍堂〉, 김천 직지사의 〈黃嶽山直指寺〉 등이 남아 있다.

27) 〈奉壽堂〉 正祖御筆, 양각, 90×218.3cm, 유물번호 377, 국립고궁박물관.

28) 수원시화성사업소, 2005 『수원 화성행궁과 화령전 궁중유물 복원·전시 고증연구』, 한국궁중문화연구원. 현재 화성행궁의 현판 복원은 2005년 수원시화성사업소에서 화성행궁 복원 제2차 사업의 일환으로 진행된 결과이다. 당시 현존하는 화성행궁의 현판 6개를 비롯하여 화령전과 행궁의 주요 건물에 건립되었던 門의 현판 복원이 이루어졌다. 보고서에 의하면 유여택을 수원부의 동헌으로 파악하고 장남헌 현판을 유여택으로 옮긴 것으로

보인다. 지방 관아의 동헌 앞에 측우기가 설치되어 있는 점과 1836년(헌종 2) 1월 27일 수원부사에 임명된 서유구가 수원부에 도착하여 장남헌에서 부임을 고하는 狀啓를 발송하였다는 『華營日錄』의 기록에 의해 장남헌을 수원부의 동헌으로 파악한 것이다. 그 결과 복원된 장남헌 현판이 현재 유여택에 걸려 있게 된 것으로 보인다. 향후 장남헌 현판의 이동 현황 및 기타 행궁의 여러 門에 걸렸던 현판들에 대하여 재고해야 할 것이다.

29) 이 중에서 <奎 2065>와 <奎 1474>는 丁酉字本이고 <奎 7084, 7866, 11560, 11561>은 整理字本이다.

30) 『화성봉수당갱재축』은 을묘원행 기간 중 봉수당에서 혜경궁의 회갑 잔치를 베풀면서 정조와 군신들이 함께 읊은 시를 모아 만든 1책 32장의 시집이다. 정조가 시를 짓자 外賓 洪駿漢 등 70명과 諸臣 채제공 등 77명이 화답한 시가 수록되어 있다.

31) 『화성성역의궤』 부편2, 어제. 〈어제화성봉수당진찬선창악장〉의 해제는 경기문화재단에서 2005년 발간한 『화성성역의궤』 국역증보판의 번역을 인용하였다.

- 慈宮幸華城行宮進饌日樂章 御製: 嘉會屬昇平 昇平今有象 厥象問如何 老人中天朗宮. 含飴駐我長樂春 祝聖徠女華封人商. 春長長樂酌斗 華祝至三壽母角. 穰穰福祿光輝徵. 咸池鼓雲門琴 玉漿璚液年年斟羽. 長樂五章一章四句四章章二句.; 慈德之純 厚載難名 默運弘慈 佑啓太平宮. 百祿是遒 其至如川 子孫振振 吉慶年年商. 如斗之邵 如嵩之高 瑤冊紀瑞 春酒燕毛角. 於休慈德 撫玆花甲 時觀于華 物采匜匽徵. 樂此新邑 謠頌戶增 維萬維億 日月恒升羽. 觀華五章章四句後唱.; 上之十九年乙卯閏二月十三日 整理總理大臣大匡輔國崇祿大夫議政府右議政兼領經筵事監春秋館事原任奎章閣提學.; 華成府留守兼壯勇外使行宮整理使臣蔡濟恭奉敎 注書.
- 자궁행화성행궁진찬일악장 어제: 아름다운 모임이 좋은 세상을 만났으니 지금이 바로 좋은 세상 그 모습일세. 그 모습이 어떠하냐 물어본다면 남극의 노인별이 하늘에 빛난다네.[궁] 달디단 엿 먹으며 장락궁의 봄 즐기는데 요 임금을 축복하던 華땅으 封人이 왔구나.[상] 봄은 길어 장락궁에서 술을 따르니 화땅 사람 세 가지 축복에 어머님 오래 사시네.[각] 자손들 잘 키운 공이 어찌 이리 높은지 많고 많은 복록이 빛난다네.[치] 咸池를 두르고 雲門을 뜯으며 좋은 술 맛있는 음식 해마다 술잔 드네.[우] 장락 5장, 1장은 4구, 4장은 2구.; 어머니가 가지신 덕의 순구함이여. 두터워 무어라 부를 수가 없구나. 묵묵히 큰 은혜로 이끌어 주시니 태평시대를 도와서 열었다네.[궁] 모든 복이 모여오니 그 이르름이 시냇물 같고 자손들 많고 많아 좋은 일들 해마다 오네.[상] 북두칠성처럼 아득하고 嵩山처럼 높아서 아름다운 책에 상서로운 일 기록하고 봄 술로 노인들 잔치하네.[각] 아아 아름다운 어머니의 덕이여 편안히 회갑이 되셨네. 시절을 보니 꽃다운데 잔칫상도 노래 집집마다 울리네.[치] 즐겁도다. 이 새로운 읍이여 칭송의 노래 집집마다 울리네. 만처럼 억처럼 날로 달로 항상 오르시기를.[우] 관화 5장 장 4구.;

정조 19년(을묘) 윤2월 13일, 정리총리대신대공보국숭록대부의정부우의정겸영경연사 감춘추관사임원규장각제학 화성유수겸장용외사행궁정리사 신 채제공 봉교근서.

32) 〈慈宮幸華城行宮進饌日樂章〉 正祖御製, 蔡濟恭書, 양각, 54.8×184.7cm, 유물번호 189, 국립고궁박물관.

33) 『고종실록』 권7, 고종 7년 3월 15일(신사).

34) 『수원군읍지』 「화성○○」. '華城行宮敬次正廟板上韻'은 읍지에 부록되어 있는 「화성○○」조에 실려 있는 시이다. 여기서 「화성○○」는 '화성행궁'으로 보아도 좋다고 판단된다. 당시 화답하는 시를 지어 올렸던 대신들은 李裕元, 金炳學, 李最應, 李載元, 李載晩, 趙成夏, 南廷順, 韓敬源, 李世用, 鄭範朝, 趙慶鎬, 李能燮, 宋熙正, 金聲根, 洪達植, 李裕承, 李鍾晉, 李明應, 李根秀, 李起鎬, 金性均, 朴顥陽, 趙秉鎬, 朴定陽, 李承宇, 黃普淵, 朴容大 등 총 27명이다. 원문의 '○'는 확인이 불가능한 글자이다.

- 正廟板上 御製韻 三月隋城柳色新群生草木際芳春拜陵展禮雲停午觀野占豊雨浹○○閣渾如天外境村家○是畵中人 先王○德於斯在 蹕駕當年 駐幾巡. 諸臣賡韻; 先王遺制舊維新仁德布陽囿一春 宮殿瑞籠初出日 陵園路○不由旬 恩覃靑野涵濡物心照丹花培植人天意時行秉游氣 宸游非是重觀巡 行判中樞府事臣李裕元; 親祼 陵園聖慕新崇岡象設駐長春風○雨頌今○○柳○○○又一旬高壘載馳懸皷士行宮猶接挾經人 九○制○○○義 淸蹕當年此幾巡 領議政臣金炳學; 宸祼 ○○寓慕新萬年松栢駐長春暖風經○○三月嫩柳○○度一旬豊社餘謨遵 聖祖華封○祝○○人○旄於○○○○滿郭爭瞻 蹕路巡 行判敦寧府事 臣李最應; 謁然風物○陽新百里鶯嚌御路○○柳成○低蘸水 ○蓂○○○○旬曉雲拱護嚴軍壘朝雨頻繁野慰人昨日 寢園伸 孝思更膽 鑾畢晩城巡 水原留○○宗正○檢校直提學臣李載元; 百里隋城萬物新羽旄雲擁喜芳春○○○○○○○○○○烟籠雨過旬誠展 珠邱追舊典 恩深蔀屋覗家人 聖心欲察生民苦 警蹕城頭繞一巡 宗正卿檢校直提學臣李載晩; 停 鑾信宿萬花新政是隋城錦繡春雲護 寢園占太極塵淸 蹕路近由旬至今楡社歌遺老從古華奉祝 聖人宸慕旣伸邀勝賞雨師風伯○○巡 檢校直提學臣趙成夏; ○○○○○○○新南國繁華物物春追 孝誠深勞祼薦憂民念坊及宣旬祥雲瑞靄千重闕協氣歡聲萬億人擎讀 ○章欣胥告昇平是日陪 游巡 直提學臣南廷順; ○○ ○○○鶯新 輦路塵晴滿眼春提柳千行猶昔日○花三月又中旬 誠追漢寢游衣地 頌擬尭封獻祝人城郭山河 親壯觀浮臺高處一○巡 直提學臣韓敬源; 扈 駕南來景色新隋城柳柳駐長春樓容正好花三月野色偏多雨一旬豊沛舊規先此華封餘祝又今人 明宮親祼增 宸慕松栢崇岡 玉仗巡檢校直閣臣李世用; 臣陪 仙仗 籠光新百里隋城萬柳春駐 蹕南都經五日拜 陵三月揀中旬遣民擧書瞻旄地 行殿猶催侍講人一府軍容增節封時時木鐸○宵○ 檢校○○臣鄭範朝; 漢城佳氣樂淸新扈 駕南來百里春 宸○○○雲洪日豊○○○雨經旬樓臺因

設名道地父老爭歌 聖代人○○ ○○○和席詞臣歡喜進無巡 ○○待敎臣趙慶鎬; 蹕路天○御柳新 金輿曉下早鶯春陣衣 聖殿年回午○○ 先陵月値旬上瑞己占登麥雨寸忱長○獻芹人詞臣○○黃封醉千載遭逢此一旬 行都承旨李能燮; 豊西物色舊維新提柳宮花又晚春三祼 珠岡回令節重○湯邑○初旬停 鑾尙接橫經士天花猶餘○詔人恭想先王○○○簫樽同樂醉無巡 行左承旨臣宋熙正; 郊原物色雨餘新萬柳烟濃 蹕路春採露○○呈三瑞○蘋是月屬中旬經營自是 先王色感戴猶傳故老人釀得太和民與樂簫罇瀲灩幾回巡 右丞旨臣金聲根; 三月新豊物色新 鑾輿所過太和春夾城 御氣花千樹滿野農謳雨一旬在昔衣冠 原廟地如今頌祝華封人仙楸履露依依感繼述 先朝翠盖巡 右副承旨臣洪達植; 蹕路塵淸曉雨新隋城花木艶陽春彩增壁壘棑前部 誠展陵園趂上旬地是周王營○邑民皆堯世祝華人 宸○有喜群生樂管籥聲中 玉輦巡 右副承旨臣李裕承; 先王遺澤○○新民物熙然○在春好雨初回頒柳節良宸○過進瓜旬同歌故老惟豊社祝壽 五君捴華人 濡露○岡宸萬慕南州 淸蹕又重巡 同副承旨臣李鍾晉; 宿○祝○景物新滿城佳氣艶陽春花移釰佩雲雙闕柳拂○章月一旬 仙寢移鑾明薦地農簫擊壤太平人 先王精義於乎○恭憶當年翠盖巡 副承旨臣李明應; 南國山川麗景新龍旅鑾輅化中春 息波憲澤逢千載甘雨和風問一旬染翰周章唐學士瞻旄欣喜夏田人 仙陵祼薦忱誠展下是 宸心在達巡 檢校典翰臣李根秀; 鑾輅逶迤瑞氣新 仙陵頌栢佳王春承光寶籙基千歲涓吉明橤月中旬百里龍旅觀華地萬家鰲作泰平人繡裳不惜露微雨爲聽農謠野郭巡 檢校典翰臣李起鎬; 喬陵履露慕逾新 蹕路靑繩宿雨春風仗柳風雲尺地龍樓化氣月中旬禮伸漢寢光光孝化協堯封祝 聖人○假亦爲○○度登臨又是省耕巡 典翰臣金性均; ○謁 先陵聖慕新蒼頌栢葆長○○化日烟千縷花木 恩天雨一旬 蹕路經塵携鵷列 仙樓曉○報鷄人徵臣○厠賡歌地分外黃封醉幾巡 副修撰臣朴顯陽; 隋城佳麗萬香新垂柳名花 蹕路春高壘風雨如上界平蕪烟雨己中旬 宸忱克展瞻 陵日豊○光○在野人恭誠明朝○更好 玉鑾回御亦龍巡 別兼春秋臣趙秉鎬; 移蹕隋城景物舒長化日際芳春 御溝垂柳烟千縷宮花開花雨一旬誠切献芹皆野老頌登觀華是封人 宸○善繼 先王志 仙寢全輿度幾巡 別兼春秋臣朴定陽; 鑾蹕隋城景物新群生同樂太平春○○ 聖運○○載喜雨韶光更十旬 聖祖○功惟沛社徵臣○祝是封人 仙陵 展禮猗歟○繼述 先王此地巡 別兼春秋臣李承宇; 新風物色雨餘新宮柳宮花捴是春 鑾蹕駐停雲尺地樓臺隐暎月中旬護 陵山勢基千歲聞籥輿情祝萬人恭誠先王精義在至今猶說翠華巡 假注書臣黃普淵; 仙寢明禋 聖慕新輕塵宿雨滿城春群生自得三千里造物無松九○旬八達山川都會地萬家烟月太平人欣瞻羽○同民樂又是省耕玉輦巡 假注書臣朴容大.; 上之卽阼七年三月 日嘉善大夫宗正卿 奎章閣檢校直提學臣李載晩奉 敎謹書.

35) 〈華城行宮 敬次正廟板上韻〉 李載冕 書, 음각, 52.2×265.3cm, 유물번호 199, 국립고궁

박물관.

36) 유봉학·정해득, 1999 앞의 책, 237쪽.

37) 〈長樂堂〉 正祖御筆, 양각, 68×167.6cm, 유물번호 32, 국립고궁박물관.

38) 『화성성역의궤』 부편2, 어제. 〈華城進饌日口占示與宴諸臣〉의 해제는 화성시에서 2006년 발간한 『국역수원부(군)·남양부(군)읍지』의 번역을 인용하였다.

- 御製 華城進饌日口占示與宴諸臣以寓萬年祝岡之誠: 茀祿穰穰迓命新 鳳笙鸞吹駐青春 地符觀華騰三祝 歲屆流虹躋六旬 內外賓仍芳樹會 東西班是勝花人 年年只願如今日 長樂堂中酒幾巡 / 予卽阼之十九年乙卯閏二月十三日
- 어제, 화성에서 진찬하는 날을 읊조려 잔치에 참여한 여러 신하에게 보이며: 크나큰 복록으로 새로운 명을 맞이하여라. 생황 퉁소 불어 대어 청춘을 머물게 하네. 땅은 관화에 부합해 3축 소리 비등하고 해는 유홍절에 이르러 6순을 올랐도다. 내빈 외빈은 그대로 꽃 핀 숲의 모임이요. 동반 서반은 바로 꽃보다 고운 사람들일세. 해마다 오늘같이 즐겁기만을 원하노니 장락당 안에는 술이 몇 순배나 돌았는고. 정조 19년(을묘) 윤2월 13일.

39) 〈華城進饌日口占示與宴諸臣〉 正祖御製御筆, 양각, 34.5×74cm, 유물번호 26, 국립고궁박물관.

40) 『화성성역의궤』 권수, 시일.

41) 〈洛南軒〉 曺允亨書, 양각, 100×199cm, 유물번호 161, 국립고궁박물관.

42) 『원행을묘정리의궤』, 『화성성역의궤』, 『홍재전서』, 『내각일력』, 『화성지』.

43) 『화성성역의궤』 부편2, 어제. 〈洛南軒行養老宴〉의 해제는 화성시에서 2006년 발간한 『국역수원부(군)·남양부(군)읍지』의 번역을 인용하였다.

- 御製 洛南軒行養老宴: 七十者暨六十一歲者與焉拜用一坐再至之禮群老將就位予爲群老興旣升堂酒行三遍吟示群老求和. 鶴髮鳩笻簇後前, 海東和氣洛南筵, 願將羣老期頤壽, 拜獻慈宮萬萬年. 乙卯閏二月十四日 大匡輔國崇祿大夫議政府領議政兼領經筵弘文館藝文館春秋館觀象監事 臣 洪樂性 奉敎謹書
- 어제, 낙남헌에서 노인을 위한 잔치를 여는데 70세와 61세 된 노인이 참여하였다.: 절은 한자리에서 두 번 이르는 예절을 썼다. 여러 노인들이 자리에 나올 때 나는 여러 노인들을 위하여 일어섰고, 이미 당에 올라와서는 술을 세 번 돌리고 여러 노인에게 시를 읊어 보여주고 화답하기를 구하였다. – 지팡이에 학발 노인들 앞뒤로 모였어라. 바다 동쪽 낙남 연회에 화기가 넘치는구나. 바라보니 노인들 백세의 장수를 가지고 우리 자궁께 만만년을 절하고 바쳐주오. – 을묘년 윤2월 14일 대광보국숭록대부의정부영의정겸령경연홍문관예문관춘추관관상감사 신 홍낙성 봉교근서.

44) 〈洛南軒行養老宴〉 正祖御製, 洪樂性 書, 양각, 43.2x109.5cm, 유물번호 46, 국립고궁

박물관.

45) 유봉학·정해득, 1999 앞의 책, 240쪽.

46) 〈得中亭〉 正祖御筆, 양각, 62×142cm, 유물번호 69, 국립고궁박물관.

47) 『화성성역의궤』 부편1, 행궁.

48) 『화성성역의궤』 부편2, 어제. 〈洛南軒行養老宴〉의 해제는 화성시에서 2006년 발간한 『국역수원부(군)·남양부(군)읍지』의 번역을 인용하였다.

- 御製 老來堂口占: 老來堂裏好開顔, 苑樹重扁未老閒, 恒居不敢言稱老, 竊比萊翁尙衣斑. 上之二十一年丁巳八月十六日崇綠大夫行水原府留守兼壯勇外使 行宮整理使 臣 徐有隣奉敎謹書.
- 어제 노래당구점: 노래당 안에는 부모의 웃음짓기가 좋구나. 꽃과 나무의 편액은 미로한이로다. 항상 살며 감히 늙음을 일컫지 못함은 간절히 노래자가 색옷 입기를 숭상함에 비길세라. 정조 21년(정사) 8월 16일 숭록대부행수원부유수겸장용외영사 행궁정리사 신 서유린 봉교근서.

49) 〈老來堂口占〉 正祖御製, 徐有隣 書, 음각, 45.5×73cm, 유물번호 35, 국립고궁박물관.

| 참고문헌 |

1. 사료

- 年代記

『高麗史』

『朝鮮王朝實錄』

『承政院日記』

『日省錄』

『備邊司謄錄』

『國朝寶鑑』

- 儀軌

『景慕宮儀軌』

『園行乙卯整理儀軌』

『華城城役儀軌』

『뎡니의궤』

『影幀摹寫都監儀軌』

『純祖己丑進饌儀軌』

『進宴儀軌』

『進饌儀軌』

『己巳進表裏進饌儀軌』

『憲宗戊申進饌儀軌』

『英祖貞純王后嘉禮都監儀』

『正祖大王國葬都監儀軌』

『孝顯王后國葬都監儀軌』

『大射禮儀軌』

『位版造成都監儀軌』

『太祖肅宗英祖正祖純祖文祖憲宗影幀摸寫都監儀軌』

『太祖影幀摸寫都監儀軌』

ㅡ 法典·文集·總攬

『大典會通』

『東文選』

『慵齋叢話』

『增補文獻備考』

『萬機要覽』

『練藜室記述』

『經世遺表』

『芝峰類說』

『宮闕志』

『弘齋全書』

『溫宮査實』

『冠巖全書』

『林下筆記』

『水原下旨抄錄』

『水原新邑營建公廨間數成冊』

『園行定例』

『華城重記』

『溫宮事實』

ㅡ 地誌·邑誌·地圖

『高麗圖經』

『世宗實錄地理志』

『新增東國輿地勝覽』

『輿地圖書』

『大東地志』

『畿甸營誌』

『水原府邑誌』

『華城志』

『華營事例』
『水原郡邑誌』
『重訂南漢誌』
『江都誌』
『江華府邑誌』
『仁川府邑誌』
『京畿道始興郡邑誌』
『完山志』
《廣輿圖》
《東國輿圖》
《東輿圖》
《大東輿地圖》
《北漢誌》
《비변사인방안지도》
《輿地圖》
《八道郡縣地圖》
《朝鮮地圖》
《靑邱圖》
《靑邱要覽》
《海東地圖》
《1872년 지방지도》
《本營圖形》

2. 단행본

강관식, 2001『조선후기 궁중화원 연구-규장각의 자비대령화원을 중심으로』, 돌베개.
김덕진, 1999『朝鮮後期 地方財政과 雜役稅』, 國學資料院.
김동욱, 2002『실학정신으로 세운 조선의 신도시 수원 화성』, 돌베개.
김동욱 외 6인, 2020「화령전의 건축특징과 문화재적 가치」『합리적인 의례공간 수원 화령전』, 수원시화성사업소.
김문식, 2005『조선 왕실 기록문화의 꽃, 의궤』, 돌베개.
김문식, 2011『관암 홍경모와 19세기 학술사』, 경인문화사.

김문식 외, 2013 『조선 궁중의 잔치, 연향』, 글항아리.
김준혁, 2008 『이산 정조, 꿈의 도시 화성을 세우다』, 여유당.
김홍식·김왕직, 2012 『한국의 건축문화재 – 2 경기편』, 기문당.
大韓佛教振興院, 2000 『韓國寺刹의 扁額과 柱聯』 上·下, 大韓佛教振興院 出版部.
모리스 꾸랑 지음·이희재 옮김, 1994 『한국서지』, 일조각.
문화재청, 1999 『宮中懸板』, 문화재청.
문화재청, 2001 『궁궐현판의 이해』, 문화재청.
문화재청, 2007 『궁궐의 현판과 주련』 1·2·3, 수류산방.
박정혜, 2000 『조선시대 궁중기록화 연구』, 일지사.
손병규, 2008 『조선왕조 재정시스템의 재발견 – 17~19세기 지방재정사 연구』, 역사비평사.
송양섭, 2008 『朝鮮後期 屯田 硏究』, 景仁文化社.
송찬식, 1997 『조선후기사회경제사의 연구』, 일조각.
수원시화성사업소, 2005 『수원 화성행궁과 화령전 궁중유물 복원·전시 고증연구』, 한국궁중문화연구원.
수원화성박물관, 2016 『정조대왕의 수원행차도』, 수원화성박물관.
노영구 외, 2017 『세계유산 수원 화성』, 수원화성박물관.
심경호, 2015 『참요, 시대의 징후를 노래하다』, 한얼미디어.
유봉학, 1996 『꿈의 문화유산, 화성』, 신구문화사.
유봉학, 2001 『정조대왕의 꿈, 개혁과 갈등의 시대』, 신구문화사.
유봉학 외, 2001 『정조시대 화성 신도시 건설』, 백산서당.
유봉학, 2009 『개혁과 갈등의 시대 – 정조와 19세기』, 신구문화사.
유봉학 외, 2011 『정조의 비밀 어찰, 정조가 그의 시대를 말하다』, 푸른역사.
심승구 외, 1998 『조선후기의 수도방위체제』, 서울학연구소.
이달호, 2008 『18세기 상품화폐경제의 발달과 화성건설』, 혜안.
이덕수, 2004 『신궁궐기행』, 대원사.
이왕무, 2016 『조선후기 국왕의 능행 연구』, 민속원.
이존희, 1984 『조선시대 지방행정제도사』, 일지사.
이창식·한동민, 2020 『수원야사』, 디자인 신원.
이현진, 2015 『왕의 죽음, 정조의 국장』, 글항아리.
장동표, 1999 『조선후기 지방재정연구』, 국학자료원.
정옥자 외, 1999 『정조시대 사상과 문화』, 돌베개.
정해득, 2009 『정조시대 현륭원 조성과 수원』, 신구문화사.
주남철, 2001 『한국의 문과 창호』, 대원사.

최성환, 2020 『영·정조대 탕평정치와 군신의리』, 신구문화사.

최완수 외, 1998 『진경시대』 1, 돌베개.

최홍규, 2001 『조선후기 향촌사회연구』, 일조각.

최홍규, 2002 『정조의 화성건설』, 일지사.

한영우, 1998 『정조의 화성행차, 그 8일』, 효형출판.

홍순민, 1999 『우리 궁궐 이야기』, 청년사.

3. 연구논문

강문식, 1996 「정조대 화성의 방어체제」 『한국학보』 22.

강민애·최시준, 2006 「화성행궁 방문자의 관심요소에 관한 연구」 『화성학연구』 2.

강민영, 2004 「奉壽堂 進饌과 洛南軒 養老宴의 音樂的 考察:園幸乙卯整理儀軌를 중심으로」, 이화여자대학교 석사학위논문.

권기중, 2008 「《부역실총》에 기재된 지방재정의 위상」 『역사와 현실』 70.

김덕진, 2001 「조선후기 지방관청의 고마고 설립과 운영」 『한국사연구』 112.

김동욱, 2007 「정조·순조 연간 관영공사에서 별간역 정우태의 조영활동」 『건축역사연구』 Vol.16 No.3.

김락기, 2014 「월미도에 행궁이 들어선 까닭은?」 『월미도, 그 섬 이야기』, 인천광역시립박관.

김문식, 2002 「서평:지방사연구의 모델, 화성연구」 『경기사학』 5.

김문식, 2004 「1779년 정조의 능행과 남한산성」 『한국실학연구』 8.

김문식, 2012 「조선후기 국왕의 남한산성 행차」 『朝鮮時代史學報』 60.

김문식, 2014 「18세기 국왕의 소통 방식」 『한국실학연구』 28.

김병곤, 2008 「사적 제259호 강화 선원사(江華 禪源寺)와 신니동(神泥洞) 가궐(假闕)의 위치 비정」 『불교학보』 48.

김선희, 2009 「화성유수 조심태 연구－수원 이읍과 화성 건설에서의 역할을 중심으로」 『朝鮮時代史學報』 50.

김선희, 2010 「화성행궁 주요 건물의 배치와 기능」 『고궁문화』 3.

김선희, 2014 「화성행궁 현판과 시액－국립고궁박물관 소장품을 중심으로」 『고궁문화』 7.

김선희, 2015 「화성행궁 소장 기물과 비품 연구」 『고궁문화』 8.

김선희, 2016 「화성유수부의 창고(倉庫) 운영」 『수원학연구』 11.

김선희, 2016 「조선의 행궁－국왕의 행차를 중심으로」 『고궁문화』 9.

김선희, 2018 「국왕의 능행과 검암참」 『의주로 가는 길, 은평의 역과 참』, 은평역사한옥박물관.

김선희, 2020 「강화행궁의 건립과 공간구성 – 『강화부궁전고』와 《강화부궁전도》를 중심으로」 『고궁문화』 13.

金聖洙, 2003 「16·17세기 中央醫療機構의 運營實態」 『서울학연구』 20.

김수정, 2005 「朝鮮時代 燈器에 관한 연구:등촉대와 촉대를 중심으로」, 성신여자대학교 석사학위논문.

김영모, 2005 「화성행궁 조경시설물의 고증 및 복원에 관한 연구」 『한국전통조경학회지』 Vol.23 No.3.

김일환, 2011 「조선시대 온양 행궁의 건립과 변천 과정」 『순천향인문과학논총』 29.

김윤정·서치상, 2006 「豐慶宮 建築에 관한 硏究」 『大韓建築學會論文集』 Vol.26 No.1.

김윤정, 2009 「광무 6년의 평양 풍경궁 창건공사에 관한 연구」 『大韓建築學會論文集』 Vol.25 No.9.

김준혁, 2004 「수원문화의 중심 화성행궁」 『수원문화사연구』 6.

김준혁, 2007 「朝鮮 正祖代 壯勇營 硏究」, 중앙대학교 박사학위논문.

김준혁, 2013 「번암 채제공의 화성신도시 기반조성과 화석 축성」, 『중앙사론』 38.

김준혁, 2015 「정조시대 壯勇營外營의 兵農一致 군제개혁 구상과 屯田經營」 『한국사연구』 68.

김지석, 2008 「3편 2장 4절 기타 유형문화유산」 『안양시사』 1, 안양시사편찬위원회.

김현지, 2013 「朝鮮 後半期 歲時風俗圖 硏究」 『역사민속학』 43.

朴彦坤, 1983 「水原 華城行宮의 復元을 위한 基礎的 硏究」 『弘大論叢』 15.

방범석, 2016 「장용영의 편제와 재정운영」 『韓國史論』 62.

배기동, 2001 「2편 3장 1절 성곽유적」 『안산시사』 4, 안산시사편찬위원회.

배우성, 2004 「正祖의 留守府경영과 華城 인식」 『한국사연구』 127.

司空英愛, 2014 「朝鮮 王室 古銅器形 香爐 硏究」 『미술사연구』 28호.

서연호·정우봉, 1996 「『湛樂宴圖』 – 18세기의 화풍을 전해주는 귀중한 자료」 『문화예술』 204.

서태원, 2010 「조선후기 충청도 平薪屯의 설치와 경영」 『규장각』 37.

손병규, 2014 「19세기 화성의 재정운영」 『수원의 통치와 지방세력』, 수원시사편찬위원회.

송찬섭, 1999 「正祖代 壯勇營穀의 設置와 運營」 『韓國文化』 24.

심승구, 2007 「조선시대 사냥의 추이와 특성」 『역사민속학』 24.

심승구, 2009 「1795년 정조의 8일간 화성행차의 문화적 가치와 관광자원화방안」 『수원학연구』 4.

심승구, 2012 「임진왜란 중 독산성 전투와 그 역사적 의의 – 전술적·전략적 가치를 중심으로」 『한국학논총』 37.

염정섭, 1996 「정조 후반 수리시설 축조와 둔전 경영」 『한국학보』 82.

염정섭, 2014 「조선후기 화성부의 둔전 설치와 운영」 『수원의 토지 소유구조와 농업경영』, 수원시사편찬위원회.
유봉학, 1996 「정조대 정국동향과 화성성역의 추이」 『규장각』 19.
柳承宙, 2003 「남한산성의 행궁·객관·사찰건립고」 『한국사연구』 120.
윤 정, 2007 「정조의 本宮 祭儀정비와 '中興主'의식의 강화」 『한국사연구』 136.
윤 정, 2011 「선조후반~광해군초반 궁궐 경영과 '경운궁'의 수립」 『서울학연구』 42.
윤진영·이상해, 2005 「정조의 현륭원 원행 의의와 역사문화환경으로의 보존방안 – 시흥길에 분포된 시설물을 중심으로」 『대한건축학회논문집』 Vol.21 No.10.
이권영, 2002 「조선후기 官營建築工事의 재원과 비용 절감 방안에 관한 연구」 『건축역사연구』 Vol.11 No.3.
이명규, 2007 「2편 2장 4절 정조의 능행차와 사근행궁」 『의왕시사』 1, 의왕시사편찬위원회.
이민식, 2000 「정조시대 어필비 소고 – 정조대왕 어필비를 중심으로」 『한신대학교 개교 60주년 기념 제16회 탁본전람회 – 正祖大王 逝去 二百周年 追慕展』, 한신대학교박물관.
이민식, 2004 「송하 조윤형 연구」 『제20회 탁본전람회 도록 – 실학시대의 서예』, 한신대학교 박물관.
이방섭, 2010 「正祖의 壯勇營 운영과 정치적 구상」 『朝鮮時代史學報』 53.
이연노·주남철, 2004 「조선초 객사 건축에 관한 연구 – 문헌연구를 중심으로」 『대한건축학회 논문집』 Vol.20 No.12.
이왕무, 2005 「조선전기 국왕의 溫行 연구」 『京畿史學』 9.
이왕무, 2009 「『本營圖形』을 통한 조선후기 장용영의 모습」 『장서각』 21.
李亨求, 2001 『江華島 摩尼山 高麗 離宮址 地表調査 報告書』, 鮮文大學校 考古研究所.
임학성, 2011 「18세기 말 수원 읍치(邑治)지역의 가옥 양태와 가격」 『古文書研究』 39.
임혜련, 2015 「영조~순조대 혜경궁의 지위와 궁중생활」 『혜경궁과 그의 시대』, 화성시.
장필구, 1998 「정조대 화성건설과 수도방위체제의 재편」 『조선후기 수도방위체제』, 서울학 연구소.
장필구·전봉희, 2012 「풍경궁과 화성행궁의 자혜의원 전용에 관한 연구」 『대한건축학회논문집』 Vol.28 No.12.
張熙興, 2006 「朝鮮時代 豐壤宮의 造成과 管理」 『경주사학』 24·25.
전호수, 2005 「2편 6장 1절 누정」 『여주군사』 3, 여주시사편찬위원회.
鄭崇教, 1996 「正祖代 乙卯園幸의 재정 운영과 정리곡 마련」 『한국학보』 22.
정요근, 2007 「高麗·朝鮮初의 驛路網과 驛制 研究」, 서울대학교 박사학위논문.
정우진·심우경, 2013 「조선 후기 회화 작품에 나타난 취병의 특성」 『한국전통조경학회지』 Vol.31 No.4.
정은주, 2009 「《江華府宮殿圖》의 제작배경과 화풍」 『문화역사지리』 21.

정일동, 1998 「果川 行宮址에 대하여」 『京畿史學』 2.
정조사상연구회, 2003 「華城行宮의 再照明」 『제40회 수원 '화성문화제'화성행궁 복원기념 학술대회』.
정해득, 1999 「正祖代 水原移邑과 以後의 변화 양상－수원지역 '邑誌'를 중심으로」 『京畿史學』 3, 경기사학회.
정해득, 2011 「화녕전(華寧殿)의 건립과 제향」 『朝鮮時代史學報』 59.
정해득, 2013 「정조의 수원 園幸路와 그 성격」 『서울학연구』 51.
정해득, 2015 「정조의 영우원, 현륭원 원행에 대한 고찰」 『朝鮮時代史學報』 75.
정해득, 2016 「1795년 을묘년 원행의 성격 고찰」 『朝鮮時代史學報』 76.
정희정, 2015 「조선후기 의궤도설과 기록화를 통해서 본 연향 연구－음식상 배설을 중심으로」, 이화여자대학교 박사학위논문.
조계영, 2008 「규장각 소장 현판의 역사와 특징」 『규장각』 39.
조낙영, 2015 「조선후기 유수부 재정연구－강화, 광주, 화성유수부를 중심으로」, 서울대학교 박사학위논문.
조영준, 2008 「19世紀 王室財政의 運營實態와 變化樣相」, 서울대학교 박사학위논문.
조영준, 2008 「18세기후반~20세기 초 궁방전의 규모, 분포 및 변동」 『朝鮮時代史學報』 44.
최성환, 2016 「정조의 수원 화성 행차시 활동과 그 의미」 『朝鮮時代史學報』 76.
최홍규, 2000 「수원지방의 역사적 변천과 행정구역의 변화」 『경기사학』 4.
최홍규, 2004 「관광자원으로서의 화성과 화성행궁의 역사적 의의」 『화성학연구』 1.
한동민, 2004 「근대 수원지역의 공립의료기관: 官立水原慈惠醫院에서 道立水原慈惠醫院까지」 『京畿史學』 8.

4. 도록·보고서

國立中央博物館 외, 1995 『檀園 金弘道』, 삼성문화재단.
경기도, 1999 『수원지명총람』, 수원시·수원문화원.
경기도, 2000 『수원의 옛 지도』, 수원시.
경기도, 2001 『화성행궁 활용방안 연구』, 수원시.
경기도, 2005 『경기문화재총람－도지정편』 1~3, 경기도.
경기문화재단·토지박물관, 2004 『南韓行宮址 第6次 發掘調査報告書』, 토지박물관 학술조사총서 22집.
경기문화재단, 2007 『화성성역의궤 건축용어집』, 경기문화재단.

경기문화재단 기전문화재연구원, 2008 『수원 화성행궁 앞 광장조성 부지 문화유적 시·발굴조사 보고서』, 경기문화재단 기전문화재연구원·수원시·韓國土地公社.

경기문화재연구원, 2014 『고양 북한행궁지 1차 발굴조사 중간보고서』, 경기문화재단·경기문화재연구원·고양시.

경기문화재연구원, 2015 『고양 북한행궁지 2차 발굴조사보고서』, 경기문화재단·경기문화재연구원·고양시.

정해득·이현진, 2014 『왕의 행차』, 화성시.

다움문화예술기획연구회, 2001 「화성행궁 활용방안 연구」 『수원시 문화정책보고서』.

서울역사박물관, 2009 『시흥행궁』, 서울역사박물관.

李亨求, 2001 『江華島 摩尼山 高麗 離宮址 地表調査 報告書』, 鮮文大學校 考古研究所.

李亨求, 1994 『華城行宮址－基本 및 地表調査報告書』, 서울·수원시.

李亨求, 2002 『화성행궁 복원보고서』, 수원시.

이경성 지음·배성수 엮음, 2012 『인천고적조사보고서』, 인천문화재단.

조선총독부, 1931, 『조선고적도보』 11.

전북문화재연구원, 2005 『완주 위봉산성 서문지 일대 발굴조사 보고서』, 전북문화재연구원·완주군.

토지박물관, 1999 『남한산성행궁 시발굴조사보고서』, 학술조사총서 6집.

토지박물관, 1999 『남한산성 행궁지－제1차조사보고서』, 학술조사총서 10집.

平壤實業新報社, 1999 『平壤要覽』, 平壤實業新報社.

한영우, 2006 『화성복원을 위한 시설물 고증 및 방향성 연구용역 결과 보고서』, 수원시.

한양대학교, 1996 『華城行宮址－第1次 發掘調査報告書』, 한양대학교박물관총서 23집, 수원시·漢陽大學校.

한양대학교, 1997 『華城行宮址－第2次 發掘調査報告書』, 한양대학교박물관총서 25집, 수원시·漢陽大學校.

한양대학교, 1997 『華城行宮址－第3次 發掘調査報告書』, 한양대학교박물관총서 31집, 수원시·漢陽大學校.

한양대학교, 2000 『華城行宮址－第4次 發掘調査報告書』, 한양대학교박물관총서 43집, 수원시·漢陽大學校.

한양대학교, 2001 『華城行宮址－第5次 發掘調査報告書』, 수원시·漢陽大學校.

| 찾아보기 |

ㄴ

ㄷ

ㅁ

ㅂ

ㅇ

ㅈ

ㅊ

ㅌ

ㅍ

ㅎ

역사문화연구총서 22

정조시대 화성행궁 연구

초판 1쇄 발행 2022년 3월 30일

지은이 김선희
펴낸이 김길준
펴낸곳 (학)신구학원신구문화사
디자인 은디자인

등 록 1968. 6. 10. 제1－205호
주 소 경기도 성남시 중원구 광명로 377 우촌학사 1층
전 화 031－741－3055~6
팩 스 031－741－3054
이메일 shingupub@naver.com
홈페이지 www.shingubook.com

ISBN 978－89－7668－265－9 93910